重型卡车维修技术手册

变速器分册

ZHONGXING KACHE

WEIXIU JISHU SHOUCE

BIANSUQI FENCE

瑞佩尔 主编

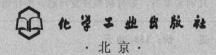

化学工业出版社

·北京·

内 容 简 介

"重型卡车维修技术手册"内容以国四、国五车型技术为主,所涉车型品牌国内国外相结合。在系统构造及功能原理讲解时,主要以奔驰、斯堪尼亚及陕汽重卡车型为主,在介绍部件分解拆装、系统检测和故障排除与诊断时,主要以一汽解放、重汽豪沃及陕汽德龙等重卡车型为主。

本册为变速器分册,示例讲解结构、功能与原理的机型主要有 HW 系列变速器、法士特/富勒系列变速器、解放卡车用变速器、ZF 变速器、奔驰卡车变速器、沃尔沃卡车变速器、斯堪尼亚变速器;示例讲述部件分解、总成拆装及故障检测、诊断与排除的机型主要有 HW 系列变速器、法士特系列变速器、一汽商用车变速器系列、ZF 商用车系列变速器等。

本书图文并茂,内容实用,在重卡维修技术资料稀缺的情况下,实为广大重卡维修售后技术工作人员宝贵的学习与参考资料。同时,本书也可供各汽车职业院校与培训机构作为教学资料使用。

图书在版编目(CIP)数据

重型卡车维修技术手册. 变速器分册/瑞佩尔主编. —
北京:化学工业出版社,2021.6(2023.1重印)
ISBN 978-7-122-38945-9

Ⅰ.①重… Ⅱ.①瑞… Ⅲ.①重型载重汽车-自动
变速装置-车辆修理-技术手册 Ⅳ.①U469.207-62

中国版本图书馆 CIP 数据核字(2021)第 066449 号

责任编辑:周 红 装帧设计:王晓宇
责任校对:王 静

出版发行:化学工业出版社(北京市东城区青年湖南街 13 号 邮政编码 100011)
印 装:北京盛通数码印刷有限公司
880mm×1230mm 1/16 印张 21½ 字数 698 千字 2023 年 1 月北京第 1 版第 4 次印刷

购书咨询:010-64518888 售后服务:010-64518899
网 址:http://www.cip.com.cn
凡购买本书,如有缺损质量问题,本社销售中心负责调换。

定 价:158.00 元

前言

得益于我国近年来大规模的基础设施建设和物流业的快速发展，我国重型卡车（以下简称重卡）市场正处于一个前所未有的鼎盛时期。同时，随着机电一体化技术的推广以及汽车高端电子技术的广泛应用，以前一些只在小汽车上才可以见到的设备和技术也逐步出现在重卡上，如电控发动机、自动变速器、自动空调、DVD影音、ABS制动控制、电动助力转向、CAN总线集中控制等。这些需要我们通过更加专业、更为详尽的资料来了解及掌握它。

国四、国五重卡相对国三重卡来说是个质的飞跃，电子技术的应用对服务人员的技能、维修手册和工具、配件供应等都提出了非常高的要求，必须经过一个复杂的学习过程，因而对服务技术的普及也会带来种种意想不到的困难。因此，对柴油电喷发动机如高压共轨、电控单体泵、后处理等技术的掌握及资料信息服务都必须紧紧跟上。

目前系统全面地介绍重卡维修技术的图书较为紧缺，因此我们组织相关专业技术人员编写了"重型卡车维修技术手册"。手册分为发动机、变速器、底盘与电气四个分册。

本手册内容以国四、国五车型技术为主，将国内外品牌的车型相结合。在系统构造及功能原理讲解时，主要以奔驰、斯堪尼亚及沃尔沃车型为主；在介绍部件分解拆装、系统检测和故障排除与诊断时，主要以一汽解放、重汽豪沃及陕汽德龙等重卡车型为主。

维修技术一般分理论与实践两部分。系统的组成、总成的构造、部件的功能、整个机构或系统的运行流程与工作原理，这些都属于理论。通过理论的学习与研究，可以明白维修对象"长什么样""做什么用""如何作用"，这对确定检修思路，从而"对症下药"十分重要。因为我们知道产品的故障即功能缺失，只要修复该故障部件即可。至于部件分解、总成拆装、电路检测机件检修、故障诊断这些工作，则需要丰富的实践经验。

本书为变速器分册，示例讲解结构、功能与原理的机型主要有HW系列变速器、法士特/富勒系列变速器、解放卡车用变速器、ZF变速器、奔驰卡车变速器、沃尔沃止车变速器、斯堪尼亚变速器；示例讲述部件分解、总成拆装及故障检测、诊断与排除的机型主要有HW系列变速器、法士特系列变速器、一汽商用车变速器系列、ZF商用系列变速器等。

秉持"原理、维修、数据"三合一的编写原则，本书在讲解维修技术的原理、拆装、检测与诊断的同时，也提供了一些维修数据资料、故障码信息、电路图以及端子定义等供维修查阅参考。书中各连接器端子定义凡表示预留或未连接的，一概省略未列。

本书由广州瑞佩尔信息科技有限公司组织编写，瑞佩尔主编，此外参加编写的人员还有朱其谦、杨刚伟、吴龙、张祖良、汤耀宗、赵炎、陈金国、刘艳春、徐红玮、张志华、冯宇、赵太贵、宋兆杰、陈学清、邱晓龙、朱如盛、周金洪、刘滨、陈棋、孙丽佳、周方、彭斌、王坤、章军旗、满亚林、彭启凤、李丽娟、徐银泉。在编写过程中，参考了大量国内外相关文献和厂家技术资料，在此谨向这些资料信息的原创者们表示由衷的感谢！

由于编者水平有限，书中不足之处在所难免，恳请广大读者朋友及业内行家批评指正。

编者

目录
CONTENTS

第1章

重卡用变速器基础知识

1.1
认识变速器

1.1.1　变速器的安装位置

变速器隔着离合器安装于发动机后方，位置见图1-1。

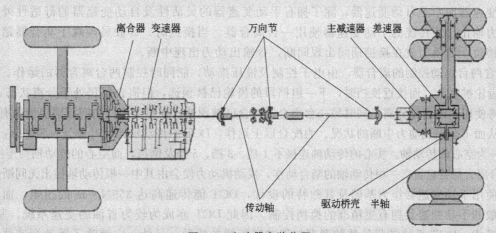

图1-1　变速器安装位置

1.1.2　变速器的功用

在汽车传动系统中，发动机输出的动力通过离合器传递给变速器，并通过变速器改变为合适的速比后经传动轴、主减速器、差速器、半轴传递到车辆的驱动轮上。变速器在车辆的传动系统中占有重要的地位，它的好坏能直接影响到驾驶的舒适性和操控性。

汽车变速器具有如下主要功用：

① 改变传动比，扩大驱动轮转矩和转速的变化范围，以适应经常变化的行驶条件，同时使发动机在最佳（功率较高而油耗较低）的工况下工作；

② 在发动机旋转方向不变的情况下，使汽车能倒退行驶；

③ 利用空挡中断动力传递，使发动机能够启动、急速，并便于换挡。

1.1.3 变速器的种类

（1）手动变速器 手动变速器（Manual Transmission，MT）是最常见的变速器。手动变速器主要由齿轮和轴组成，通过不同齿轮的啮合达到变速变矩的目的。

（2）自动变速器 自动变速器（Automatic Transmission，AT）由液力变矩器、行星齿轮和液压操纵系统组成，通过液力传递和齿轮组合的方式来达到变速变矩。它能根据油门踏板行程位置和车速变化，自动地进行换挡变速，而驾驶者只需操纵油门踏板和制动踏板来控制车速即可。虽说自动变速器汽车没有操纵离合器，但自动变速器中有很多离合器，这些离合器能随车速变化而自动分离或闭合，从而达到自动变速的目的。

（3）机械自动变速器 机械自动变速器（Automated Mechanical Transmission，AMT）即电控机械式自动变速器。这种变速器并没有改变传统手动变速器的主体结构，其技术核心是一套由 ECU（电子控制单元）控制的智能换挡机构。基本原理是：根据驾驶员的意图（油门踏板、制动踏板等）和车辆的状态（发动机转速、输出轴转速、车速、挡位等），依据一定的规律（换挡规律、离合器接合分离规律等），借助相应的执行机构（供油执行机构、选换挡执行机构、离合器分离和接合执行机构），对车辆的动力传动系统中的发动机、离合器和变速器进行联合操纵，实现起步、换挡的自动操纵。AMT 是目前在重卡车型中应用最为广泛的一种变速器。

（4）无级变速器 无级变速器（Continuously Variable Transmission，CVT）与一般齿轮式自动变速器的最大区别，它省去了复杂而又笨重的齿轮组合变速传动，而只用两组带轮进行变速传动。通过改变主动轮与从动轮传动带的接触半径进行变速。传动带一般用橡胶带、金属带、金属链等，它的优点是重量轻，体积小，零件少，与 AT 比较具有较高的运行效率，油耗较低。但 CVT 的缺点也很明显，就是传动带很容易损坏或者磨损打滑，不能承受较大的载荷。CVT 目前主要应用于乘用车型。

（5）双离合变速器 双离合变速器（Dual Clutch Transmission，DCT）有别于一般的自动变速器系统，它基于手动变速器而不是自动变速器，除了拥有手动变速器的灵活性及自动变速器的舒适性外，还能提供无间断的动力输出。而传统的手动变速器使用一台离合器，当换挡时，驾驶员须踩下离合器踏板，通过手动换为其他挡位，而动力就在换挡期间出现间断，令输出动力出现中断。

DCT 内含两台自动控制的离合器，由电子控制及液压推动，能同时控制两台离合器的运作。当变速器运作时，一组齿轮被啮合，而接近换挡时，下一组挡段的齿轮已被预选，但离合器仍处于分离状态；当换挡时，一台离合器将使用中的齿轮分离，同时另一台离合器啮合已被预选，在整个换挡期间能确保最少有一组齿轮在输出动力，从而不会出现动力中断的状况。为配合以上运作，DCT 的传动轴运动时被分为两部分：一为实心的传动轴；另一为空心的传动轴。实心的传动轴连接了 1 挡、3 挡、5 挡及倒挡，而空心的传动轴则连接 2 挡、4 挡及 6 挡，两台离合器各自负责一根传动轴的啮合动作，发动机动力便会由其中一根传动轴做出无间断的传送。

基于其使用手动变速器作为基础及其独特的设计，DCT 能传递高达 350N·m 的扭矩，而精密的电脑运算，较一般的手动变速器拥有更精准的换挡控制，因此 DCT 亦成为较为省油的变速系统。基于 DCT 的特性及操作模式，DCT 系统能带给驾驶者有如驾驶赛车般的感受。另外，它消除了手动变速器在换挡时的动力中断感，使驾驶更灵敏。

1.2
重卡变速器特点

1.2.1 HW 系列变速器

目前 HW 系列新型变速器总成开发了 HW18709、HW20716（A/C/L）、HW19710（A/C/L）、

HW15710(A/C/L)、HW19712(C)、HW13710 六大系列。HW 系列变速器外观如图 1-2 所示。

变速器主箱采用双中间轴结构，副箱采用行星传动机构，大幅度提升总成可靠性。针对国内销售的变速器，铭牌内容释义如下。

变速器型号编号示例如图 1-3 所示。

图 1-2　HW 系列变速器外观

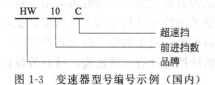

图 1-3　变速器型号编号示例（国内）

变速器订货号编号示例如图 1-4 所示。

针对国外销售的变速器，铭牌释义如下。

变速器型号编号示例如图 1-5 所示。

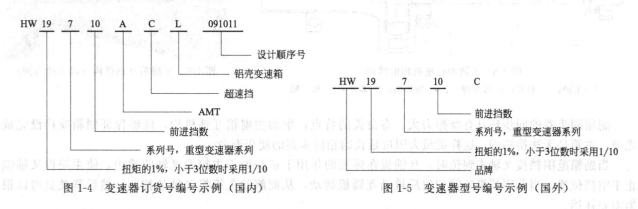

图 1-4　变速器订货号编号示例（国内）

图 1-5　变速器型号编号示例（国外）

变速器订货号编号示例如图 1-6 所示。

主箱是双中间轴结构：功率分流，每个中间轴、中间轴两端的轴承及中间轴上的齿轮只承受总动力的 1/2，两个中间轴齿轮对主轴齿轮和一轴齿轮所施加的径向力大小相等，方向相反，从而使主轴只承受扭矩，不承受弯矩。消除了主轴变形引起的齿轮啮合区的破坏，降低了变速器齿轮啮合的噪声，提高了齿轮的寿命，延长了变速器的使用寿命，使其工作更加稳定、可靠。HW 系列的变速器传动结构见图 1-7。

图 1-6　变速器订货号编号示例（国外）

图 1-7　HW 系列变速器的传动结构

双中间轴结构能够减小中心距，减小各挡齿轮的直径，使齿轮宽度变窄，减小各轴直径，从而使变速器轴向尺寸短、重量轻；短的轴向尺寸便于整车布置，轻的变速器重量减少了油耗，提高整车运行的经济效益。

副箱是行星传动机构：这种设计是在充分分析采用双中间轴结构的副箱失效模式的基础上，克服其缺点而采用的结构，该结构能有效克服双中间轴副箱早期失效的问题（特别是矿用等使用条件比较恶劣的状况下更加明显），极大地延长变速器总成的使用寿命；结构紧凑，能够方便地实现中心轮包括太阳轮和内齿圈的浮动，同时输出轴定位可靠，并且当副箱处于高挡时，行星结构整体绕轴心转动，行星轮只有公转而没有自转，此时行星机构的传动效率几乎是100%。

主箱主轴采用两级浮动，副箱采用中心轮浮动，保证各齿轮均载；主轴两端都具备浮动量及主轴齿轮浮动，保证载荷的均布。副箱太阳轮及齿圈浮动，保证行星机构均载。双中间轴结构主箱与行星结构副箱相结合的结构需要主轴有特殊的轴向定位机构，如图1-8所示。

输出轴采用跨支结构提高支撑刚度，提高副箱可靠性；输出轴大跨距轴承刚性支撑保证输出轴支撑刚度，使副箱齿轮、同步器的寿命大幅度提高，有效解决了其他产品副箱寿命低的缺陷。

主副箱换挡设计有互锁机构，可有效保护副箱同步器，如图1-9所示。

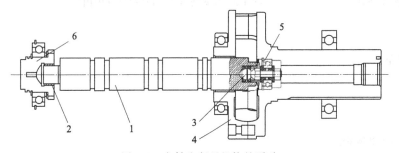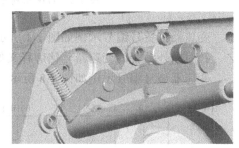

图1-8　主轴和行星机构的浮动　　　　　　　　图1-9　主副箱互锁机构（以9挡为例）

1—主轴；2—衬套；3—铰接球头；4—输出轴；5—轴承；6—输入轴

副箱同步器的同步环具有摩擦力大、寿命长的特点；增加主副箱互锁机构，能够保证副箱换挡没完成之前，主箱是无法换挡的，这样能最大限度延长副箱同步器的使用寿命。

当副箱范围挡拨叉轴未到位时，互锁板在弹簧的作用下正好处于主箱拨叉轴凹槽内，使主箱拨叉轴锁止于空挡位置。当范围挡拨叉轴到位后推动互锁板转动，从而解除主箱拨叉轴的控制，然后驾驶员可以根据需要挂挡。

壳体采用先进的垂直剖分结构，便于装配维修，如图1-10所示；主壳体采用垂直剖分结构，充分利用了现代加工设备的保证能力，在变速器容量或挡位数发生变化时仅调整中壳的长度尺寸，其他壳体通用。另外垂直剖分的壳体可以使"对齿"变得简单、快捷。

功能集成的小盖设计使总成结构紧凑。HW系列变速器小盖总成的结构如图1-11所示。

图1-10　HW系列变速器的壳体结构　　　　　　图1-11　HW系列变速器小盖总成的结构

换挡摇臂、换挡头、互锁叉、传感器驱动环、扇形自锁块和高低挡定位环均装配在换挡轴上，通过操纵换挡摇臂使换挡轴作轴向移动实现选挡，径向转动实现挂挡和摘挡；通过互锁叉实现挡位互锁功能，避免乱挡；通过自锁销轴、自锁弹簧、扇形自锁块实现挡位自锁，避免脱挡。这样选挡、换挡、互锁、自锁都集成在小盖上，功能更可靠，且便于维修。

HW系列变速器的关键部位采用主动润滑，在变速器总成上增加了润滑油油泵及相关油路，极大地延长了变速器的使用寿命。

HW系列变速器的取力器安装见图1-12。

取力器由主箱右副轴驱动，其转向和转速不受换挡的影响，可方便地实现空挡取力，并且在倒挡状态也能保证正常的输出转向。

截止结构的双H阀设计使双H阀可靠性大为提高，如图1-13所示。HW系列变速器上的双H阀总成采用端面密封，极大地提高了其可靠性。

图1-12　HW系列变速器的取力器安装

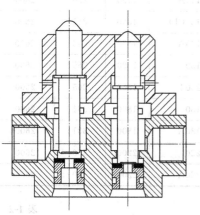

图1-13　HW系列变速器的双H阀总成

范围挡拨叉采用摆叉设计，拨叉轴采用跨支结构，提高了换挡机构的寿命。这种设计可有效降低范围挡拨叉和拨叉轴的弯矩，改善换挡轴与壳体上孔的相互作用，提高相关件的使用寿命和可靠性。

1.2.2　法士特系列变速器

法士特引进美国富勒公司生产的系列变速器，该系列变速器具有独特的双中间轴结构，具有结构简单、重量轻、体积小、传动效率高、可靠性高、维修方便等优点。法士特变速器的基本结构一样，是典型的双中间轴、主副箱的结构。法士特双中间轴系列变速器型号编号示例如图1-14所示。各型变速器的速比参数见表1-1和表1-2。

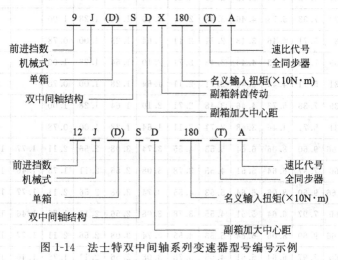

图1-14　法士特双中间轴系列变速器型号编号示例

表 1-1　F8、F9 系列变速箱的速比

挡位数	型号	扭矩/N·M	输入功率/kW	额定转速/(r/min)	各挡速比									
					1	2	3	4	5	6	7	8	9	倒
9	RT-11609A	1490	265	2600	12.65	8.38	6.22	4.57	3.4	2.46	1.83	1.34	1	13.22
9	RTO-11609B	1490	265	2600	12.57	7.47	5.28	3.82	2.79	1.95	1.38	1	0.73	13.14
9	RT-11509C	1490	265	2600	12.42	8.29	6.08	4.53	3.36	2.47	1.81	1.35	1	12.99
9	RTO-11609E	1490	265	2600	10.69	7.08	5.25	3.4	2.68	2.08	1.55	1	0.79	11.17
9	RTO-11509F	1490	265	2600	10.06	6.71	4.92	3.36	2.65	2	1.47	1	0.79	10.51
9	9JS119(T)	1190	220	2600	12.11	8.08	5.93	4.42	3.36	2.41	1.76	1.32	1	12.66
9	9JS119A	1190	220	2600	11.02	6.55	4.64	3.36	2.46	1.95	1.38	1	0.73	11.52
9	9JS135(T)	1350	243	2600	12.11	8.08	5.93	4.42	3.36	2.41	1.76	1.32	1	12.66
9	9JS135A	1350	243	2600	11.02	6.55	4.64	3.36	2.46	1.95	1.38	1	0.73	11.52
9	9JS150	1500	265	2600	12.36	7.35	5.2	3.77	2.76	1.95	1.38	1	0.73	12.93
9	9JS150T	1500	265	2600	12.42	8.29	6.11	4.53	3.36	2.47	1.82	1.35	1	12.99
9	9JS180	1800	331	2600	12.65	8.38	6.22	4.57	3.4	2.46	1.83	1.34	1	13.22
9	9JS180A	1800	331	2600	10.69	7.08	5.25	3.4	2.68	2.08	1.55	1	0.79	11.17
9	9JS220	2200	380	2600	12.42	8.29	6.08	4.53	3.36	2.47	1.81	1.35	1	12.99
9	9JS220A	2200	380	2600	12.78	8.52	6.25	4.27	3.37	2.54	1.87	1.27	1	13.35

表 1-2　F10、F12、F16 变速器的速比

型号	各挡位速比																倒1	倒2
	1	2	3	4	5	6	7	8	9	10	11	12	13	14	15	16		
10JS160	14.58	10.80	7.92	5.90	4.38	3.33	2.47	1.81	1.35	1.00							14	3.19
10JS160A	10.81	8.00	5.87	4.38	3.26	2.47	1.83	1.34	1.00	0.74							10.4	2.37
12JS160	15.53	12.08	9.39	7.33	5.73	4.46	3.48	2.71	2.10	1.64	1.28	1.00					14.9	3.33
12JS160A	12.10	9.41	7.31	5.71	4.46	3.48	2.71	2.11	1.64	1.28	1.00	0.78					11.6	2.59
12JS200	15.53	12.08	9.39	7.33	5.73	4.46	3.48	2.71	2.10	1.64	1.28	1.00					14.9	3.33
12JS200A	12.10	9.41	7.31	5.71	4.46	3.48	2.71	2.11	1.64	1.28	1.00	0.78					11.6	2.59
12JS160T	15.53	12.08	9.39	7.33	5.73	4.46	3.48	2.71	2.10	1.64	1.28	1.00					14.9	3.33
12JS160TA	12.10	9.41	7.31	5.71	4.46	3.48	2.71	2.11	1.64	1.28	1.00	0.78					11.6	2.59
12JS180T	15.53	12.08	9.39	7.33	5.73	4.46	3.48	2.71	2.10	1.64	1.28	1.00					14.9	3.33
12JS180TA	12.10	9.41	7.31	5.71	4.46	3.48	2.71	2.11	1.64	1.28	1.00	0.78					11.6	2.59
12JS200T	15.53	12.08	9.39	7.33	5.73	4.46	3.48	2.71	2.10	1.64	1.28	1.00					14.9	3.33
12JS200TA	12.10	9.41	7.31	5.71	4.46	3.48	2.71	2.11	1.64	1.28	1.00	0.78					11.6	2.59
12JS240T	15.53	12.08	9.39	7.33	5.73	4.46	3.48	2.71	2.10	1.64	1.28	1.00					14.9	3.33
12JS240TA	12.10	9.41	7.31	5.71	4.46	3.48	2.71	2.11	1.64	1.28	1.00	0.78					11.6	2.59
16JS180T	17.04	14.03	11.66	9.60	8.06	6.64	5.53	4.55	3.74	3.08	2.56	2.11	1.77	1.46	1.21	1.00	16.3	13.4
16JS180TA	14.03	11.64	9.60	7.97	6.64	5.51	4.55	3.78	3.08	2.56	2.11	1.75	1.46	1.21	1.00	0.83	13.4	11.2
16JS200T	17.04	14.03	11.66	9.60	8.06	6.64	5.53	4.55	3.74	3.08	2.56	2.11	1.77	1.46	1.21	1.00	16.3	13.4
16JS200TA	14.03	11.64	9.60	7.97	6.64	5.51	4.55	3.78	3.08	2.56	2.11	1.75	1.46	1.21	1.00	0.83	13.4	11.2
16JS240T	17.04	14.03	11.66	9.60	8.06	6.64	5.53	4.55	3.74	3.08	2.56	2.11	1.77	1.46	1.21	1.00	16.3	13.4
16JS240TA	14.03	11.64	9.60	7.97	6.64	5.51	4.55	3.78	3.08	2.56	2.11	1.75	1.46	1.21	1.00	0.83	13.4	11.2

重型卡车维修技术手册
变速器分册

1.2.3 ZF 系列变速器

ZF 公司近几年推出了 ZF NewEcosplit 和 ZF ASTronic 系列重型汽车变速器。ZF NewEcosplit 为手动变速器，输入扭矩为 1600～2700N·m，是当今 ZF 公司重型卡车机械变速器的一代成功产品。ZF AS-Tronic 系列变速器是 ZF 公司近年来开发的匹配重型汽车的全自动机械多挡变速器（AMT），扭矩最大到 2600N·m。整体结构为双中间轴加行星轮系，组成插入挡机构、主箱基本机构、范围挡机构。首次改变传统 ZF 公司的单副轴全同步器设计，插入挡和主箱采用双副轴传动，主箱不装同步器，采用滑移齿套换挡。

以 ZF 16S1650 变速器为例。变速器的主箱部分包含 4 个前进挡和 1 个倒挡，位于变速器后部的是高低挡部分，以及位于变速器前部的是高低半挡部分。变速器外观如图 1-15 所示。

主箱和高低挡的组合形成了双 H 或超 H 形式的 8 挡变速。此外，高低半挡齿轮将其 8 个传动比加倍，使变速器总共有 16 个前进挡。变速器内部结构如图 1-16 所示。

图 1-15 变速器外观

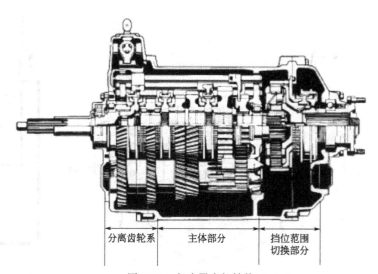

分离齿轮系　主体部分　挡位范围切换部分

图 1-16 变速器内部结构

双 H 形换挡：低挡工作区在 1～4 挡和倒挡，与高挡工作区的 5～8 挡隔开。高低挡的切换是由 3 挡和 4 挡（H1）至 5 挡和 6 挡（H2）间切换，通过气动控制自动实现；反之亦然。双 H 形换挡见图 1-17。

超 H 形换挡：接合 GP 低挡——当预选开关位于"LOW"时，经电磁阀，驱动 2 位 4 通阀。压缩空气来自 GP 驱动阀，通过 2 位 4 通阀，通到 GP 气缸低挡（1/2/3/4 挡和倒挡）进气口。接合 GP 高挡——当把预选开关转到"HIGH"位置时，到 2 位 4 通阀控制气被切断。2 位 4 通阀因无控制气，故将来自 GP 驱动阀的压缩空气，通到 GP 气缸高挡（5/6/7/8 挡）的进气口。

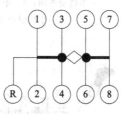

图 1-17 双 H 形换挡

电磁阀通常保持打开，除非车速高过使用 1～4 挡的车速极限。这种情况下，电磁阀动作，切断来自开关阀的控制气，如果同样情况下不小心将开关转到"LOW"位置时，可确保来自 GP 驱动阀的压缩空气通至 GP 气缸高挡进气口。

如果在不适合的车速误将挡位从 5 挡变换到 4 挡，此时则挂入 8 挡，自动防止变速箱损坏。带预选开关阀的变速杆开关如图 1-18 所示。

超 H 形换挡如图 1-19 所示。

双 H 形气动控制部件如图 1-20 所示。

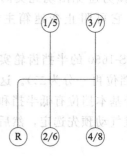

图 1-18 带预选开关阀的变速杆开关

超 H 形气动控制部件如图 1-21 所示。

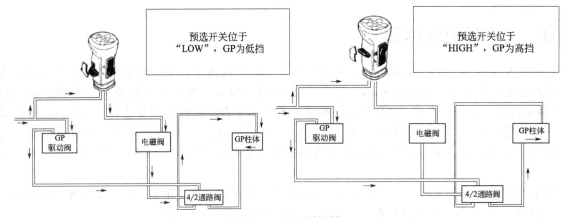

预选开关位于
"LOW"，GP为低挡

预选开关位于
"HIGH"，GP为高挡

图 1-19　超 H 形换挡

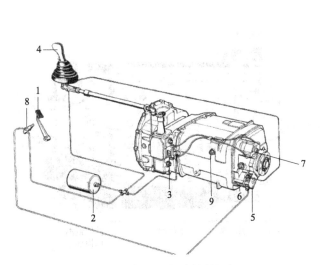

图 1-20　双 H 形气动控制部件

1—离合器踏板；2—储气罐；3—GP 驱动阀；4—预选开关阀；
5—半挡动作阀；6—半挡动作气缸；7—高低挡动作气缸；
8—半挡驱动阀；9—高低挡开指示开关

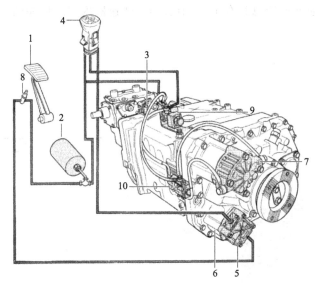

图 1-21　超 H 形气动控制

1—离合器踏板；2—储气罐；3—GP 驱动阀；4—预选开关阀；
5—半挡动作阀；6—半挡气缸；7—高低挡气缸；
8—半挡驱动阀；9—电磁阀；10—2 位 4 通阀

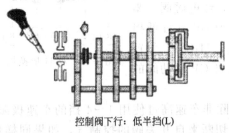

控制阀下行：低半挡(L)

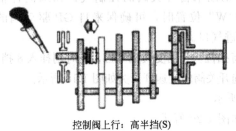

控制阀上行：高半挡(S)

图 1-22　半挡齿轮切换

半挡齿轮传动可将 8 个挡位分为 16 个挡位，即变速箱的每个挡位有高半挡（S）和低半挡（L），由气动预选控制。驾驶员只需简单地拨动半挡预选开关，然后踩下离合器踏板到底即可实现半挡切换，如图 1-22 所示。

在高低挡切换时，如果换挡动作很迅速，GP 的接合没有来得及完成，滑套未完全到位。互锁为避免出现此类问题的机械装置，如当 GP 换挡未完成时，它可阻止变速箱主箱挡位的接合。

除了 8 个基本挡位外，ZF 16S-1650 的半挡齿轮实现较 8 挡变速多 1 倍的挡位（将每个基本挡位再一分为二）。这些附加挡位介于每个基本变速挡之间。每个基本挡位有低半挡和高半挡之分，由变速杆上的半挡开关，通过气动预先选定，然后当踩下离合器踏板时接合。

举例：若正处于 1 挡低半挡，想快速挂上 1 挡高半挡，可将预选开关置 R 位（1 挡高半挡将会被选定），当踩下离合器踏板时，半挡的切换通过气动实现，不用移动变速杆的位置。

如果驾驶者想要 2 挡低半挡，可将预选开关置 L 位，当把变速杆置于 2 挡时（踩下离合器踏板），2 挡低半挡将自动接合，依次类推。高低半挡操作如图 1-23 所示。

基本变速挡可以通过双 H 形变速排挡模式换挡，就像通常的 8 挡变速箱。第一个"H"包括 1～4 挡和倒挡，定位弹簧保持变速杆在 3-4 挡间的空挡位。第二个"H"包括 5～8 挡，克服 3-4 挡和 5-6 挡间的压力点，移动变速杆到右边。"Hs"间的变速排挡是通过变速杆的横向移动气动控制实现的。转到第二个"H"后，定位弹簧保持变速杆在 5-6 挡间的空挡位。双 H 形基本换挡操作见图 1-24。

超 H 形基本变速挡有 4 个顺序位置，呈"H"形。变速杆的手柄上显示有"LOW"和"HIGH"的开关。第一个"H"（开关在"LOW"位置）包括 1～4 挡和倒挡。第二个"H"（开关在"HIGH"位置）包括 5～8 挡。

这种情况下，如果将选挡杆置于到 1 挡位置，开关在"LOW"位置，1 挡将被接合。如果保持选挡杆在 1 挡位置，而开关在"HIGH"位置，5 挡将被接合。选挡杆置于 2 挡位置，开关在"LOW"位置，2 挡将被接合。选挡杆置于 2 挡位置，开关在"HIGH"位置，6 挡将被接合。依次类推，这个过程将连续应用到更高的挡位。超 H 形基本换挡操作见图 1-25。

 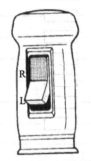 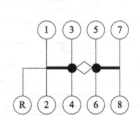 

(a) 低半挡预选控制　　(b) 高半挡预选控制

图 1-23　高低半挡操作　　　图 1-24　双 H 形基本变速挡操作　　　图 1-25　超 H 形基本换挡操作

图 1-26 说明了 ZF16S-1650 变速箱的每个挡位的动力传递情况（直接驱动型）。

图 1-27 显示了 ZF 锁止同步器的结构。同步器作为同步装置，可以使驾驶员实现快速、安全和无声地换挡，不用升挡时两次分开离合器，或遇有下坡或困难的路况时，不必在降挡时踩加速踏板。

使用锁止同步器后获得的换挡便利将使驾驶员更易频繁换挡。这将提高驾驶经济性，在现今严峻的交通状况下是极大的优势。

图 1-28 显示了 ZF 锁止离合器的动作和剖视图。剖视图和 A 部分所示为同步器在中间位置。当滑套从中间位置移向左边或右边时（图例 B 部分显示移向右边），同步环受到锥鼓在锥形摩擦面上的挤压。由于同步环和锥鼓有转速差，同步环在摩擦力作用下，转速趋同于锥鼓，直到它在锥鼓锥面上被锁定，阻止滑动啮合套的移动，见图例 C 部分。

由于滑套上的换挡推力和锥鼓齿锥面上的接触压力，同步环相对反转。一旦它们旋转速度达到一致，锥面将不再有任何摩擦，滑动啮合套与锥鼓的锥齿完全啮合，即相应的挡位接合。

图 1-29 显示了 ZF 锁止同步器部件分解，部件的形状和设计可能和图示有所不同。

1.2.4　解放重卡变速器

CA12TA(X)210M3 变速器是一汽集团公司针对重卡市场轻量化需求、为提高企业和产品的市场竞

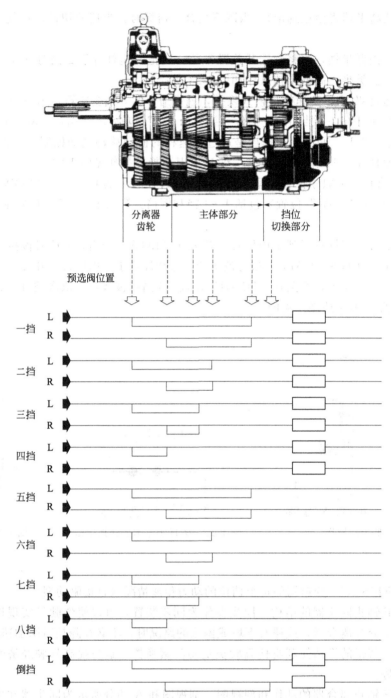

预选阀位置

<table>
<tr><td rowspan="2">一挡</td><td>L</td></tr>
<tr><td>R</td></tr>
<tr><td rowspan="2">二挡</td><td>L</td></tr>
<tr><td>R</td></tr>
<tr><td rowspan="2">三挡</td><td>L</td></tr>
<tr><td>R</td></tr>
<tr><td rowspan="2">四挡</td><td>L</td></tr>
<tr><td>R</td></tr>
<tr><td rowspan="2">五挡</td><td>L</td></tr>
<tr><td>R</td></tr>
<tr><td rowspan="2">六挡</td><td>L</td></tr>
<tr><td>R</td></tr>
<tr><td rowspan="2">七挡</td><td>L</td></tr>
<tr><td>R</td></tr>
<tr><td rowspan="2">八挡</td><td>L</td></tr>
<tr><td>R</td></tr>
<tr><td rowspan="2">倒挡</td><td>L</td></tr>
<tr><td>R</td></tr>
</table>

图 1-26　ZF16S-1650 变速箱的每个挡位的动力传递情况

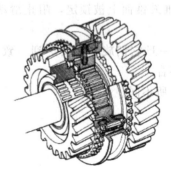

图 1-27　ZF 锁止同步器的结构

争力而开发的一款 12 挡双中间轴全铝壳体变速器，壳体结构采用国际先进的前后对分结构形式，流线型设计，铝合金高压铸造工艺，外观高档大气，性能可靠优良，操纵舒适顺畅，运行安全经济，是一款真正高品质变速器产品。变速器型号编码规则如图 1-30 所示。

CA12TA(X)210M3 变速器分三个系列产品，最大输入扭矩分别为 1600N·m、1900N·m、2100N·m，12 个前进挡，2 个倒挡，分为直接挡和超速挡两种速比，最大输入转速为 1900r/min。

CA12TA(X)210M3 变速箱技术参数见表 1-3。CA12TAX230M1 变速器技术参数见表 1-4。

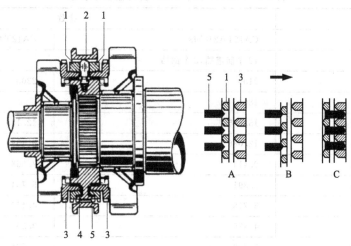

图 1-28 ZF 锁止离合器的动作和剖视图

1—同步环；2—推块；3—锥鼓；4—齿座；5—滑套

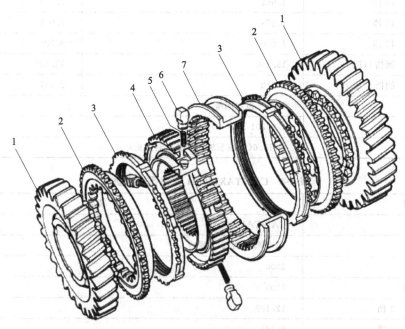

图 1-29 ZF 锁止同步器部件分解

1—齿轮；2—离合器；3—同步环；4—同步器；5—压缩弹簧；6—柱塞；7—滑套

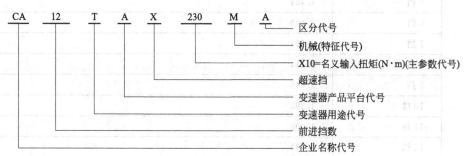

图 1-30 变速器型号编码规则

表 1-3　CA12TA(X)210M3 变速器技术参数

项目		参数	
变速器型号		CA12TA210M3	CA12TAX230M3
挡位形式		12 个前进挡,2 个倒挡	
最大输入扭矩/N·m		2100	2300
最大输入转速/(r/min)		1800	
速比	1 挡	15.575	12.189
	2 挡	12.086	9.459
	3 挡	9.414	7.368
	4 挡	7.391	5.784
	5 挡	5.718	4.475
	6 挡	4.475	3.502
	7 挡	3.480	2.724
	8 挡	2.701	2.114
	9 挡	2.104	1.646
	10 挡	1.652	1.293
	11 挡	1.278	1.000
	12 挡	1.000	0.783
	倒挡 1(R1)	15.136	11.846
	倒挡 2(R2)	3.382	2.647
润滑方式		飞溅+强制润滑	
润滑油		1700801-54W-C00	
加油量/L		约 15.6(加油至加油口溢出油为止)	

表 1-4　CA12TAX230M1 变速器技术参数

项目		参数
变速器型号		CA12TAX230M1
档位形式		12 个前进挡,2 个倒挡
最大输入扭矩/N·m		2300
最大输入转速/(r/min)		1900
速比	1 挡	12.189
	2 挡	9.435
	3 挡	7.349
	4 挡	5.770
	5 挡	4.464
	6 挡	3.493
	7 挡	2.724
	8 挡	2.114
	9 挡	1.646
	10 挡	1.293
	11 挡	1.000
	12 挡	0.783
	倒挡 1(R1)	11.816
	倒挡 2(R2)	2.647

项目	参数
润滑方式	飞溅润滑＋强制润滑
润滑油牌号	SPIRAX S3 AD 80W/90(壳牌)GL-5(重负荷车辆齿轮油,按 Q/CAM-29.3)
加油量/L	约17.3(加油至加油口溢出油为止)

该变速器匹配功率范围在 290～420hp（1hp＝735.499W，下同）之间的重型车用发动机，广泛适用于各种路况的牵引、载货车、公路自卸车等。与同类产品相比，全铝合金壳体前后对分设计，结构尺寸短、重量轻、效率高，总成质量只有276kg。

主箱采用啮合齿套手动换挡，副箱采用大同步容量的锁销式同步器气控换挡，操纵机构采用四叉轴式、互锁板结构，换挡流畅并有吸入感；副箱气缸采用双支撑专利技术，气缸寿命更长，换挡更加柔顺；直接挡1挡速比大，重载起步能力好、爬坡能力强；超速挡速比小，具有高速运载能力；变速器速比级差分配合理，见表1-5，使变速器各挡换挡冲击小，换挡轻便、省力，燃油经济性更好。

表 1-5　CA12TA(X)210M3 变速器速比

挡位	1挡	2挡	3挡	4挡	5挡	6挡	7挡	8挡	9挡	10挡	11挡	12挡	倒挡1	倒挡2
直接挡	15.54	12.06	9.04	7.37	5.7	4.46	3.48	2.7	2.1	1.65	1.28	1	15.1	3.38
超速挡	12.16	9.44	7.35	5.77	4.46	3.49	2.72	2.11	1.65	1.29	1	0.78	11.82	2.65

CA12TA(X)230M3 系列机械式变速器是一汽集团开发的双中间轴轻量化重型汽车专用变速器。该系列变速器采用主副箱组合设计，主箱为手动操纵，副箱为气动操纵，具有12个前进挡，2个倒挡。该变速器适用于功率范围在420～500hp之间的重型车辆，广泛适应我国目前的道路状况和运输情况，具有以下特点：

① 壳体采用压铸铝合金材料，极大减轻了总成重量，整车燃油经济性好；

② 配置强制润滑装置，改善整箱润滑状态，能使山区路况更加可靠，同时减少润滑油量，提高总成效率；

③ 主副箱均采用国内外重型车用变速器普遍采用的双中间轴结构，结构紧凑，不仅缩短变速器的轴向尺寸，方便传动轴的布置，同时减轻变速器的重量；

④ 主箱用滑动齿套换挡，副箱用锁销式同步器换挡，同步器为美国先进产品，采用高性能非金属摩擦材料，摩擦系数大，寿命长；

⑤ 主箱齿轮采用直齿细高齿设计，副箱采用斜齿细高齿设计，重合度大，啮合平稳，有效降低了变速器的振动和噪声，同时也提高了变速器的承载能力；

⑥ 1挡速比大，爬坡能力强，各挡之间的速比级差均匀，燃油经济好，挡位清晰；

⑦ 1轴轴承采用单侧密封轴承，1轴油封采用 A 型密封圈形式，避免出现漏油现象；

⑧ 开发过程中重点关注我国国情，采用实际使用载荷谱进行齿轮强度计算，明确强化薄弱环节，保证更高的可靠性和整车出勤率；

⑨ 可匹配单杆、双杆操纵，可近、远距离操纵；

⑩ 具有广泛的适应性，可配置后取力，满足载重车、牵引车、自卸车、越野车、矿用车等各种车辆的使用要求；

⑪ 使用成本低，合理的设计结构提高了变速器的使用寿命，特别是副箱寿命得到很大提高，减少了维修费用和停车损失。

10 挡 CA10TA130M 变速器由主、副箱两段式结构组成，主箱有5个挡，副箱有2个挡，一共组成10个前进挡和2个倒挡。变速器的总成主截面如图1-31所示。

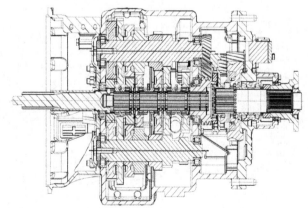

图 1-31　变速器总成主截面

10 挡 CA10TA130M 变速器总成技术参数见表 1-6。

表 1-6　10 挡 CA10TA130M 变速器总成技术参数

项目		参数
变速器型号		CA10TA130M
挡位形式		10 个前进挡,2 个倒挡
最大输入扭矩/N·m		1300
最大输入转速/(r/min)		1900
速比	1 挡	14.78
	2 挡	11
	3 挡	8.17
	4 挡	6
	5 挡	4.46
	6 挡	3.31
	7 挡	2.46
	8 挡	1.83
	9 挡	1.34
	10 挡	1
	倒挡 1(R1)	15.1
	倒挡 2(R2)	3.38
润滑方式		主副箱飞溅润滑
润滑油牌号		80W/90 GL-5
加油量/L		约 13

第**2**章

变速器结构与原理

2.1
HW 系列变速器

2.1.1　HW 系列变速器结构

2.1.1.1　与其他变速器结构的比较

变速器主箱的结构有单中间轴结构和双中间轴结构，如 ZF 系列常见的结构为单中间轴结构，富勒变速器常见的结构为双中间轴结构。变速器后副箱的结构有双中间轴结构和行星传动结构，如 ZF 系列常见的结构为行星传动结构，富勒变速器常见的结构为双中间轴结构。

（1）单中间轴结构与双中间轴结构的比较　变速器常见的传动部件是齿轮。由于齿轮传递具有体积小、自身重量轻、传动比恒定、工作平稳、传递功率大的优点，因此齿轮广泛用于各种机械产品上。由于渐开线齿轮具有易于加工、检测，适合于大规模生产，因此变速器中常见的传递部件是渐开线齿轮。渐开线齿轮常用的压力角为 20°，因为其综合性能最好，传动过程中齿轮同时承受切向力和径向力，其比值为 2.75（压力角为 20°）。假定传递力矩为 1000N·m，齿轮中心距为 150mm，传动比为 i，则承受的径向力为 2424(i+1)。径向力越大，齿轮轴的弯曲变形就越大，使齿轮啮合的状态恶化。

双中间轴结构的原理为动力从输入轴输入后，经传动齿轮分流到两根中间轴上，然后汇集到输出轴上。在理论上每根中间轴只传递 1/2 的扭矩，所以采用双中间轴可以使变速器的中心距及齿轮厚度减小，从而缩短整个变速器的轴向长度，减轻变速器的重量。双中间轴结构为了满足正确的啮合并使载荷尽可能地平均分配，主轴齿轮在主轴上呈径向浮动状态，取消了单中间结构中主轴齿轮内孔中的滚针轴承。在工作时，两个中间轴齿轮对主轴齿轮所施加的径向力大小相等，方向相反，从而使主轴只承受扭矩，不承受弯矩，改善了主轴和轴承的受力状况，大大提高了变速器的使用可靠性。

双中间轴结构为了实现中间轴齿轮与主轴齿轮的正确啮合，必须进行"对齿"，中间轴的齿轮必须在中间轴上准确定位，增加零件的加工难度。因此对于输入扭矩比较小的变速器总成，使用双中间轴结构是不合适的，其制造成本过高，无法发挥其优势。

（2）变速器后副箱中双中间轴结构和行星传动结构比较　从上述分析看出，双中间轴结构降低每个齿轮传递的力矩，提高了传动的使用性能。变速器的后副箱通常作为范围挡副箱来使用，其传动比一般不小于 3，且只有两对齿轮相啮合，齿数相差较大。变速器后副箱的输入力矩是变速器输入力矩的 4 倍左右，变速器输入扭矩越大，双中间轴的副箱受力越大，发生故障的可能性更大。双中间轴副箱变速器在恶劣工况的重型车使用过程中的表现也证明了这一点。其故障主要为：轮齿断裂、轮齿压溃、轮齿点蚀、变速器副箱壳体开裂、同步器寿命低。

行星传动结构由1个太阳轮、5个行星轮、1个内齿圈组成。在理论上每个行星轮只传递1/5的扭矩，且输出轴支撑在大跨距轴承上，齿轮的受力状况大为改善，大大提高了变速器后副箱的使用可靠性和寿命。

副箱处于高挡位置时，行星传动结构之间没有齿轮啮合传动，传动效率可达100%，更利于省油。

从上述分析可以看出，随着输入扭矩的增加且结构受限制，主箱采用的齿轮传递形式为单副轴结构→双副轴结构，副箱采用的齿轮传递形式为双副轴结构→行星传动结构。中国重汽生产的HW系列变速器更适合于大功率、大扭矩、恶劣路况的使用，更有利于提高总成的使用寿命。

2.1.1.2 变速器的结构特点

HW系列变速器主箱采用双中间轴结构，两根中间轴相间180°，副箱采用行星传动机构。动力从输入轴输入后，分流到两根中间轴上，然后汇集到主轴，最后通过副箱行星传动机构输出，从而实现动力的传递。

（1）HW18709系列变速器　HW18709系列变速器由主箱、副箱两段式结构组成，主箱有5个前进挡，副箱有2个挡，一共组成9(4×2+1)个前进挡和一个倒挡，其主传动结构如图2-1所示。

主箱换挡为手动操纵，副箱换挡为气动操纵。HW18709系列变速器的换挡操控机构有单杆双H形换挡机构和双杆双H形换挡机构两种形式。

（2）HW20716系列变速器　HW20716系列变速器采用前副箱、主箱、后副箱组合设计，主箱4个前进挡与后副箱2个挡传动形成8个前进挡，再经前置的插分挡插分形成16(2×4×2)个前进挡和2个倒挡（HW20716A有4个倒挡），其主传动结构如图2-2所示。

主箱换挡为手动操纵，前后副箱换挡为气动操纵。HW20716系列变速器的换挡操控机构有气阀直接控制单杆双H形换挡机构和气阀直接控制双杆双H形换挡机构两种形式。

图2-1　HW18709、HW15710、HW19710
系列变速器的主传动结构

图2-2　HW20716系列变速器的
主传动结构

（3）HW19710和HW15710系列变速器　HW19710、HW15710系列变速器由主箱、副箱两段式结构组成，主箱有5个挡，副箱有2个挡，一共组成10(5×2)个前进挡和2个倒挡，其主传动结构如图2-1所示。

主箱换挡为手动操纵，副箱换挡为气动操纵。HW19710、HW15710系列变速器的换挡操控机构有气阀直接控制单杆单H形换挡机构和气阀直接控制双杆单H形换挡机构两种形式。

（4）HW19712系列变速器　HW19712系列变速器由主箱、副箱两段式结构组成，主箱有6个挡，副箱有2个挡，一共组成12(6×2)个前进挡和2个倒挡。

主箱换挡为手动操纵，副箱换挡为气动操纵。HW19712系列变速器的换挡操控机构有气阀直接控制单杆单H形换挡机构和气阀直接控制双杆单H形换挡机构两种形式。

（5）HW13710系列变速器　HW13710系列变速器由主箱、副箱两段式结构组成，主箱有5个挡，副箱有2个挡，一共组成10(5×2)个前进挡和2个倒挡。

主箱换挡为手动操纵，副箱换挡为气动操纵。HW13710系列变速器的换挡操控机构有气阀直接控制单杆单H形换挡机构和气阀直接控制双杆单H形换挡机构两种形式。

HW18709 和 HW20716 系列变速器的操纵机构如图 2-3 所示。高低挡定位环和换挡头安装在换挡轴上，高低挡定位环与定中弹簧、范围挡锁销、范围挡锁弹簧等共同组成挡位锁，形成 5 个挡位清晰的位置。这 5 个位置对应于换挡头的 5 个轴向位置，每个位置径向摆动可形成 2 个挡位。换挡头采用双拨头结构，这样可以在两个不同位置拨动同一根拨叉轴。同时换挡轴的轴向移动带动互锁叉驱动双 H 总成，从而实现范围挡的换挡。主箱换挡与范围挡换挡相配合，从而实现 9 个（HW20716）或 10 个（HW18709）挡位。HW20716 的操纵机构再配合气阀直接控制插分挡，从而实现 16 个前进挡和 2 个倒挡。

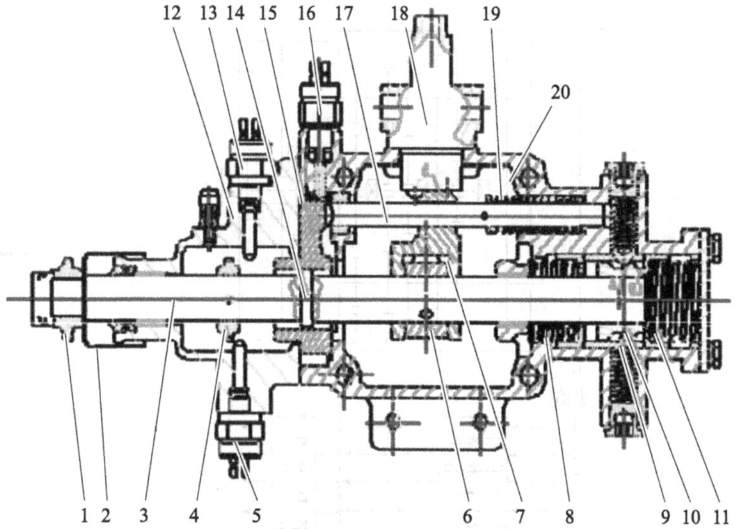

互锁叉、换挡头、拨叉轴的拨块联合组成挡位互锁机构。换挡头的头部对应于互锁叉上的两个槽，只有拨块正对于互锁叉上的槽，拨块才能从互锁叉中拨出，从而实现换挡；若不正对于互锁叉的槽，则不能从互锁叉中拨出，不能够换挡。在机构上保证了只有在 5 个清晰挡位处才能换挡，可靠地实现了互锁功能。

图 2-3　HW18709 和 HW20716 系列变速器的操纵机构
1—换挡摇臂；2—防尘罩；3—换挡轴；4—传感器驱动环；5—倒挡压力开关；
6—换挡头；7—互锁叉；8—定中弹簧；9—范围挡锁销；
10—高低挡定位环；11—定中弹簧；12—小盖端盖；
14—驱动销；15—扇形自锁块；16—空挡压力开关；
17—自锁销轴；18—双 H 阀总成；19—自锁弹簧；
20—小盖壳体

扇形自锁块、自锁销轴、自锁弹簧等联合组成自锁机构，保证自锁可靠。

由于变速器操纵机构的选挡、换挡、自锁、互锁、信号驱动通过完美组合都集成在小盖总成上，使各种功能更加可靠，且便于维修。

HW19710、HW15710 和 HW13710 系列变速器的操纵机构中，定中弹簧、定中座环安装在换挡轴上，与小盖壳体、隔环等共同组成挡位锁，形成 3 个挡位清晰的位置。这 3 个位置对应于换挡头的 3 个轴向位置，每个位置径向摆动可形成 2 个挡位。再配合气控锁止阀总成控制范围挡换挡，共形成 10 个前进挡和 2 个倒挡。

互锁叉、换挡头、拨叉轴的拨块联合组成挡位互锁机构。换挡头的头部正对应于互锁叉上的槽，只有拨块正对于互锁叉上的槽时，换挡头才能把拨块从互锁叉的槽中拨出，从而实现换挡；若不正对于互锁叉的槽，则拨块不能从互锁叉中拨出，不能够换挡。在机构上保证了只有在 3 个清晰挡位处才能换挡，可靠地实现了互锁功能。

扇形自锁块、自锁销轴、自锁弹簧联合组成自锁机构，保证自锁可靠。

由于变速器操纵机构的选挡、换挡、自锁、互锁、信号驱动通过完美组合都集成在小盖总成上，使各种功能更加可靠，且便于维修。

2.1.2　HW 系列变速器传动路线

HW19710 和 HW15710 系列变速器的传动路线如图 2-4 所示。HW19710C 和 HW15710C 系列变速器的传动路线如图 2-5 所示。HW20716 系列变速器的传动路线如图 2-6 所示。

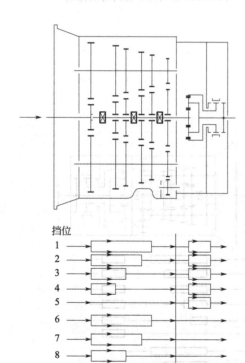

图 2-4　HW19710 和 HW15710 系列变速器的传动路线

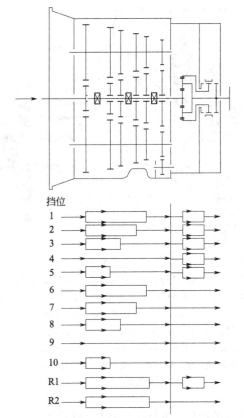

图 2-5　HW19710C 和 HW15710C 系列变速器的传动路线

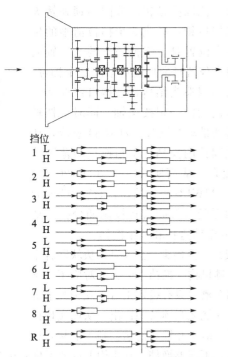

图 2-6　HW20716 系列变速器的传动路线

HW20716 系列超速挡变速器的传动路线如图 2-7 所示。

HW19712 系列变速器的传动路线如图 2-8 所示。

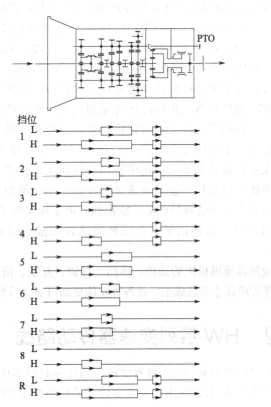

图 2-7　HW20716 系列超速挡变速器的传动路线

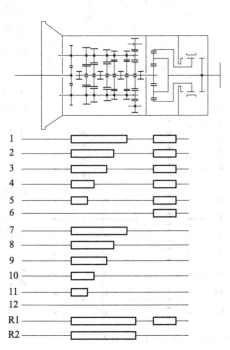

图 2-8　HW19712 系列变速器的传动路线

重型卡车维修技术手册
变速器分册

HW13710 系列变速器的传动路线如图 2-9 所示。

HW13710C 系列变速器的传动路线如图 2-10 所示。

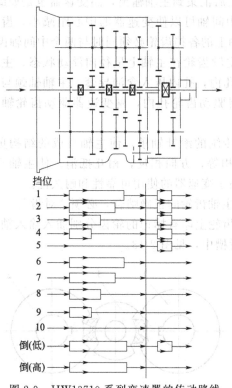

图 2-9　HW13710 系列变速器的传动路线

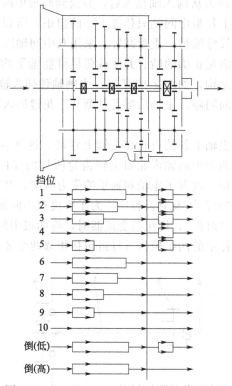

图 2-10　HW13710C 系列变速器的传动路线

HW 系列变速器的挡位如图 2-11 所示。

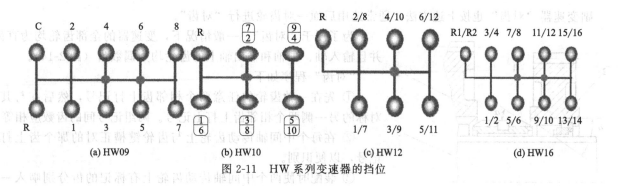

(a) HW09　　　(b) HW10　　　(c) HW12　　　(d) HW16

图 2-11　HW 系列变速器的挡位

2.2
法士特系列变速器

2.2.1　法士特变速器

2.2.1.1　法士特双中间轴九挡变速器

法士特双中间轴变速器的基本结构相同，下面以 F9 系列变速器为例，简要介绍法士特双中间轴变速器的工作原理、结构特点及维修要点。

（1）中间轴结构　法士特双中间轴9挡变速器的主、副变速器均采用两根结构完全一样的中间轴，相间180°。动力从输入轴输入后，分流到两根中间轴上，然后汇集到主轴输出，副变速器也是如此。

理论上每根中间轴只传递1/2的扭矩，所以采用双中间轴可以使变速器的中心距减小，齿轮的宽度减薄。轴向尺寸缩短，重量减轻。采用双中间轴以后，主轴上的各挡齿轮必须同时与两个中间轴齿轮啮合。

为了满足正确的啮合并使载荷尽可能地平均分配，主轴齿轮在主轴上呈径向浮动状态。主轴则采用铰接式浮动结构，如图2-12所示。主轴轴颈插入输入轴的孔内，孔内压入含油导套，主轴轴颈与导套之间有足够的径向间隙。主轴后端通过渐开线花键插入副变速器驱动齿轮孔内，副变速器驱动齿轮轴颈支承在球轴承上。

因为主轴上各挡齿轮在主轴上浮动，这样就取消了传统的滚针轴承，使主轴总成的结构更简单合理。当工作时两个中间轴齿轮对主轴齿轮所加的径向力大小相等，方向相反，相互抵消。使主轴只承受扭矩，不承受弯矩，改善了主轴和轴承的受力状况，并大大提高了变速器的使用可靠性和耐久性。

（2）"对齿"及对齿程序　为了解决双中间轴齿轮与主轴齿轮的正确啮合，必须"对齿"。

所谓"对齿"，即组装变速器时，将两根中间轴传动齿轮上印有标记的轮齿分别插入输入轴（一轴）齿轮上印有标记的两组轮齿（每组包括相邻两个牙齿）的齿槽中，见图2-13。

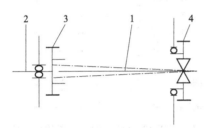
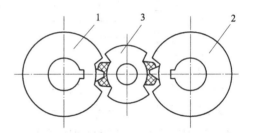

图 2-12　主轴浮动结构示意图
1—主轴；2—输入轴；3—输入轴齿轮；4—副箱驱动齿轮

图 2-13　组装变速器总成对齿示意
1—左中间轴齿轮；2-轴齿轮；3—右中间轴齿轮

副变速器"对齿"也按上述方法，通常选用后面一对齿轮进行"对齿"。

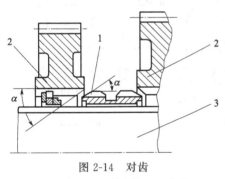

图 2-14　对齿
1—滑套；2—主轴齿轮；3—主轴

为了便于"对齿"，一般情况下，变速器的全部齿轮均为直齿，并且输入轴、主轴和输出轴上的齿轮均为偶数齿（图2-14）。

"对齿"程序如下。

① 先在一轴齿轮的任意两个相邻齿上打记号，然后在与其相对称的另一侧两个相邻齿上打上记号。两组记号间的齿数应相等。

② 在每个中间轴传动齿轮上与齿轮键槽正对的那个齿上打上记号，以便识别。

③ 装配时使两个中间轴传动齿轮上有标记的齿分别啮入一轴齿轮左右两侧标有记号的两齿之中。

（3）换挡机构　法士特双中间轴9挡变速器的主箱内无同步器。主轴上的滑套通过渐开线花键套在主轴上，移动滑套使滑套的接合齿与主轴齿轮的内接合齿啮合传递动力，见图2-15。

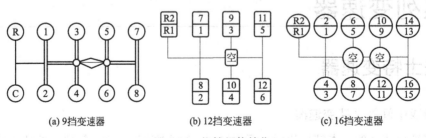

图 2-15　换挡机构挡位

滑套和主轴齿轮内接合齿端处有相同大小锥角（$\alpha = 35°$）。由于主轴和主轴齿轮处于浮动状态，所以挂挡时，这两个锥面能起到一定的自动定心和同步作用。

法士特双中间轴9挡变速器挡位多，各挡间速比的级差小，所以工作时相邻挡位之间的转速差也小，使得变速器操纵轻便，换挡机构结构简单，造价低廉，使用可靠。

16挡变速器不但有高低挡，还有奇偶数挡。平时操纵手柄挂挡时并不需要经常进行奇偶数挡转换，只是在特殊工况时才选择奇偶数挡转换。

也就是说，16挡操作起来不神秘。平时使用时，就将它看作一个8挡变速器。或者在奇数挡区或者在偶数挡区，并不经常进行转换，只有在爬长坡、上山路等特殊工况时，才偶尔进行奇偶数挡转换。

（4）双H操纵机构　9挡、10挡变速器双H换挡机构气动线路如图2-16所示。在双H操纵机构中，1-2-3-4挡及R-C挡在低挡区，5-6-7-8挡在高挡区。

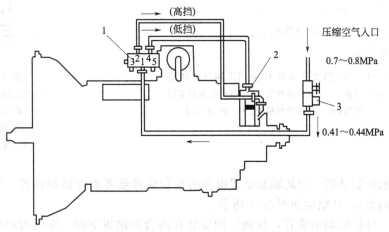

图2-16　9挡、10挡变速器双H换挡机构气动线路示意
1—双H换向阀；2—范围挡气缸；3—空气滤清调节器

12挡变速器双H换挡机构气动线路如图2-17所示。其中间位置有两个，一个在低挡区的3-4挡的空挡位置，另一个在高挡区的5-6挡的空挡位置。

装在双H操纵装置中横向拉杆上的拨头直接控制双H换向阀，分别接通高挡区的气路或低挡区的气路，实现高挡区挡位与低挡区挡位间的自动转换。双H换向阀上的孔口2和4为出气口，孔口3和5为排气口，孔口1为进气口。

16挡变速器双H换挡机构气动线路如图2-18所示。

（5）同步器构造　在法士特双中间轴9挡变速器的副变速器内装有锁销式惯性同步器。它由副箱换挡气缸来操纵。仅在高、低挡位段变化时才使用（即从高挡区换向低挡区或从低挡区换向高挡区时才工作），其动作由横向拉杆与双H气阀联动控制。

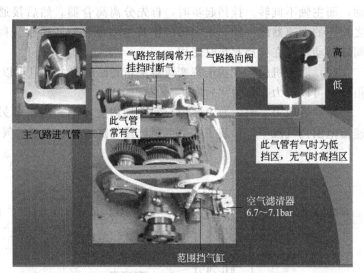

图2-17　12挡变速器双H换挡机构气动线路
$1bar = 10^5 Pa$，下同

同步器总成如图2-19所示。高挡同步环2和低挡锥环6上各铆有三根锁止销4和7，滑动齿套3通过花键与副变速器输出轴结合。高挡同步环和低挡锥环基体为铁基粉末冶金锻造烧结而成，在高挡同步环的内锥面和低挡锥环的外锥面上分别粘有高摩擦性能的非金属材料。在副变速器驱动齿轮和副变速器减速齿轮上分别有与之对应的外锥面和内锥面。

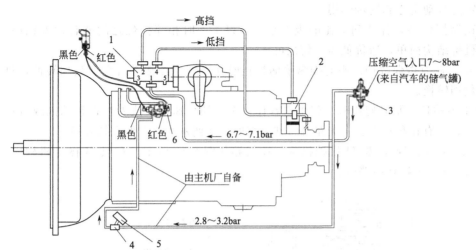

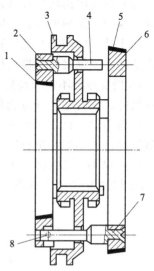

图 2-18　16 挡变速器双 H 换挡机构气动线路

1—双 H 气阀；2—范围格气缸；3—空气滤清调节器；

4—空气阀；5—离合器踏板；6—单 H 气阀

图 2-19　同步器总成

1—高挡摩擦带；2—高挡同步环；

3—滑动齿套；4—高挡锁止销；

5—低挡摩擦带；6—低挡锥环；

7—低挡锁止销；8—弹簧

(6) 中间轴（副轴）制动器　中间轴制动器也称副轴制动器或者离合器制动器，装在主变速器壳体的右侧（向汽车前进方向看），其结构如图 2-20 所示。

中间轴制动器是一种操纵制动装置，控制气阀安装在离合器踏板下面，操纵时将踏板踏到底，即可接通气路，压缩空气将制动活塞推向副轴（中间轴）取力齿轮齿顶，使中间轴、主轴齿轮和离合器从动部分迅速减速。因为在车辆起步前，变速器处于空挡位置。主轴齿轮、中间轴和离合器传动件随发动机一起转动，而主轴不旋转。挂挡起步时，首先分离离合器，然后接通中间轴制动器气路，使离合器从动部分和与之相连的变速器的一轴、中间轴齿轮及主轴齿轮的转速很快降低，这样就能使车辆迅速平稳挂挡起步。中间轴制动器仅在挂挡起步时使用。

(7) 取力机构　在法士特变速器主箱底面的取力窗口可以装取力器，称为"底取力"。在变速器后端副箱处也可以取力，称为"后取力"。

在"后取力"时，取力器因与变速器内腔不通，故必须另加注润滑油。同时，为实现停车取力，在变速器范围挡气缸中，加装了一个空挡位置气缸和一个专制的气缸盖，如图 2-21 所示。

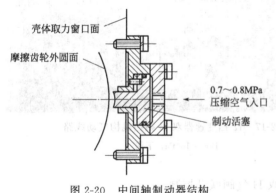

图 2-20　中间轴制动器结构

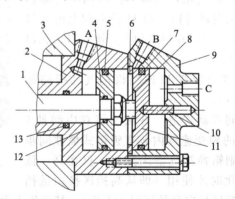

图 2-21　空挡位置气缸结构

1—范围挡拨叉轴；2—范围挡气缸；3—后盖壳体；4—范围挡气缸活塞；

5,7,12,13—O 形密封圈；6—定位环；8—六角尼龙锁紧螺母；

9—气缸盖；10—空心轴；11—中间位置气缸活塞；

A—低范围气孔；B—高范围气孔；C—空挡进气孔

2.2.1.2　16挡变速器结构

16JS200T变速器是2×4×2结构。在变速器中，一轴、二轴及副箱主轴上的齿轮均呈径向浮动状态，一轴上的一轴齿轮空套在一轴上，由花键垫片和止动环进行轴向定位，结构简单，装配方便，省去了调整垫进行调整的麻烦；一轴分速齿轮也空套在一轴上；一轴齿轮和一轴分速齿轮之间装有单锥面、单向锁环式惯性同步器，该同步器为气动操纵，由上盖的气缸通过拨叉进行挂挡。中间轴上的齿轮除1挡、2挡和倒挡齿轮与中间轴制为一体外，均以一定的过盈量与中间轴相配合并辅以月牙键或长键联结。二轴上的齿轮空套在二轴上，由花键垫片、止动环和二轴上的长六角键进行轴向定位，无须进行轴向调整，所有齿轮在二轴都呈径向浮动状态。二轴上装有两套双锥面锁环式同步器，同步容量大、挂挡轻便。在后副箱中，副箱驱动齿轮与二轴通过花键联结。副箱中间轴传动齿轮焊接在副箱中间轴上。副箱主轴减速齿轮通过花键垫片支撑在副箱主轴上，并且齿轮在径向也可以浮动，后副箱采用增强型锁销式同步器，锥面为非金属摩擦材料，可靠性高。主、副变速器内除倒挡齿轮、一挡齿轮及后副箱的减速轮外均为细齿设计，重合度大（达2.2左右），齿轮啮合平稳，噪声小。

在16JS200T双中间轴变速器的主变速器中，有两个尺寸结构完全相同的中间轴总成，副变速器也是如此。

16挡系列变速器根据实际情况选用三种结构不同的同步器。如图2-22所示，图2-22（a）为奇偶挡同步器，由于其转速级差小（1.2左右），因此用了单锥面，摩擦面1的材料选用碳纤维，又由于奇偶挡同步器是气动操纵，因此结构上设计成单向式；图2-22（b）为变速器主箱中的同步器，这种同步器为双锥面同步器，共有两套，分别为1、2挡和3、4挡同步器，由于是两个摩擦副1和2，因此大大增加了同步容量，使得换挡轻便，两个摩擦副材料为钢环和黄铜，这种同步器有中间位置以满足空挡时的需要。以上两种同步器称为锁环式惯性同步器。图2-22（c）为变速器副箱同步器，这种同步器称为锁销式惯性同步器，同样因为是气动操纵，该同步器也为单向式，摩擦面1的材料选用碳纤维。由于后副箱速比级差大（4.55），需要的同步容量大，因而气缸的推力大，这

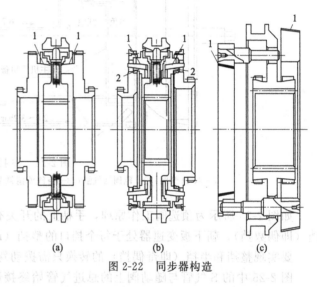

图2-22　同步器构造

样就造成了挂挡时的冲击力相应增大，试验证明锁销式同步器要比锁环式同步器耐冲击力，因此副箱选用锁销式同步器。该同步器只在高低挡转换时自动切换。

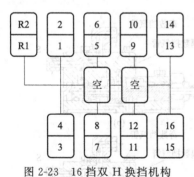

图2-23　16挡双H换挡机构
操纵手球位置

16挡系列变速器为远距离操纵型，有单杆双H操纵和双杆双H操纵两种类型。主变速器为手动操纵，奇偶挡转换为气动操纵，如图2-23所示为16挡双H换挡机构操纵手球位置。当手球预选阀开关处于2位置时，手球可挂2-4-6-8-10-12-14-16及R2挡，当手球预选阀开关处于1位置时，手球可挂1-3-5-7-9-11-13-15及R1挡，即位置2为偶数挡，位置1为奇数挡。

16挡系列变速器副箱也为气动操纵，只是高低挡的切换在双H操纵机构中自动实现，这里不再赘述。

16挡系列变速器属于插入式结构，有整挡和半挡之分。通常变速器要么在奇数挡运转，要么在偶数挡运转，即平时操纵手球挂挡时无须扳动奇、偶转换开关位置，只是在特殊的工况下使用（如爬长坡、上山路等，此时汽车发动机在某一挡位不能处于最佳工作状态，这时扳动奇、偶转换开关使其整挡变为半挡或半挡变成整挡），这样既减轻了驾驶员劳动强度，又可以延长奇偶挡同步器的使用寿命。

16挡系列变速器的奇偶挡转换为气动操纵，其气路如图2-24所示，来自整车储气罐的压缩空气[7～8atm（1atm＝101325Pa，下同）]经变速器的空气滤清调节器分成两路：一路供给上盖总成上的奇偶挡转换气缸（2.8～

3.2atm）；另一路供给副箱（6.7~7.1atm）。供给上盖总成上的奇偶挡转换气缸的气路为：从空气滤清调节器出来的压缩空气经过空气阀 4（该阀的通、断状态由离合器踏板控制，当离合器彻底分离时，气路接通；当离合器接合时，气路断开）进入单 H 阀 6，单 H 阀的通、断状态由手球上的奇、偶挡转换开关来控制，其结果是：要么接通整挡，要么接通半挡。供给副箱的气路为：从空气滤清调节器出来的压缩空气经过双 H 阀，该阀的通、断状态由双 H 操纵装置来控制，双 H 气阀上的孔口①为进气口，孔口②和④为出气口，孔口③和⑤为排气口。其结果是：要么接通高挡区，要么接通低挡区。关于单 H 阀、双 H 阀和预选阀的工作原理下面还要详述。

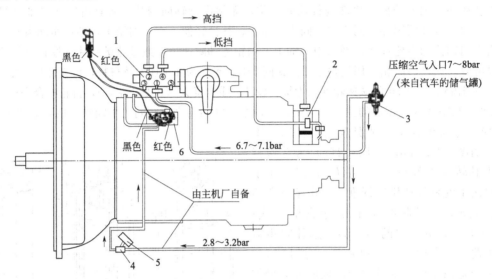

图 2-24　16 挡变速器气路

1—双 H 气阀；2—范围挡气缸；3—空气滤清调节器；4—空气阀；5—离合器踏板；6—单 H 阀

　　如图 2-25 所示为预选阀工作原理，手柄上的开关有上、下两种状态，朝上扳变速器处于每个挡口的半挡（即偶数挡），朝下扳变速器处于每个挡口的整挡（即奇数挡）。

　　要实现整挡和半挡（即奇偶挡）的转换只需拨动驾驶员手柄上的预选阀开关即可。

　　图 2-25 中的 S 气管与随动阀上的总进气管始终接通，当开关处于奇数挡时，S 气管与 P 气管通过孔 1 接通，当开关处于偶数挡时，S 气管与 P 气管不接通，此时 P 气管里的高压气通过孔 2 与外界大气接通，而 S 气管的高压气被堵住。

　　如图 2-26 所示为单 H 阀（又名随动阀）工作原理。

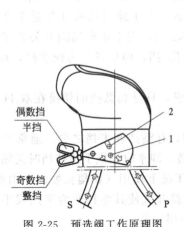

图 2-25　预选阀工作原理图

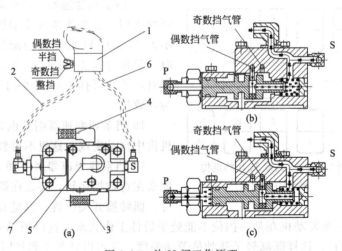

图 2-26　单 H 阀工作原理

1—预选阀；2—P 气管；3—奇数挡气管；4—偶数挡气管；

5—总进气管；6—S 气管；7—随动阀总成

重型卡车维修技术手册
变速器分册

当踩下离合器踏板，离合器已完全分离时，再继续踩下离合器踏板，就打开安装在踏板下方的控制阀，使来自变速器空气滤清调节器的压缩空气（2.8~3.2atm）进入图2-26(a)中的总进气管5，压缩空气经总进气管5进入随动阀总成7，假如预选阀1奇、偶挡转换开关处于偶数挡区，那么除了S气管与总进气管5接通外 [图2-26(b)]，压缩空气还要推动活塞向左移动，从而使总进气管5与偶数挡（即半挡）气管4接通，而偶数挡气管4与前副箱上的换挡气缸连接，使得变速器副箱里的同步器处于偶数挡区位置。假如预选阀1奇、偶挡转换开关处奇数挡（即整挡），那么S气管6与P气管2接通 [图2-26(c)]，这时由于压力差的作用活塞向右移动，从而使总进气管5与奇数挡气管3接通，而奇数挡气管3与前副箱上的气缸连接，使得变速器副箱里的同步器处于奇数挡位置。

前副箱的换挡气缸有两个接口，分别与奇、偶挡气管相接，通过活塞的左右移动来控制前副箱处于奇数挡或偶数挡，即处于半挡位置或整挡位置。

2.2.2　法士特变速器传动线路

16JS200T变速器的动力传递路线如图2-27所示。

发动机的动力通过离合器传给变速器的一轴，一轴上的同步器通过与一轴上的分速齿轮或一轴齿轮接合，从而实现一轴上的齿轮与中间轴传动齿轮啮合，进而驱动中间轴及其上的各挡齿轮转动，此时一轴上的另一个齿轮在一轴上空转。中间轴上各挡齿轮与二轴上各挡齿轮常啮合，故二轴上各挡齿轮同时转动。二轴上各挡齿轮空套在二轴上，所以在空挡时（即同步器处在中间位置时）二轴并不转动。当二轴上的同步器移向某一挡位并将二轴齿轮同二轴连为一体时，二轴则开始转动。

当后副箱位于高挡区时（即同步器齿套移向变速器前方时），二轴的动力通过副箱驱动

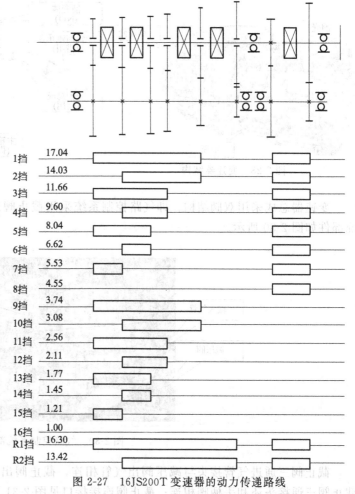

图2-27　16JS200T变速器的动力传递路线

齿轮和同步器齿套传递给副箱主轴直接输出。当副箱位于低挡区时（即同步器齿套移向变速器后方时），二轴输出的动力通过副箱驱动齿轮传递给副箱中间轴，再通过副箱主轴减速齿轮，同步器齿套传递给副箱主轴输出。

2.3
一汽解放卡车变速器

2.3.1　12挡变速器结构原理

在无同步器12挡变速箱上采用铝壳体；除外壳变化外，轴齿零件、轴承等内部零件均通用；壳体采用

前后对分由前、中、后壳组成的结构形式；质量约 276kg（不含润滑油）。外形尺寸 930.2mm×610mm×623mm。操纵形式与 12 挡相同，主箱啮合齿套手动、副箱同步器气动。变速器结构如图 2-28 和图 2-29 所示。

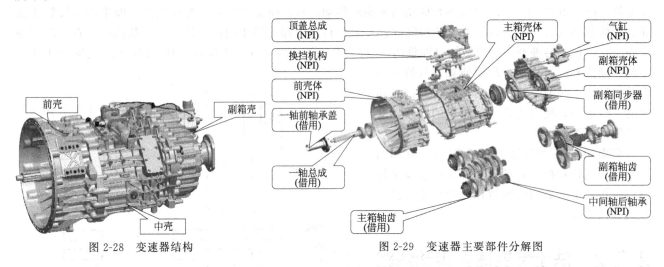

图 2-28　变速器结构　　　　　　　　　　　　图 2-29　变速器主要部件分解图

变速器总成采用双阀结构，即气路控制系统采用截止阀总成、气控换向阀总成进行控制，气路控制系统部件如图 2-30 所示。

图 2-30　气路控制系统部件分布

截止阀三通进气管接头与减压阀出气管相连，截止阀出气管接头与换向阀进气管接头通过气管相连；截止阀三通接头还和手柄阀相连；截止阀连接接口见图 2-31。

图 2-31　截止阀连接接口

换向阀高挡接头、低挡接头与气缸高低挡接头相连，控制气源接头与手柄阀相连，换向阀连接接口见图 2-32。

重型卡车维修技术手册
变速器分册

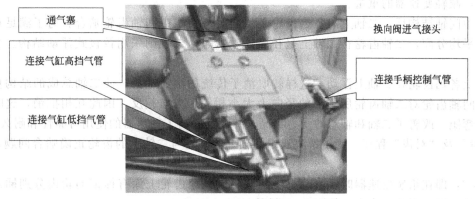

图 2-32 换向阀连接接口

注意：高低挡接头中，靠近控制气源接头的是低挡接头。

变速器操纵机构为四叉轴结构，叉轴安装在上盖安装孔内，顶盖拨头拨动换向导块换挡；自锁用四个自锁钢球，自锁弹簧在顶盖压力作用下实现自锁；叉轴互锁机构采用各叉轴之间安装互锁钢球、互锁销实现互锁；在叉轴间安装气阀轴，气阀轴在叉轴换挡过程中移动，通过气阀顶销使随动阀通气，以此实现高低挡换挡，同时推动空挡开关触头，使空挡开关通断。变速器低挡操纵机构部件分布见图 2-33。

倒车叉轴在安装倒车开关处开有凹槽，倒车叉轴移动时，开关通断。

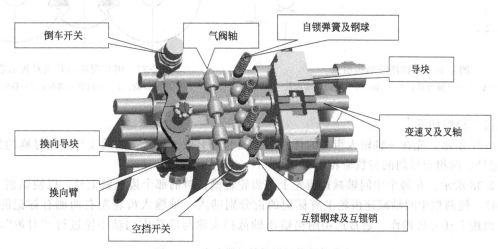

图 2-33 变速器抵挡操纵机构部件分布

CA12TAX230M3 变速器由主、副箱两段式结构组成，主箱有 6 个挡，副箱有 2 个挡，一共组成 12 个前进挡和 2 个倒挡。壳体材料为压铸铝合金，装配方式为立式。变速器总成主截面如图 2-34 所示。

（1）双中间轴结构 CA12TAX230M3 变速器主、副箱均采用双中间轴结构，两根中间轴总成相间 180°。动力从输入轴输入后，分流到两根中间轴上，然后汇集到二轴，再通过副箱输入齿轮，分流到两根副箱中间轴上，最后汇集到副箱输出轴上输出。

理论上每根中间轴只传递 1/2 的扭矩，所以采用双中间轴可以使变速器的中心距和齿轮宽度减小，从而缩短整个变速

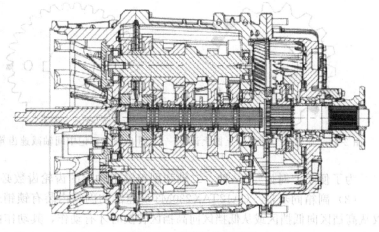

图 2-34 变速器总成截面

器的轴向长度，减轻变速器的重量。

采用了双中间轴结构后，二轴上的各挡齿轮必须同时与两根中间轴齿轮啮合。为了满足正确啮合并使载荷尽可能地平均分配，二轴齿轮在二轴上呈径向浮动状态，二轴则采用铰接式浮动结构。主轴浮动结构示意见图 2-35。

因为二轴上各挡齿轮在二轴上浮动，这样就取消了传统的滚针轴承，使二轴总成的结构更简单。在工作时，两个中间轴齿轮对二轴齿轮所施加的径向力大小相等，方向相反，因此互相抵消，这时二轴只承受扭矩，不承受弯矩，改善了二轴和轴承的受力状况，并大大提高了变速器的使用可靠性和耐久性。

(2) "对齿"及"对齿"程序　为了解决双中间轴上的齿轮与二轴上的齿轮正确啮合问题，必须要进行"对齿"。

"主箱对齿"：即在组装变速器时，将两根中间轴总成减速齿轮上涂有标记的轮齿分别插入一轴输入齿轮上涂有标记的两组轮齿的齿槽中，如图 2-36 所示。

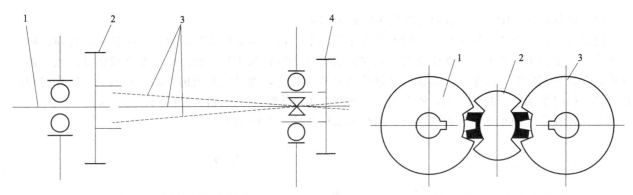

图 2-35　主轴浮动结构示意
1—一轴；2——轴齿轮；3—二轴；4—副箱驱动齿轮

图 2-36　组装变速器总成对齿示意
1—左中间轴减速齿轮；2——轴输入齿轮；3—右中间轴减速齿轮

"主箱对齿"程序如下。

① 如图 2-37 所示，先在一轴输入齿轮的任意两个相邻齿上做上记号，然后在与其相对称的另一侧两相邻齿上做上记号，两组记号间的齿数应相等。

② 如图 2-38 所示，在每个中间轴减速齿轮上与齿轮键槽正对的那个齿上做记号，以便识别。

③ 装配时，使两根中间轴减速齿轮上有标记的齿分别啮入一轴输入齿轮左右两侧有标记的两齿槽中。"副箱对齿"也按上述方法操作。通常选用副箱输出轴低挡齿轮与副箱中间轴小轮进行"对齿"，如图 2-39 所示。

图 2-37　任意两个相邻齿上做上记号

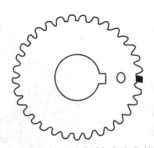

图 2-38　标记中间轴减速齿轮

图 2-39　副箱对齿

为了便于"对齿"，一轴、二轴和副箱输出轴上的齿轮齿数必须均为偶数。

(3) 副箱同步器　CA12TAX230M3 变速器的副箱内装有锁销式惯性同步器，它由副箱换挡气缸来操纵。仅从高挡区向低挡区或从低挡区向高挡区转换时才有动作，其动作由操纵手柄上的挡位开关控制。副箱同步器总成如图 2-40 所示，高挡同步环 3 和低挡锥环 7 上各柳有三个锁止销 1 和 6，滑动齿套 5 通过花键套在副箱输出轴上。高挡同步环和低挡锥环基体为铁基粉末冶金锻造烧结而成，在高挡同步环的内锥面和低挡锥环的外锥面上分别粘有高摩擦性能的非金属材料。在副箱输入齿轮和副箱输出轴减速齿轮轮上分别有与之对应的外锥面和内锥面。

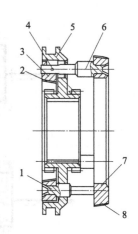

图 2-40　副箱同步器总成

1—高挡锁止销；2—高挡摩擦带；3—高挡同步环；4—弹簧；5—滑动齿套；6—低挡锁止销；7—低挡锥环；8—低挡摩擦带

（4）主箱换挡机构　CA12TAX230M3 变速器的主箱内没有同步器，换挡靠滑动齿套来进行。滑动齿套通过渐开线花键套在二轴上，移动滑动齿套使其接合齿（外花键）与二轴齿轮的内花键啮合传递动力，见图 2-41。滑动齿套和二轴各挡齿轮接合齿端有相同大小的锥角（$\alpha = 35°$），由于二轴和二轴齿轮处于浮动状态，所以挂挡时，这两个锥面能起到一定的自动定心和同步作用。

CA12TAX230M3 双中间轴变速器挡位多，各挡间速比的级差小，所以工作时相邻挡位之间的转速差也小，使得变速器换挡平稳。

（5）操纵机构　CA12TAX230M3 变速器的操纵机构分为两种方式，即直接操纵式（单 H）和远距离操纵（单 H）式，单 H 换挡机构操纵手球位置见图 2-42。其中远距离操纵式有单杆操纵、双杆操纵两种类型。直接操纵式和远距离操纵式换挡机构气动线路相同，且都采用单 H 换挡布置，缩小了换挡操纵杆横向选挡的运动范围。

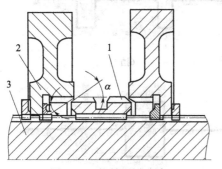

图 2-41　换挡滑动齿套

1—滑动齿套；2—二轴齿轮；3—二轴

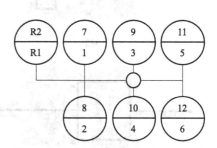

图 2-42　单 H 换挡机构操纵手球位置

（6）气动操纵系统　CA12TAX230M3 变速器采用来自整车的 0.7～0.8MPa 的压缩空气，整车压缩空气经过减压阀后，输出压力为 0.50～0.53MPa 的气体，经控制阀进气软管 3 进入随动阀 4，由安装在操纵手球里的手柄阀 6 控制控制随动阀 4，分别接通气缸总成 12 高挡或低挡。气动操纵系统部件如图 2-43 所示。

（7）取力机构　为了适应某些特种车辆取力的要求，CA12TAX230M3 变速器有一个取力器接口，为后取力，且不必另外加注润滑油，这种取力方式现在应用最为普遍。

（8）润滑系统　CA12TAX230M3 变速器采用齿轮飞溅润滑加强制润滑的方式，设计油泵喷油系统，对变速器特定部位定点喷射，使同步器、轴承及齿轮得到润滑冷却，改善整箱润滑条件，提高变速器总成寿命。也可选装外冷却装置，使其爬坡能力强，在热带和山区使用更加可靠。

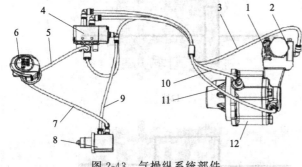

图 2-43　气操纵系统部件

1—整车气源接口；2—减压阀及空气滤清器总成；3—控制阀进气软管；4—随动阀；5—手柄进气软管；6—手柄阀（整车装备）；7—操纵阀进气软管；8—操纵阀；9—随动阀进气软管；10—低挡进气软管；11—高挡进气软管；12—气缸总成

CA12TAX230M3 变速器的动力传递路线如图 2-44 所示。发动机动力通过离合器传给变速器的一轴和一轴输入齿轮，输入齿轮与主箱中间轴减速齿轮常啮合，从而驱动中间轴上的各挡齿轮转动。中间轴齿轮与二轴齿轮常啮合，因此二轴齿轮同时转动。由于二轴齿轮空套在二轴上，所以在空挡时二轴并不转动。当拨动二轴上的滑动齿套移向某一挡位时，使二轴齿轮同二轴连为一体，二轴开始转动。

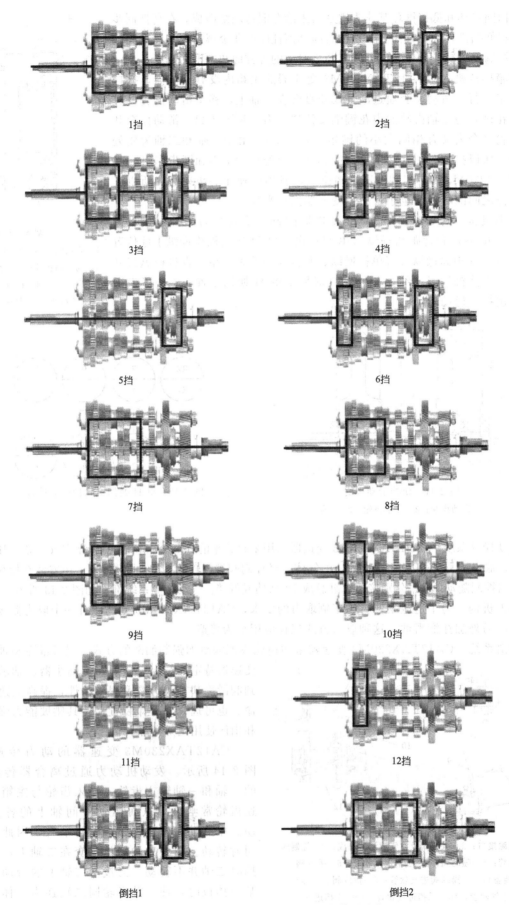

图 2-44　CA12TAX230M3 变速器的动力传递路线

重型卡车维修技术手册
变速器分册

副箱输入齿轮与副箱中间轴减速齿轮常啮合，当副箱同步器滑动齿套移向变速器前方时，副箱变速器位于高挡区，二轴的动力通过副箱输入齿轮和同步器齿套传递给副箱主轴输出；当副箱同步器滑动齿套移向变速器后方时，副箱变速器位于低挡区，二轴输出的动力通过副箱输入齿轮传递给副箱中间轴，再通过副箱主轴减速齿轮、同步器齿套传给副箱主轴输出。

2.3.2 10挡变速器结构原理

（1）10挡变速器结构　CA10TA130M变速器主、副箱均采用两根结构完全相同的中间轴总成（因需要取力齿轮和带外花键的副箱右下中间轴除外），两根中间轴总成相间180°，动力从输入轴输入后，分流到两根中间轴上，然后汇集到二轴输出，副箱变速器也是如此。有关双中间轴结构特点及对齿方法、同步器结构等与12挡变速器完全一样，相关内容请参考2.3.1小节。

CA10TA130M变速器的操纵机构分为两种方式，即直接操纵式（单H）和远距离操纵式（单H或双H），其中远距离操纵式有单杆操纵、双杆操纵两种类型。直接操纵式和远距离操纵式换挡机构气动线路相同，且都采用单H换挡布置，缩小了换挡操纵杆横向选挡的运动范围。单H换挡机构操纵手球位置见图2-45所示。

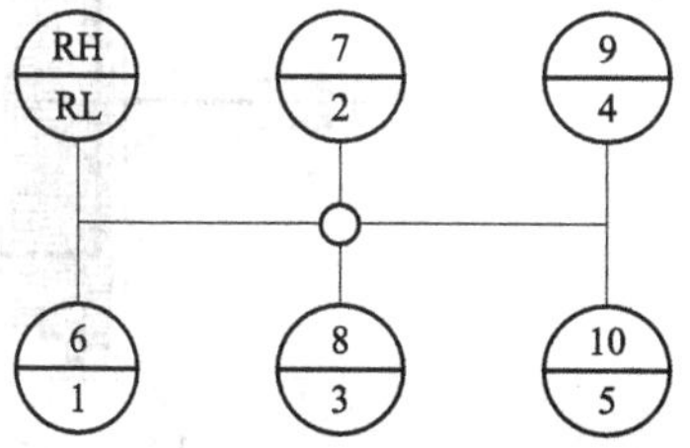

CA10TA130M变速器采用来自整车的0.7～0.8MPa的压缩空气，整车压缩空气经过减压阀后，输出压力为0.40～0.43MPa的气体，经控制阀进气软管3进入随动阀4，由安装在操纵手球里的手柄阀6分别接通高挡或低挡。气控系统部件组成如图2-46所示。

为了适应某些特种车辆取力的要求，CA10TA130M变速器有三个取力器口，分别为侧取力、底取力和后取力，其中后取力不必另外加注润滑油，这种取力方式现在应用最为普遍。

CA10TA130M变速器采用齿轮飞溅润滑方式，使同步器、轴承及齿轮得到润滑冷却。也可选装外冷却装置，使其爬坡能力强，在热带和山区使用更加可靠。

（2）变速器的工作原理和动力流程　CA10TA130M变速器工作原理如图2-47所示。

图2-45　单H换挡机构操纵手球位置

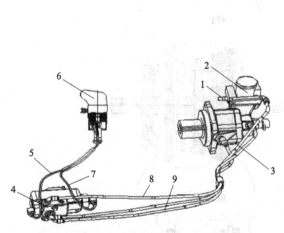

图2-46　气控系统组成部件
1—整车气源气管；2—减压阀及空气滤清器总成；3—控制阀进气软管；4—随动阀；5—控制气管1；6—手柄阀（整车装备）；7—控制气管2；8—高挡控制进气软管；9—低挡控制进气软管

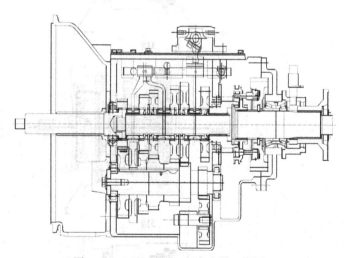

图2-47　CA10AT130M变速器工作原理

10挡变速器由一个前置5挡双中间轴主箱和一个双中间轴副箱组成。主箱换挡为手动操纵，副箱换挡为气动操纵，具有10个前进挡，2个倒挡。在主箱中，一轴（输入轴）和一轴齿轮通过花键联结，二轴（主轴）上的齿轮由其中间轴上的齿轮支撑，与二轴在径向呈浮动状态，它们通过装在二轴上的三角键和轴间垫圈实现轴向定位，二轴由副箱输入齿轮上的轴承实现定位。主箱采用滑动齿套进行换挡。

在副箱中，通过惯性锁销式同步器实现高低挡切换。同步器摩擦锥面采用高性能摩擦材料，具有摩擦力大、使用寿命长的特点。主副箱动力采用常啮合齿轮形式。

CA10TA130M 变速器的动力传递路线如图 2-48 所示。发动机的动力通过离合器传给变速器的一轴和一轴齿轮，一轴齿轮与主箱中间轴传动齿轮为常啮合，从而驱动中间轴及其上的各挡齿轮传动，中间轴上各挡齿轮与主箱主轴上各挡齿轮也为常啮合，因此主轴上各挡齿轮同时转动。主轴上各挡齿轮空套在主轴上，所以在空挡时主轴并不转动。当拨动主轴上的滑动齿套移向某一挡位，并使主轴齿轮同主轴连为一体时，主轴则开始转动。

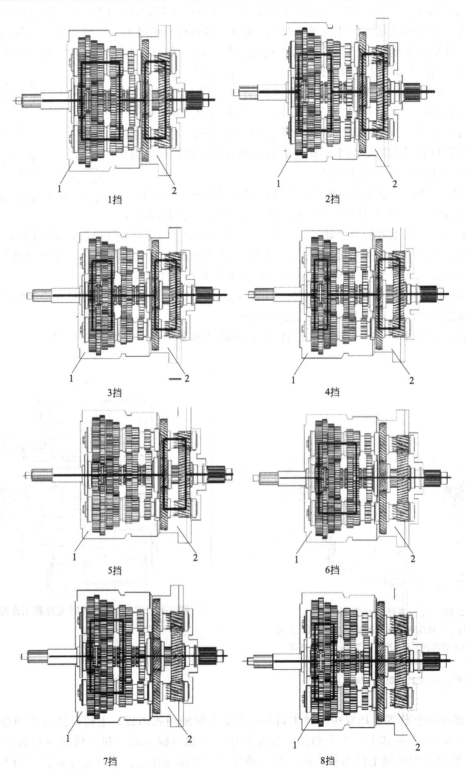

1挡

2挡

3挡

4挡

5挡

6挡

7挡

8挡

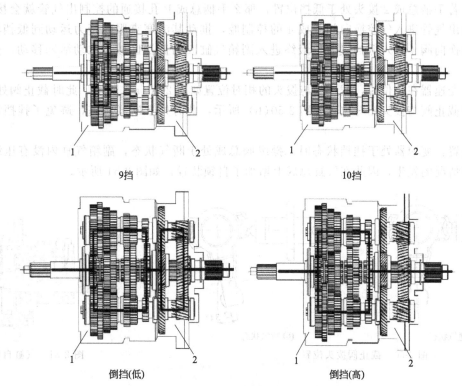

9挡   10挡

倒挡(低)   倒挡(高)

图 2-48   CA10TA190M 变速器的动力传递路线

1—主箱接合齿轮；2—副箱接合齿轮

当副箱同步器齿套移向变速器前方时，副箱变速器位于高挡区，二轴的动力通过副箱输入齿轮和同步器齿套传递给副箱主轴输出；当副箱同步器齿套移向变速器后方时，副箱变速器位于低挡区，二轴输出的动力通过副箱输入齿轮传递给副箱中间轴，再通过副箱主轴减速齿轮，同步器齿套传给副箱主轴输出。

2.3.3   变速器气控系统原理

气路控制系统原理见图 2-49。

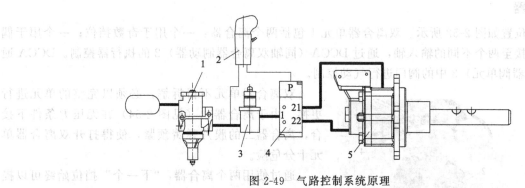

图 2-49   气路控制系统原理

1—空气滤清器；2—手柄总成；3—截止阀总成；4—气控换向阀总成；5—气缸总成

高挡换向：来自整车的压缩空气，经过空气滤清器进入手柄总成 2 的输入口及截止阀总成 3 的输入口，变速器处于空挡时截止阀总成 3 处于通气状态，压缩空气经截止阀总成 3 进入气控换向阀总成 4 的输入口，若手柄总成 2 的拨头处于高挡位置，那么手柄总成的 P 孔就不会接通压缩空气，气控换向阀总成 4 的活塞在弹簧的作用下复位并处于高挡状态，压缩空气经过气控换向阀 4 进入高挡气管，最终进入副箱气缸 5 的高挡区域，推动活塞移动，变速器呈现高挡状态。

低挡换向：若手柄总成 2 拨头处于低挡位置，那么手柄总成 P 孔接通的控制出气管就会接通压缩空气，压缩空气从控制出气管进入气控换向阀总成 4 的控制腔，推动其活塞克服弹簧力运动到低挡状态，这时压缩空气经过气控换向阀 4 进入低挡气管，最终进入副箱气缸 5 的低挡区域，推动活塞移动，变速器呈现低挡状态。

空挡位置：变速器在挡位时，截止阀与拨头的相对位置如图 2-50(a) 所示，此时截止阀处于通气状态，变速器在挡位时截止阀与拨头相对位置如图 2-50(b) 所示，此时处于断气状态，避免了挂挡情况下进行高挡切换。

气缸互锁装置：变速器处于挂挡状态时，操纵阀总成处于断气状态，副箱气缸内没有压缩空气，为了避免高低挡脱挡情况的发生，因此在气缸总成上增加了自锁装置，如图 2-51 所示。

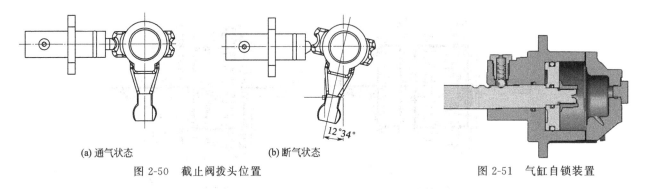

(a) 通气状态 (b) 断气状态

图 2-50 截止阀拨头位置 　　　　　　　图 2-51 气缸自锁装置

2.4
沃尔沃卡车变速器

2.4.1 双离合自动变速器

2.4.1.1 双离合器

双离合器单元位置如图 2-52 所示。双离合器单元 1 包括两个离合器：一个用于奇数挡位；一个用于偶数挡位。离合器连接至两个不同的输入轴，通过 DCCA（同轴双离合器制动器）2 的执行器控制。DCCA 通过 DCVU（双离合器阀单元）3 中的阀门进行气动控制。

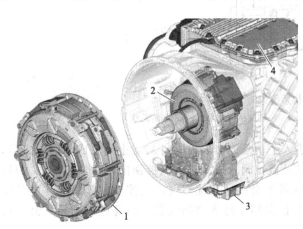

图 2-52 双离合器单元位置

双离合器单元不得拆解，必须以完整的单元进行更换。由于离合器二（见图 2-54）在无压力条件下接合，离合器二的膜片弹簧预紧，使得打开双离合器单元十分危险。

通过使用两个离合器，"下一个"挡位始终可以提前选择，换挡即脱开一个离合器并接合另一个离合器。TECU（变速器电子控制单元）4 控制换挡过程，变速箱能够在换挡时避免扭矩干扰。

如图 2-53 所示，双离合器单元 1 用螺栓固定在发动机飞轮 2 上。双离合器单元是旋转质量的主要组成部分。

离合器组成部件如图 2-54 所示。双离合器单元总成包括两个离合器盘（1A 和 2A）、两个压盘（1B 和 2B）、两个膜片弹簧（1C 和 2C）。它还包括一个中间压盘 3，作为两个离合器的摩擦表面。

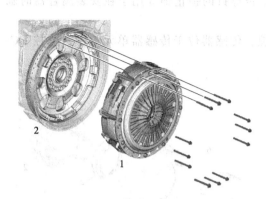

图 2-53 双离合器单元安装

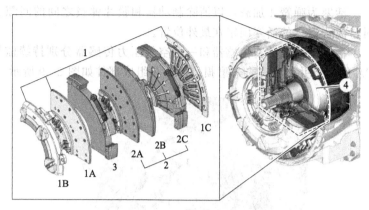

图 2-54 双离合器组成部件

1—离合器一；1A—离合器盘（离合器一）；1B—压盘（离合器一）；1C—端板和膜片弹簧（离合器一）；2—离合器二；2A—离合器盘（离合器二）；2B—压盘（离合器二）；2C—壳体和膜片弹簧（离合器二）；3—中间压盘；4—DCCA

　　离合器盘为干式，两侧均有衬垫。它包括盘、减振弹簧、毂和衬垫。衬垫为不含石棉的材料，铆接固定至盘上，见图 2-55。盘通过摩擦元件和减振弹簧连接至毂，以缓和发动机传送的脉动扭矩。毂带有花键，可在轴上前后移动。为了平衡衬垫上的压力，盘含有数个钢制区段，有助于使离合器的动作更为柔和。

　　膜片弹簧为开槽的弹簧-钢板，其运动将传送至压盘。离合器二的膜片弹簧通过卡夹 2 连接至离合器二制动活塞的支撑环 3，卡夹由螺钉 1 紧固，见图 2-56。注意将变速箱从发动机上拆下之前，必须松开螺钉 1，打开卡夹。

　　可以通过离合器壳体上的两个孔和双离合器单元中的开口接触螺钉 1，见图 2-57。

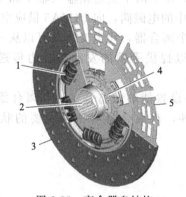

图 2-55 离合器盘结构

1—减振弹簧；2—毂；3—衬垫；4—摩擦元件；5—钢制区段

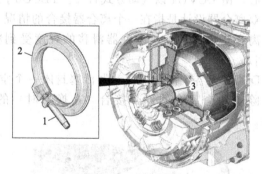

图 2-56 卡夹紧固图示

　　弹簧片使压盘沿轴向运动。另外，弹簧片传送压盘的扭力，在离合器接合和脱开时促使压盘和离合器盘分离。离合器的弹簧片如图 2-58 所示。

　　脱开离合器一时，弹簧片 2 使压盘和膜片弹簧端板完全脱开，两者通过螺钉连接。弹簧片一端安装在压盘上，另一端安装在中间压盘上。另外，膜片弹簧端板和壳体之间有一个弹簧片（6）。

　　离合器二接合时，弹簧片 10 使压盘完全接合。弹簧片一端安装在压盘上，另一端安装在壳体上。

　　DCCA 包括两个单独操作的离合器制动器活塞 1 和 2，制

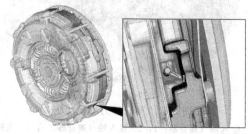

图 2-57 开口接触螺钉位置

动器活塞位于制动器壳体 3 中，制动器壳体固定至离合器壳体。加压时，离合器一 1 的执行器活塞向发动机移动。加压时，离合器二 2 的执行器活塞远离发动机。

活塞为弹簧 4 加载，以消除制动器和膜片弹簧之间的间隙。带螺钉的锁止销 6 用于在安装离合器时临时将离合器二的活塞固定在最外位置。

活塞由一个活塞传感器和一个空气压力传感器分别持续监控。传感器位于传感器单元 5 中，监控 DC-CA 的运行并测量离合器磨损。DCCA 组成部件如图 2-59 所示。

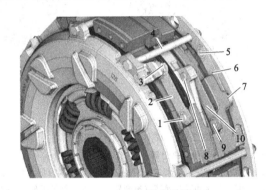

图 2-58　离合器的弹簧片

1—中间压盘处弹簧片（2）的配件；2—弹簧片（用于离合器一压盘）；
3—压盘处弹簧片（2）的配件；4—膜片端板和压盘的连接螺钉；
5—膜片端板处弹簧片（6）的配件；6—弹簧片（用于端板）；
7—壳体处弹簧片（6）的配件；8—压盘处弹簧片（10）的
配件，用于离合器二；9—壳体处弹簧片（10）的配件，
用于离合器二；10—弹簧片（用于离合器二压盘）

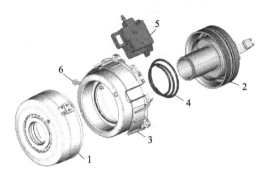

图 2-59　DCCA 组成部件

1—制动器活塞（离合器一）；2—制动器活塞
（离合器二）；3—制动器壳体；4—弹簧；
5—传感器单元（活塞和空气压力传感器）；
6—带螺钉的锁止销

离合器制动器活塞由 DCVU 气动控制。

离合器的机械功能如图 2-60 所示。离合器制动器 DCCA5 位于两个变速箱输入轴 1 和 2 周围并与两个轴同心，由 DCVU4 以气动方式打开。TECU6 控制 DCVU4 中的电磁阀，向 DCCA5 供应空气。

双离合器设计是指在一个离合器接合的情况下接合另一个离合器，使得变速箱可以从一个离合器向另一个离合器传送动力。离合器滑移的程度受到精确控制，以提供平顺的发动机动力传送，无扭矩干扰（换挡）。

DCCA 为各个离合器制动器活塞封闭一个空气室。这一设置能够对离合器一和离合器二进行独立控制。除了两个离合器部分接合（在换挡时）的瞬时情况外，双离合器有三种主要的状态，如图 2-61 所示。

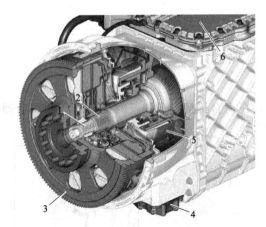

图 2-60　离合器的机械功能

1—输入轴（离合器一）；2—输入轴（离合器二）；3—飞轮；
4—DCVU；5—DCCA；6—TECU

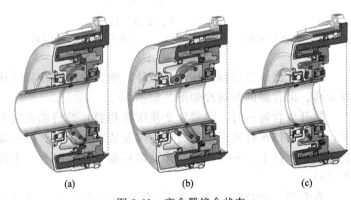

图 2-61　离合器接合状态

① 离合器一和离合器二脱开，如图 2-61(a) 所示。

② 离合器一接合，如图 2-61(b) 所示。

③ 离合器二接合，如图 2-61(c) 所示。

离合器接合工作情况见表 2-1。

表 2-1   离合器接合工作情况

状态	离合器一	离合器二
图 2-61(a)	脱开(空气室通风)	脱开(空气室加压)
图 2-61(b)	接合(空气室加压)	脱开(空气室加压)
图 2-61(c)	脱开(空气室通风)	接合(空气室通风)

离合器一的室 1 通风。制动活塞 2 由膜片弹簧 3 从发动机侧推开，释放压盘 4，脱开离合器。离合器二的室 5 加压。制动活塞 6 被从发动机侧推开，拉动膜片弹簧 7，释放压盘 8，脱开离合器。离合器一和离合器二脱开状态如图 2-62 所示，其动力传输线见图 2-63。

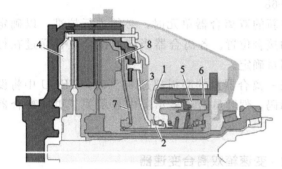

图 2-62   离合器一和离合器二脱开状态

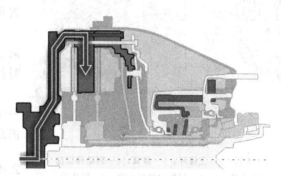

图 2-63   离合器一和离合器二脱开动力传输路线

先决条件：离合器二脱开，或在有滑动的情况下部分接合。

离合器一的室 1 加压。制动活塞 2 被推向发动机，推动膜片弹簧 3，拉动压盘 4，使离合器接合，如图 2-64 所示，其动力传输路线见图 2-65。

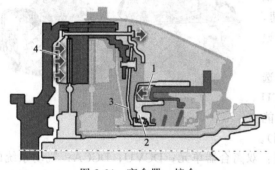

图 2-64   离合器一接合

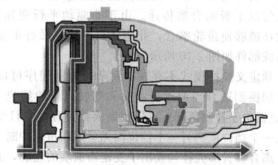

图 2-65   离合器一接合动力传输路线

先决条件：离合器一脱开，或在有滑动的情况下部分接合。

离合器二的室 1 通风。制动活塞 2 被膜片弹簧 3 拉向发动机，推动压盘 4，使离合器接合，如图 2-66 所示，其动力传输路线见图 2-67。由于离合器二在无压力条件下接合，离合器二的膜片弹簧已预紧，使得打开双离合器单元十分危险。

双离合器单元使用螺栓紧固至飞轮并固定在离合器制动器 DCCA 上。将变速箱从发动机上分开之前，必须松开卡夹。

将变速箱从发动机上拆下之前，必须松开将离合器二膜片弹簧连接至离合器制动器活塞 4 支撑环 2 的卡夹 1。由于弹簧 3 施加的弹簧力，松开卡夹会使制动器活塞向内移动。

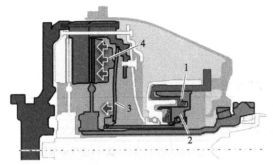

图 2-66　离合器二接合

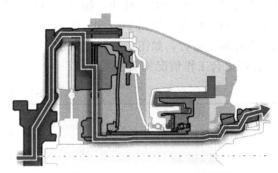

图 2-67　离合器二接合动力传输路线

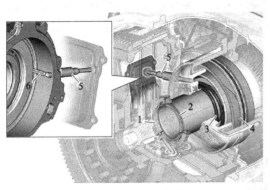

图 2-68　部件拆装

1—卡夹；2—支撑环；3—弹簧；4—制动器活塞
（离合器二）；5—带螺钉的锁止销；6—限位销

将变速箱安装至发动机之前，离合器二 4 的离合器制动器活塞必须拉出并通过带螺钉的锁止销 5 锁止在外侧位置。在锁止位置上，限位销 6 紧靠着锁止销 5。相关部件位置见图 2-68。

安装新的双离合器单元时，必须进行校准，以确定各离合器的接合位置。各离合器当前的接合位置通过在行驶时持续测量确定。

当任一离合器盘的磨损超过 85％ 时，TECU 中将设置一个故障码，驾驶员信息显示屏中显示关于更换离合器的消息。

2.4.1.2　变速箱双离合变速器

变速箱双离合变速器（I-Shift Dual Clutch）是 12 速超速挡变速箱，用于在窄幅速度范围内以低速运行发动机，从而降低油耗。该变速箱是一个双离合器变速箱，下一个挡位预先选定。变速器外观如图 2-69 所示。

变速箱主要集成两个平行的常规变速器，进行动力传递时一次只使用一个。发动机扭矩通过与两个单独输入轴连接的双干板离合器传递。由于非驱动平行变速器怠速，该设计能够使齿轮啮合，并为随后换挡做好准备。变速器组成部件如图 2-70 所示。

预定义换挡模式不存在。复杂的控制程序可以预先选择并切换到适合当前运行状况和驾驶风格的挡位。TECU（变速器电子控制单元）可以控制换挡过程，并且变速箱能够从一个挡位换到另一个挡位而无延迟和扭矩中断（换挡）。

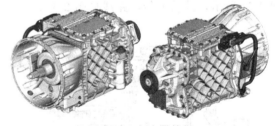

图 2-69　变速器外观

离合器钟形壳体勾勒出了变速箱前端的轮廓，并涵盖：双离合器单元；DCVU；DCCA；气动系统的空气管道。

主壳体包含下列组件：主轴；副轴；倒挡轴；输入轴；输入轴制动器；换挡机构；互锁机构；油泵。

GCU 包含：TECU；主轴的换挡机构；气动制动器；传感器。

高低挡齿轮壳体包含：带换挡机构的高低挡齿轮；输出轴；用于选装的 PTO（取力器）、缓速器和紧急转向泵的接头。

过滤器壳体包含：机油过滤器；机油冷却器。

变速器壳体组成如图 2-71 所示。

2.4.1.3　传动轴与齿轮组

变速器转轴如图 2-72 所示。

重型卡车维修技术手册

变速器分册

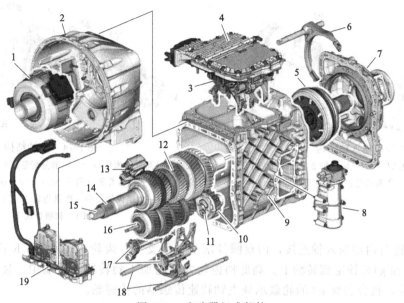

图 2-70 变速器组成部件

1—DCCA（同轴双离合器制动器）；2—离合器壳体；3—换挡机构（主轴）；4—GCU（变速箱控制单元）；5—包含高低挡齿轮的输出轴；
6—换挡拨叉（高低挡齿轮）；7—高低挡齿轮壳体；8—机油过滤器壳体；9—主壳体；10—带惰轮齿轮的倒挡轴；
11—油泵；12—带齿轮的主轴；13—输入轴制动器；14—输入轴2（偶数挡位）；15—输入轴1（奇数挡位）；
16—副轴；17—互锁机构；18—换挡机构（副轴）；19—DCVU（双离合器阀单元）

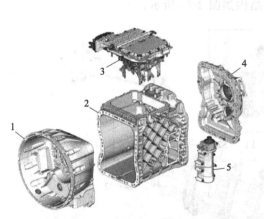

图 2-71 变速器壳体组成

1—离合器壳体；2—主变速箱壳体；3—GCU；
4—高低挡壳体；5—机油过滤器壳体

图 2-72 变速器转轴

1—输入轴1；2—输入轴2；3—主轴；4—包含高低挡齿轮的输出轴；
5—PTO转轴（选装）；6—带油泵的倒挡轴；7—副轴；g3—接合套筒
（齿轮P1）；g2—接合套筒（齿轮S2）；g1R—接合套筒（齿轮S1和R）；
R—倒挡齿轮；S1—次级齿轮1；S2—次级齿轮2；P1—初级齿轮1；
P2—初级齿轮2；CF—接合套筒（前副轴）；CR—接合套筒（后副轴）

　　两个输入轴将发动机动力传递至变速箱。两个转轴的旋转相互独立。输入轴通过后端的圆锥滚子轴承和花键连接器附近的滚针轴承互相支撑。转轴组件在离合器钟形壳体中由圆锥滚子轴承支撑，在发动机飞轮中由滚珠轴承支撑。

　　奇数挡位的输入轴1通过花键联轴器与离合器1连接。该转轴在中空输入轴内部2运行。偶数挡位的输入轴2通过花键联轴器与离合器2连接。同步器齿轮和制动轮3压装到输入轴1。输入轴结构如图2-73所示。

　　主轴后端通过圆锥滚子轴承定位在主壳体中，前端通过圆锥滚子轴承、套筒轴承定位在内部输入轴（输入轴1）的中心。该转轴承载五个齿轮和三个接合套筒。主轴结构如图2-74所示。

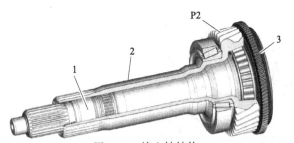

图 2-73 输入轴结构

1—输入轴 1（奇数挡位）；2—输入轴 2（偶数挡位）；
3—同步器齿轮和制动轮；P2—初级齿轮 2

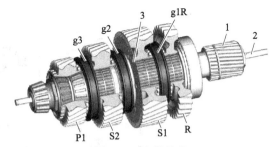

图 2-74 主轴结构

1—太阳轮（高低挡齿轮）；2—机油分配管；3—传感轮；g3—接合套筒
（齿轮 P1）；g2—接合套筒（齿轮 S2）；g1R—接合套筒（齿轮 S1 和 R）；
R—倒挡齿轮；S1—次级齿轮 1；S2—次级齿轮 2；
P1—初级齿轮 1

P1 齿轮通过花键与内部输入轴连接，由双圆锥滚子轴承支撑。齿轮 S2、S1 和 R 由滚针轴承承载，可以通过接合套筒 g2 和 g1R 锁定到转轴上。高低挡齿轮太阳轮加工到转轴的后端中。接合套筒通过由 GCU 控制的换挡拨叉移位。接合套筒 g2 的轮毂承载主轴转速传感器的传感轮。

注意：装配的主轴不得水平放置在平坦的表面上，否则传感轮可能损坏。

输出轴通过滚子轴承安装在副变速箱壳体中，并连接至高低挡齿轮。高低挡齿轮由 GCU 中的制动器之一操作。副变速箱包含具有两个传动比的低速挡和高速挡行星齿轮。它与主变速箱结合起来，提供 12 个前进挡和 4 个倒车挡。输出轴结构如图 2-75 所示。

副轴由离合器钟形壳体中的圆锥滚子轴承和主壳体后端的圆锥滚子轴承支撑。该转轴承载 5 个齿轮和 2 个接合套筒。该套筒通过由 DCVU 控制的换挡拨叉移位。副轴结构如图 2-76 所示。

图 2-75 输出轴结构

1—输出轴；2—高低挡齿轮；
3—缓速器齿轮（选装）

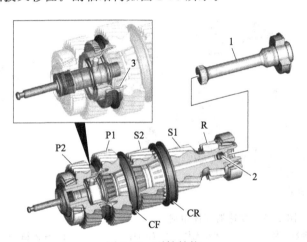

图 2-76 副轴结构

1—PTO 转轴（选装）；2—端塞；3—中央同步器；P2—初级齿轮 2；
P1—初级齿轮 1；S2—次级齿轮 2；S1—次级齿轮 1；R—倒挡
齿轮；CF—接合套筒（前副轴）；CR—接合套筒（后副轴）

图 2-77 倒挡轴结构

1—油泵；2—倒挡惰轮齿轮

齿轮 P2 压装到转轴上，并通过螺母固定。齿轮 P1 和 S2 由双圆锥滚子轴承承载。齿轮 P1 可通过接合套筒 CF 锁定至齿轮 S2，齿轮 S2 可通过接合套筒 CR 锁定至转轴。同步器齿轮由齿轮 P2 上的滑动轴承承载。齿轮 S1 和倒挡齿轮 R 加工到转轴中。PTO 转轴通过花键耦合到副轴的后端。

提示：转轴前端内部有一个与 DCVU 连接并由其控制的同步机构组件。

倒挡轴悬挂在主壳体中。惰轮齿轮由滚针轴承承载，可以反转主轴旋转的方向。倒挡惰轮齿轮可以驱动油泵。倒挡轴结构如图 2-77 所示。

2.4.1.4 液电气控制系统

控制壳体包含 TECU、几个传感器、带换挡拨叉的换挡机构以及包括电磁阀和制动器的气动系统。TECU 决定接合的挡位并控制换挡和离合器。液电气控制单元如图 2-78 所示。

TECU 的功能：监测内部和外部传感器；控制电磁阀；控制气动制动器。

GCU 包含四个用于换挡的气动制动器，如图 2-79 所示。其中三个制动器操作主轴的换挡拨叉，一个管理高低挡齿轮。所有制动器都是双位置气缸，接合套筒 g1R 除外，其具有三个位置：1、R（倒挡）和 N（空挡）。

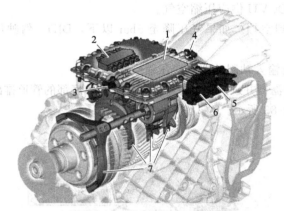

图 2-78 液电气控制单元（GCU）

1—TECU；2—电磁阀块；3—气源［来自 APM（空气调制器）］；
4—通向 DCVU 的空气分配；5—接头（DCVU 和 DCCA）；
6—用于车辆电子设备的接头；7—换挡机构

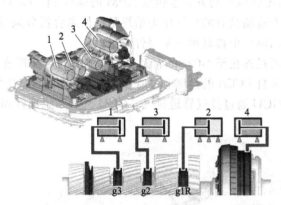

图 2-79 制动器

1—换挡制动器（接合套筒 g3）；2—换挡制动器
（接合套筒 g1R）；3—换挡制动器（接合套筒 g2）；
4—换挡制动器（高低挡齿轮）

电磁阀集中在位于 GCU 内部的共用阀块中，如图 2-80 所示。电磁阀通过 PWM 信号（脉冲宽度调制）由 TECU 控制。主轴上的三个接合套筒和高低挡齿轮上的接合套筒由两个电磁阀控制。电磁阀 B 控制输入轴制动器中的弹簧复位油缸。

提示：接合套筒 g1R 可以置于三个不同的位置，即 g1、R（倒挡）和 N（空挡）。

变速器传感器安装位置如图 2-81 所示。

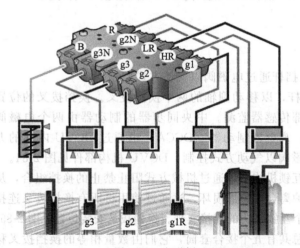

图 2-80 电磁阀

g2—接合套筒 g2（S2）电磁阀；g3—接合套筒 g3 电磁阀；
g3N—接合套筒 g3（空挡）电磁阀；B—输入轴制动器电磁阀；
R—接合套筒 g1R（倒挡）电磁阀；g2N—接合套筒 g2（空挡）
电磁阀；LR—电低速挡磁阀；HR—高速挡电磁阀；g1—接合套
筒 g1R（S1）电磁阀

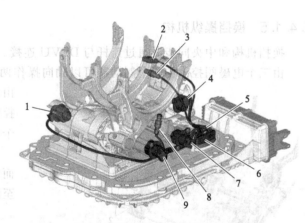

图 2-81 变速器传感器安装位置

1—位置传感器（用于接合套筒 g3 的制动器）；2—转速传感器
［副轴转速（齿轮 S1，主轴）］；3—转速传感器［主轴转速（传
感轮，主轴）］；4—位置传感器（高低挡齿轮制动器）；5—连接
桥；6—集成式油温传感器；7—位置传感器（用于接合套筒 g2
的制动器）；8—转速传感器［输入轴 1 转速（齿轮 P1 主轴）］；
9—位置传感器（用于接合套筒 g1R 的制动器）

另外，还有一个集成在 TECU 中的倾斜传感器。

DCVU 用于控制副轴齿轮选择、中央同步和离合器（DCCA）。DCVU 由 TECU 控制。

DCVU 位于离合器钟形壳体底部，包含 3 个气动制动器；14 个电磁阀由 TECU 通过 PWM 信号控制；制动器位置传感器（DCVU）安装位置如图 2-82 所示。

提示：DCCA 10 针接口和 TECU 46 针接口之间的线束汇入与 DCVU 相同的电缆线束。

DCVU 不得进行拆卸，必须作为完整的单元进行更换。

下列组件与气动系统连接：换挡制动器；DCVU；输入轴制动器；DCCA；取力器（选装）；缓速器（选装）。

GCU 以气动方式连接至 APM 的端口 24。GCU 向 DCVU 供应压缩空气。

变速箱具有的空气压力始终足以使离合器分离并换到空挡。如果气压降至 5bar 以下，DID（驾驶员信息显示屏）中将显示一条警告消息。

通过连接至 GCU 的管经由主壳体中的空气管道，向输入轴制动器供应压缩空气。

来自 DCCA 的排气通过离合器钟形壳体的后壁中的过滤器并进一步通过离合器钟形壳体底部的管道排出。

GCU 通过排气管道排气。GCU 气动系统部件如图 2-83 所示。

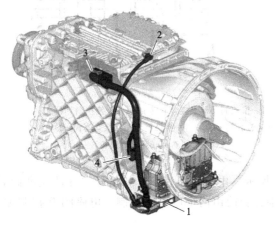

图 2-82　DCVU 安装位置

1—DCVU；2—气动接头（来自 GCU 的气源）；
3—TECU 接口，4—DCCA 接口

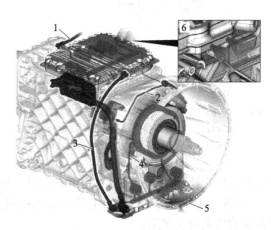

图 2-83　GCU 气动系统部件

1—气源；2—通向输入轴制动器的空气管；3—通向 DCVU 的空气管；
4—通向 DCCA 的空气通道；5—排气管道；6—排气管道

2.4.1.5　换挡操纵机构

换挡机构和中央同步器通过连杆与 DCVU 连接。换挡杆通过电磁阀以气动方式控制。

由三个电磁阀控制的两个制动器可以轴向操作两个杆，以移动副轴的两个换挡拨叉。换挡拨叉的位置

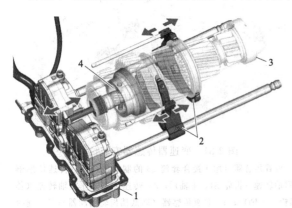

图 2-84　DCVU 机构部件

1—DCVU；2—拨叉（CF 和 CR）；3—副轴；
4—中央同步器的控制杆

由内部传感器监测。中央同步器的制动器由两个电磁阀控制。离合器制动器（DCCA）也通过 DCVU 内部的九个电磁阀以气动方式控制。DCVU 机构部件见图 2-84。

互锁机构可以通过机械方式阻止禁止的换挡组合，从而保护离合器免遭损坏。这通过使用将所有换挡拨叉连接至两个互锁机构的连接实现。换挡拨叉安装位置见图 2-85。

总共有五个接合套筒，它们由数量相等的换挡拨叉移动；三个用于主轴，两个用于副轴。每个套筒均可以导入两个位置，g1R 套筒除外，其可以置于三个不同位置。

这种布置在理论上可以提供 48 种齿轮组合（2×2×2×2×3＝48）。互锁系统可以阻止这些组合中的 14 种。17 种组合通常使用，另外 17 种可以使用，例如，当要求在安全模式下驾驶的故障出现时。

副轴的换挡拨叉直接连接至互锁壳体。主轴的换挡拨叉装配至 GCU，但通过五个轴轭固定件连接至壳体。

互锁壳体包含一个可以径向移动的盘，用于根据互锁控制杆的相对位置将其阻止或释放。

轴轭固定件随着换挡拨叉沿互锁导杆来回滑动。当互锁时，轴轭固定件锁定到位，可阻止换挡拨叉从接合套筒换到可能损坏变速器的组合。互锁机构部件见图 2-86。

中央同步器用于在单步换挡、升挡或降挡时使齿轮和转轴的旋转速度同步。

中央同步器设置在副轴上的齿轮 P1 和 P2 之间，其主要组件是一个具有两个锥形摩擦表面的同步锥环。控制机构装配在副轴前端部内部。该机构包括两个轴向滚子轴承，其将旋转部件连接至由 DCVU 操作的控制杆。

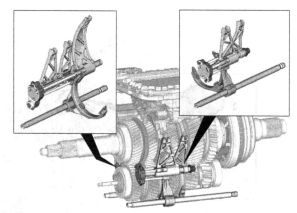

图 2-85　换挡拨叉安装位置

在前进方向上同步锥环接合到同步器齿轮，在后退方向上接合到副轴上的齿轮 P1。中央同步器结构如图 2-87 所示。

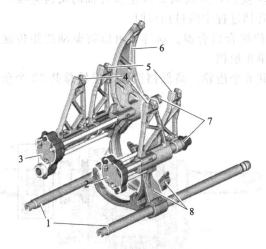

图 2-86　互锁机构部件

1—控制杆（DCVU）；2—互锁壳体；3—带机油管道的互锁壳体；
4—接合套筒 g3 的轴轭固定件；5—接合套筒 g2 的轴轭固定件；
6—接合套筒 g1R 的轴轭固定件；7—互锁导杆；8—换挡拨叉（副轴）

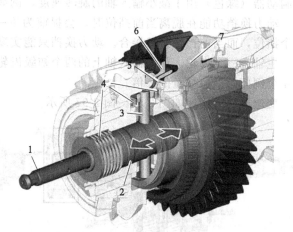

图 2-87　中央同步器结构

1—控制杆（DCVU）；2—滚针轴承（轴向）；3—导销；
4—波形弹簧；5—同步锥环；6—带滑动轴承的
同步器齿轮；7—齿轮 P1

输入轴制动器主要用于降低输入轴 1 的转速，还可以根据接合套筒和中央同步器的位置降低两个输入轴及副轴的转速。

当在下列情况下从空挡挂挡时，使用输入轴制动器。

① 接合 PTO。

② 跳过挡位升挡。

③ 从低速挡换到高速挡后接合主变速箱。

制动器由 TECU 控制，由对气动制动器加压的 GCU 中的电磁阀激活。制动器将制动衬块压入输入轴同步器齿轮上的制动轮凹槽。同步器齿轮和制动轮压装到输入轴 1。转轴制动器安装位置如图 2-88 所示。

提示：转轴制动器空气管道通过 O 形环密封在离合器钟形壳体上。

2.4.1.6　动力传递线路

齿轮系统由多个可通过移动接合套筒接合和脱离的齿轮组成。六个套筒（黄色）均通过以气动方式控制的换挡拨叉移位。套筒位置如图 2-89 所示。

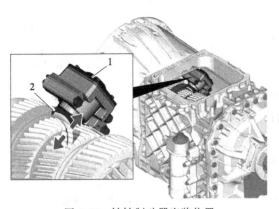

图 2-88 转轴制动器安装位置
1—转轴制动器；2—制动衬块

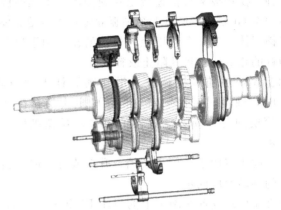

图 2-89 套筒位置

　　双离合器设计以及双输入轴可以确保始终预先选定下一个挡位。变速箱可以处理单步和多步换挡。主变速箱的基本换挡操作是利用中央同步器（绿色）执行单步换挡，从而调整齿轮和转轴的旋转速度。输入轴制动器（绿色）用于减小输入轴的旋转速度，例如，在升挡过程中跳过挡位时。

　　动力换挡功能在脱离当前挡位时，会提前为下一个挡位接合离合器。这样，可以将驱动扭矩传递至下一个挡位，而当前挡位仍然接合。动力换挡只能实现某些单步换挡。

　　主轴有三个齿轮，加上输入轴上的两个初级齿轮，总共 6 个齿轮。高低挡挡位是提供总共 12 个前进挡和 4 个倒挡的挡位数量的 2 倍。

　　变速器动力传递如图 2-90～图 2-97 所示。

图 2-90 挡位 1-低速挡（A），挡位 7-高速挡（A）

图 2-91 挡位 2-低速挡（A），挡位 8-高速挡（A）

图 2-92 挡位 3-低速挡（A），挡位 9-高速挡（A）

图 2-93 挡位 4-低速挡（A），挡位 10-高速挡（A）

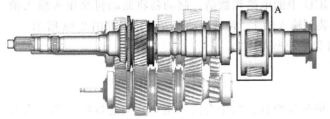

图 2-94 挡位 5-低速挡（A），挡位 11-高速挡（A）

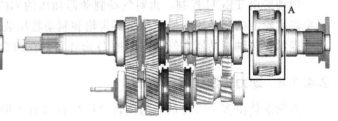

图 2-95 挡位 6-低速挡（A），挡位 12-高速挡（A）

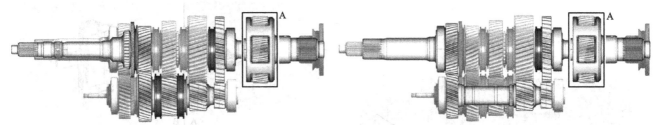

图 2-96　挡位 R1-低速挡（A），挡位 R3-高速挡（A）　　　图 2-97　挡位 R2-低速挡（A），挡位 R4-高速挡（A）

2.4.1.7　润滑与冷却系统

变速箱的润滑采用压力强制供给（泵送）和喷溅的组合方式。

有用于润滑和冷却以下部件的机油管道：轴承；齿轮；高低挡齿轮；同步器。

输入轴 1、主轴和副轴具有用于机油分配的钻出输送管。主轴还使机油分配管插入，以控制机油流量，如图 2-98 所示。

还有通过右侧互锁导杆将机油供应到副轴的管道，以润滑和冷却轴承、齿轮以及同步单元。

选装的紧急转向伺服泵驱动器、缓速器齿轮和 PTO 也得到润滑。在不带 PTO 的变速箱上，有一个塞子在副轴端部和一个盖子在高低挡齿轮壳体上。

如果带 PTO 的变速箱已改装并且 PTO 已拆下，副轴和高低挡齿轮壳体必须塞住和盖住，以保持润滑系统完好。

油泵是一个由副轴通过倒挡惰轮齿轮驱动的偏心泵。该泵安装在倒挡轴上。在泵的压力侧有一个全流式机油过滤器，位于主壳体外部的机油过滤器壳体中。支撑管安装在紧固到机油过滤器壳体底部的盖上。支撑管可以防止过滤器倒塌。机油分配如图 2-99 所示。

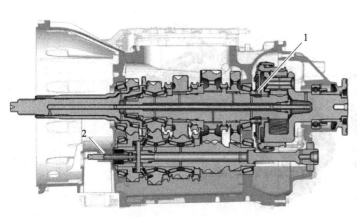

图 2-98　润滑和冷却概览

1—供应（机油分配通道）；2—机油供应（副轴）

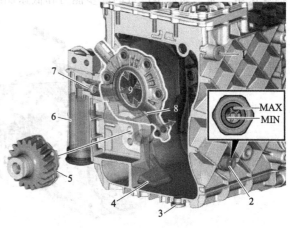

图 2-99　机油分配

1—加注；2—液位观察镜；3—排放塞；4—油底壳中的吸入管；
5—油泵；6—机油过滤器；7—旁通阀；8—溢流阀；
9—进口机油分配通道

机油过滤器的旁通阀可以确保即使过滤器堵塞，变速箱也能得到润滑。

变速箱进行通风是为了防止压力积聚，例如，在冷启动时。变速器通风线路如图 2-100 所示。

变速箱始终装备有机油冷却器，以确保充分冷却。在轻负载和低环境温度下，冷却器实际上提高了变速箱的温度。此类温度提高降低了功率损耗，有利于燃油消耗。机油冷却器安装位置如图 2-101 所示。

图 2-100　变速器通风线路

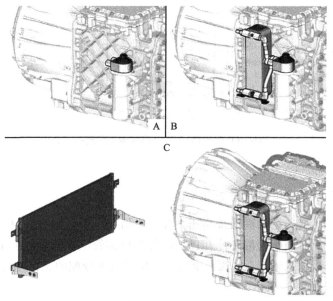

图 2-101　机油冷却器安装位置
A—TC-MWO；B—TC-MWOH2（选装）；C—TC-MAOH2（选装）

2.4.2　AMT 自动变速器

2.4.2.1　F 代 I-Shift 变速器

沃尔沃 F 代 I-Shift 变速器（I-Shift With Crawler Gears）是带有 1 个或 2 个爬坡挡的 12 速超速挡/直接挡变速箱，为车辆提供改进的起步能力和低速操纵性。变速器外观如图 2-102 所示。

图 2-102　变速器外观

爬坡挡类型见表 2-2。

表 2-2　爬坡挡类型

类型符号	类型说明
ASO-C	辅助速度运行,爬坡挡
ASO-ULC	辅助速度运行,超低爬坡挡
ARSO-MSR	辅助倒挡速度运行,多速倒车挡
UASO	无辅助速度运行
URSO	无辅助倒挡速度运行

（1）ASO-C（爬坡挡）　ASO-C 有 1 个爬坡挡，直接挡的传动比为 1：19.38，超速挡的传动比为 1：17.54。

（2）ASO-ULC（超低爬坡挡）　ASO-ULC 有 2 个爬坡挡，1 个爬坡挡的传动比为 1：19.38，1 个超低爬坡挡的传动比为 1：32.04。

直接挡变速箱中 ASO-C 和 ASO-ULC 上的输入轴相同，因此可通过软件更新升级，即从 ASO-C 升级到 ASO-ULC。超速挡变速箱不可通过软件更新升级，这是因为需要不同的齿轮和输入轴。

（3）ARSO-MSR（多速倒车挡）　ARSO-MSR 带有 ASO-C 或 ASO-ULC 的可选功能。该功能提供 2 个额外的倒车挡：1 个爬坡倒车挡（RC）和 1 个中间倒车挡（R3）。

爬坡倒车挡（RC）设计用于改进倒车时的起步能力和低速操纵性。中间倒车挡（R3）使车辆能够在高速区启动，并使 R2 和 R4（在 URSO 中，为 R2 和 R3）之间的传动比差异均衡。URSO 与 ARSO-MR 比较如图 2-103 所示。

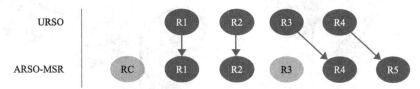

图 2-103　URSO 与 ARSO-MSR 比较

TECU（变速器电子控制单元）电动控制换挡系统。提供全自动换挡，附带手动换挡。

变速箱具有 3 个基本挡、1 个爬坡挡、1 个一体式插分挡（高挡和低挡）和 1 个高低挡（高挡和低挡）。插分挡和高低挡通过机械方式同步，基本挡由发动机和副轴制动器通过输入轴转速电动控制。

机油冷却器、PTO（取力器）、紧凑型缓速器和紧急动力转向泵是变速箱的选装设备（不同市场的选装组件可能会有所不同）。变速器组成部件见图 2-104。

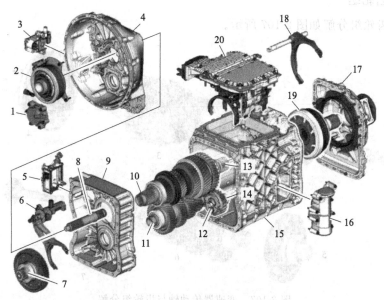

图 2-104　变速箱组成部件

1—副轴制动器；2—离合器气缸；3—CVU（离合器阀单元）；4—离合器壳体；5—阀装置（爬坡挡）；6—换挡机构［爬坡挡（在副轴上执行）］；7—副轴加长件；8—输入轴（前部）；9—爬坡挡齿轮壳体；10—输入轴（后部）；11—副轴；12—油泵；13—主轴；14—倒挡轴；15—主壳体；16—机油过滤器壳体；17—高低挡齿轮壳体；18—换挡拨叉（高低挡齿轮）；19—包含高低挡齿轮的输出轴；20—GCU（变速箱控制单元）

变速器电缆线束分布如图 2-105 所示。

离合器壳体包含下列组件：输入轴（前部）；离合器油缸；CVU；副轴制动器；风道和机油油道。

爬坡挡齿轮壳体包含下列组件：输入轴［后部（爬坡挡）］；阀装置（爬坡挡）；带换挡机构的爬坡挡；副轴加长件。

主壳体包含下列组件：输入轴［后部（插分挡）］；主轴；副轴；倒挡轴；换挡机构；油泵；风道和机油油道。

高低挡齿轮壳体包含：带换挡机构的高低挡齿轮；输出轴；用于选装的PTO、缓速器和紧急转向泵的接头。

机油过滤器壳体包含：机油过滤器；机油冷却器（选装）。

变速器壳体组成如图2-106所示。

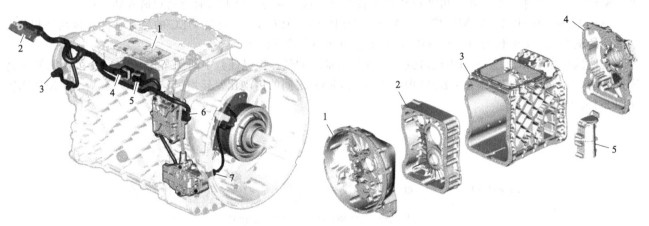

图2-105　变速器电缆线束分布
1—TECU；2—车辆接口接头；3—输出轴转速传感器接头；
4—TECU接头；5—CVU接头；6—爬坡挡阀装置接头；
7—离合器缸位置传感器接头

图2-106　壳体壳体组成
1—离合器壳体；2—爬坡挡齿轮壳体；3—主变速箱壳体；
4—高低挡壳体；5—机油过滤器壳体

2.4.2.2　传动轴与齿轮组

变速器传动轴与齿轮组分解如图2-107所示。

图2-107　变速器传动轴与齿轮组分解
1—输入轴（前部）；2—输入轴（后部）；3—主轴；4—包含高低挡齿轮的输出轴；5—副轴加长件；
6—副轴；7—带油泵的倒挡轴；8—PTO转轴（选装）

将发动机功率传输至变速箱的输入轴分为两个：一个位于前部（1）；一个位于后部（2a和2b）。前部输入轴安装在离合器和后部输入轴之间。后部输入轴有两个硬件类型（2a和2b），安装在由滚子轴承3承载的离合器壳体中和锥形滚子轴承5的爬坡挡齿轮壳体中。插分挡6安装在带有滚针轴承9的轴上。

插分挡同步器7安装在插分挡6和啮合套筒8之间的轴上。输入轴部件结构如图2-108所示。输入轴总是以顺时针方向（从前面看）旋转。

重型卡车维修技术手册
变速器分册

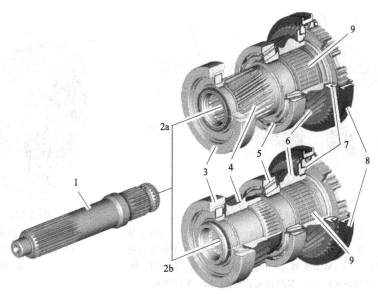

图 2-108　输入轴结构

1—输入轴（前部）；2a，2b—输入轴（后部）；3—滚子轴承（离合器壳体）；4—爬行挡；5—锥形滚子轴承（爬坡挡齿轮壳体）；
6—插分挡［直接挡插分挡（低挡）/超速挡插分挡（高挡）］；7—插分挡同步器；
8—啮合套筒［3 个位置（插分挡-空挡-插分挡）］；9—滚针轴承

　　在直接挡变速箱（DD）中，同一个后部输入轴（2a）用于 ASO-ULC 和 ASO-C。与第 1 个和第 2 个基本挡结合，变速箱可以提供 2 个爬坡挡，但对于 ASO-C，软件将其限制为 1 个爬坡挡和第 2 个基本挡。因此，可通过软件更新升级，即从 ASO-C 升级到 ASO-ULC。

　　在超速挡变速箱（OD）中，两个不同的后部输入轴用于爬坡挡。ASO-ULC 与直接挡变速箱具有相同的后部输入轴（2a），且以相同方式提供 2 个爬坡挡。ASO-C 有后部输入轴（2b）。还可提供 2 个爬坡挡及第 1 个和第 2 个基本挡，但只有第 1 个基本挡用于爬坡挡，因为第 2 个基本挡提供比第 1 个前进挡更低的传动比。该硬件差异使得无法从 ASO-C 升级到 ASO-ULC。直接挡与超速挡的对比区别如图 2-109 所示。

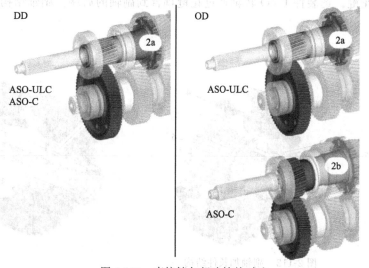

图 2-109　直接挡与超速挡的对比

　　主轴后端通过圆锥滚子轴承 2 定位在主壳体中，前端通过圆锥滚子轴承 1 定位在输入轴的中央。机油分配管 4 安装在主轴中心钻开的通道中。该转轴承载 5 个齿轮和两个啮合套筒。

　　第 3 基本挡 5 是第 3 基本挡和插分挡的组合挡，由双圆锥滚子轴承 12 承载。通过主轴上的啮合套筒 9 可将该挡位锁止在主轴上，或通过输入轴上的啮合套筒可将该挡位锁止在输入轴上。

　　第 2 基本挡 6、第 1 基本挡 7 和倒挡 8 均由滚针轴承 13 承载，并通过啮合套筒 9 和 10 锁止在主轴上。两个啮合套筒均可设置在三个不同的位置。通过由 GCU 控制的换挡拨叉移动。高低挡太阳轮 3 通过机加工方式安装在转轴的后端中。传感轮 11 直接安装在主轴上，由 GCU 上的主轴转速传感器读取。主轴结构如图 2-110 所示。

　　装配的主轴不得水平放置在平坦的表面上，否则传感轮可能损坏。

　　输出轴 1 和高低挡齿轮 2 为一体式铸造件，用滚珠轴承 5 安装在高低挡壳体中。高低挡齿轮由 GCU 中的制动器控制。高低挡包含行星齿轮、一个环形齿轮和一个太阳齿轮（主轴），可提供两种齿轮比，即高挡和低挡。输出轴结构如图 2-111 所示。

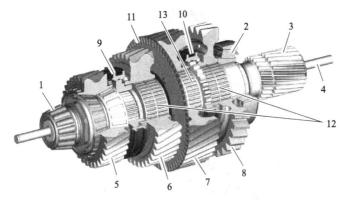

图 2-110　主轴结构

1,2—圆锥形滚子轴承；3—太阳轮（高低挡齿轮）；4—机油分配管；5—第 3 基本挡；6—第 2 基本挡；7—第 1 基本挡；8—倒挡；9—啮合套筒 [3 个位置可啮合（第 3 挡-空挡-第 2 挡）]；10—啮合套筒 [3 个位置可啮合（第 1 挡-空挡-倒挡）]；11—传感轮（主轴转速）；12—双圆锥滚子轴承；13—滚针轴承

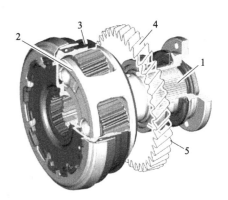

图 2-111　输出轴结构

1—输出轴；2—高低挡齿轮；3—啮合套筒（高低挡）；4—缓速器齿轮（选装）；5—滚珠轴承

爬坡挡轴的前端安装在带有滚子轴承 2 的离合器壳体中，后端通过花键与副轴前端连接。爬坡挡齿轮 3 由滚针轴承 5 承载，并通过啮合套筒 4 移动到副轴加长件 1。副轴加长件结构如图 2-112 所示。

副轴由离合器壳体中的圆锥滚子轴承 1 和 2 及主壳体后端的圆锥滚子轴承支撑。该轴承载五个固定齿轮。前面的三个齿轮压装在轴上，后面的两个齿轮通过机加工方式装在轴上。副轴制动器的前端部有三个花键。选装件 PTO 转轴通过花键耦合到副轴的后端。副轴结构如图 2-113 所示。

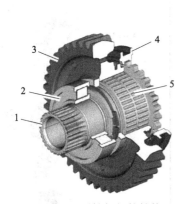

图 2-112　副轴加长件结构

1—副轴加长件；2—滚子轴承；3—爬坡挡齿轮；4—啮合套筒（爬坡挡轴）；5—滚针轴承

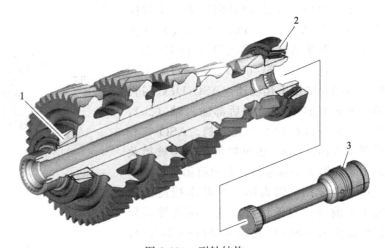

图 2-113　副轴结构

1—圆锥滚子轴承 [前（离合器壳体）]；2—圆锥滚子轴承 [后（主壳体）]；3—PTO 转轴（选装）

图 2-114　倒挡轴结构

1—机油泵；2—倒挡惰轮齿轮；3—滚针轴承

倒挡轴悬挂在主壳体中，由副轴驱动。倒挡惰轮齿轮 2 由滚针轴承 3 承载，可以反转主轴旋转的方向。倒挡惰轮齿轮可以驱动机油泵（1）。倒挡轴结构如图 2-114 所示。

2.4.2.3　液电气控制系统

GCU 包含 TECU、传感器（倾斜、温度、位置、转速、气压）和配备换挡拨叉及气动系统的换挡机构，该气动系统包含电磁阀和制动器。变速器控制单元部件分布如图 2-115 所示。

TECU 功能：监测内部和外部传感器；确定要啮合的具体挡位；

控制电磁阀；控制气动制动器；控制换挡机构和离合器。制动器安装位置如图 2-116 所示。

图 2-115　变速器控制单元部件分布

1—TECU；2—电磁阀块；3—供气（从底盘气源）；4—空气
分配至 CVU 和爬坡挡阀装置；5—换挡拨叉；6—用于车辆电子
设备的接头；7—CVU 和爬坡挡阀装置的接头；8—换挡机构，
爬坡挡阀装置；9—控制塞

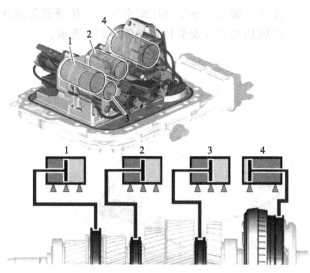

图 2-116　制动器安装位置

1—换挡制动器（插分挡啮合套筒）；2—换挡制动器（第 3
基本挡和第 2 基本挡啮合套筒）；3—换挡制动器（第 1 基本
挡和倒挡啮合套筒）；4—换挡制动器（高低挡啮合套筒）

　　GCU 包含四个气动制动器，可用于切换插分挡、基本挡和高低挡。制动器 1 控制插分挡的换挡拨叉。2 和 3 控制三个基本挡，其中一个控制高低挡。所有制动器都是三位式缸体，高低挡啮合套筒（高挡和低挡）上的除外。同时启用两个电磁阀，可将缸体设置在空挡位置。

　　电磁阀位于 GCU 内部的共用阀块中。电磁阀由 TECU 控制。插分挡、三个基本挡和高低挡的啮合套筒均由两个电磁阀控制。电磁阀 B 控制副轴制动器（弹簧加载式）。

　　除高低挡上的啮合套筒外，其他均可设置在不同的三个位置，其中中间位置为空挡。电磁阀安装位置如图 2-117 所示。

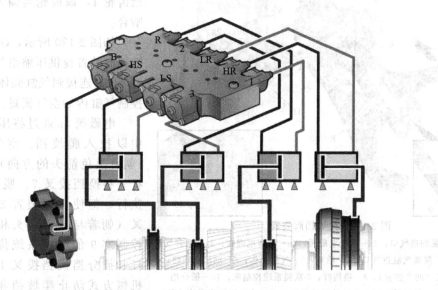

图 2-117　电磁阀安装位置

B—副轴制动器（VAGB）电磁阀；HS—插分挡高挡（直接挡）（VADS）的啮合套筒（超速挡变速箱 LS）电磁阀；LS—插分挡低挡
（直接挡）（VAIDS）的啮合套筒（超速挡变速箱中的 HS）电磁阀；3—第 3 基本挡（VAG3）的啮合套筒电磁阀；R—倒挡
（VAGR）的啮合套筒电磁阀；2—第 2 基本挡（VAG2N）的啮合套筒电磁阀；LR—高低挡低挡（VALR）的啮合套筒电磁阀；
HR—高低挡高挡（VAHR）的啮合套筒电磁阀；1—第 1 基本挡（VAG1）的啮合套筒电磁阀

传感器安装位置如图 2-118 所示。

此外，倾斜传感器和压缩空气压力传感器集成在 TECU 中。

爬坡挡阀装置安装位置如图 2-119 所示。

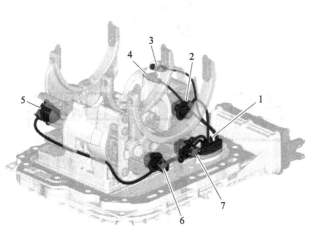

图 2-118　传感器安装位置

1—集成式油温传感器；2—位置传感器（高低挡齿轮制动器）；
3—转速传感器［副轴转速（第 2 基本挡）］；4—转速传感器
［主轴转速（传感轮，主轴）］；5—位置传感器（啮合套筒
制动器，插分挡）；6—位置传感器（啮合套筒制动器，第 1
基本挡和倒挡）；7—位置传感器（啮合套筒
制动器，第 3 基本挡和第 2 基本挡）

图 2-119　爬坡挡阀装置安装位置

1—爬坡挡阀装置；2—换挡机构；3—换挡
拨叉；4—爬坡挡齿轮（副轴）；5—输入轴
（后部）；6—输入轴（前部）；7—TECU

爬坡挡阀装置 1 位于爬坡挡齿轮壳体的侧边且连接到换挡机构 2，包括换挡拨叉 3。

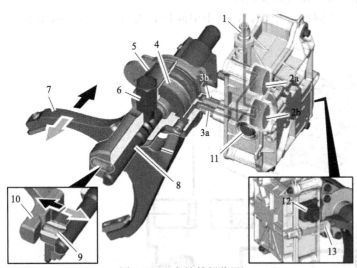

图 2-120　爬坡挡阀装置

1—爬坡挡阀装置的进气口；2a—啮合电磁阀；2b—脱离电磁阀；3a—啮合气缸
进气口；3b—脱离气缸进气口；4—活塞；5—气缸壳体；6—球形止动器；
7—换挡拨叉（两个位置）；8—换挡杆；9-联锁系统控制塞；10—插分挡
换挡拨叉；11—排气管；12—爬坡挡阀装置接头；13—换挡杆位置传感器

爬坡挡阀装置 1 由 TECU7 控制，并以气动方式移动换挡拨叉，以啮合和脱离爬坡挡齿轮 4，该齿轮与输入轴（后部）5 恒定啮合。

如图 2-120 所示，GCU 通过进口 1 向爬坡挡阀装置提供压缩空气。阀装置通过风道 3a 和 3b 连接到气缸壳体 5。电磁阀 2a 和 2b 控制气缸内的空气流量。

电磁阀 2a 通过将压缩空气释放到气缸中以挂入爬坡挡。空气向前推动活塞 4（朝着黑色箭头的方向），并因此推动换挡杆 8 和换挡拨叉 7。脱离过程以相同方式执行，但使用阀装置 2b 向后移动换挡拨叉（朝着与灰色箭头相同的方向）。包含控制塞 9 的联锁系统位于 GCU 上的换挡杆和插分挡换挡拨叉 10 之间。控制塞以机械方式防止爬坡挡和插分挡同时啮合。控制塞通过换挡杆和换挡拨叉的运动来操作。

弹簧加载式球形止动器 6 确保换挡杆处于正确的啮合和脱离位置（两个位置）。

换挡杆位置传感器 13 通过爬坡挡装置接头 12 向 TECU 告知换挡杆位置。

气动系统部件安装位置如图 2-121 所示。

下列组件与气动系统连接。

① 换挡制动器（GCU）。

② 换挡制动器（爬坡挡阀装置）。

③ 副轴制动油缸。

④ 离合器油缸。

根据不同的市场，GCU 可从 APM（空气调制器）、端口 24 或其他气源获得空气。进而，GCU 向 CVU 供应压缩空气。

通过连接至 GCU 的管经由主壳体中的风道，向副轴制动器供应压缩空气。CVU 的废气经过过滤器的过滤，从风道 9a 进入离合器壳体，并从风道 9b 流出。GCU 和爬坡挡阀装置通过排气管 9c 通风。

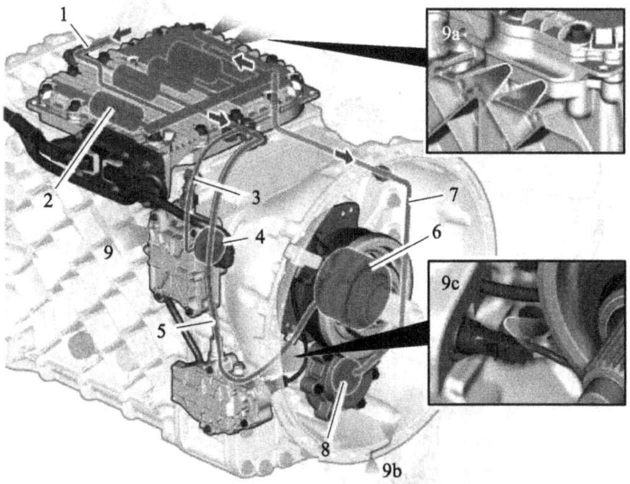

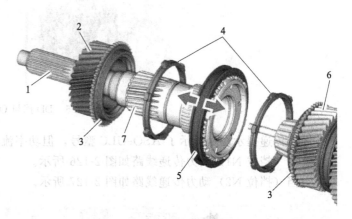

图 2-121　气动系统部件安装位置

1—气源；2—制动器（GCU）；3—爬坡挡阀装置的空气连接；4—制动器（爬坡挡阀装置）；5—空气通过 CVU 通至离合器缸体；6—离合器气缸；7—空气通至副轴制动器；8—副轴制动器缸体；9a～9c—废气通道

2.4.2.4　换挡操纵机构

副轴制动器位于副轴加长件前端部。在下列条件下，用于制动/同步变速箱中的旋转零件。

① 升挡。

② 选择启动挡。

③ 启用 PTO（选装）。

副轴制动器由包含一个多盘式制动器（4 片摩擦盘和 5 片钢盘）的缸体构成，该制动器由 GCU 中的电磁阀通过气动方式控制。副轴制动器结构如图 2-122 所示。

各齿轮（2 和 6）之间的一体式锥形同步器 4。啮合套筒 5 朝向齿轮 2 或 6 移动，从而推动同步器锥体，使其对靠其中一个齿轮啮合环 3。齿轮啮合环 3 锥形表面和同步器锥体之间的摩擦，可能使得齿轮以输入轴 1 的转速转动。同步器结构如图 2-123 所示。

图 2-122　副轴制动器结构

1—制动盘组件；2—盖；3—止动螺钉；4—弹簧；5—活塞；6—活塞壳体（缸体）

图 2-123　同步器结构

1—输入轴；2,6—齿轮；3—齿轮啮合环；4—同步锥；5—接合套筒；7—爬坡挡

齿轮系统由多个可通过移动啮合套筒接合和分离的齿轮组成。五个套筒（6～10）均通过换挡拨叉（1～5）移动，换挡拨叉由 TECU 以气动方式控制。换挡拨叉分布如图 2-124 所示。

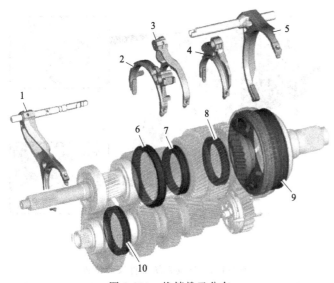

图 2-124 换挡拨叉分布

2.4.2.5 动力传递线路

变速箱具有：

① 1 个爬坡挡；

② 1 个插分挡；

③ 3 个基本挡；

④ 1 个高低挡；

⑤ 1 个倒车挡。

变速箱具有 3 个基本挡、1 个倒车挡、1 个一体式插分挡、1 个高低挡和 1 个爬坡挡。插分挡将基本挡加倍到 6 个，将倒车挡加倍到 2 个。与高低挡结合，变速箱将前进挡的数量增加到 12 个，将倒车挡的数量增加到 4 个。另外，爬坡挡提供 1 个（ASO-C）或 2 个（ASO-ULC）额外的前进挡以及可选地提供 2 个额外的倒车挡（ARSO-MSR）。变速箱可提供最多 14 个前进挡和 6 个倒车挡。

与直接挡变速箱不同的是，在超速挡变速箱中，输入轴上的插分挡齿轮和副轴上相应的齿轮进行切换。插分挡低挡和高挡的位置也会切换。DD 挡与 OD 挡的区别如图 2-125 所示。

① DD=直接挡。

② OD=超速挡。

③ LS=插分挡低挡。

④ HS=插分挡高挡。

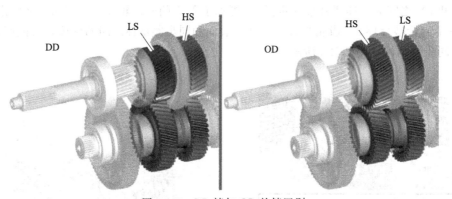

图 2-125 DD 挡与 OD 的挡区别

动力传递提示图例显示了 ASO-ULC 型号，但功率流与 ACO-C 相同。

空挡（挡位 N1）动力传递线路如图 2-126 所示。

空挡（挡位 N2）动力传递线路如图 2-127 所示。

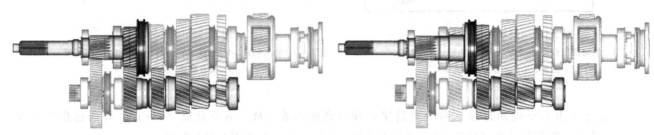

图 2-126 空挡（挡位 N1）动力传递线路   图 2-127 空挡（挡位 N2）动力传递线路

前进挡（爬坡挡-挡位 C1）动力传递线路如图 2-128 所示。
前进挡（爬坡挡-挡位 C2）动力传递线路如图 2-129 所示。

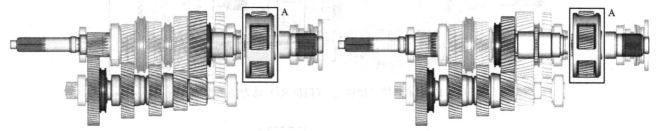

图 2-128　前进挡（爬坡挡-挡位 C1）动力传递线路　　　　图 2-129　前进挡（爬坡挡-挡位 C2）动力传递线路

前进挡（挡位 1）动力传递线路如图 2-130 所示。
前进挡（挡位 8-7）动力传递线路如图 2-131 所示。

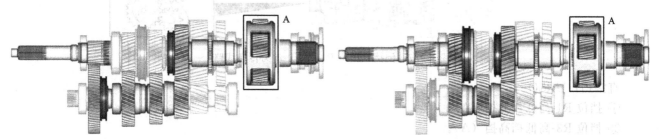

图 2-130　前进挡（挡位 1）动力传递线路　　　　图 2-131　前进挡（挡位 8-7）动力传递线路

前进挡（挡位 9-10）动力传递线路如图 2-132 所示。
前进挡（挡位 10-9）动力传递线路如图 2-133 所示。

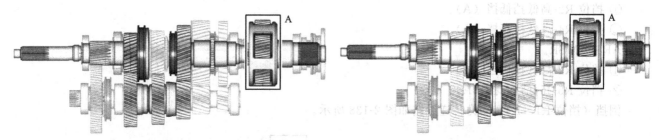

图 2-132　前进挡（挡位 9-10）动力传递线路　　　　图 2-133　前进挡（挡位 9-10）动力传递线路

前进挡（挡位 11-12）动力传递线路如图 2-134 所示。
前进挡（挡位 12-11）动力传递线路如图 2-135 所示。

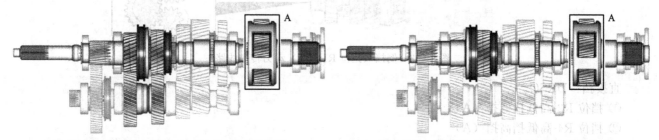

图 2-134　前进挡（挡位 11-12）动力传递线路　　　　图 2-135　前进挡（挡位 12-11）动力传递线路

倒车挡（爬坡挡）（挡位 R3）动力传递线路如图 2-136 所示。
倒挡（挡位 R1～R5）动力传递线路如图 2-137 所示。

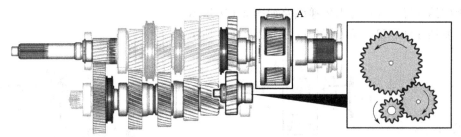

图 2-136　前进挡（爬坡挡）（挡位 R3）动力传递线路

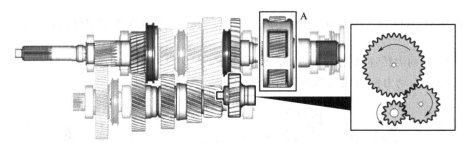

图 2-137　倒挡（挡位 R1～R5）动力传递线路

直接挡：URSO

① 挡位 R1-高低挡低挡（A）。

② 挡位 R3-高低挡高挡（A）。

ARSO-MSR。

① 挡位 R1-高低挡低挡（A）。

② 挡位 R4-高低挡高挡（A）。

超速挡：URSO。

① 挡位 R2-高低挡低挡（A）。

② 挡位 R4-高低挡高挡（A）。

ARSO-MSR。

① 挡位 R2-高低挡低挡（A）。

② 挡位 R5-高低挡高挡（A）。

倒挡（挡位 R1～R4）动力传递线路如图 2-138 所示。

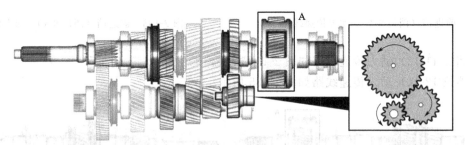

图 2-138　倒挡（挡位 R1～R4）动力传递线路

直接挡：URSO。

① 挡位 R2-高低挡低挡（A）。

② 挡位 R4-高低挡高挡（A）。

ARSO-MSR。

① 挡位 R2-高低挡低挡（A）。

② 挡位 R5-高低挡高挡（A）。

超速挡：URSO。

重型卡车维修技术手册
变速器分册

① 挡位 R1-高低挡低挡（A）。

② 挡位 R3-高低挡高挡（A）。

ARSO-MSR。

① 挡位 R1-高低挡低挡（A）。

② 挡位 R4-高低挡高挡（A）。

2.4.2.6 润滑与冷却系统

全流式机油过滤器 6 位于主壳体外侧的机油过滤器壳体中。支撑管安装于紧固在机油过滤器壳体基座的盖上。支撑环穿过筒式过滤器中间位置，防止过滤器损坏。机油过滤器的旁通阀 8 可以确保即使过滤器堵塞，变速箱也能得到润滑。溢流阀 9 确保机油压力不会过高。超速挡变速箱中的插分挡齿轮也通过机油分配管 11 润滑。机油泵 5 是一个由副轴通过倒挡惰轮齿轮驱动的偏心泵。该泵安装在倒挡轴上。润滑系统部件位置如图 2-139 所示。

机油泵结构如图 2-140 所示。

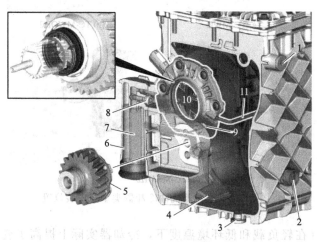

图 2-139　润滑系统部件位置

1—加注塞；2—液位观察镜；3—排放塞；4—油底壳中的吸入管；
5—机油泵；6—机油过滤器；7—机油过滤器支撑管；8—旁通阀；
9—溢流阀；10—机油油道入口（主轴）；11—机油分配管

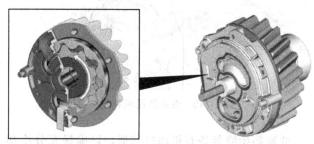

图 2-140　机油泵结构

变速箱由加压的机油（如图 2-141 所示黑色区域）和溅出的机油混合润滑。

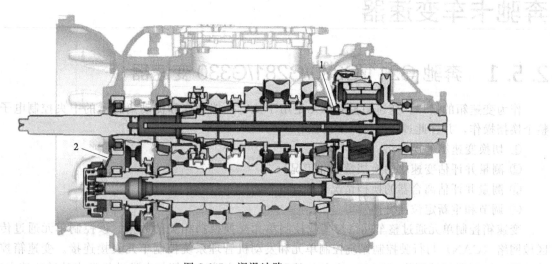

图 2-141　润滑油路

1—供应至机油油道的机油；2—供应至副轴制动器的机油

用于润滑和冷却以下部件的机油油道：轴承；齿轮；高低挡；副轴制动器。

后部输入轴和主轴上有用于机油分配的油道。主轴还使机油分配管插入，以控制机油流量。

选装的紧急转向伺服泵驱动器、缓速器齿轮和 PTO 也得到润滑。PTO 通过机油过滤器壳体的外部软管润滑。

变速箱进行通风是为了防止压力积聚，例如在冷启动时。变速器通风装置如图 2-142 所示。

机油冷却器（选装）在不同市场其选装组件可能会有所不同。变速器机油冷却器类型与安装位置如图 2-143 所示。

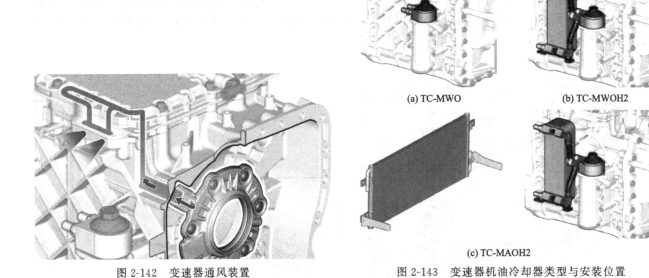

(a) TC-MWO　　　　(b) TC-MWOH2

(c) TC-MAOH2

图 2-142　变速器通风装置　　　　图 2-143　变速器机油冷却器类型与安装位置

变速箱始终装备有机油冷却器，以确保充分冷却（在轻负载和低环境温度下，冷却器实际上提高了变速箱的温度）。

2.5
奔驰卡车变速器

2.5.1　奔驰 G211/G230/G281/G330 变速器

作为变速箱的接口，变速箱控制单元是用于执行换挡操作和促动离合器的中央控制电子装置。其控制整个换挡操作，并在此过程中执行下列任务。

① 切换变速箱的换挡组。

② 测量并评估变速箱的换挡情况和工况。

③ 测量并评估离合器的换挡情况和工况。

④ 调节和重新定位离合器。

变速箱控制单元通过整车网络与其他控制单元交换换挡相关的数据。该控制单元通过传动系统控制器区域网络（CAN）与行驶控制系统控制单元和发动机管理系统控制单元直接连接。变速箱控制单元还通过传动系统控制器区域网络（CAN）向其他控制单元发出请求（例如向发动机发出的转速请求）。

变速箱通过来自变速箱控制单元的电子换挡信号促动以下部件。

① 换挡缸伸出电磁阀。

② 换挡缸收回电磁阀。

③ 副变速箱伸出电磁阀。

④ 副变速箱收回电磁阀。

⑤ 高低挡组收回电磁阀。

⑥ 高低挡组伸出电磁阀。

⑦ 门限缸伸出电磁阀。

⑧ 门限缸收回电磁阀。

变速器控制原理如图 2-144 所示。根据规定的顺序，相应于要换入的挡位来执行促动顺序。各电磁阀控制相关门限缸 1、高低挡组气缸 2、换挡缸 3 和副变速箱气缸 4 的工作空间的进气及排气。此时，其活塞杆位于指定位置，并促动相关换挡机构，以实现副变速箱换挡，高低挡组换挡，挡位变换以及挡位板换挡。

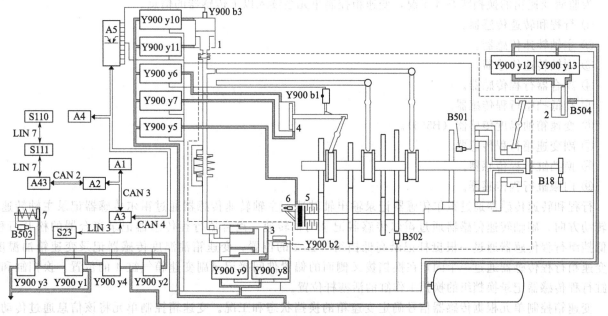

图 2-144　变速器控制原理

1—门限缸；2—高低挡组气缸；3—换挡缸；4—副变速箱气缸；5—副轴制动器；6—机械通风阀；7—气动中央离合器分离轴承；A1—仪表盘控制单元（ICUC）；A2—中央网关（CGW）控制单元；A3—行驶控制系统［共用传动系控制器（CPC）］控制单元；A4—发动机管理（MCM）控制单元；A5—变速箱控制系统（TCM）控制单元；A43—组合开关板（MSF）控制单元；B18—行程和转速传感器；B501—主轴转速传感器；B502—副轴转速传感器；B503—离合器行程传感器；B504—高低挡组行程传感器；CAN 2—车内控制器区域网络（CAN）；CAN 3—车架控制器区域网络（CAN）；CAN 4—传动系统控制器区域网络（CAN）；LIN 3—右侧多功能操纵杆局域互联网（LIN）；LIN 7—按钮组局域互联网（LIN）；S23—右侧多功能操纵杆；S110—多功能方向盘左侧按钮组；S111—多功能方向盘右侧按钮组；Y900 b1—副变速箱行程传感器；Y900 b2—换挡缸行程传感器；Y900 b3—门限缸行程传感器；Y900 y1—离合器慢速接合电磁阀；Y900 y2—离合器慢速脱开电磁阀；Y900 y3—离合器快速接合电磁阀；Y900 y4—离合器快速脱开电磁阀；Y900 y5—副轴制动器电磁阀；Y900 y6—副变速箱伸出电磁阀；Y900 y7—副变速箱收回电磁阀；Y900 y8—换挡缸伸出电磁阀；Y900 y9—换挡缸收回电磁阀；Y900 y10—门限缸伸出电磁阀；Y900 y11—门限缸收回电磁阀；Y900 y12—高低挡组收回电磁阀；Y900 y13—高低挡组伸出电磁阀

正确操作变速箱自动化所需压力最小为 6.5bar。压缩空气罐 V6 用于离合器促动和换挡系统，其集成在所有车辆的横梁上。

控制离合器时，通过来自变速箱控制系统（TCM）控制单元（A5）的电子换挡信号促动以下部件。

① 离合器慢速接合电磁阀。

② 离合器慢速脱开电磁阀。

③ 离合器快速接合电磁阀。

④ 离合器快速脱开电磁阀。

各电磁阀控制气动中央离合器分离轴承 7 的通气和通风。气动中央离合器分离轴承 7 脱开或接合离合器，或将离合器调节在特定的位置。

高低挡组换挡条件：已检测到换挡缸 3 处于空挡位置。通过促动高低挡组收回电磁阀或高低挡组伸出电磁阀进行高低挡组换挡。副变速箱换挡通过促动副变速箱伸出电磁阀或副变速箱收回电磁阀进行。挡位板换挡通过促动门限缸收回电磁阀执行。在换挡系统中安装弹簧以复位换挡轴。

由此可确保在门限缸收回电磁阀未被促动时，存在必要的回弹力。还可根据需要通过促动门限缸伸出电磁阀为弹簧的回弹力提供辅助。

通过促动换挡缸收回电磁阀或换挡缸伸出电磁阀进行换挡。换挡操作从空挡位置开始。换挡前，使副轴转速与主轴转速相匹配。通过促动副轴制动器电磁阀进行升挡，以及在离合器关闭的情况下通过增加发动机转速进行降挡时，应满足该条件。

拖车模式仅在备用模式下且电气和气动系统无故障的情况下可用。拖车模式包含高速挡位范围组和空挡位置的自动换挡。

为监测变速箱的换挡状态和工况，变速箱控制单元会读入以下传感器的信息。

① 行程和转速传感器。
② 主轴转速传感器。
③ 副轴转速传感器。
④ 离合器行程传感器。
⑤ 高低挡组行程传感器。
⑥ 变速箱油温度传感器（B505）。
⑦ 副变速箱行程传感器。
⑧ 换挡缸行程传感器。
⑨ 门限缸行程传感器。

行程和转速传感器通过霍尔传感器记录输出轴转速。主轴转速传感器通过霍尔传感器记录主轴转速及其转动方向。副轴转速传感器通过霍尔传感器记录副轴转速。离合器行程传感器记录离合器的松开行程。高低挡组行程传感器通过一根挺杆记录高低挡组气缸 2 的位置。变速箱油温度传感器记录变速箱油温度。副变速箱行程传感器通过一个固定在换挡拨叉侧面的偏置件间接记录副变速箱气缸 4 的位置。换挡缸和门限缸行程传感器记录换挡组的换挡工作缸的活塞杆位置。

变速箱控制单元根据传感器信号确定变速箱的换挡状态和工况。变速箱控制单元将该信息通过传动系统控制器区域网络（CAN）传送至行驶控制系统控制单元，后者要求来自变速箱控制单元的请求挡位。变速箱控制单元确保通过促动相应气缸的电磁阀实现快速转速同步和接合所需挡位。变速箱控制单元将实际挡位传送至行驶控制系统控制单元。行驶控制系统控制单元将控制器区域网络（CAN）信息传送至车架控制器区域网络（CAN）或自行评估。

离合器行程传感器记录气动中央离合器分离轴承 7 的位置。变速箱控制单元读入离合器行程传感器（B503）的两个冗余信号。两个信号设计为互补，意味着一个信号上升时另一个信号下降。然后评估信号，并持续记录离合器的位置和工况。集成在变速箱控制单元中的离合器调节装置根据该信息确定离合器的最佳位置。通过促动离合器操纵机构的电磁阀调节离合器位置。还向发动机发出设置转速和扭矩的请求，以适应离合器位置。

升挡挡位变化顺序如下。

从奇数挡到偶数挡（例如，从 1 挡到 2 挡）：
① 发动机扭矩减小；
② 断开离合器并释放传动系统的负载；
③ 副变速箱换挡；
④ 接合离合器；
⑤ 恢复发动机扭矩。

从偶数挡到奇数挡（例如，从 2 挡到 3 挡）：
① 发动机扭矩减小；
② 断开离合器并释放传动系统的负载；

③ 换出挡位（空挡）；

④ 副变速箱换挡；

⑤ 操作副轴制动器（副轴制动，以补偿副轴与主轴间的转速差）；

⑥ 接合挡位；

⑦ 接合离合器；

⑧ 恢复发动机扭矩。

从 6 挡升到 7 挡时，除了进行挡位变换和副变速箱换挡之外，还要接合高低挡组。

降挡换挡顺序如下。

从奇数挡到偶数挡（例如，从 3 挡到 2 挡）：

① 发动机扭矩减小；

② 断开离合器并释放传动系统的负载；

③ 换出挡位（空挡）；

④ 副变速箱换挡；

⑤ 接合离合器；

⑥ 增加发动机转速（补偿主轴与副轴间的转速差）；

⑦ 接合挡位；

⑧ 恢复发动机扭矩。

从 7 挡降到 6 挡时，除了进行挡位变换和副变速箱换挡之外，还要接合高低挡组。

从偶数挡到奇数挡（例如，从 8 挡到 7 挡）：

① 发动机扭矩减小；

② 断开离合器并释放传动系统的负载；

③ 副变速箱换挡；

④ 接合离合器；

⑤ 恢复发动机扭矩。

起步时，变速箱控制单元从行驶控制系统控制单元接收有关油门踏板位置的信息，并适当地控制离合器的接合过程。

发动机通过离合器的接合过程进行加载，从而增加相应的发动机扭矩。变速箱控制单元同步监测发动机是否过载。如果存在过载的危险，则变速箱控制单元会稍稍打开离合器。

例如，为了在重载或上坡情况下起步，变速箱控制单元请求发动机管理控制单元提高发动机转速。

换挡前后，必须降低或再次增加发动机扭矩。此时，变速箱控制单元确保快速降低和增加扭矩以抑制震动。根据来自行驶控制系统控制单元和发动机管理控制单元的信息完成。扭矩的这种降低和增加会根据实际情况进行，有时听上去像是"转速增加"。

发动机扭矩由驱动轴通过副变速箱 A 的等速齿轮 1（8）传递至副轴。然后通过接合的 1 挡齿轮 11 继续传递至主轴，并进一步通过高低挡组 C 的行星齿轮传递至变速箱输出轴。1 挡动力传递线路如图 2-145 所示。

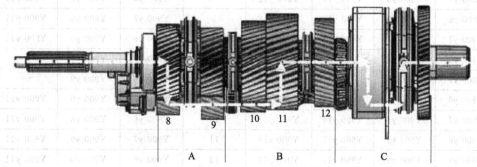

图 2-145　1 挡挡动传递线路（变速箱 715. 352/371）

8—等速齿轮 1；9—等速齿轮 2；10—2 挡齿轮；11—1 挡齿轮；12—倒挡齿轮；A—副变速箱；B—主变速器；C—高低挡组

发动机扭矩由驱动轴通过副变速箱 A 的等速齿轮 2（9）传递至副轴。然后通过接合的 1 挡齿轮 11 继续传递至主轴，并直接传递至变速箱输出轴。8 挡动力传递线路如图 2-146 所示。

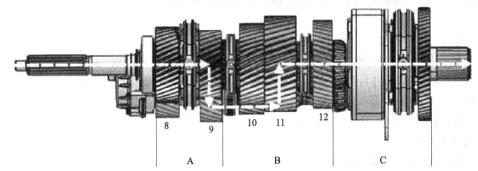

图 2-146　8 挡动力传递线路（变速箱 715.352/371）

8—等速齿轮 1；9—等速齿轮 2；10—2 挡齿轮；11—1 挡齿轮；12—倒挡齿轮；A—副变速箱；B—主变速器；C—高低挡组

发动机扭矩从驱动轴直接传递至主轴，并进一步直接传递至变速箱输出轴。变速箱输入轴与变速箱输出轴之间无传动比。12 挡动力传递线路如图 2-147 所示。

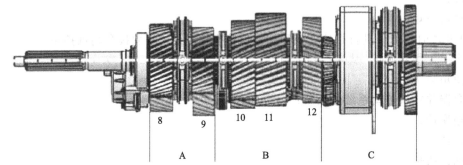

图 2-147　12 挡动力传递线路（变速箱 715.352/371）

8—等速齿轮 1；9—等速齿轮 2；10—2 挡齿轮；11—1 挡齿轮；12—倒挡齿轮；A—副变速箱；B—主变速器；C—高低挡组

换挡操作期间被促动电磁阀对已接合挡位的分配（G211，G230）见表 2-3。

表 2-3　换挡操作期被促动电磁阀对已接合挡位的分配（G211，G230）

变速箱 715.352(G211)					变速箱 715.360(G230)				
ICUC/IC 显示屏	电磁阀 副变速箱	电磁阀 换挡缸	电磁阀 门限缸	电磁阀 高低挡组	ICUC/IC 显示屏	电磁阀 副变速箱	电磁阀 换挡缸	电磁阀 门限缸	电磁阀 高低挡组
1	Y900 y6	Y900 y9	—	Y900 y12	1	Y900 y7	Y900 y9	—	Y900 y12
2	Y900 y7	Y900 y9	—	Y900 y12	2	Y900 y6	Y900 y9	—	Y900 y12
3	Y900 y6	Y900 y8	Y900 y11	Y900 y12	3	Y900 y7	Y900 y8	Y900 y11	Y900 y12
4	Y900 y7	Y900 y8	Y900 y11	Y900 y12	4	Y900 y6	Y900 y8	Y900 y11	Y900 y12
5	Y900 y6	Y900 y9	Y900 y11	Y900 y12	5	Y900 y7	Y900 y9	Y900 y11	Y900 y12
6	Y900 y7	Y900 y9	Y900 y11	Y900 y12	6	Y900 y6	Y900 y9	Y900 y11	Y900 y12
7	Y900 y6	Y900 y9	—	Y900 y13	7	Y900 y7	Y900 y9	—	Y900 y13
8	Y900 y7	Y900 y9	—	Y900 y13	8	Y900 y6	Y900 y9	—	Y900 y13
9	Y900 y6	Y900 y11	Y900 y13	Y900 y13	9	Y900 y7	Y900 y11	Y900 y13	Y900 y13
10	Y900 y7	Y900 y8	Y900 y11	Y900 y13	10	Y900 y6	Y900 y8	Y900 y11	Y900 y13
11	Y900 y6	Y900 y9	Y900 y11	Y900 y13	11	Y900 y7	Y900 y9	Y900 y11	Y900 y13
12	Y900 y7	Y900 y9	Y900 y11	Y900 y13	12	Y900 y6	Y900 y9	Y900 y11	Y900 y13
R1	Y900 y6	Y900 y8	—	Y900 y12	R1	Y900 y7	Y900 y8	—	Y900 y12
R2	Y900 y7	Y900 y8	—	Y900 y12	R2	Y900 y6	Y900 y8	—	Y900 y12

变速箱 715.352(G211)					变速箱 715.360(G230)				
ICUC/IC显示屏	电磁阀副变速箱	电磁阀换挡缸	电磁阀门限缸	电磁阀高低挡组	ICUC/IC显示屏	电磁阀副变速箱	电磁阀换挡缸	电磁阀门限缸	电磁阀高低挡组
R3	Y900 y6	Y900 y8	—	Y900 y13	R3	Y900 y7	Y900 y8	—	Y900 y13
R4	Y900 y7	Y900 y8	—	Y900 y13	R4	Y900 y6	Y900 y8	—	Y900 y13
N1	—	Y900 y8, Y900 y9	—	Y900 y12	N1	—	Y900 y8, Y900 y9	—	Y900 y12
N2	—	Y900 y8, Y900 y9	—	Y900 y13	N2	—	Y900 y8, Y900 y9	—	Y900 y13

换挡操作期间被促动电磁阀对已接合挡位的分配（G281，G330）见表2-4。

表 2-4　换挡操作期被促动电磁阀对已接合挡位的分配（G281，G330）

变速箱 715.371(G281)					变速箱 715.381(G330)				
ICUC/IC显示屏	电磁阀副变速箱	电磁阀换挡缸	电磁阀门限缸	电磁阀高低挡组	ICUC/IC显示屏	电磁阀副变速箱	电磁阀换挡缸	电磁阀门限缸	电磁阀高低挡组
1	Y900 y6	Y900 y9	—	Y900 y12	1	Y900 y7	Y900 y9	—	Y900 y12
2	Y900 y7	Y900 y9	—	Y900 y12	2	Y900 y6	Y900 y9	—	Y900 y12
3	Y900 y6	Y900 y9	Y900 y11	Y900 y12	3	Y900 y7	Y900 y8	Y900 y11	Y900 y12
4	Y900 y7	Y900 y8	Y900 y11	Y900 y12	4	Y900 y6	Y900 y8	Y900 y11	Y900 y12
5	Y900 y6	Y900 y9	Y900 y11	Y900 y12	5	Y900 y7	Y900 y8	Y900 y11	Y900 y12
6	Y900 y7	Y900 y8	Y900 y11	Y900 y12	6	Y900 y6	Y900 y8	Y900 y11	Y900 y12
7	Y900 y6	Y900 y9	—	Y900 y13	7	Y900 y7	Y900 y9	—	Y900 y13
8	Y900 y7	Y900 y9	—	Y900 y13	8	Y900 y6	Y900 y9	—	Y900 y13
9	Y900 y6	Y900 y8	Y900 y11	Y900 y13	9	Y900 y7	Y900 y8	Y900 y11	Y900 y13
10	Y900 y7	Y900 y8	Y900 y11	Y900 y13	10	Y900 y6	Y900 y8	Y900 y11	Y900 y13
11	Y900 y6	Y900 y9	Y900 y11	Y900 y13	11	Y900 y7	Y900 y8	Y900 y11	Y900 y13
12	Y900 y7	Y900 y9	Y900 y11	Y900 y13	12	Y900 y6	Y900 y8	Y900 y11	Y900 y13
R1	Y900 y6	Y900 y8	—	Y900 y12	R1	Y900 y7	Y900 y8	—	Y900 y12
R2	Y900 y7	Y900 y8	—	Y900 y12	R2	Y900 y6	Y900 y8	—	Y900 y12
R3	Y900 y6	Y900 y8	—	Y900 y13	R3	Y900 y7	Y900 y8	—	Y900 y13
R4	Y900 y7	Y900 y8	—	Y900 y13	R4	Y900 y6	Y900 y8	—	Y900 y13
N1	—	Y900 y8, Y900 y9	—	Y900 y12	N1	—	Y900 y8, Y900 y9	—	Y900 y12
N2	—	Y900 y8, Y900 y9	—	Y900 y13	N2	—	Y900 y8, Y900 y9	—	Y900 y13

促动换挡机构，并通过变速箱定位器检测换挡位置。变速箱定位器通过电磁阀促动集成式换挡缸和门限缸。变速箱定位器还会通过施加压缩空气通过气动连接促动以下部件。

① 副变速箱气缸。

② 高低挡组工作缸。

③ 气动中央离合器分离轴承。

④ 副轴制动器。

变速箱定位器还会为取力器供给压缩空气。变速箱控制单元通过变速箱定位器内部的行程传感器检测换挡缸，变速箱定位器将以下部件组合到一个总成中。

① 换挡缸。

② 换挡缸行程传感器（Y900 b2）。

③ 换挡缸"收回"电磁阀。

④ 换挡缸"伸出"电磁阀。

⑤ 门限缸。

⑥ 门限缸行程传感器（Y900 b3）。

⑦ 门限缸"收回"电磁阀。

⑧ 门限缸"伸出"电磁阀。

⑨ 副变速箱行程传感器（Y900 b1）。

⑩ 副变速器"收回"电磁阀。

⑪ 副变速器"伸出"电磁阀。

⑫ 离合器慢速接合电磁阀。

⑬ 离合器慢速脱开电磁阀。

⑭ 离合器快速接合电磁阀。

⑮ 离合器快速脱开电磁阀。

⑯ 高低挡组"收回"电磁阀。

⑰ 高低挡组"伸出"电磁阀。

⑱ 副轴制动器电磁阀。

⑲ 离合器保护阀。

⑳ 滤网（用于过滤供给的压缩空气）。

变速箱定位器中包含的行程传感器为非接触式测量传感器，该传感器的内部线圈通过永久磁铁励磁。行程传感器通过集成式电子分析系统在内部生成脉冲宽度调制（PWM）信号，该信号由变速箱控制单元读入。变速箱定位器与变速箱控制单元一起固定在变速箱外壳的左侧，见图2-148。定位器部件分布如图2-149所示。

图 2-148　变速器定位器与控制单元安装
位置（变速箱 715.371）
A5—变速箱控制系统（TCM）控制单元；
Y900—变速箱定位器

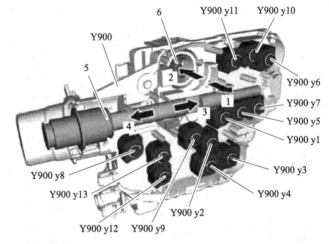

图 2-149　定位器部件分布

1,2—伸出门限缸；3—伸出换挡缸；4—收回换挡缸；5—换挡缸；6—门限缸；Y900—变速箱定位器；Y900 y1—离合器慢速接合电磁阀；Y900 y2—离合器慢速脱开电磁阀；Y900 y3—离合器快速接合电磁阀；Y900 y4—离合器快速脱开电磁阀；Y900 y5—副轴制动器电磁阀；Y900 y6—副变速箱伸出电磁阀；Y900 y7—副变速箱收回电磁阀；Y900 y8—换挡缸伸出电磁阀；Y900 y9—换挡缸收回电磁阀；Y900 y10—门限缸伸出电磁阀；Y900 y11—门限缸收回电磁阀；Y900 y12—高低挡组收回电磁阀；Y900 y13—高低挡组伸出电磁阀

变速箱控制单元通过主轴转速传感器记录主轴转速及其转动方向。主轴转速传感器是一种带集成式霍尔传感器的主动式转速传感器。

主轴转速传感器拧在变速箱左侧变速箱外壳的中部，如图2-150所示。

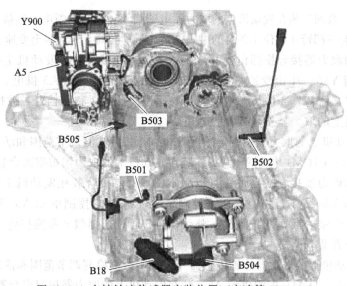

图 2-150　主轴转速传感器安装位置（变速箱 715.371）

A5—变速箱控制系统（TCM）控制单元；B18—行程和转速传感器；B501—主轴转速传感器；B502—副轴转速传感器；
B503—离合器行程传感器；B504—高低挡组行程传感器；B505—变速箱油温度传感器；Y900—变速箱定位器

2.5.2　奔驰取力器

提供两种版本的装在发动机上的取力器：离合器非独立式版本 A 仅适用于车辆静止时使用；离合器独立式版本 B 适用于车辆静止和行驶两种情况。

装在发动机上的取力器换挡模块（Y502）位于变速箱外壳的左侧（相对于行驶方向），如图 2-151 所示。

装在发动机上的取力器换挡模块（Y502）以机械方式促动换挡机构，用于调节滑动套筒并同时检测换挡位置。换挡模块内部结构如图 2-152 所示。

图 2-151　取力器换挡模块位置

Y502—装在发动机上的取力器换挡模块

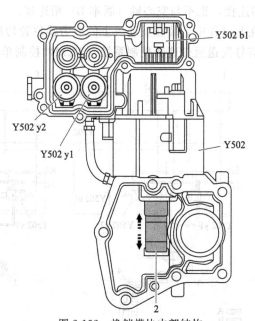

图 2-152　换挡模块内部结构

2—活塞杆；Y502—装在发动机上的取力器换挡模块；Y502 b1—NMV 行程传感器；Y502 y1—展开装在发动机上的取力器电磁阀；Y502 y2—收回装在发动机上的取力器电磁阀

（1）空挡位置Ⅰ（版本 A 和版本 B）　在空挡位置，未驱动装在发动机上的取力器。"展开"装在发动机上的取力器电磁阀 Y502 y1 和"收回"装在发动机上的取力器电磁阀 Y502 y2 均断电。连接至换挡工作缸 1 的压缩空气管路均无压。活塞杆 2 和换挡臂 4 均位于各自的中间位置。滑动套筒 5 未连接至变速箱输入轴或空心轴。

（2）装在发动机上的取力器接合换挡位置Ⅱ（版本 A）　要接合装在发动机上的取力器，"展开"装在发动机上的取力器电磁阀 Y502 y1 由变速箱控制系统（TCM）控制单元 A5 供电。储备压力 A 被施加至换挡工作缸 1 的上部工作室，活塞杆 2 伸长。滑动套筒 5 通过换挡毂 3 和换挡臂 4 被推到变速箱输入轴的外齿上，然后进入装在发动机上的取力器接合换挡位置Ⅱ。

在此过程中，装在发动机上的取力器位置传感器 Y502 b1 持续检测调节范围和活塞杆 2 的位置，并将相应信号发送至变速箱控制系统（TCM）控制单元 A5。装在发动机上的取力器根据离合器连接至变速箱输入轴。

（3）装在发动机上的取力器接合换挡位置Ⅲ（版本 B）　要接合装在发动机上的取力器，"展开"装在发动机上的取力器电磁阀 Y502 y1 首先由变速箱控制系统（TCM）控制单元 A5 供电。储备压力 A 被施加至换挡工作缸 1 的上部工作室，活塞杆 2 伸长。滑动套筒 5 通过换挡毂 3 和换挡臂 4 被推到变速箱输入轴的外齿上，然后进入中间位置Ⅱ。

在此过程中，装在发动机上的取力器位置传感器 Y502 b1 持续检测调节范围和活塞杆 2 的位置，并将相应信号发送至变速箱控制系统（TCM）控制单元 A5。装在发动机上的取力器根据离合器连接至变速箱输入轴。

然后，"收回"装在发动机上的取力器电磁阀 Y502 y2 由变速箱控制系统（TCM）控制单元 A5 供电。储备压力 A 被施加至换挡工作缸 1 的下部工作室，活塞杆 2 收回。滑动套筒 5 通过换挡毂 3 和换挡臂 4 经空挡位置Ⅰ被推到空心轴的内齿上，然后进入装在发动机上的取力器接合换挡位置Ⅲ。

在此过程中，装在发动机上的取力器位置传感器 Y502 b1 持续检测调节范围和活塞杆 2 的位置，并将相应信号发送至变速箱控制系统（TCM）控制单元 A5。

装在发动机上的取力器通过空心轴经离合器压盘直接连接至发动机。

（4）脱开取力器（版本 A 和版本 B）　要脱开装在发动机上的取力器，"展开"装在发动机上的取力器电磁阀 Y502 y1 和"收回"装在发动机上的取力器电磁阀 Y502 y2 均有变速箱控制系统（TCM）控制单元 A5 供电。这些电磁阀均切换至通流位置，储备压力 A 被施加至换挡工作缸 1 的两个工作室。活塞杆 2 自动移至空挡位置。滑动套筒 5 通过换挡毂 3 和换挡臂 4 被推入空挡位置Ⅰ，从而既不与变速箱输入轴（版本 A）相连接，也不与空心轴（版本 B）相连接。

在此过程中，装在发动机上的取力器位置传感器 Y502 b1 持续检测调节范围和活塞杆 2 的位置，并将相应信号发送至变速箱控制系统（TCM）控制单元 A5。换挡控制原理如图 2-153 所示。

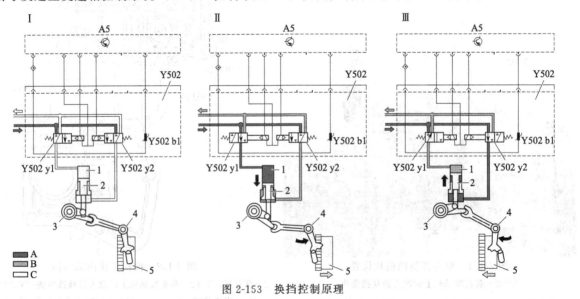

图 2-153　换挡控制原理

1—换挡工作缸；2—活塞杆；3—换挡毂；4—换挡臂；5—滑动套筒；A5—变速箱控制系统（TCM）控制单元；Y502—装在发动机上的取力器换挡模块；Y502 b1—行程传感器；Y502 y1—"展开"装在发动机上的取力器电磁阀；Y502 y2—"收回"装在发动机上的取力器电磁阀；Ⅰ—空挡；Ⅱ—装在发动机上的取力器接合换挡位置（版本 A）或中间位置（版本 B）；Ⅲ—装在发动机上的取力器接合换挡位置（版本 B）；A—储备压力；B—通风装置；C—未加压的

手动脱开或接合装在发动机上的取力器换挡模块，其安装位置见图 2-154。

可以手动脱开装在发动机上的取力器。

① 将护盖 6 从换挡毂 3 上分开。

② 用合适的工具 7 通过换挡毂 3 将装在发动机上的取力器切换至无负载位置。

③ 将护盖 6 安装到换挡毂 3 上。

可以手动接合装在发动机上的取力器。

① 将点火开关中的钥匙转到 OFF 位置。

② 将护盖 6 从换挡毂 3 上分开。

③ 使用合适的工具 7 将活塞杆移至下部位置。

④ 将护盖 6 安装到换挡毂 3 上。

⑤ 启动发动机并同时打开取力器 3 开关（S73）。

发动机上的取力器转速传感器 B507 位于变速箱外壳上，装在发动机上的取力器的输出轴区域，其位置如图 2-155 所示。

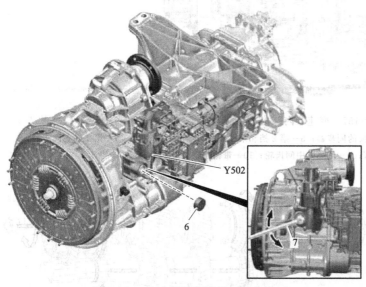

图 2-154　取力器换挡模块安装位置

6—护盖；7—工具；Y502—装在发动机上的取力器换挡模块

图 2-155　取力器转速传感器的位置

9—脉冲环；B507—取力器转速传感器

发动机上的取力器转速传感器 B507 利用装在发动机上的取力器的输出轴处的脉冲环 9 产生一个信号，并通过信号线将其发送至变速箱控制系统（TCM）控制单元 A5。该传感器利用此信号计算装在发动机上的取力器的当前转速。

2.6
斯堪尼亚卡车变速器

2.6.1　变速器结构与原理

2.6.1.1　变速器结构

斯堪尼亚 GRS905 是一个 14 速变速箱，包括一个带集成半挡式挡位的 3 速主挡位区和爬行挡，以及一

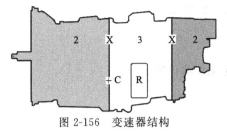

图 2-156 变速器结构

个行星齿轮区。变速器结构如图 2-156 所示。

变速箱是阶段式-半挡式，即主挡位区的挡位相差较小，而行星齿轮区有高速挡和低速挡之分。

向前行驶时，变速箱有 12 个带同步器的挡位，和 2 个无同步器的爬行挡。最高挡是超速传动，这表示输出轴旋转得比最高挡时的输入轴快。变速器内部结构如图 2-157 所示。

2.6.1.2 动力传递线路

变速箱 GRSO905 不同挡位的动力流如图 2-158～图 2-167 所示。

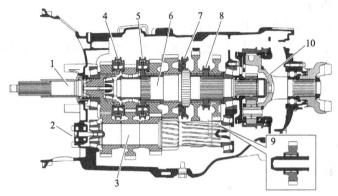

图 2-157 变速器内部构造

1—输入轴；2—机油泵；3—副轴；4—半挡式挡位更换的同步器；5—第 2 挡和第 3 挡的同步器；6—主轴；7—第 1 挡的同步器；
8—爬行挡和倒挡的连接套筒；9—倒挡的中间齿轮；10—带输出轴的行星齿轮

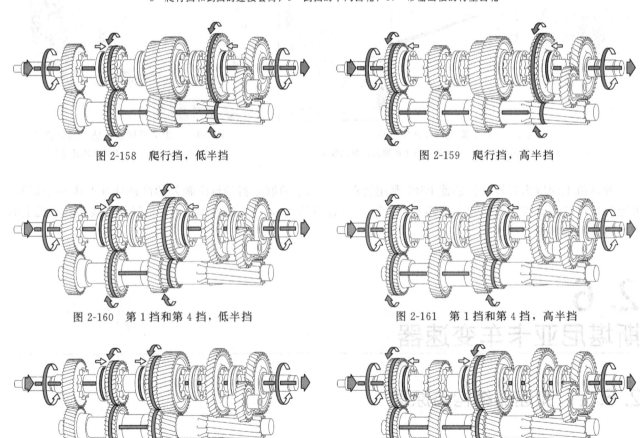

图 2-158 爬行挡，低半挡 　　　　　　　　　图 2-159 爬行挡，高半挡

图 2-160 第 1 挡和第 4 挡，低半挡 　　　　　图 2-161 第 1 挡和第 4 挡，高半挡

图 2-162 第 2 挡和第 5 挡，低半挡 　　　　　图 2-163 第 2 挡和第 5 挡，高半挡

重型卡车维修技术手册
变速器分册

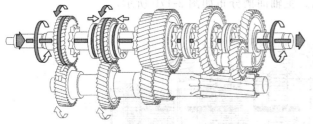

图 2-164　第 3 挡和第 6 挡，低半挡

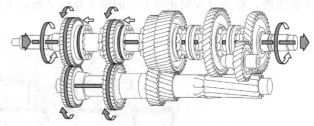

图 2-165　第 3 挡和第 6 挡，高半挡

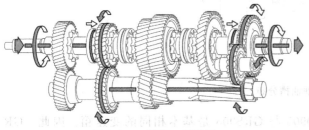

图 2-166　倒挡，低半挡

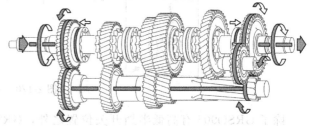

图 2-167　倒挡，高半挡

2.6.1.3　变速器润滑系统

变速器润滑采用喷溅润滑和强制润滑的组合方式。当副轴的齿轮低于变速箱外壳内的油位时进行飞溅润滑，就像叶轮一样。通过机油泵和在轴上钻出的油道进行压力润滑。润滑系统也装有一个机油滤清器和溢流阀。变速器润滑系统部件如图 2-168 所示。

油泵是转子型泵，它安装在前变速箱壳体内，并且由副轴驱动。泵通过变速箱壳体底部内的一个滤网抽取机油。机油流过油泵，并通过装有内嵌溢流阀的滤清器，然后被泵送通过前变速箱壳体内的导管。系统中还有另外一个溢流阀——倾泻阀。倾泻阀保护机油泵不会压力过大。倾泻阀装在油泵盖中，该阀打开后，机油就会直接流回变速箱。

机油泵与溢流阀结构见图 2-169。

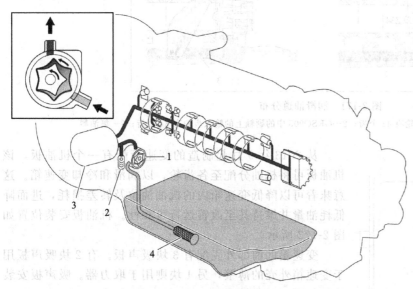

图 2-168　变速器润滑系统部件

1—机油泵；2—溢流阀；3—机油滤芯；4—滤网

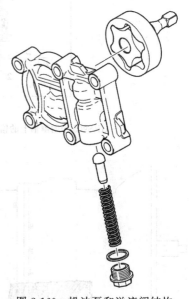

图 2-169　机油泵和溢流阀结构

机油从机油滤清器，经由输入轴、输入轴与主轴之间的管道、主轴，然后压入行星齿轮。在主轴内有

多条钻槽，它通过太阳轮向不同的轴承和行星齿轮供油。主轴油槽分布如图 2-170 所示。

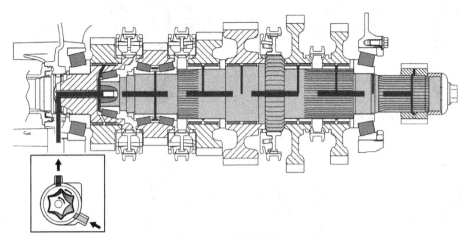

图 2-170　主轴油槽分布

除了 GRSO905 有高低半挡开关位置之外，GRSO905 与 GRS905 是基本相同的变速箱。因此，GR-SO905 的输入齿轮中的副轴齿轮比 GRS905 的小。为了确保 GRSO905 中的输入齿轮的润滑，其上布有集油器。润滑油道分布如图 2-171 所示。

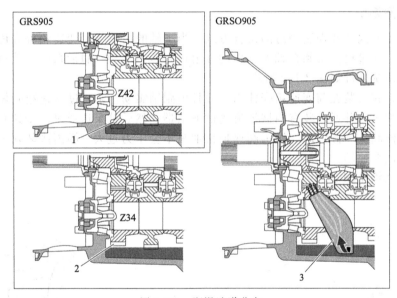

图 2-171　润滑油道分布

1—GRS905 中的副轴上的输入齿轮有 42 个齿；2—GRSO905 中的副轴上的输入齿轮有 34 个齿；3—集油器

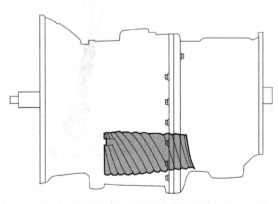

图 2-172　机油板安装位置

从 2013 年 9 月起制造的变速箱配有一个机油板，该机油板可将机油分配至各齿轮，以润滑和冷却变速箱。这意味着可以降低变速箱内的机油油位及转差损耗，进而降低耗油量并维持甚至改善运行可靠性。机油板安装位置如图 2-172 所示。

变速箱的前部外壳配有 3 块吸声板。有 2 块吸声板用于变速箱外壳的薄壁，另 1 块则用于取力器。吸声板安装位置如图 2-173 所示。

2.6.1.4　动轴与齿轮组

输入轴的前端位于飞轮中央的一个滚珠轴承内，后端

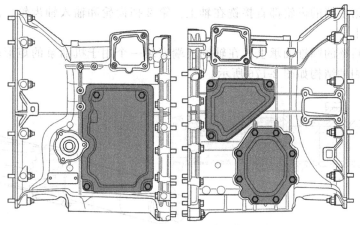

图 2-173　吸声板安装位置

位于变速箱壳体前端的圆锥滚子轴承内。

在轴横向钻取的两个油路上装有两个活塞环,以最大限度地降低润滑系统内的压降。滚针轴承通过在轴内侧钻出的通道进行润滑。机油通过一根管路流入主轴,这根管路在一侧有一个孔,用于润滑前主轴轴承。分动器同步器毂通过齿槽接头连接至轴。输入轴结构如图 2-174 所示。

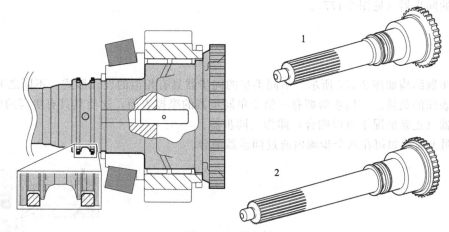

图 2-174　输入轴
1—输入轴;2—输入轴(带 EK 取力器的变速箱)

主轴前端位于输入轴的一个锥形滚柱轴承内,后端位于变速箱外壳后端板的一个锥形轴承内。主轴齿轮位于滚针轴承上。高半齿轮位于主轴两个圆锥滚子轴承内。主轴结构如图 2-175 所示。

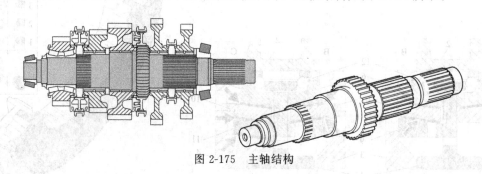

图 2-175　主轴结构

第 2 挡和第 3 挡的同步器毂以及爬行挡和倒挡的驱动器均通过一个齿槽接头连接到主轴上。第 1 挡同步器的驱动器是主轴的一部分。太阳轮和行星齿轮的同步锥环利用轴上的齿槽接头安装于主轴后端。在装有 OPC 的变速箱内,主轴的后轴承内有一个盘形脉冲轮。在手动操作变速箱内,脉冲轮由间隔环替代。

齿轮轴承通过在轴上钻出的通道进行润滑。参见下面的润滑系统。

倒挡和爬行挡以及第 1 挡的齿轮都直接铣在轴上。第 2 挡齿轮和输入轴齿轮、高低半挡都使用接头内的锁紧混合物压装在轴上。

副轴位于变速箱前后壁的圆锥轴承上。在轴的前端安装一个用于机油泵的矩形驱动。该矩形驱动装置直接在轴上加工成形。副轴结构如图 2-176 所示。

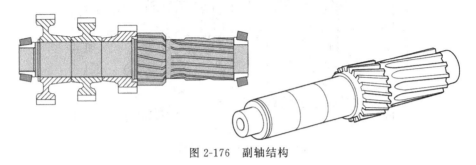

图 2-176 副轴结构

2.6.1.5 同步器的结构与功能

按照变速箱的类型，主变速箱装有两个或三个同步器装置。同步器的用途是使相应挡位的齿轮快速达到与主轴相同的速度。这也就意味着副轴、带有离合器片的输入轴和主轴上的其他齿轮达到适应当前齿轮的速度。

有三种类型的同步器（见图 2-177）。

A 单同步器。

B 双同步器。

C 三同步器。

不同类型同步器结构如图 2-177 所示。不同类型的同步器具有相似的设计形式。不同之处在于用箭头标记在下面的摩擦表面的数量。三同步器拥有三倍于单同步器的摩擦表面，这使其具有更高的效率。

第 1 挡同步器（正常情况下难以啮合）即为三同步器。

图 2-178 说明了齿轮如何在八个步骤内通过同步器啮合。

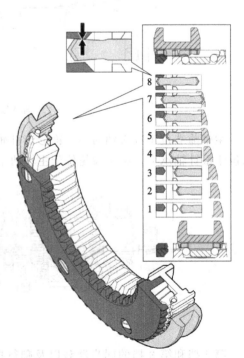

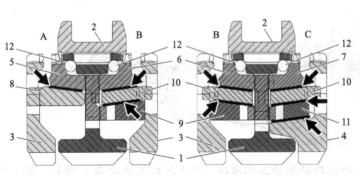

图 2-177 同步器不同类型结构

图 2-178 同步器啮合步骤

1—驾驶员；2—连接套筒；3—联轴盘；4—同步锥环；5—摩擦锥环；

6—摩擦锥环；7—摩擦锥环；8—内锥环；9—内锥环；

10—中间锥环；11—中间锥环；12—卡丝

步骤1：连接套筒向摩擦锥环移动时开始换挡。

步骤2：连接套筒向摩擦锥环按压卡丝（卡丝还有另外一个功能，它必须在空挡时对中连接套筒）。

步骤3：互相朝对方压锥环时，按照齿轮向上还是向下换挡，摩擦锥环将在一个方向或另一个方向跟随连接套筒。由摩擦锥环的凸缘（布置在驱动器内的相应凹槽内）防止此动作之前，摩擦锥环只能在一个方向或另一个方向移动半个齿的宽度。装好连接套筒后，套筒齿一直以其锁止齿靠在摩擦锥环齿的锁止齿上，轴向力被传递到开始制动的同步锥环。

步骤4：现在连接套筒可以向前移动，以便其在摩擦锥环齿之间啮合。这可能是由于摩擦锥环转动异常所致。

步骤5：连接套筒向与同步锥环或联轴盘啮合的方向移动。摩擦锥环已释放。

步骤6：连接套筒接触到同步锥环或联轴盘时，同步锥环/连轴盘转动以使其开始啮合。

步骤7：然后连接套筒可以向前移动，以使其与同步锥环或联轴盘啮合。

步骤8：已完成换挡。由于连接套筒和同步锥环或联轴盘都有锥形齿，因此通过锁止装置保持齿轮啮合。

GRS/O/905变速器同步器安装位置如图2-179所示。

① 半挡同步器部件分解如图2-180所示。

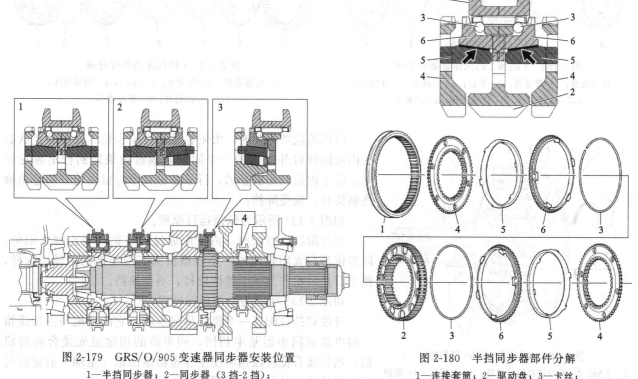

图2-179 GRS/O/905变速器同步器安装位置
1—半挡同步器；2—同步器（3挡-2挡）；
3—同步器（1挡）

图2-180 半挡同步器部件分解
1—连接套筒；2—驱动盘；3—卡丝；
4—联轴盘；5—内锥环；6—摩擦锥环

② 3挡和2挡同步器部件分解如图2-181所示。

③ 1挡同步器部件分解如图2-182所示。

2.6.1.6 行星齿轮组

阶段式挡位提供2个速挡，与主变速箱后段结合在一起。高速挡和低速挡都有同步器。

行星齿轮变速箱包括1个可调内齿圈（带有内齿和连接齿）、1个太阳轮（连接到主变速箱中的主轴）和5个行星齿轮（在齿圈和太阳轮之间）。安装行星齿轮后，滚针轴承在输出轴上，输出轴同时起到行星齿轮架的作用。行星齿轮组内部构造如图2-183所示。

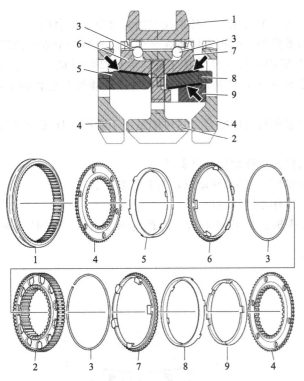

图 2-181　3 挡和 2 挡同步器部件分解

1—连接套筒；2—驾驶员；3—卡丝；4—联轴盘；5—内锥环；

6,7—摩擦锥环；8—中间锥环；9—内锥环

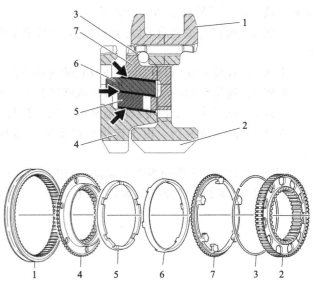

图 2-182　1 挡同步器部件分解

1—连接套筒；2—驾驶员；3—卡丝；4—同步锥环；

5,6—中间锥环；7—摩擦锥环

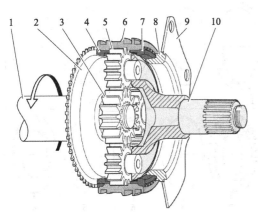

图 2-183　行星齿轮组内部构造

1—主轴；2—高阶段挡同步锥环；3—太阳轮；4—摩擦
锥环；5—行星齿轮（5 个脱离）；6—内部环齿轮；
7—摩擦锥环；8—低阶段挡同步锥环；9—联轴盘；
10—带行星齿轮架的输出轴

以低阶段挡行驶时，太阳轮驱动行星齿轮。处于静止状态的内齿圈通过外壳内的一个固定联轴盘被锁定到行星齿轮壳上。由于内齿圈是静止的，行星齿轮和带行星齿轮架的输出轴强制旋转，致使降挡。

如图 2-184 所示为低挡运行原理。

以高阶段挡行驶时，内齿圈通过同步锥环锁止到太阳轮，同步锥环与太阳轮通过一个齿槽接头一同连接到主轴。这样，整个行星齿轮作为一个整体旋转，不会换挡。

如图 2-185 所示为高挡运行原理。

阶段式挡位配备一个锥环形同步器，它的功能与主变速箱中的单锥面同步器基本相同。同步器的用途是先接合高阶段挡，然后接合低阶段挡时使主变速箱输出轴（主轴）的速度与行星齿轮输出轴的速度相同。

同步器由两个摩擦锥环、两个同步锥环以及一个用作连接套筒的内齿圈所组成。其中一个同步锥环连接到主轴上的太阳轮，另一个安装在变速箱外壳上装配的联轴盘中。内齿圈中有 12 个弹簧复位定位滚珠，每侧 6 个，它们的作用是在同步的最初阶段使锥环相互适应。同步器结构如图 2-186 所示。

摩擦锥环只能在内齿圈中以一个方向移动半个齿的宽度，因此与变速箱同步器中的摩擦锥环执行的是相同的任务。摩擦锥环和同步锥环的摩擦面设计与变速箱中的摩擦面相同。

最后，内齿圈会同时被用作连接套筒。内齿圈在每侧都有连接齿，以便与合适的同步锥环啮合。同步器操作如图 2-187 所示。

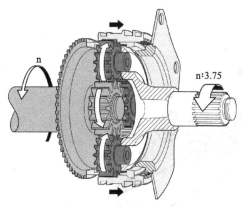

图 2-184　低挡运行原理

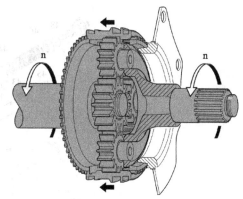

图 2-185　高挡运行原理

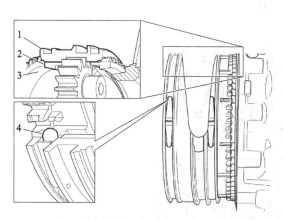

图 2-186　同步器结构

1—内部环齿轮；2—摩擦锥环；3—同步锥环；4—定位滚珠

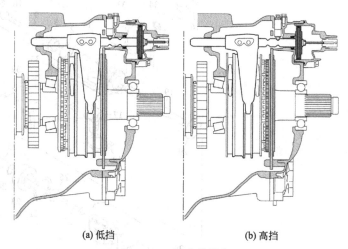

(a) 低挡　　　　　　　　　(b) 高挡

图 2-187　同步器操作

2.6.1.7　自动换挡系统

　　智能型排挡控制系统控制机械变速箱的自动换挡系统。这有很多优点，例如换挡更平顺，行驶经济性更好。

　　Opticruise 是一个允许标准手动变速箱进行自动换挡的系统。离合器得到保留，但只有在启动、停止和调车时才可以使用。由一个控制单元收集并处理来自各控制器、传感器和临近系统，即 EMS、带 TC 的 EBS/ABS 以及辅助刹车系统（如安装）的数据。

　　需要换挡时，控制单元会促动电磁阀，电磁阀将压缩空气释放到空气缸。然后空气缸执行所要求的换挡。控制单元有一个内置的警告系统，可直接在显示屏上显示故障码，或在计算机上使用 Scania 诊断程序读取。后者能更快地对故障进行查找。自动换挡控制部件位置如图 2-188 所示。

　　纵向冲程气缸和横向冲程气缸部件分解如图 2-189 和图 2-190所示。

　　阶段式挡位和半挡气缸部件分解如图 2-191 所示。

　　Scania 智能换挡系统是手动变速箱的一种自动换挡系统。智能换挡系统可使驾驶员选择手动或是自动驾驶模式。自动模式下，智能换挡系

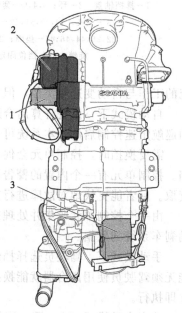

图 2-188　自动换挡系统部件位置

1—横向冲程作用缸；2—纵向冲程作用缸；
3—阶段式挡位和半挡气缸

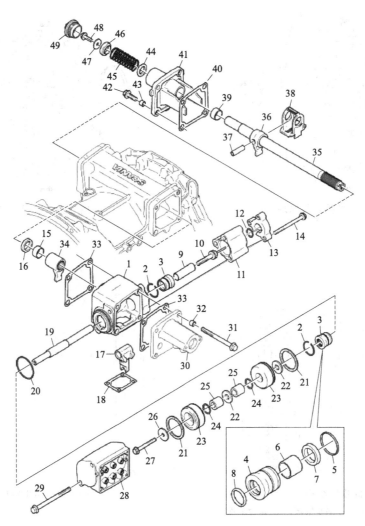

图 2-189　纵向冲程气缸部件分解

1—排挡轴盖；2—环；3,4,9—套管；5,12,20,24—O形环；6—轴承；7,8,16—O形环；10—传感器组件；11—传感器壳；
13—锁夹；14,29,31,42—凸缘螺钉；15,39—衬套；17—杆；18,33,36,40—垫片；19—推杆；21—密封圈；
22,26,44,46,47—垫圈；23—活塞；25,28,30—阻塞缸；27—螺钉；32—导向套；34—杆；35—轴；37—螺
旋销；38—挡位固定片；41—弹簧壳；43—导向套；45—弹簧；48—螺钉/凸缘螺钉；49—塞子

统的工作与自动变速箱类似，但在启动、停止和换道时驾驶员必须使用离合器踏板。

　　自动模式下，系统计算出合适的齿轮挡位，如果计算得出新的挡位则执行换挡。如果发动机管理系统的巡航定速控制启用，本系统可在必要时自动换挡而无须停用巡航定速控制。

　　需要换挡时，控制单元会促动电磁阀，电磁阀将压缩空气释放到空气缸。然后空气缸执行所要求的换挡。控制单元有一个内置的警告系统，可直接在显示屏上显示故障码，或在计算机上使用 Scania 诊断程序读取。后者能更快地对故障进行查找。

　　由一个控制单元收集并处理来自各控制器、传感器和临近系统，即 EMS、带 TC 的 EBS/ABS 以及辅助刹车系统的数据。

　　手动模式下，驾驶员选择挡位和换挡点（按车速或发动机转速）。控制单元评估换挡是否可行以及是否能无须驾驶员使用离合器就能换挡。如果能换挡，则在驾驶员将驾驶模式选择器移动到（＋）或（－）时立即执行。

　　选定自动模式（A）后，控制单元会一直计算哪个是合适的挡位。如计算显示当前选定的挡位应更换为更合适的挡位，则立即执行换挡。可进行单步和多步换挡。在此情况下，始终无须驾驶员使用离合器踏板而进行换挡。如果巡航定速控制已启用，能在不停用巡航速控制的情况下自动换挡。这种情况一直持续，

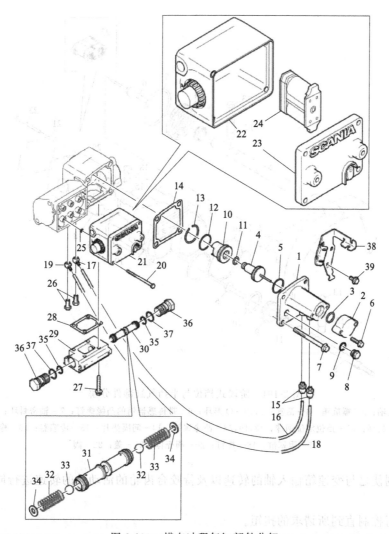

图 2-190　横向冲程气缸部件分解

1—阻塞缸；2—锁夹；3,5,11,12,25,37—O 形环；4,10—活塞；6,7,20,27,39—凸缘螺钉；8—螺塞；9,14,28—垫片；13—环；
15—管接头总成；16,18—塑料管；17—空心管接头；19—空心管接头；21,22—阀壳体；23—阀壳体盖；24—阀；26—空心
螺钉；29—纵向减振阻尼器外壳；30,31—活塞；32—弹簧；33—滚珠；34—垫圈；35—活塞环；36—塞子；38—导线固定座

直至车速低至停车或调车时的速度。此刻必须使用离合器。

　　除驾驶模式选择器的各挡位外，驾驶员还可选择两个不同驾驶模式之一。这两个程序成为"正常"和"坡道"。坡道程序用于坡度大于 5％的坡道。

　　大多数换挡都由智能换挡系统通过调节发动机转速与选定挡位同步而无须驾驶员踩下离合器踏板。要使换挡顺序舒适，系统在新换挡开始前会执行有控制的扭矩释放。系统在同步转速并咬合新挡后，会有控制地增加到驾驶员所请求的扭矩。

　　驾驶员需要快速向上换挡时，在同步阶段会使用排气制动使发动机能更快同步。在发动机控制的换挡之后的发动机转速要依赖发动机的调节范围（低怠速-高怠速）。调节范围是由发动机管理系统决定的，并按照发动机类型有区别。这样的结果是可以使用的自动挡位限制。

　　在踩下离合器踏板时，可用的挡位数量增加。但是，智能换挡系统会锁定任何可能导致发动机超速的挡位。

　　换挡顺序如下。

　　① 自动或驾驶员请求换挡。

　　② 发动机受到控制使变速箱输入轴扭矩为零。

　　③ 变速箱设定于空挡。

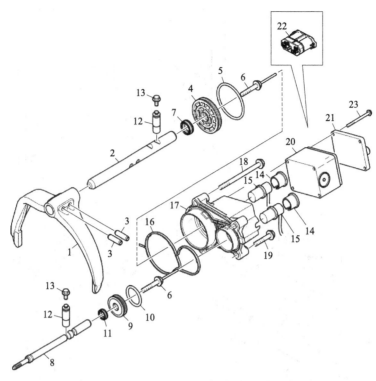

图 2-191　阶段式挡位与半挡气缸部件分解

1—换挡拨叉；2—拨叉轴；3—螺旋销；4—活塞；5,10—O形环；6—带传感器销的凸缘螺钉；7—轴密封环；8—拨叉轴；9—活塞；
11—轴密封环；12—挡位定位钢珠；13,19,23—凸缘螺钉；14—间隔垫片；15—传感器；16—橡胶垫片；
17—阻塞缸；18—螺钉；20—阀壳体；21—盖；22—阀

④ 对发动机控制使之与变速箱输入轴的转速以及待咬合齿轮的活动件的转速进行同步。

⑤ 齿轮咬合。

⑥ 对发动机进行控制直到所请求的扭矩。

完成换挡时，智能换挡系统会将发动机控制交还给驾驶员。合适挡位是以下列数据为基础计算的。

① 程序选择器设置。

② 当前速度。

③ 当前加速。

④ 当前扭矩。

⑤ 总传动比。

⑥ 油门踏板位置。

⑦ 任何来自驾驶员或液压缓速器的要求启用发动机制动程序的请求。

与智能换挡系统互动的有柴油机的制动特征、排气制动器或 Scania Retarder（如果已在车上配置）。这样可减少制动器磨损，从而降低运行费用。此外，由于动力传送更平顺温和，整个动力系统的磨损也大幅降低。

发动机制动程序的功能是在不同的行驶状况下提供尽可能好的发动机制动。发动机制动程序是由安装在驾驶室地板上的一个单独的开关控制的，或者如果车辆配置了自动排气制动的话，是由一个制动踏板控制的。

如果 EG 取力器处于活动状态，在车辆运动时会阻止所有换挡，并在车辆显示屏上向驾驶员通知此事。

分挡变速器控制给 EG 取力器的供应速度。驾驶员可在高半挡和低半挡之间切换，在踩下离合器踏板且驾驶模式选择器置于空挡的情况下，将驾驶模式选择器向（—）倾掀则转到低半挡，向（+）倾掀则转到高半挡。当前半挡模式会显示在车辆显示屏中。

牵引控制处于活动时，智能换挡系统使用非驱动车轮的速度信息来选定正确的挡位。如果不能得到来自非驱动车轮的速度信号，会保持咬合当前挡位，直至牵引控制停用。如果有发动机转速过快的危险，智能换挡系统会选择向上换挡。智能换挡系统会尽快完成换挡以防止车辆在换挡顺序过程中失去太多速度。智能换挡系统还在完成一次换挡后使用更慢的扭矩提升以减少驱动车轮再次失去牵引力的危险。

对 ABS 控制，智能换挡系统会在高阶段挡执行正常换挡。如果车辆在 ABS 控制过程中失去太多速度，系统一般要切换到低挡位，而智能换挡系统会咬合空挡。ABS 控制停止时，智能换挡系统会返回正常功能。如果车辆在 ABS 控制下静止，系统会提示驾驶员踩下离合器以咬合启动齿轮。

EPS 控制处于活动状态时，智能换挡系统会阻止所有的换挡以不影响 ESP 系统的稳定性控制。但系统会更换到更高挡位以防止发动机转速过快。ESP 控制停止时，智能换挡系统会返回正常功能。

智能换挡系统原理如图 2-192 所示。

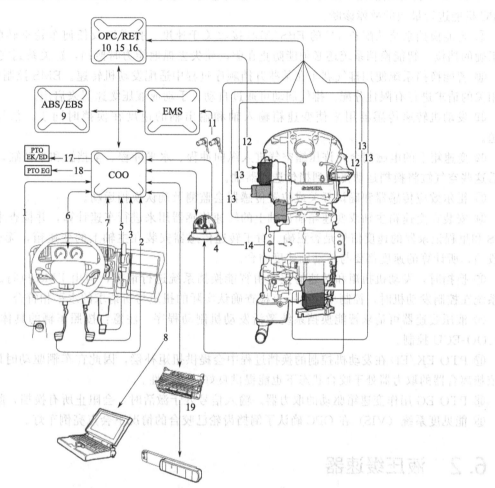

图 2-192　智能换挡系统原理（GRS905 变速箱）

① 地板开关用来启用发动机制动程序和排气制动。不带辅助制动器的车辆，在按住地板开关时排气制动与发动机制动一同作用。此信号通过协调器发送。另参见第⑪步。

② 离合器踏板。一个霍尔效应传感器发送离合器踏板的位置（未踩下、踩下一半或已踩到底）的信号。

③ 刹车。EMS 控制单元接收到驾驶员正在制动以及自动排气制动已启用的信息后，OPC 会收到排气制动已启用的信息。然后发动机制动程序使用一个略偏置的降挡点来提高发动机转速并因此而影响排气制动。

④ 里程记录器接收变速箱上车速传感器 T20 的速度脉冲。里程记录器转速传感器传送一个速度信号，智能换挡系统会将此信号与其他速度信号对比。这些是来自配置 TC 的 EBS/ABS 或智能换挡系统自身位于变速箱主轴或变速箱输出轴的转速传感器。

⑤ 油门踏板。油门踏板传感器提供所请求的节气门开口和强制降挡的信息。此霍尔效应传感器信号通过协调器发送。

⑥ 仪表盘。与选定驾驶模式、接合挡位、故障消息等相关的信息均在车辆显示屏上显示。

⑦ 驾驶模式选择器通知控制单元所需要的驾驶模式，以及驾驶员是否希望通过升挡/降挡请求来影响自动换挡。模式选择器有 2 个挡位。正常模式能提供最佳的燃油经济性，换挡也平顺舒适。爬坡模式则是在更高发动机转速下换挡，换挡过程更快，并减少多步换挡的倾向，这样是为了使车辆能在上坡道坡度上获得更高的速度。在配备了手自液压缓速器的车上，驾驶模式选择器也作为液压缓速器控制杆起作用。

配备自动液压缓速器的车辆在仪表板上有一个脚控液压缓速器开关。自动液压缓速器可与智能换挡系统或手动变速箱搭配使用。

⑧ PC 用故障诊断插座（通过绿色 CAN 总线连接）通过协调器与 OPC 通信。已安装最新的 SDP3 程序的 PC 机能进行最快的故障诊断。

⑨ 智能换挡系统从配备 TC 的 EBS/ABS 接收关于速度、打滑以及任何车轮空转的信息，以便随时选择正确的挡位。智能换挡系统还必须能防止在驱动轮失去抓地能力时换挡，这关系到安全问题。

⑩ 智能换挡系统使用排气刹车在某些升挡顺序过程中适配发动机转速。EMS 控制单元对当前与驾驶情况相关的请求进行有限性分配。排气制动可通过自动、手动或液压缓速器来启用。

⑪ 发动机转速传感器用来使变速箱输入轴和输出轴的速度在换挡时同步。信号通过 EMS 和 CAN 传送。

⑫ 变速箱上的电磁阀会允许压缩空气进入纵向冲程、水平冲程、全挡缸和半挡缸，从而实现每次换挡。然后这些空气缸将换挡运动传输到挡位选择器轴。

⑬ 霍尔效应传感器和确认开关或位置传感器会监测及确认换挡运动。

⑭ 安装在变速箱主轴或变速箱输出轴上的转速传感器用来进行车速计算，并检查来自配备 TC 的 EBS/ABS 和里程记录器的速度信号是否正确。对于转速传感器安装在主轴上的变速箱，无论是高阶段挡还是低阶段挡，所计算的速度都要与传动轴速度吻合。

⑮ 换挡时，发动机扭矩和转速的控制由智能换挡系统进行请求，但由 EMS 执行。无论何时当智能换挡系统在控制发动机时，控制单元会一直检查确认实际的扭矩与所请求的水平相符合。

⑯ 液压缓速器可请求智能换挡系统激活发动机制动程序。注意：按照车辆的具体配置，PTO 由 BWS 或 COO-ECU 控制。

⑰ PTO EK/ED 在发动机控制的换挡过程中会提供扭矩补偿，因此在车辆驱动时即使由发动机驱动或不依赖离合器的取力器处于咬合状态下也能提供良好的舒适性。

⑱ PTO EG 用作变速箱驱动的取力器。输入信号处于激活时，会阻止所有换挡，除非使用离合器。

⑲ 能见度系统（VIS）在 OPC 确认了倒挡齿轮已咬合的情况下会点亮倒车灯。

2.6.2 液压缓速器

2.6.2.1 液压缓速器的设计和安装

液压缓速器使用螺钉固定在变速箱的行星齿轮零件上。管道和软管铺设会随底盘和发动机型号不同而有所区别。机油冷却器和带比例阀的电磁阀体安装在液压缓速器油底壳盖中。液压缓速器有自己的机油系统。从物理结构上，液压缓速器有 4 个外壳元件。液压缓速器外部连接部件如图 2-193 所示。

液压缓速器可用于 3 个不同版本。液压缓速器 R3500，拥有传动比为 3.04 的 3500N·m 的制动扭矩；液压缓速器 R4100，拥有传动比为 3.26 的 4100N·m 的制动扭矩。

第三种设计是液压缓速器 4100D，可以机械方式与动力系统分离，以最大限度减小液压缓速器扭矩损失，从而降低耗油量。R4100D 拥有传动比为 3.26 的 4100N·m 的制动扭矩。

液压缓速器 R3500 和 R4100 的工作原理如图 2-194 所示。

液压缓速器轴 9 的齿轮由变速箱输出轴 14 上的齿轮驱动。根据不同的缓速器设计，缓速器轴转速可增加 3.04 或 3.26 倍。轴位于安装在变速箱内的圆柱滚子轴承 5 和安装在缓速器外壳中的滚珠轴承 13 中。

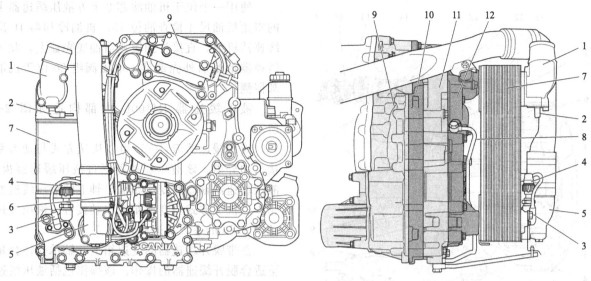

图 2-193　液压缓速器外部连接部件

1—机油冷却器冷却液出口；2—冷却液温度传感器；3—机油温度传感器；4—机油压力传感器；5—机油冷却器冷却液进口；
6—电磁阀组；7—机油冷却器；8—空气管道；9—液压缓速器轴承壳；10—液压缓速器外壳；11—阀壳体；12—导油盘

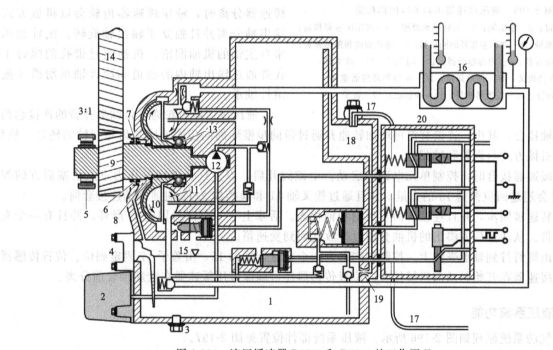

图 2-194　液压缓速器 R3500 和 R4100 的工作原理

1—油底壳；2—机油滤芯；3—放泄塞；4—机油尺；5—滚柱轴承；6—径向密封件；7—径向密封件的空气管道；
8—机油压力密封件；9—液压缓速器轴；10—转子；11—定子；12—机油泵；13—滚珠轴承；14—变速箱输出轴；
15—油位；16—机油冷却器；17—空气管道；18—机油分离区；19—节流阀；20—电磁阀组

　　转子 10 安装在轴的齿槽上。定子 11 拧固在液压缓速器外壳上。机油泵 12 由缓速器轴驱动，并受其径向控制。径向密封件 6 在液压缓速器和变速箱机油之间提供密封。径向密封件的空气通道 7 为通风区，防止密封环之间的压力变化。

　　液压缓速器机油压力由轴上的机油压密封件 8 密封。但是，并非完全密封。出现的任何泄漏都通过管道回流至油底壳 1。通过一个位于液压缓速器后部的空气管道 17 为油底壳的上部通风。任何伴有通风的机油都沉积在机油分离区 18，并通过一个导管回流至油底壳。油底壳上的导管口处有一个节流阀 19，其可防止来自油底壳的机油渗入导管中。

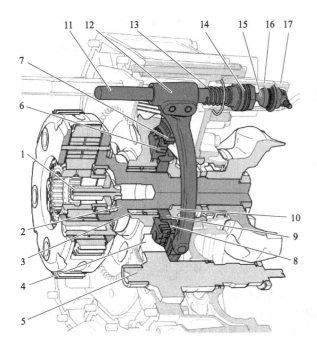

图 2-195　液压缓速器 R4100D 内部构造

1—带孔的螺钉；2—输出轴；3—滚针轴承滑槽；4—液压缓速器齿轮；
5—液压缓速器轴；6—带同步锥环的同步器；7—连接套筒和圆形弹簧；
8—外部驱动器；9—内部驱动器；10—间隔环；11—拨叉轴；
12—换挡拨叉；13—回位弹簧；14—带 O 形环的活塞和
导向带；15—位置传感器；16—控制缸；17—盖子

使用一个位于机油滤芯 2 上方液压缓速器上部的斜角机油尺 4 检查油位 15。机油冷却器 16 冷却缓速器机油，直接拧到缓速器油底壳盖上，此盖是缓速器的最后外壳部件。电磁阀组 20 位于机油冷却器侧。

液压缓速器 R4100D 内部构造如图 2-195 所示。

液压缓速器 R4100D 可以机械方式与动力系统接合和分离。该液压缓速器通过液压缓速器齿轮、液压缓速器轴 5 和变速箱输出轴上的液压缓速器齿轮 4 以机械方式与变速箱输出轴接合。液压缓速器轴以 3.26 的系数加速旋转。

在带脱开缓速器的变速箱上，轴承壳体会延长至适合脱开缓速器的操作。该操作包括液压缓速器的接合与分离。

在带脱开缓速器的变速箱上，液压缓速器齿轮 4 位于输出轴 2 的滚针轴承滑槽 3 上。当液压缓速器分离时，液压缓速器齿轮会以机械方式与输出轴分离并且独立于输出轴旋转。滚针轴承由来自主轴的机油润滑：机油流过带孔的螺钉 1 的孔并通过输出轴内的油道和滚针轴承滑槽 3 流向滚针轴承。

液压缓速器齿轮通过带圆形弹簧的连接套筒与变速箱输出轴接合，其中，连接套筒可增加转速并通过带同步锥环的同步器 6 同步齿轮与轴的转速。然后，连接套筒以机械方式与齿轮和轴相连。

当液压缓速器接合时，控制单元电磁阀启动。电磁阀开启，以允许全部空气压力进入活塞后方的控制缸 16。接着会超过回位弹簧 13 的力量，并且通过拨叉轴 11 和换挡拨叉 12 向前推动连接套筒。

不同的转速被同步，并且连接套筒与齿轮和轴相连。活塞上有一个密封用的 O 形环，并且有一个充当轴承的导向带。从活塞后方渗出的机油会通过排放孔回到变速箱。

控制缸由螺钉拧到轴承壳体上。控制缸端部有一个位置传感器 15，由盖子 17 固定到位。位置传感器用于确保液压缓速器在开始制动前机械接合。位置传感器还可确保液压缓速器在重新接合前分离。

2.6.2.2　液压系统功能

液压与气动系统原理如图 2-196 所示。液压系统部件位置见图 2-197。

从环面出口 8 向进口的方向首先会看到一个大的出口单向阀 11，它在压力约 0.2bar 时开启。接着机油会流入机油冷却器 25，并继续流经一个类似的单向阀后被压入环面进口 4。

排气阀与机油冷却器之间有一段空间，可缓冲压力脉动。控制阀 17 位于机油冷却器与进口侧的单向阀 2 之间，用于控制液压缓速器内压力。除此之外，单向阀作为一个额外的紧急刹车作用阀工作。安全阀可排空环面外直径处的液压缓速器。

整合装设于液压缓速器油底壳中的储油器 20 会在液压缓速器启动时强制供应额外的油量。液压缓速器启动时，控制单元会启动用于激活储油器的电磁阀 28，此电磁阀随之开启并接受活塞后面的全部空气压力，回位弹簧超压，于是机油通过单向阀 18 被压入。

由当前制动状况及车速决定需要压入的机油量，以便启动时间能够尽量短。这由控制单元通过在不同时长下激活电磁阀来控制。电磁阀激活停止时，空气通过电磁阀排出。回位弹簧将活塞压回，储油器即可通过单向阀 19 从油底壳重新加油。储油器重新加油时，单向阀 18 会关闭以防止液压缓速器排油。

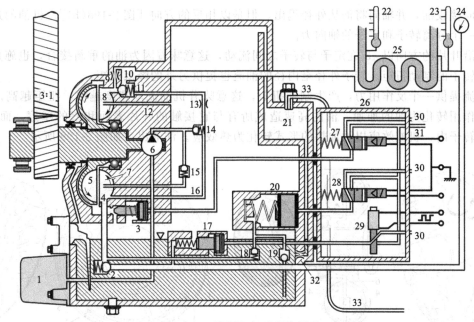

图 2-196　液压与气动系统原理

1—机油滤芯；2—进口侧的单向阀；3—安全阀；4—环面进口；5—转子；6—机油泵；7—定子；8—环面出口；9—通风限制器；10—减振器；11—出口单向阀；12—排空环面；13—确保机油流以降低扭矩损耗的节流阀；14—降低泵压力的单向阀；15—确保机油流以降低扭矩损耗的单向阀；16—用于降低扭矩损耗的管道；17—控制阀；18—储油器排气阀；19—进口侧的储油器单向阀；20—储油器；21—机油分离区；22—冷却液温度传感器；23—机油温度传感器；24—机油压力传感器；25—机油冷却器；26—电磁阀组；27—用于安全阀的电磁阀；28—用于激活储油器的电磁阀；29—比例阀；30—3 个单独的排气口；31—电磁阀体的压缩空气供给；32—防止油底壳中的机油到达空气管道的节流阀；33—空气管道

电磁阀组 26 由比例阀 29 和 2 个开关型电磁阀组成，比例阀向控制阀 17 供应压力在 1～7bar 之间变化的空气。电磁阀 27 控制安全阀 3，电磁阀 28 控制机油储油器 20。

这些阀门由一个电子控制单元激活。比例阀由电流最高可达大约 400mA 的电源供电。电流越大，获得的空气压力越大。处于休息位置时，所有 3 个阀门都打开，通过独立的管道将空气排到周围区域，以便不中断另一个的操作。

电磁阀体的供应空气来自车辆的气动系统。它的进口安装有一个滤网，以防止颗粒进入阀门。空气阀座拧在液压缓速器外壳上。

图 2-197 中 A 表示从侧面看的转子；B 表示从后部看的转子，对应序号的部件名称与图 2-196 一致。

定子与转子的工作原理如图 2-198 所示。液压缓速器和转子 1、定子 2 一起安装。它们的叶片向旋转方向约倾掀 45°［图 2-198(a)］。它们一起形成一个环形区域 3［图 2-198(b)］，称为环面。

环面是一个数学实体，它在三维变体［图 2-198(c)］内的外观就像一块油炸圈饼（蛋糕）。

转子旋转将油推入环面，转子将油从其外径 5 甩出，并进入定子。定子使用叶片及其环形环面 4，使油回流至转子，但是这种情况下是流向其内径 6。因此转

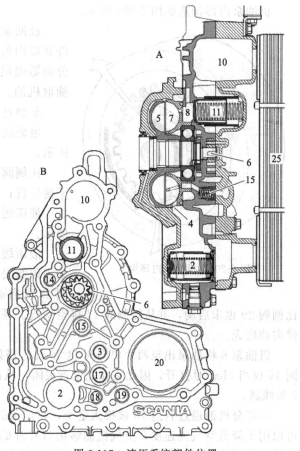

图 2-197　液压系统部件位置

子在其内径轴向接收油，并轴向将油从外径甩出，但是以相反的方向［图 2-198(b)］。机油的这种再接合意味着转子受到一个分离转子和定子的轴向力。

然后机油沿叶片的方向以 45°在定子与转子之间流动，这意味着因为油的重新接合，也施加轴向力，这个轴向力提供转子的制动扭矩。转子外径至内径的油流也提供另外的降低扭矩。

因此，油流提供一个反作用力，产生制动扭矩，这意味着机油流动速度越快，扭矩越高。因此扭矩和发动机的机械作用转化为油的加速。油的高速造成所有与它接触的叶片表面和壁的摩擦，而使油温升高。因此在定子和转子内，机械效应以油加热的形式转化为热效应。油液出口如图 2-199 所示。

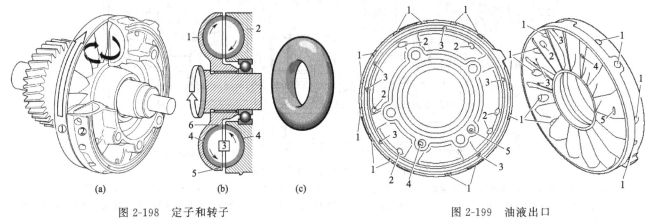

图 2-198　定子和转子

图 2-199　油液出口

1—环面进口（图 2-196 的项目 4）；2—环面出口（图 2-196 的项目 8）；
3—扭矩损耗降低（图 2-196 的项目 16）；4—从泵至环面的进口
（图 2-196 的项目 15）；5—环面放泄（图 2-196 的项目 12）

机油泵内部构造如图 2-200 所示。

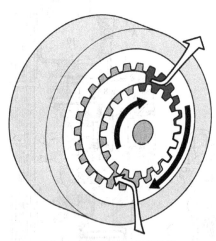

图 2-200　机油泵内部构造

机油泵是一个内部齿轮泵，带外齿的内齿轮驱动偏心定位部件和带内齿的外齿轮。轮齿之间的距离最大时，设计成半月状的分离器提供进口和出口之间的密封。泵通过滤清器从油底壳底部抽取机油。

泵通过两个单向阀中的一个将机油送出液压缓速器回路。

电磁阀体接头分布如图 2-201 所示。比例阀工作位置如图 2-202 所示。

比例阀的工作位置：A 表示压力增加/空气注入控制阀；B 表示平衡位置；C 表示压力降低/从控制阀排放空气。

液压缓速器工作位置：被动式液压缓速器，工作原理如图 2-203 所示。

液压缓速器已接合，但为被动式且无法制动。电磁阀 27 未启动，因此安全阀 3 打开，并从环面外直径向油底壳排空管道。电磁阀 28 未启动，因此机油蓄能器活塞 20 通过压缩弹簧完全重新供应。比例阀 29 也未启动，并从控制阀 17 排空空气。系统内的机油循环从机油冷却器至安全阀，而后从安全阀排向油底壳。

机油泵 6 将油泵出至两个单向阀 14 和 15。当处于约 0.5bar 的最低打开压力时，单向阀 14 打开。单向阀 15 仅当 4bar 时打开，因此它在此位置关闭，从而防止机油在错误点流入环面。在单向阀 14 后，机油有 2 条线路。

一部分机油通过管道 16 被推入定子，在定子的环面内有大量的小钻孔。请参阅定子和转子一小节。这可以用于降低空气流速度，空气流能够由带叶片的定子/转子产生。这是转差损耗/风扇损耗，应该尽可能降低。通过优化配置空气流中的小机油喷射，空气流变得充分慢。

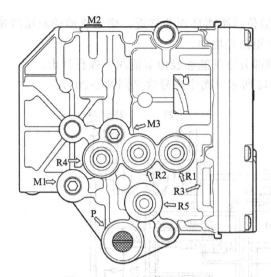

图 2-201　电磁阀体接头分布

P—压缩空气供给；M1—测试接头（比例阀压力）；M2—测试
接头（到安全阀的空气压力）；M3—测试接头（到蓄压器的
空气压力）；R1～R5—排气/通风

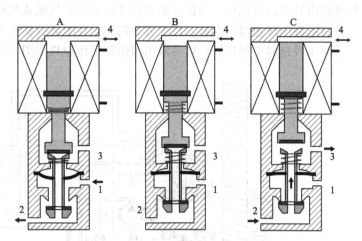

图 2-202　比例阀工作位置

1—通过 P 的压缩空气供给；2—到控制阀的连接；
3—通过 R2 的空气排放；4—通过 R5 的通风

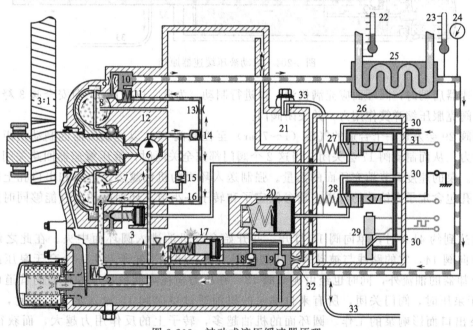

图 2-203　被动式液压缓速器原理

1—机油滤芯；2—进口侧的单向阀；3—安全阀；4—进口至环面；5—转子；6—机油泵；7—定子；8—环面出口；9—通风限制器；
10—减振器；11—排气阀；12—排空环面；13—确保机油流以降低扭矩损耗的节流阀；14—降低泵压力的单向阀；15—确保机油流
以降低扭矩损耗的单向阀；16—用于降低扭矩损耗的管道；17—控制阀；18—储油器排气阀；19—进口侧的储油器单向阀；
20—储油器；21—机油分离区；22—冷却液温度传感器；23—机油温度传感器；24—机油压力传感器；25—机油冷却器；
26—电磁阀组；27—用于安全阀的电磁阀；28—用于激活储油器的电磁阀；29—比例阀；30—3 个单独的排气口；
31—气动电磁阀组；32—防止油底壳中的机油到达空气管道的节流阀；33—空气管道

　　另一部分机油通过一个节流阀 13，并在出口阀 11 后流出，这个阀门关闭，因为圆环面内的压力为低压（0.2bar）。油流按照通过转差损耗孔的压降，经由管道 16 和节流阀 13 进行分配。节流阀经优化，使得足够的机油流向损耗降低管道 16，从而可降低损耗。剩下的机油经由机油冷却器 25 和控制阀 17 从排气阀 11 后流向油底壳。这个回路很有用，因为当液压缓速器制动一段时间后机油仍然发热。此后液压缓速器处于被动状态时，机油冷却器将机油冷却。

所有进入圆环面的机油都通过安全阀 3 流出。安全阀 17 的位置距离环面非常近，输送机油的液压缓速器外壳内管道进行优化，使得机油不会再次吸入空气流或使扭矩损耗增加。

当减液压缓速器啮合时，产生大量的热。在脱离后膨胀的部分空气能够经由节流阀 9 强行排出。

液压缓速器工作位置：启动液压缓速器工作原理如图 2-204 所示（图中序号含义同图 2-203）。

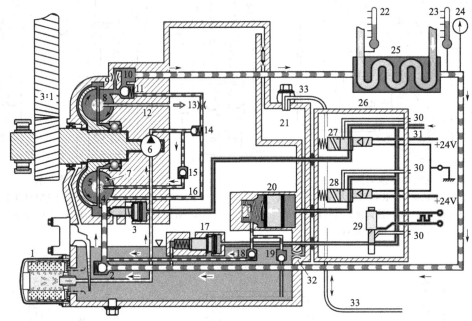

图 2-204 启动液压缓速器原理

当液压缓速器启动时，圆环面应充满机油，以进行制动。为此，电磁阀 27 向安全阀 3 释放全部空气压力，然后安全阀克服压缩弹簧作用力，并关闭阀门。

然后比例阀 29 会发送一个合适的气压（1～7bar）至控制阀 17，以达到所需的制动扭矩。其后则会克服压缩弹簧的力，从而制动阀 17 会关闭。当这 2 个阀门都完全关闭时，液压缓速器回路关闭，机油能够从泵 6 开始充满。泵的速度调节填充环面的油量。强制送入环面的机油越多，进口和出口孔上的压力便会越来越高。出口孔包含定子内钻孔的管道。请参阅定子和转子一小节。环面中的空气能够同时通过环面中央放卸孔抽空。

当泵压力达到约 4bar 时，单向阀 15 打开，并开始允许机油进入圆环面中央。在此之前，机油泵推动机油经过单向阀 14，它的路线与被动式液压缓速器上的相同。当转子产生一个高于泵压的压力时，除了经由机油冷却器的油流外，同时也经由扼流阀 13，在压力损耗降低后，流入环面的管道内。当单向阀 14 后压力高于泵压时，阀门关闭，所有来自油泵的机油通过单向阀 15 流入定子。因此，单向阀 14 防止高压到达泵出口而影响泵的工作。圆环面的机油越多，转子上的反作用力越大，而获得的制动扭矩越高。

当比例阀请求的空气压力、控制阀处的机油压力和回位弹簧弹力达到均衡时，控制阀 17 打开。然后，机油泵泵送的油流会进入油底壳。这样即可获得恒定压力和恒定制动扭矩。

为在油泵低流量（也就是低速度）时加快液压缓速器启动，在机油储油器的帮助下，另外一部分机油被压入液压缓速器回路。请参阅机油储油器一小节。保持在机油储油器内的机油通过单向阀 18、进口侧单向阀 2 和定子 4 的进口，进入液压缓速器回路。

当启动液压缓速器并使其输出更高扭矩从而提高油压时，机油储油器的空气驱动压力不足以向液压缓速器充装机油。因为机油压力过高，而无法达到全扭矩。由于机油泵能将最后一部分充装至全压力，并且无须太长的启动时间，因此这点是可以接受的。当机油储油器已提供适量的机油后，电磁阀 28 关闭，这样活塞上的空气压力小时，弹簧将活塞压回。获得所需的扭矩时，启动过程可以看作已经完成。

脱开缓速器工作原理如图 2-205 所示。

重型卡车维修技术手册
变速器分册

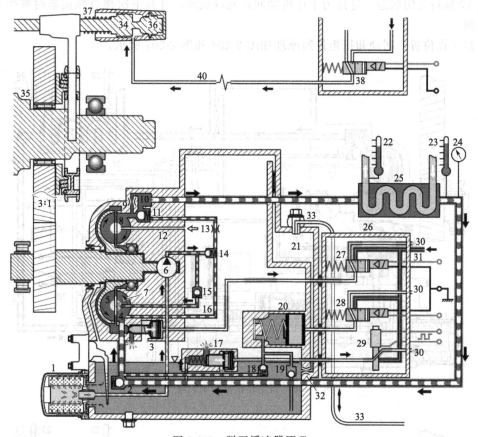

图 2-205　脱开缓速器原理

（1）接合脱开缓速器　该液压缓速器通常与动力系统分离并在控制系统从液压缓速器请求制动扭矩时接合。当液压缓速器分离后，比例阀 29 启动，控制阀 17 保持关闭状态。这是为了让机油回路充满机油，并减少获得制动扭矩之前的启动时间。

电磁阀 27 未启动，因此安全阀 3 打开并从环面外直径向油底壳排空管道，从而将接合时的惯性力矩减至最小。

当控制系统从液压缓速器请求制动扭矩时，电磁阀 38 启动并向活塞 34 释放全部空气压力，此时操作装置开始从分离模式切换至接合模式。同时，通过停用比例阀 29 打开控制阀 17。当操作装置达到接合模式且从位置传感器 36 收到确认后，液压缓速器与输出轴 35 机械接合。此时，液压缓速器已接合，但为被动式且无法制动。

在启动静止的车辆时，液压缓速器油回路或多或少会排出一些机油。为了加注回路并让系统准备好快速启动，按如下所述将液压缓速器与输出轴 35 接合。然后，液压缓速器接合但为被动式，且机油泵 6 为机油回路加注机油。液压缓速器会一直保持接合状态，直至车辆行进一段时间且冷却液变热为止。当机油回路装满且冷却液变热时，减速器会按照分离脱开缓速器一小节所述分离。

为使液压缓速器接合，必须满足以下条件：动力系统回路中的压力超过 5.5bar。

（2）分离脱开缓速器　当控制单元不再从液压缓速器请求制动扭矩时，为了快速降低制动扭矩，会在两个位置同时排放环面内的机油。控制阀 17 通过电磁阀 27 经由比例阀 29 和安全阀 3 排空空气。然后，液压缓速器会接合，但为被动式且无法制动。

为了分离液压缓速器，必须满足以下两个要求：液压缓速器油压力偏低；节气门促动几秒钟。

当满足以上两个要求时，活塞 34 后方的空气通过电磁阀 38 排出，并且弹簧 37 将操作装置从接合模式推至分离模式。当操作装置达到分离模式且从位置传感器 36 收到确认后，液压缓速器与输出轴 35 机械分离。

为了使同步器正常工作，在开始重新接合之前必须收到分离确认。当收到分离模式确认后，比例阀 29

启动，控制阀 17 保持关闭状态。这是为了让机油回路充满机油，并在下次接合减速器时减少获得制动扭矩所需的启动时间。

液压缓速器工作位置：制动和扭矩控制原理如图 2-206 和图 2-207 所示。

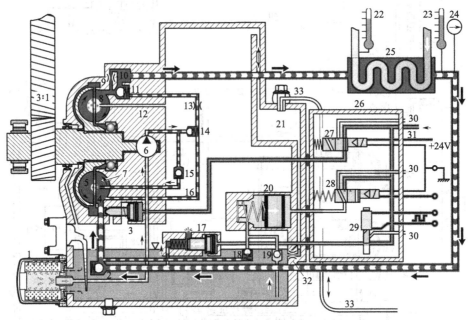

图 2-206　制动和扭矩控制原理（一）

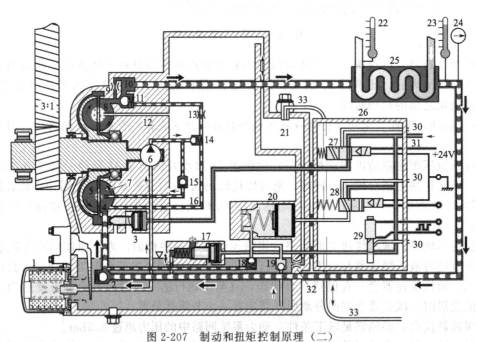

图 2-207　制动和扭矩控制原理（二）

恒定的扭矩和恒定的发动机速度：当减速器启动完成并且储油器活塞返回至其静止位置后，控制阀 17 通过控制机油压力对扭矩进行控制。在机油泵 6 的恒定速度下，泵流恒定，控制阀基本上是静止的，并打开，以泵送油流。

然后机油泵机油经由单向阀 15，并通过定子厚叶片内的钻孔直接进入圆环面的中心。这是因为圆环面中心的压力最低，从而对机油泵的作用压力也最低。控制阀处排空的机油在冷却器内冷却。这意味着油底壳将逐渐加热至最大水平，等于冷却器后的机油温度。

恒定的扭矩和降低发动机速度：如果发动机转速（车速）降低，机油泵的油流也降低。控制阀先前的

重型卡车维修技术手册
变速器分册

打开面积目前对降低的油流来说过大。这表明机油流出量更大，圆环面内的机油量降低，从而使机油压力降低。这在空气压力、机油压力和弹簧作用力之间产生一种平衡，这样阀门稍微关闭，减小打开面积，保持机油压力和扭矩。对应于阀门稍微关闭后的新平衡状态开始。

恒定的扭矩和提高发动机速度：如果发动机转速（车速）提高，机油泵的油流也增加。控制阀稍微打开，提高的油流量可以通过控制阀而保持机油压力和相同的扭矩。对应于阀门稍微打开后的新平衡状态开始。

降低的扭矩和恒定的发动机速度：当扭矩需求降低时，比例阀 29 降低其至控制阀 17 的空气压力，因为控制单元提供一个更低的电流，这表明阀门上没有平衡。机油压力和弹簧作用力现在大于空气压力。然后控制阀打开更大的面积，使得流出的机油量大于机油泵所供应的量。这些机油从圆环面获取，降低其充填系数，从而降低其压力和扭矩。这个压力继续降低，直至达到阀门的一种新平衡状态，这表明阀门的开启面积大于之前。

提高的扭矩和恒定的发动机速度：当扭矩需求提高时，比例阀提高其至控制阀的空气压力，因为控制单元提供一个更高的电流。这表明阀门上没有平衡。现在机油压力和弹簧作用力低于空气压力，阀门被压在挡块上而关闭。来自机油泵的油流充满圆环面，提高其充填系数，从而提高其压力和扭矩。压力持续降低，直至阀门打开更大的面积，使其足以使得阀门开始新的平衡状态。这表明阀门关闭程度大于发生变化前。

液压缓速器工作位置：液压缓速器停用的工作原理如图 2-208 所示。

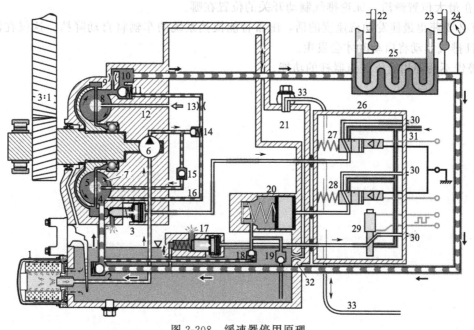

图 2-208　缓速器停用原理

应尽可能最安全的快速停用液压缓速器。因此液压缓速器同时从 2 个点排空。控制阀 17 通过电磁阀 27 经由比例阀 29 和安全阀 3 排空空气。即使其中一个阀门失效，这些阀门中一个也将设法足够快速地脱离液压缓速器。

限制刹车扭矩：温度传感器会持续监视液压缓速器机油冷却器出口处的冷却液温度。如果冷却液温度过高，则降低刹车扭矩以防止过热。

温度控制解除期间，系统将会通过启动排气刹车来补偿降低的扭矩。根据减速器配置，即使当排气刹车开关处于关闭位置时，仍可在解除控制期间启动排气刹车。

对于配备智能换挡系统的车辆，液压缓速器可要求向下换挡，以在必要时获得更高的冷却液流量、更好的风扇冷却效果和更强的排气刹车效果。

来自液压缓速器控制杆的刹车请求如下。

液压缓速器控制杆有六个位置：位置 0 为分离状态，5 个制动位置给出以下制动扭矩。

① 最大扭矩的 20%。

② 最大扭矩的 40%。

③ 最大扭矩的 60%。

④ 最大扭矩的 80%。

⑤ 最大扭矩＋排气制动＋换低挡（如果装有智能换挡系统）。

功能解释如下。

① 如果释放了离合器踏板，加速将取消液压缓速器制动。当加速度停止时，将会根据选择的排挡位置应用液压缓速器。对于未配备 ABS/EBS 的车辆，在加速期间将不会切离液压缓速器。

② 如果用控制杆进行液压缓速器制动，而车辆已经在加速，则液压缓速器将根据控制杆位置进行控制，这可用于更快地获得正常的运行温度。如果巡航定速控制在这种情况下启用，则液压缓速器将持续制动，而不分离巡航定速控制。然而当发动机温度达到 70℃时，减速器会自动分离。如果来自减速器控制杆的制动请求增加，巡航定速控制将中止。

③ 液压缓速器杆的制动取消了车辆的巡航定速控制功能。

④ 液压缓速器杆的制动不取消自动下坡速度控制。

⑤ 液压缓速器杆的制动不取消手动下坡速度控制。

⑥ 当排气制动开关开启，排气制动将在液压缓速器杆处于最大的位置时应用。然而，车辆可以配置成排气制动总是在最大位置激活，无论排气制动开关的位置在哪。

⑦ 如果有必要获得最佳发动机速度的话，配备智能换挡系统的车辆将自动降挡。这仅在液压缓速器杆处于位置 5，且排气制动将启动时才会发生。

⑧ ABS 警告不会停用液压缓速器杆的功能。

第3章

变速器总成部件的拆装

3.1
HW 系列变速器拆装

3.1.1　变速器总成拆卸与安装

变速器总成部件分解如图 3-1～图 3-15 所示。

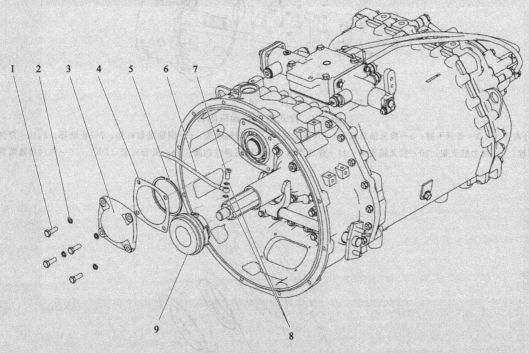

图 3-1　推式离合器操纵附件

1—六角头螺栓；2—弹簧垫圈；3—副轴端盖；4—副轴端盖衬垫；5—止动环；
6—低压软管；7—空心螺栓；8—密封垫圈；9—离合器分离轴承

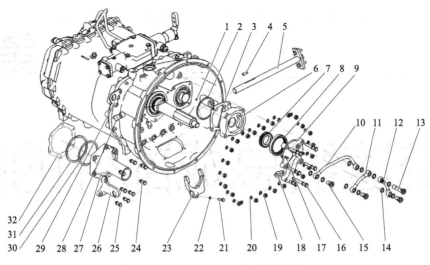

图 3-2　推式离合器前壳内其他部件

1—钢球；2—止动环；3—副轴端盖衬垫；4—普通平键；5—带六角头螺栓的拨叉轴总成；6—油泵体；7—油泵主动齿轮；8—油泵内齿圈；9—油泵端盖；17,24,25—带弹簧垫圈的六角头螺栓；10—箱体进油管总成；11—输入轴进油管总成；12—出油管总成；13,15—空心螺栓；14—密封垫圈；16—带平垫圈与弹簧垫圈的六角头螺栓；18—进油管纸垫；19—1型六角螺母（细牙）；20,22—弹簧垫圈；21—六角头螺栓；23—带分离轴承左旋卡簧的离合器分离拨叉；26—拨叉轴支架总成；27—输入轴端盖及导油环总成；28—米制锥螺纹滑脂嘴；29—吊装板；30—输入轴承调整垫片组；31—止动环；32—输入轴端盖纸垫

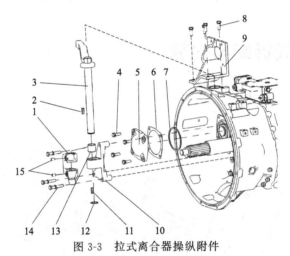

图 3-3　拉式离合器操纵附件

1—离合器分离拨叉；2—普通平键；3—拨叉轴总成；4—六角头螺栓；5—副轴端盖；6—副轴端盖衬垫；7—止动环；8,14—带弹簧垫圈的六角头螺栓；9—助力缸支架；10—拨叉轴支架；11—普通平键；12—轴用弹性挡圈；13—复合衬套（DX）；15—内六角锥端紧定螺钉

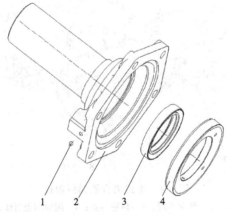

图 3-4　输入轴端盖总成

1—钢球；2—输入轴端盖；3—骨架油封；4—导油环

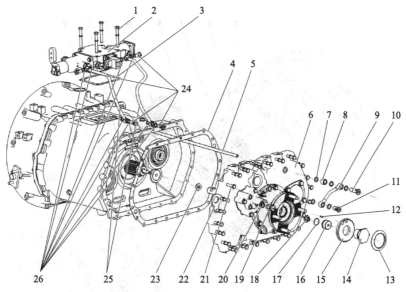

图 3-5　变速器小盖与副箱总成

1,21—带弹簧垫圈的六角头螺栓；2—小盖总成；3—小盖纸垫；4—副箱纸垫；5—箱内管；6,25—范围挡副箱总成；7,20,26—密封垫圈；8—衬套；9—副箱进油管总成；10,11,24—空心螺栓；12—弹性圆柱销；13—锁片；14—螺栓；15—压板；16—堵塞；17—O形圈；18—固定螺母；19—压力开关；22—吊装板；23—主轴调整垫片组

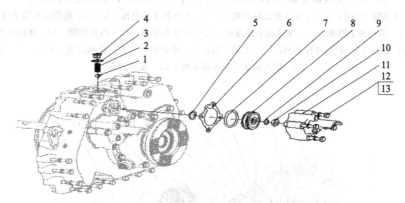

图 3-6　插分销气缸与自锁机构（HW20716）

1—钢球；2—范围挡锁弹簧；4—内六角螺塞；3—密封垫圈；5,7,9—O形圈；6—插分挡气缸纸垫；8—插分挡活塞；10—六角螺母 M16×1.5；11—插分挡气缸；12—六角头螺栓；13—弹簧垫圈

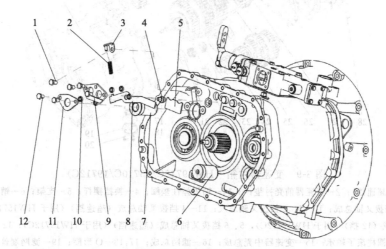

图 3-7　主副箱互锁装置

1—六角头螺栓；2—范围挡锁弹簧；3—弹簧定位销总成；4—锁板支销；5—锁板垫板；6—惰轮轴（右）；7—惰轮轴（左）；8—主副箱互锁板；9—锁板压板（大）；10—压板垫块；11—锁板压板（小）；12—六角头螺栓

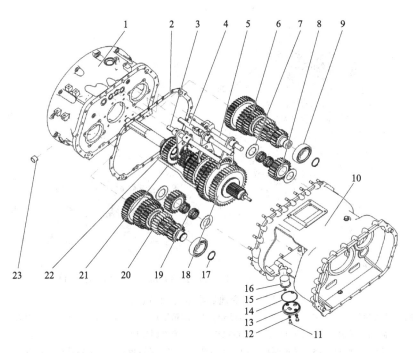

图 3-8　变速器主箱（HW18709/19710/15710/19712，例图为推式前壳）

1—变速器前壳；2—变速器前壳衬垫；3—3、4挡拨叉轴总成；4—1、2挡拨叉轴总成；5—倒、爬挡拨叉轴总成；6—副轴总成（右）；
7—垫片；8—惰轮；9—圆柱滚子轴承；10—变速器中壳总成；11—六角头螺栓；12—弹簧垫圈；13—滤网端盖；14,15—O形圈；
16—滤网总成；17—轴用弹性挡圈；18—主轴总成；19—滚针轴承；20—副轴总成（左）；21—箱内管；
22—输入轴及一轴齿轮总成；23—复合衬套

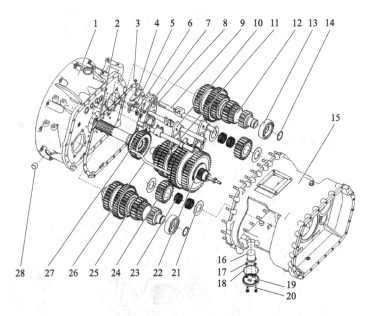

图 3-9　变速器主箱（HW19710C/15710C/19712C）

1—变速器前壳（拉式、超速挡）；2—变速器前壳衬垫；3,14—轴用弹性垫圈；4—换挡摆杆；5—支架；6—销子；7—组合涂胶螺栓；
8—拨叉；9—倒爬挡拨叉轴总成；10—1、2挡拨叉轴总成；11—4挡拨叉轴总成（超速挡）（用于 HW15710C、HW19710C），
3、4挡拨叉轴总成（12挡）（用于 HW19712C）；5、6挡拨叉轴总成（超速挡）（用于 HW19712C）；12—副轴总成（右，
超速挡）；13—圆柱滚子轴承；15—变速器中壳总成；16—滤网总成；17,18—O形圈；19—滤网端盖；20—六角头
螺栓和弹簧垫圈组合件；21—垫片；22—主轴总成；23—滚针轴承；24—惰轮；25—副轴总成（左，超速挡）；
26—箱内管；27—输入轴及一轴齿轮总成（超速挡）；28—复合衬套 SF2（25×28×20）

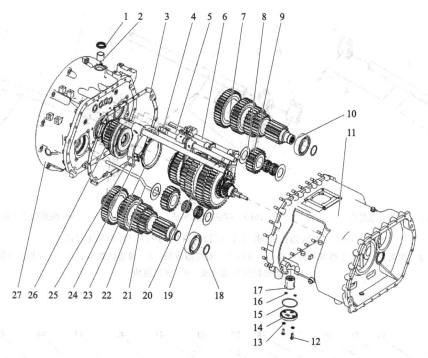

图 3-10 变速器主箱（HW20716/20716C）

1—复合衬套；2—骨架油封；3—变速器前壳衬垫；4—3、4 挡拨叉轴总成；5—1、2 挡拨叉轴总成；6—倒挡拨叉轴总成；
7—副轴总成（右）；8—垫片；9—惰轮；11—变速器中壳总成；12—六角头螺栓；13—弹簧垫圈；14—滤网端盖；
15,16—O 形圈；17—滤网总成；18—轴用弹性挡圈；19—滚针轴承；20—主轴总成；21—副轴总成（左）；
22—箱内管；23—插分同步器同步环；24—拨叉摆块；25—插分挡拨叉轴总成；
26—输入轴及齿轮总成；27—变速器前壳

说明：与 HW18709 通用的配件省略未标。

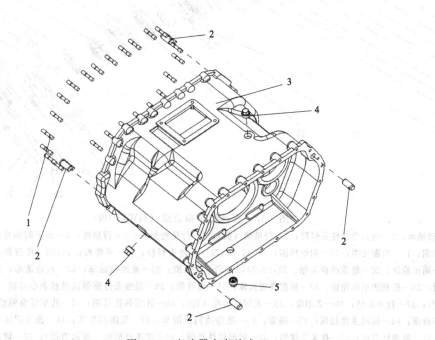

图 3-11 变速器中壳总成

1—柱头螺栓；2—定位销；3—变速器中壳；4—螺塞；5—放油螺塞总成

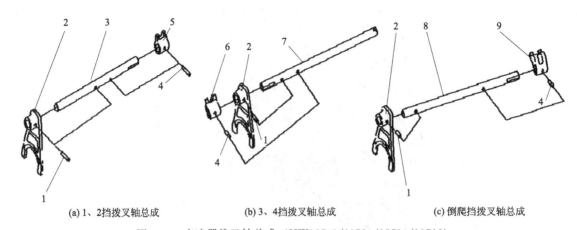

(a) 1、2挡拨叉轴总成　　　　　(b) 3、4挡拨叉轴总成　　　　　(c) 倒爬挡拨叉轴总成

图 3-12　变速器拨叉轴总成（HW18709/19710/15710/19712）

1—销；2—拨叉；3—1、2挡拨叉轴总成；4—销；5—前进挡挡块；6—前进挡拨块；7—3、4挡拨叉轴总成；
8—倒爬挡拨叉轴总成；9—倒挡拨块

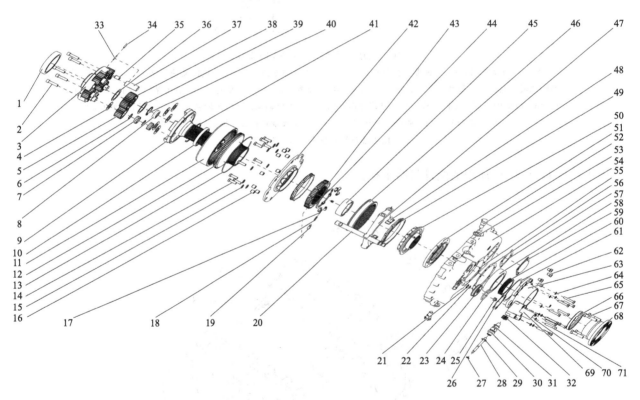

图 3-13　变速器副箱总成（HW18709）

1,8,10,58—滚动轴承；2—内六角圆柱头螺钉；3—行星架（前）；4—行星轮垫片；5—行星轮；6—滚子间隔片；7—圆柱滚子；9—输出轴总成；11—内齿圈；12—齿圈支架；13—钢丝挡圈；14,65,67,71—六角头螺栓；15—平垫圈；16,35—传扭套；17—推块内弹簧；18—推块外弹簧；19—同步推块；20—范围挡拨叉轴；21,22,24,29,55—O形圈；23—范围挡活塞；25—六角螺母；26—范围挡气缸纸垫；27—里程表接头油封；28—里程表小齿轮轴；30—里程表接头体；31—圆柱销；32—里程表传感器或里程表小齿轮；33,34—弹性圆柱销；36—太阳轮垫片（前）；37—行星锥轴；38—太阳轮；39—太阳轮垫片（后）；40—孔用弹性挡圈；41—孔用压扁钢丝挡圈；42—低挡锥毂总成；43—范围挡同步齿座；44—轴用弹性挡圈；45—隔套；46—范围挡同步滑套；47—范围拨叉；48—拨叉摆块；49—范围挡同步环；50—高挡锥毂总成；51—导油环总成；52—拨叉支撑销；53—波形弹性垫圈；54—变速器后壳（带取力器）；56—输出轴后端盖纸垫；57—取力轴孔盖板；59—盖板衬垫；60—传感器齿圈或里程表蜗杆；61—调整垫片组；62—带弹簧垫圈的六角头螺栓（不带取力器时使用）；63—输出轴后端盖；64—带弹簧垫圈的六角头螺栓；66—骨架油封；68—输出法兰 ϕ180 端面齿；69—范围挡气缸；70—弹簧垫圈

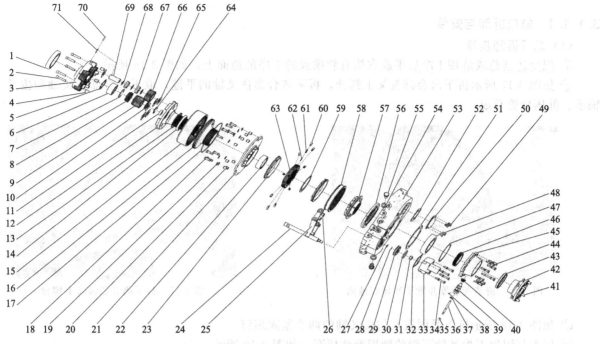

图 3-14　变速器副箱总成（HW19710/19712/15710/20716）

1,11,14,48—滚动轴承；2—内六角圆柱头螺钉；3—行星架（前）；4—传扭套；5—太阳轮垫片（前）；6—花键套；7—孔用钢丝挡圈；8—过渡套；9—太阳轮；10—太阳轮垫片（后）；12—输出轴；13—孔用压扁钢丝挡圈；15—内齿圈；16—齿圈支架；17—钢丝挡圈；18,41—六角头螺栓；19—平垫圈；20—传扭套；21—低挡锥毂总成；22—隔套；23—范围挡同步环；24—范围挡拨叉轴；25—范围挡拨叉；26—拨叉摆块；27,28,30,37—O形圈；29—范围挡活塞；31—六角螺母；32—范围挡气缸纸垫；33—范围挡气缸；34—带弹簧垫圈的六角头螺栓；35—里程表接头油封；36—里程表小齿轮轴；38—圆柱销；39—里程表接头体；40—里程表小齿轮；42—输出法兰φ180端面齿；43—骨架油封；44,49—带弹簧垫圈的六角头螺栓；45—输出轴后端盖；46—里程表蜗杆；47—调整垫片组；50—取力轴孔盖板；51—输出轴后端盖纸垫；52—盖板衬垫；53—变速器后壳；54—波形弹性垫圈；55—拨叉支撑销；56—导油环总成；57—高挡锥毂总成；58—范围挡同步滑套；59—轴用弹性挡圈；60—同步推块；61—推块外弹簧；62—推块内弹簧；63—范围挡同步齿座；64—孔用弹性挡圈；65—行星轮垫片；66—行星轮；67—圆柱滚子；68—滚子间隔片；69—行星轮轴；70—弹性圆柱销；71—弹性圆柱销

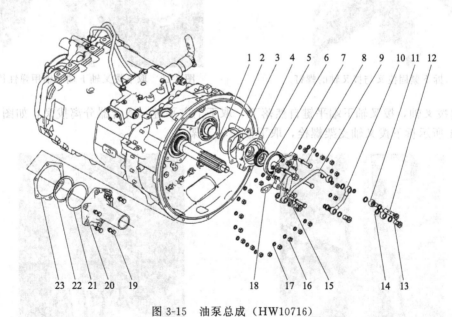

图 3-15　油泵总成（HW10716）

1—钢球；2—止动环；3—副轴端盖衬垫；4—油泵体；5—油泵主动齿轮；6—油泵内齿圈；7—油泵端盖；8—带平垫圈和弹簧垫圈的六角头螺栓；9—箱体进油管总成；10—输入轴进油管总成；11—出油管总成；12,13—空心螺栓；14—密封垫圈；15,19—带弹簧垫圈的六角头螺栓；16—1型六角螺母（细牙）；17—弹簧垫圈；18—进油管纸垫；20—输入轴端盖及导油环总成；21—输入轴承调整垫片组；22—止动环；23—输入轴端盖纸垫

3.1.1.1 总成拆卸与安装

（1）总成拆卸步骤

① 把变速器总成清理干净后平放在垫有软橡胶的干净的地面上，如图3-16所示。

② 如图3-17所示拆下离合器拨叉上螺栓，拆下离合器拨叉轴的平键，取下离合器拨叉轴和拨叉、分离轴承、低压软管总成。

图 3-16　清洁变速器并置于软橡胶地面　　　　　　　　图 3-17　拆下离合器拨叉上螺栓

③ 如图3-18所示拆下紧固拨叉与拨叉轴的两个紧固螺钉。

④ 用卡簧钳取下拨叉轴下端的轴用弹性挡圈，如图3-19所示。

图 3-18　拆下紧固拨叉与拨叉轴的螺钉　　　　　　　图 3-19　取下拨叉轴下端的轴用弹性挡圈

⑤ 向上提起拨叉轴，拨叉轴下端平键自然落下，取下上方平键、离合器分离拨叉，如图3-20所示。

⑥ 如图3-21所示拆下拨叉轴支架螺栓，取下拨叉轴支架。

图 3-20　取下上方平键、离合器分离拨叉　　　　　图 3-21　拆下拨叉轴支架螺栓

⑦ 拆下拨叉轴支架,如图 3-22 所示。

⑧ 拆下箱体进油管、输入轴进油管和出油管总成,如图 3-23 所示。

图 3-22　拆下拨叉轴支架

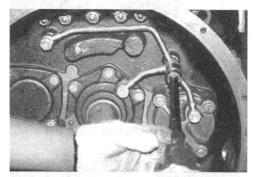

图 3-23　拆下箱体油管

⑨ 拆下输入轴端盖总成,如图 3-24 所示。

⑩ 如图 3-25 所示拆下副轴端盖(拆副轴端盖时可用平口螺丝刀撬本图圆圈内所示的凸起)。

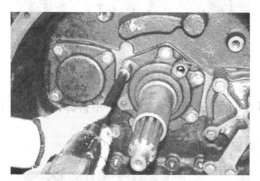

图 3-24　拆下输入轴端盖总成

图 3-25　拆下副轴端盖

⑪ 卸下连接油泵与前壳的 6 个 M10 的螺栓,不需拆卸用于连接油泵前后壳的 2 个螺栓(图 3-26 中圆圈内所示)。

⑫ 轻轻转动输入轴带动副轴转动,使装在左副轴轴端的钢球对准油泵壳体上的缺口(图 3-27),手抓油泵向外用力拆下油泵总成(如不好拆卸也可在确认左副轴轴端的钢球对准油泵壳体上的缺口的前提下用 M12×50 的顶丝旋入图 3-26 圆圈所示的 2 个螺栓孔内将油泵顶出)。

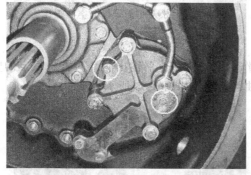

图 3-26　卸下油泵与前壳的六支连接螺栓

图 3-27　设置拆装位置

⑬ 从左副轴轴端取出钢球,图 3-28 中箭头所指为钢球取出位置。

⑭ 箱内管 2 与前壳间为间隙配合,可用螺丝刀钩住箱内管 2 端部内侧将其挑出,如图 3-29 所示。

⑮ 拆下输入轴及副轴上的止动环,如图 3-30 所示。

⑯ 拆下前壳内所有连接中壳与前壳的连接螺母,如图 3-31 所示。

图 3-28　从左副轴轴端取出钢球

图 3-29　挑出间隙配合件

图 3-30　拆下止动环

图 3-31　拆下连接螺母

⑰ 然后拆下前壳外连接中壳与前壳的连接螺母，如图 3-32 所示，留下 2～3 个不拆卸以保证竖直吊装时中壳与前壳不分离。

⑱ 松开小盖上部 4 个螺栓及范围挡气缸 2 个气管的空心螺栓，如图 3-33 所示。

图 3-32　拆下中壳与前壳连接螺母

图 3-33　松开小盖螺栓与空心螺栓

⑲ 拆下小盖总成，如图 3-34 所示。

⑳ 准备好可使输入轴悬空的工作台，把变速器置于工作台上，使变速器输出法兰向上呈稳定的竖直状态落在工作台上，注意保护前壳止口和输入轴。起下输出轴端锁片，如图 3-35 所示。

图 3-34　拆下小盖总成

图 3-35　起下输出轴端锁片

重型卡车维修技术手册
变速器分册

㉑ 用专用工具 G01 或 G14（配合风扳机）拆下大螺栓，如图 3-36 所示。

㉒ 用 M10 的螺栓把油堵总成拔出，如图 3-37 所示。

图 3-36　拆下大螺栓

图 3-37　拔出油堵总成

㉓ 如图 3-38 所示用长杆套筒拆下输出轴内的主轴固定螺母，注意主箱与副箱分离前一定要先拆下主轴固定螺母，否则会损坏主轴，再把大螺栓拧上。

㉔ 拧下取力器连接螺栓，用 M10 的顶丝把取力器后壳拆下，如图 3-39 所示。

图 3-38　取出主轴固定螺母

图 3-39　拧下取力器连接螺栓

㉕ 拧下取力器前壳与变速器后壳连接螺栓，取下取力器前壳，如图 3-40 所示。

㉖ 拧下变速器后壳与中壳连接螺栓，如图 3-41 所示。

图 3-40　取下取力器前壳

图 3-41　拧下后壳与中壳连接螺栓

㉗ 如图 3-42 所示用 M12 的顶丝把变速器后壳顶起；用吊具或绳子把副箱总成吊起、取下。

㉘ 如图 3-43 所示用铜锤轻敲取下取力器输入轴，把副箱和取力器输入轴放在干净地方。

㉙ 拧下主箱内固定锁板压板的 5 个螺栓（图 3-44 圈内所示），取下锁板压板、螺栓、垫块、主副箱互锁板、锁板垫板和弹簧。

㉚ 用卡簧钳取下 2 根副轴上轴承外侧的卡簧，如图 3-45 所示。

图 3-42　将变速器后壳顶起

图 3-43　取下取力器输入轴

图 3-44　拧下主箱内固定锁板压板螺栓

图 3-45　取下副轴上的卡簧

㉛ 用拔销器 G06 提出两根惰轮轴，如图 3-46 所示。

㉜ 然后尽量向远离副轴方向拨动惰轮使其离开副轴上轴承的位置，如图 3-47 所示，以避免在前壳与中壳分离时副轴轴承与惰轮发生刮碰。

图 3-46　提出两根惰轮轴

图 3-47　拨动惰轮使其离开副轴上轴承的位置

㉝ 拧下变速器滤网端盖连接螺栓，取下端盖及滤网，以防止提中壳时滤网与齿轮刮碰，如图 3-48 所示。

㉞ 用 M12 的螺栓把变速器中壳顶起，吊下中壳，如图 3-49 所示取下箱内油管 1。

图 3-48　取下端盖及滤网

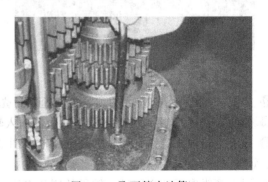

图 3-49　取下箱内油管 1

③ 用专用工具 G05 拆下两根副轴上的轴承，如图 3-50 所示。

⑥ 如图 3-51 所示取下主轴及两副轴，翻转前壳，用铜棒或铜锤拆下输入轴总成。注意：在拆卸 HW20716 变速器总成时，输入轴总成、副轴总成、主轴总成、拨叉轴总成必须同时拆下。

图 3-50　拆下两根副轴上的轴承

图 3-51　取下主轴及两副轴

（2）总成组装步骤

① 主轴调整垫片的测量。在变速器总成装配之前有一点必须注意，否则就会影响整个总成的性能，那就是主轴调整垫片的测量。主轴调整垫片共有 5.25～7.05mm 之间的 13 个厚度可供选择。变速器在维修时如果更换下列零件，主轴调整垫必须重新测量：主轴带球头总成、变速器中壳、副箱总成里的行星机构总成、滚动轴承 61820、滚动轴承 63/22、隔套、高挡锥毂总成、导油环总成、变速器后壳。

测量方法如下。

把副箱总成（后法兰上大螺栓必须拧紧，否则会影响测量结果）输出法兰朝下放在稳固的位置，再把中壳装配到副箱上并装配到位，如图 3-52 所示，可先不装副箱纸垫而把副箱纸垫放在专用工具测量板 G15 上。在主轴总成螺杆上装上一个预选的主轴调整垫片（为防止调整垫片和六角键落下，可在结合处涂润滑脂，使其黏结在主轴上），然后把主轴总成的花键装到副箱总成里的太阳轮内花键孔中并到位。

如图 3-53 所示将测量板水平放置在中壳上（见图 3-48，为工作方便，将副箱纸垫撕一段放在深度尺下面），将测得的从副箱纸垫到主轴 3 挡齿轮的距离记为 A，测量板的厚度记为 B（数据刻在其上表面），装在主轴上的预选主轴调整垫片的厚度记为 C。

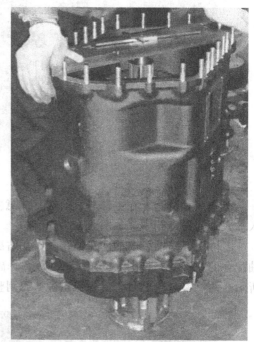

图 3-52　将中壳装配到副箱

选择的主轴调整垫片需要保证中壳前端面到主轴总成最上端齿轮的齿端面距离为（69.22±0.20）mm（对于 HW09、HW10、HW19）、中壳前端面到主轴上传动齿轮（高）的齿端面距离为（95.57±0.10）mm（对于 HW16）。最终选择的主轴调整垫片厚度应保证上述数值。

例如，HW09 变速器总成，实际测得副箱纸垫到主轴 3 挡齿轮的距离记为 94.18mm，测量板厚度为 24.58mm，预选主轴调整垫的厚度为 5.85mm，得出需用的主轴调整垫厚度为 94.18－24.58＋5.85－69.22＝6.23mm，则最终应选择厚度为最接近 6.23mm 的主轴调整垫片厚为 6.30mm。

测量完成后，变速器总成的装配如下。

② HW18709、HW19710、HW15710 和 HW19712 变速器总成的装配。

a.把前壳用软的材料支起，注意中间留下输入轴的位置并且安全可靠。如图 3-54 所示用铜棒或铜锤轻轻砸输入轴总成，使一轴轴承的一小段装配进前壳的轴承孔中。另外在图上箭头所指位置从另一侧拧上 1

个 M16 的空心螺栓。

图 3-53　将测量板水平放置在中壳上

图 3-54　用铜棒或铜锤轻轻砸输入轴总成

b. 如图 3-55 所示在输入轴齿轮的齿根处用标记笔对称划线，转动输入轴使标记线与两副轴孔中心在一条直线上。

c. 在两副轴总成上沿副轴长平键方向如图 3-56 箭头及圆圈所指缺口处的齿槽或是齿的上端面划线。

图 3-55　用标记笔对称划线

图 3-56　在圆圈所指缺口处划线

d. 把主轴滑套套在主轴总成前端，注意主轴滑套内花键缺口位置对准主轴上的六角键处，然后一同放入输入轴的导套孔中，如图 3-57 所示。

e. 再把两副轴总成推进副轴孔内，左右副轴总成不能放错位置（右副轴总成尾端有用于和取力器花键轴配合的花键槽，如图 3-56 内箭头所示），副轴上的标记线与一轴齿轮上的标记线一定要对齐，如图 3-58 所示。注意：齿轮的对齿要确保正确，否则整个主箱的齿轮无法转动。

图 3-57　把主轴滑套套在主轴总成前端

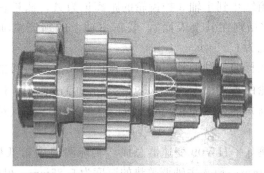

图 3-58　副轴标记线与一轴齿轮标记线对齐

f. 如图 3-59 所示依次把拨叉轴总成上的拨叉插入主轴滑套上的槽中，拨叉轴插进前壳上拨叉轴的孔中，注意拨叉轴总成的相对位置不能弄错。

g. 然后依次把副轴总成、主轴总成、拨叉轴总成、输入轴总成用铜棒装配到位，再把箱内油管 1 插入前壳上的油管孔中，如图 3-60 所示。

图 3-59　把拨叉轴总成上的拨叉插入主轴滑套

图 3-60　插入变速器油管 1

h.将中壳上与前壳连接的连接螺纹孔内涂乐泰 242 螺纹紧固胶，装入 25 个双头螺柱并拧紧，把 2 个定位销装入中壳。吊装起装好前壳纸垫的中壳总成，与前壳大体对齐，如图 3-61 所示。

i.从左惰轮轴孔内插入一个十字螺丝刀，以便在中壳下落过程中把主箱内的箱内管 1 导入左惰轮轴的孔中，如图 3-62 所示。拨动惰轮和主轴倒挡齿轮，依次把拨叉轴插入中壳上的拨叉轴孔中，同时把中壳上的定位销和双头螺柱插入前壳上的对应孔中。然后，用铜棒敲击，把中壳装配到位。

图 3-61　安装中壳与前壳总成

图 3-62　把箱内管 1 导入到左惰轮轴的孔中

j.如图 3-63 所示把两副轴轴承装配到两副轴上并装到位，注意轴承挡圈的大倒角侧朝下。

k.如图 3-64 所示用卡簧钳装上两副轴卡簧，再将经过测量选好的主轴调整垫片装到主轴上。

图 3-63　把两副轴轴承装配到两副轴上

图 3-64　用卡簧钳装上两副轴卡簧

l.如图 3-65 所示依次装上锁板垫板、弹簧、主副箱互锁板、压板垫块、锁板压板（大）、锁板压板（小）。注意不要让任何东西掉进中壳内。

注意：HW19710、HW15710、HW19712 的主副箱互锁板、锁板垫板、锁板压板（大）与 HW18709、HW20716 是不同的。

m.如图 3-66 所示在主副箱互锁装置 5 个螺栓螺纹部涂乐泰 271 螺纹紧固胶后拧紧，拧紧力矩为 41～51N·m。

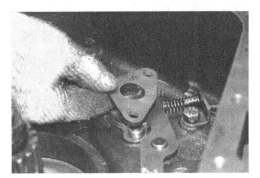

图 3-65　装上锁板垫板、弹簧、互锁板等

图 3-66　在螺栓螺纹部涂螺纹紧固胶

n. 拨动互锁板，互锁板回位灵活，若回位不灵活需调整互锁板与垫块间的间隙，如图 3-67 所示。在中壳端面涂润滑脂，把副箱纸垫贴到中壳上，注意定位销、螺纹孔与纸垫上的孔对齐。

o. 用铁丝插到互锁板与锁板压板间把互锁板拨到离开惰轮轴孔的位置——以使范围挡拨叉轴顺利插入，如图 3-68 所示，在范围挡气缸上充气，使副箱处于高挡位置（如无法充气可先拆下范围挡气缸，用手推活塞使其贴近变速器后壳）。

图 3-67　调整互锁板与垫块间的间隙

图 3-68　把互锁板拨到离开惰轮轴孔的位置

p. 吊装副箱总成，使范围挡拨叉轴插入左惰轮轴孔内，副箱轴承与中壳轴承止口对齐，转动输出法兰使副箱太阳轮内花键槽与主轴花键对齐，同时对齐变速器壳上的定位销孔，如图 3-69 所示。

q. 把副箱总成装配到位，如图 3-70 所示依次把螺栓带弹簧垫圈拧入主副箱的连接孔中，拧紧力矩 41～51N·m，连接螺栓有 3 种，注意其位置和吊装板的位置。

图 3-69　对齐变速器壳上的定位销孔

图 3-70　把副箱总成装配到位

r. 拧下后部大螺栓，如图 3-71 所示在主轴固定螺母的螺纹处涂乐泰 271 螺纹紧固胶，拧入主轴球头螺纹上，拧紧力矩为 73～89N·m，拧紧后把主轴球头螺纹杆上的开槽冲开，以锁紧螺纹。

s. 装上油堵总成和输出轴端面上的弹性圆柱销，如图 3-72 所示。

图 3-71　在主轴固定螺母螺纹处涂螺纹紧固胶

图 3-72　装上弹性圆柱销

t.如图 3-73 所示在法兰和输出轴结合的花键处涂足够的平面密封胶，然后装上压板，拧上大螺栓。

u.如图 3-74 所示用专用工具 G01 或 G14 配风扳机（或加长接杆）拧紧大螺栓，拧紧力矩为 1200～1300N·m。

图 3-73　在花键处涂平面密封胶

图 3-74　拧紧大螺栓

v.装上锁片并铆紧，如图 3-75 所示。

③ HW50 取力器的装配。

a.把滚针轴承装到取力器输入轴的后端孔中，对准右副轴上的花键内孔，把取力器输入轴装配到后壳的取力器孔中并到位，如图 3-76 所示。

图 3-75　装上锁片并铆紧

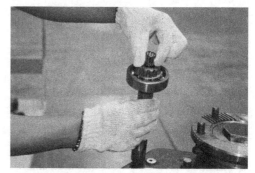

图 3-76　把取力器输入轴装配位

b.装上取力器输出轴端盖纸垫、O 形圈，如图 3-77 所示把取力器前壳装到后壳上，螺栓的拧紧力矩为 73～89N·m。

c.在取力器前壳配合面涂抹润滑脂，把取力器纸垫粘到取力器前壳，如图 3-78 所示。

d.把取力器后壳总成与前壳连接，如图 3-79 所示，螺栓的拧紧力矩为 41～51N·m。

提示：HW70 取力器、HW70-05（直联式取力器）、HW50-05（直联式取力器）的装配方法和 HW50 取力器相似，其取力器前壳和后壳间用密封胶密封，涂胶均匀，保证密封面不渗漏。

图 3-77　把取力器前壳装到后壳上

图 3-78　把取力器纸垫粘到取力器前壳

④ 装配其余部分。

a. 把滤网总成、O 形圈、滤网端盖用螺栓安装到中壳上，螺栓的拧紧力矩为 21～25N·m，如图 3-80 所示。

图 3-79　把取力器后壳总成与前壳连接

图 3-80　安装中壳滤网总成

b. 逐个拧上中壳与前壳的连接螺母，拧紧力矩为 41～51N·m，注意同时安装吊装板，如图 3-81 圆圈所示。

c. 用吊具把变速器总成放平，注意一定要平稳安全；依次装上输入轴和两副轴上的止动环，如图 3-82 所示。

图 3-81　安装吊装板

图 3-82　装上输入轴和两副轴上的止动环

d. 装上两副轴上的卡簧，如图 3-83 所示。

e. 测量输入轴调整垫片的厚度（调整垫片有 0.15mm、0.20mm、0.25mm 三种厚度可供选择）；用铜锤轻轻敲击输入轴轴端，使输入轴上的止动环贴紧到前壳端面上，用深度尺测量输入轴轴承端面到前壳面的距离，记为 A，如图 3-84 所示。

f. 把纸垫放到输入轴端盖上，测量纸垫到轴承止口的距离，记为 B，如图 3-85 所示，从三种厚度的调整垫片中选择介于 $B-A-0.1$ 到 $B-A$ 之间的。

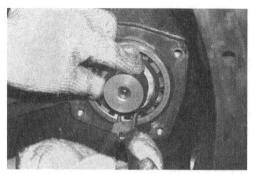

图 3-83　装上两副轴上的卡簧

图 3-84　用深度尺测量 A 距离

g. 在输入轴端盖与纸垫间涂适量润滑脂，连同选好的调整垫按顺序装到前壳上，如图 3-86 所示在螺栓的螺纹上一定要涂乐泰 242 螺纹紧固胶，螺栓的拧紧力矩为 41～51N·m。

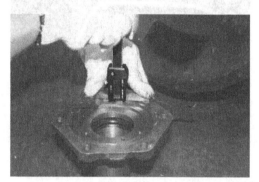

图 3-85　测量纸垫到轴承止口的距离

图 3-86　螺栓的螺纹上涂螺纹紧固胶

h. 把副轴端盖、纸垫装到右副轴端，如图 3-87 所示在螺栓的螺纹上一定要涂乐泰 242 螺纹紧固胶，螺栓的拧紧力矩为 41～51N·m。

i. 在前壳的相应配合面上涂润滑脂，把副轴端盖纸垫、进油管纸垫对准孔后黏结到前壳上，把油泵的驱动钢球装到左副轴的孔中，如图 3-88 所示。

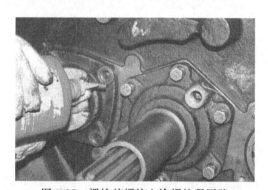

图 3-87　螺栓的螺纹上涂螺纹紧固胶

图 3-88　把驱动钢球装到左副轴的孔中

j. 转动输入轴带动副轴转动，使钢球处于合适的位置，钢球对准油泵上的缺口，装上油泵总成，如图 3-89 所示。

k. 6 根油泵紧固螺栓有三种不同的长度（图 3-90 中螺栓 5 为 Q150B1040，螺栓 6 为 Q150B1090，其余为 Q150B1070），其螺纹上一定要涂乐泰 242 螺纹紧固胶，螺栓的拧紧力矩为 41～51N·m，其中 2 个螺栓上用的是平垫，且螺栓的螺杆上涂足够的平面密封胶（图 3-90 中螺栓 1 和螺栓 4），其余为弹簧垫圈。

l. 如图 3-91 所示插入箱内管 2，连接各油管总成。

m. 拧紧空心螺栓，如图 3-92 所示。空心螺栓的拧紧为（50±5)N·m，最大不超过 60N·m。

图 3-89　装上油泵总成

图 3-90　安装油泵紧固螺栓

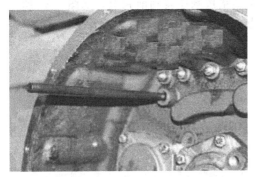

图 3-91　插入箱内管 2

图 3-92　拧紧各紧固螺栓

n. 把拨叉轴支架带衬套总成连接到前壳上，如图 3-93 所示。

o. 把离合器拨叉轴穿过前壳上的衬套孔，装上平键，如图 3-94 所示，依次穿过分离拨叉、拨叉轴支架，同时把分离轴承连接上，连接上左右连接弹簧；离合器拨叉轴转动灵活后固定拨叉轴支架，若不灵活，则轻轻敲击拨叉轴支架。注意：连接拨叉轴支架螺栓的螺纹上一定要涂乐泰 242 螺纹紧固胶，螺栓的拧紧力矩为 41～51N·m，离合器分离拨叉的固定螺栓拧紧力矩为 21～25N·m，另外在复合衬套的内孔中一定要涂足够的润滑脂。

图 3-93　把拨叉轴支架带衬套总成连接到前壳

图 3-94　把离合器拨叉轴装上平键

p. 连接低压油管于离合器分离轴承和前壳上，如图 3-95 所示。

q. 如图 3-96 所示在前壳上安装滑脂嘴，通过滑脂嘴往离合器分离轴承充足够的润滑脂。

r. 安装小盖纸垫、小盖总成于变速器总成上，要求选挡灵活，连接螺栓头部要涂乐泰 242 螺纹紧固胶，拧紧力矩为 41～51N·m，如图 3-97 所示。

s. 连接气管于双 H 阀与范围挡气缸上，注意气管不要接错，如图 3-98 所示，即两近端相连、两远端相连，空心螺栓拧紧力矩为（42.0±4.2）N·m；装上小盖上的倒挡开关、空挡开关和范围挡压力开关，所有压力开关的拧紧力矩不超过 35N·m，如图 3-98 内 2～5 所指分别为倒挡开关、空挡开关、范围挡开关和取力器开关。

图 3-95　连接低压油管于离合器分离轴承和前壳

图 3-96　在前壳上安装滑脂嘴

图 3-97　安装小盖纸垫、小盖总成于变速器总成

图 3-98　连接气管于双 H 阀与范围挡气缸上

t. 装副箱进油管和取力器油管，M16 的空心螺栓的拧紧力矩为（50±5）N·m，如图 3-99 所示。

u. 检查各处油管，保证不漏油。如图 3-100 所示安装软轴支架。

图 3-99　装副箱进油管和取力器油管

图 3-100　安装软轴支架

变速器总成装配完成后，仔细检查变速器，测试所有压力开关的信号情况，确保无误后就可以装车了。

⑤ HW20716 变速器总成的装配（其余与 HW18709 相同）。

a. 把前壳用软的材料支起，注意中间留下输入轴的位置并安全可靠。把工装板放在前壳输入轴孔上，如图 3-101 所示。

b. 把图 3-102 所示的输入轴总成放入前壳孔中。

c. 装上同步滑套并使内圈一个弧形豁中心对准输入轴小开口槽，如图 3-103 所示。

d. 把推块内弹簧装入外弹簧中，然后把两件（推块外弹簧与内弹簧）装入同步推块中并到位（共三组，见图 3-104），把三个件（同步推块、外弹簧、内弹簧）同时装在输入轴小开口槽中。另外在图 3-104 上箭头所指位置从另一侧拧上 1 个 M16 的空心螺栓。

图 3-101　把工装板放在前壳输入轴孔上

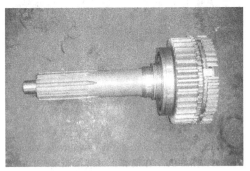

图 3-102　输入轴总成

图 3-103　装上同步滑套

e. 同步环放在输入轴上，使同步环的较大的凸台对准输入轴大开口槽，如图 3-105 所示。

f. 如图 3-106 所示把主轴总成装在输入轴后端的导套孔中。

图 3-104　把推块内弹簧装入外弹簧中

图 3-105　同步环放在输入轴上

g. 如图 3-107 所示把拨叉摆块装到插分挡拨叉孔中，使拨叉摆块嵌入同步滑套中，把插分挡拨叉轴装到前壳相应的孔中并到位。

图 3-106　把主轴总成装在输入轴后端的导套孔

图 3-107　把拨叉摆块装到插分挡拨叉孔中

h. 依次装完三四挡、一二挡拨叉轴总成，使拨叉插入主轴滑套的槽内并到位，如图 3-108 所示。

i. 把倒挡滑套装在主轴上端，注意六角键的位置，倒挡滑套较厚侧朝下，把倒挡拨叉轴总成装到位，使拨叉插入滑套的槽中，拨叉轴插入前壳相应的孔中，如图 3-109 所示。

图 3-108 使拨叉插入主轴滑套的槽内并到位

图 3-109 使拨叉插入滑套的槽中

j. 在输入轴传动齿轮（低）的齿顶处用标记笔对称划线，如图 3-110 所示。

k. 如图 3-111 所示在两副轴总成上沿副轴长平键方向划线，装上副轴轴承，注意轴承上的止动槽在外，以便从前壳内装止动环。

图 3-110 在输入轴传动齿轮（低）的齿顶处用标记笔

图 3-111 划上安装标记

l. 把两副轴装到前壳轴承孔上，使副轴传动齿轮（低）划标记线的齿顶与输入轴上齿轮划标记线的两个齿的齿槽啮合，然后把工装板抽出，如图 3-112 所示，注意左右副轴总成不能放错位置，右副轴总成尾端有用于和取力器花键轴配合的花键槽。

m.如图 3-113 所示把输入轴总成、主轴总成、两副轴总成一块装到位。

图 3-112　把工装板抽出

图 3-113　将各总成安装到位

n.轴总成装到位后，把主轴滑套拨到空挡位置，把插分挡拨到低挡或高挡位置，转动两副轴总成，达到灵活转动，确保对齿正确，如图 3-114 所示。

o.把箱内管 1 装到位，如图 3-115 所示。

图 3-114　检查并确保对齿正确

图 3-115　把箱内管 1 装到位

p. 在中壳上与前壳连接的连接螺纹孔内涂乐泰 242 螺纹紧固胶，装入 25 个双头螺柱并用风板机拧紧（注意与油泵连接的螺纹孔中不能装双头螺柱），用铜锤将两个定位销装入。吊装起装好前壳纸垫的中壳总成，与前壳对齐，如图 3-116 所示。

q. 如图 3-117 所示从左惰轮轴孔内插入一个螺丝刀，以便在中壳下落过程中把主箱内的箱内管 1 导入左惰轮轴的孔中，安装到位；拨动惰轮和主轴倒挡齿轮，依次把拨叉轴插入中壳上的拨叉轴孔中，同时把中壳上的定位销和双头螺柱插入前壳上的对应孔中，然后把中壳装配到位。

图 3-116　安装前壳与中壳

图 3-117　调节并把中壳装配到位

⑥ 插分挡气缸及自锁装置的装配。

a. 把插分挡活塞装上，活塞内环、外环均有 O 形圈，如图 3-118 所示。

b. 装上固定螺母，装之前在螺纹上涂乐泰 271 螺纹紧固胶，如图 3-119 所示。

图 3-118　把插分挡活塞装上

图 3-119　装上固定螺母

c. 在插分挡气缸内壁和活塞的 O 形圈处涂适量的润滑脂，如图 3-120 所示，垫上纸垫、装上插分挡气缸，使气缸上的进气孔与后壳上的配气孔对齐。

d. 如图 3-121 所示在螺栓螺纹部抹乐泰 242 螺纹紧固胶，螺栓拧紧力矩为 41～51N·m。

e. 如图 3-122 所示装上自锁钢球、自锁弹簧、内六角螺塞。

f. 其余装配方法与 HW18709 相同。

⑦ 拉式离合器零部件的装配。

a. 连接螺栓涂适量的乐泰 242 密封胶后，把拨叉轴支架安装在前壳上，如图 3-123 所示。

b. 让离合器拨叉轴依次穿过前壳上的拨叉轴孔、分离拨叉、拨叉轴支架，在上部键槽装上平键并到位；使拨叉轴装到底，在另一端装上另一个平键，如图 3-124。

图 3-120　涂适量的润滑脂到安装部件

图 3-121　在螺栓螺纹部抹螺纹紧固胶

图 3-122　装上自锁钢球

图 3-123　把拨叉轴支架安装在前壳上

c. 用卡簧钳装上拨叉轴下端的弹性挡圈，如图 3-125 所示。

图 3-124　在上部键槽装上平键并到位

图 3-125　装上拨叉轴下端的弹性挡圈

　重型卡车维修技术手册
　　变速器分册

d. 拧紧连接拨叉与拨叉轴的两个螺栓，如图3-126所示。

e. 装上助力缸支架，如图3-127所示完成拉式离合器操纵机构的装配。

图 3-126　拧紧拨叉轴两颗螺栓

图 3-127　装上助力缸支架

3.1.1.2　输入轴端盖总成的拆装

输入轴端盖总成只有在输入轴油封漏油的情况下才允许拆卸。具体方法：先用M6的顶丝取下输入轴导油环，然后用螺丝刀或其他工具取下油封，注意不能划伤输入轴端盖的内表面。输入轴端盖总成的装配过程如下。

① 在输入轴端盖内表面涂抹润滑脂，如图3-128所示。

② 把油封按如图3-129所示方向放好。

图 3-128　在输入轴端盖内表面涂抹润滑脂

图 3-129　安放油封

③ 把油封装配到位，如图3-130所示。

④ 把导油环的油孔对准输入轴端盖上的油孔，如图3-131所示。

⑤ 把导油环装到位，如图3-132所示。

3.1.1.3　中壳总成的装配

① 一个惰轮、两个滚针轴承、两个垫片为一组，如图3-133所示。

② 共两组装到中壳的两个惰轮架上并安装到位，如图3-134所示。两组惰轮及轴承、垫片完全相同，可以互换。

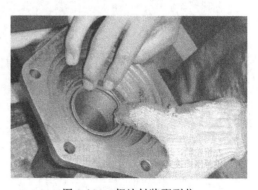
图 3-130　把油封装配到位

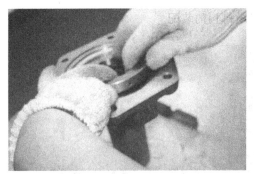

图 3-131　导油环的油孔对准输入轴端盖油孔

图 3-132　把导油环装到位

图 3-133　安装配件组合

图 3-134　安装至惰轮架上

③ 保证右惰轮轴的油孔方向平行于中壳水平方向，见图 3-135 中箭头方向，将其装配到位。

④ 左惰轮轴油孔方向朝向锁板支销，如图 3-136 中箭头方向，将其装配到位。注意，左、右惰轮轴是不同的，不能互换。

图 3-135　保证右惰轮轴的油孔方向正确

图 3-136　左惰轮轴油孔方向朝向锁板支销

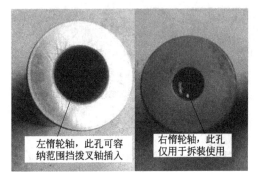

左惰轮轴，此孔可容纳范围挡拨叉轴插入　　右惰轮轴，此孔仅用于拆装使用

图 3-137　右侧惰轮轴内用于拆卸的螺纹盲孔

⑤ 左惰轮轴的内孔径较大且是通孔，朝向中壳一端的孔接箱内管 1，朝向后壳一端的孔配合范围挡拨叉轴；右惰轮轴内只有用于拆卸的螺纹盲孔，如图 3-137 所示。

3.1.1.4　副箱总成拆卸与安装

（1）副箱总成拆卸步骤

① 使输出法兰向上，拆下大螺栓、压板，如图 3-138 所示。

② 用专用工具 G16 拆下输出法兰，如图 3-139 所示。

图 3-138 拆下大螺栓

图 3-139 拆下输出法兰

③ 拆下范围挡气缸、活塞，如图 3-140 所示。

④ 如图 3-141 所示拆下输出轴端盖，有 8 颗固定螺栓。

图 3-140 拆下范围挡气缸、活塞

图 3-141 拆下输出轴端盖

⑤ 拆下 2 个拨叉轴支撑销，如图 3-142 的两个箭头所指。

⑥ 拆下传扭板与后壳连接螺栓，如图 3-143 所示。

图 3-142 拆下 2 个拨叉轴支撑销

图 3-143 拆下传扭板与后壳连接螺栓

⑦ 拆下变速器后壳后，用专用工具 G03 拆卸行星架轴承，如图 3-144 所示。

⑧ 翻转行星机构，用专用工具 G17 拆下里程表蜗杆、滚动轴承，如图 3-145 所示。

⑨ 使高挡锥毂与同步齿座间留有适当缝隙，用专用工具 G04 拆下高挡锥毂，如图 3-146 所示。

⑩ 如图 3-147 所示取下同步环；双手提起同步滑套，注意不要遗失散落的推块及内外弹簧。

注意：拆卸高挡锥毂时必须使用专用工具，以避免在拆卸过程中，对油道及啮合齿造成影响。

图 3-144　拆卸行星架轴承

图 3-145　拆下里程表蜗杆和滚动轴承

图 3-146　拆下高挡锥毂

图 3-147　取下同步环

⑪ 用卡簧钳取下卡在齿圈支架上的弹性挡圈，如图 3-148 所示。

⑫ 用专用工具 G04 卡住同步环的下方（图 3-149），将同步齿座、同步环及低挡锥毂总成拆下。

图 3-148　取下卡在齿圈支架上的弹性挡圈

图 3-149　将低挡锥毂总成拆下

⑬ 拆下齿圈支架内的止动环、轴承,取下钢丝挡圈、内齿圈,如图 3-150 所示。

⑭ 剩余的行星架、输出轴及内部的太阳轮、行星轮、垫片等作为一个整体不需再拆分,称为行星机构总成,见图 3-151,维修时作为一个备件更换。

图 3-150 拆下齿圈支架内部件

图 3-151 行星机构总成

(2) 副箱总成装配步骤 HW18709、HW20716、HW19710 和 HW15710 变速器副箱总成的装配如下。

① 在变速器后壳上的副箱进油孔和范围挡拨叉轴孔的环槽中装 O 形圈,如图 3-152 所示。

② 如图 3-153 所示在 O 形圈处涂抹上润滑脂,对于 HW20716 变速器的副箱总成,也需在插分挡拨叉轴的孔中装入 O 形圈。

图 3-152 装上 O 形圈

图 3-153 在 O 形圈处涂抹上润滑脂

③ 选择输出轴端盖内调整垫片:把输出轴端盖纸垫放在输出轴端盖上,如图 3-154 所示测量从纸垫到输出轴端盖止口的深度尺寸 A、后壳厚度 B、滚动轴承到导油环的距离 C,则调整垫片厚度在 $A+B-C-0.1$ 和 $A+B-C$ 之间。

④ 根据测量数据选择并安装调整垫片,如图 3-155 所示。把里程传感器安装到位。

⑤ 如图 3-156 所示用连接螺栓把变速器后壳、导油环总成、轴承、选好的调整垫、输出轴后端盖连在一起,拧紧力矩为 41～51N·m,注意在最长的连接螺栓上涂足够的平面密封胶,以防螺栓处漏油。

⑥ 在齿圈支架内装上轴承,卡上孔用弹性挡圈,用冲子将弹性挡圈冲到位,如图 3-157 所示。

⑦ 把齿圈支架装到内齿圈里,卡上钢丝挡圈,如图 3-158 所示。

⑧ 如图 3-159 所示用冲子将钢丝挡圈冲到位。

⑨ 把齿圈组件套在行星架总成上并对好齿,再装上隔套(隔套的缺口朝上),用冲筒 G09 把齿圈组件装到位,转动内齿圈,保证与行星轮啮合转动灵活,如图 3-160 所示。

⑩ 依次安装低挡锥毂总成、同步环、同步齿座(注意齿座安装方向),并用 G09 安装到位,如图 3-161 所示。

⑪ 用卡簧钳安装同步齿座的轴用弹性挡圈,如图 3-162 所示。

⑫ 如图 3-163 所示安装同步滑套,注意同步滑套内孔上的凹槽与同步齿座的槽要对应。

⑬ 依次把 9 套推块外弹簧、推块内弹簧和推块装到位,注意同步推块的方向,然后装上同步环,如图 3-164 所示。

(a) 测量从纸垫到输出轴端盖止口的深度尺寸A

(b) 后壳厚度B

(c) 滚动轴承到导油环的距离C

图 3-154　测量安装距离

图 3-155　安装调整垫片

图 3-156　安装后壳连接螺栓

图 3-157　用冲子将弹性挡圈冲到位

图 3-158　把齿圈支架装到内齿圈里

图 3-159　用冲子将钢丝挡圈冲到位

图 3-160　用冲筒 G09 把齿圈组件装到位

⑭ 在输出轴的油孔齿槽位置用标记笔做标示，用高挡锥毂的内齿缺一齿的地方对着标记线，并把高挡锥毂装到位，如图 3-165 所示。

⑮ 把范围挡拨叉（注意豁口方向）、拨叉摆块、范围挡拨叉轴装到同步滑套上，注意范围挡拨叉轴的位置（见图 3-166 圆圈内所示），若此时低挡锥毂总成上的传扭套漏在传扭板的上方，用冲头把传扭套冲到与传扭板平齐。

图 3-161　安装低挡锥毂总成

图 3-162　安装同步齿座的轴用弹性挡圈

图 3-163　安装同步滑套

图 3-164　装上同步环

图 3-165　把高挡锥毂装到位

图 3-166　范围挡拨叉轴的位置

⑯ 把后壳总成装到行星架总成上，注意范围挡拨叉轴要与后壳上的范围挡拨叉轴孔对齐，然后把后壳总成装到位，如图 3-167 所示。

⑰ 用专用工具 G09 把输出轴轴承、里程表蜗杆装到位，如图 3-168 所示。

图 3-167　把后壳总成装到位

图 3-168　把输出轴轴承、里程表蜗杆装到位

⑱ 用专用工具 G11 把输出轴油封装到位，注意油封的方向，并在油封的唇口处涂满润滑脂，如图 3-169 所示。

⑲ 在拨叉轴支撑销的螺纹上涂乐泰 242 螺纹紧固胶，然后拧到后壳上并穿过范围挡拨叉的销孔内，拧紧力矩为 195～215N·m，如图 3-170 所示。

图 3-169　用专用工具 G11 把输出轴油封装到位

图 3-170　把拨叉轴支撑销装到后壳

⑳ 如图 3-171 所示把法兰装到位，在装到位之前穿上传动轴连接螺栓。

㉑ 依次装上压板、大螺栓，把大螺栓拧紧，拧紧力矩不小于 300N·m；把范围挡活塞总成（包括范围挡活塞、内外 O 形圈）套在范围挡拨叉轴上，在锁紧螺母内螺纹上涂乐泰 271 密封胶，拧在拨叉轴上，拧紧力矩为 119～145N·m，如图 3-172 所示。

图 3-171　把法兰装到位

图 3-172　把范围挡活塞总成螺栓拧紧

㉒ 把范围挡气缸纸垫、范围挡气缸（带密封垫圈和压力开关）依次套到范围挡活塞上，注意后壳上的凹槽要与范围挡气缸上的进气口对应，装配前在气缸内壁和活塞 O 形圈处涂适量的润滑脂，并保证各零件清洁无污物，用螺纹上涂乐泰 242 螺纹紧固胶的连接螺栓把范围挡气缸固定于后壳上，拧紧力矩为 41～51N·m，如图 3-173 所示。

㉓ 翻转副箱总成，把传扭板的孔与后壳上的孔对齐，将传扭套砸到与传扭板平齐，如图 3-174 所示；把连接螺栓上涂乐泰 271 密封胶并拧到传扭套的螺纹孔中，拧紧力矩为 73～89N·m。

图 3-173　把范围挡气缸固定于后壳上

图 3-174　对齐安装件

㉔ 把行星架前轴承装到底，如图 3-175 所示。

㉕ 在行星架上与轴承接触的边沿上铆三个点，以防止轴承向外脱出，如图 3-176 所示。

图 3-175　把行星架前轴承装到底

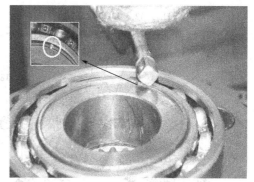

图 3-176　在行星架上与轴承接触的边沿上铆三个点

㉖ 副箱总成装完后，给范围挡气缸两气孔通气测试，保证副箱范围挡换挡、转动灵活。

3.1.2　小盖总成的拆卸与安装

以 HW20716 变速器为例，小盖总成部件分解如图 3-177 和图 3-178 所示。

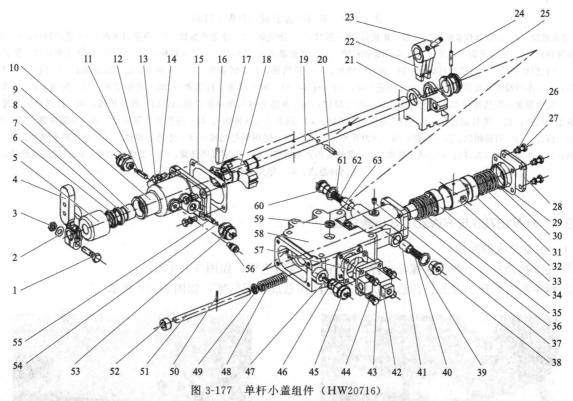

图 3-177　单杆小盖组件（HW20716）

1—六角头螺栓；2—波形弹性垫圈；3—1 型六角螺母；4—换挡摇臂；5—防尘罩；6—端盖外油封；7—端盖内油封；8—复合衬套；9—小盖端盖（摇臂侧）；10—压力开关（常开）；11—轴用钢丝挡圈；12—传感器顶销；13,27—六角头螺钉；14,26,44—弹簧垫圈；15—端盖衬垫；16,24—弹性圆柱销；17—传感器驱动环；18—扇形自锁块；19—换挡轴；20—驱动销；21—互锁叉；22—换挡头；23—销；25—高低挡定位环；28—小盖端盖（范围挡锁侧）；29—端盖衬垫；30—隔环；31—定中弹簧（低挡侧）；32,34—定中座环；33—间隔套；35—定中弹簧（高挡侧）；36—复合衬套；37—紧定螺钉；38—圆柱头内六角螺栓；39,46,61—密封垫圈；40—范围挡锁弹簧；41,63—范围挡锁销；42—双 H 阀总成；43—内六角圆柱头螺钉；45—压力开关（常闭）；47—传感器顶销；48—自锁弹簧；49—弹簧挡片；50—滚针；51—自锁销轴；52—衬套；53—压力开关（常开）；54—轴用钢丝挡圈；55—传感器顶销；56—常开式通气塞；57—双 H 阀衬垫；58—小盖壳体；59—碗形塞片；60—圆柱头内六角螺塞；62—范围挡锁弹簧

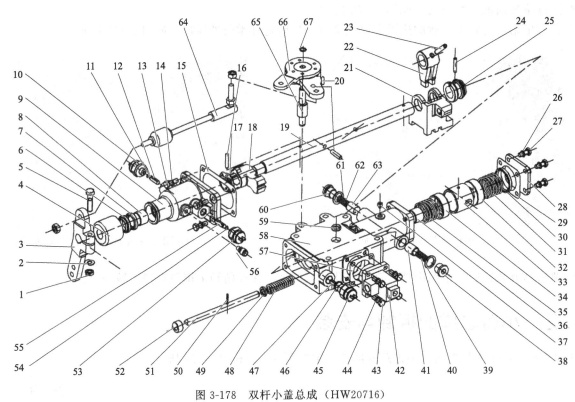

图 3-178 双杆小盖总成（HW20716）

1—六角头螺栓；2—波形弹性垫圈；3—I型六角螺母；4—摇臂；5—防尘罩；6—端盖外油封；7—端盖内油封；8—复合衬套；9—小盖端盖（摇臂侧）；10—压力开关（常开）；11—轴用钢丝挡圈；12—传感器顶销；13,27—六角头螺栓；14,26,44—弹簧垫圈；15—端盖衬垫；16,24—弹性圆柱销；17—传感器驱动环；18—扇形自锁块；19—换挡轴；20—驱动销；21—互锁叉；22—换挡头；23—销；25—高低挡定位环；28—小盖端盖（范围挡锁侧）；29—端盖衬垫；30—隔环；31—定中弹簧（低挡侧）；32—定中座环；33—间隔套；34—定中座环；35—定中弹簧（高挡侧）；36—复合衬套；37—紧定螺钉；38—圆柱头内六角螺塞；39,46,61—密封圈；40—范围挡拨弹簧；41,63—范围挡锁销；42—双H阀总成；43—内六角圆柱头螺钉；45—压力开关（常闭）；47—空挡传感器顶销；48—自锁弹簧；49—弹簧挡片；50—滚针；51—自锁销轴；52—衬套；53—压力开关（常开）；54—轴用钢丝挡圈；55—传感器顶销；56—常开式通气塞；57—双H阀衬垫；58—小盖壳体（双杆）；59—碗形塞片；60—圆柱头内六角螺塞；62—范围挡锁弹簧；64—支撑杆总成；65—选挡支撑轴；66—选挡杆总成；67—轴用弹性挡圈

3.1.2.1　HW18709与HW20716小盖总成

（1）小盖总成的拆卸

① 松开换挡摇臂上的锁紧螺母，拆下换挡摇臂及防尘罩；如图3-179所示。

② 拆下所有的压力开关、传感器顶销、双H阀总成、通气塞，如图3-180所示。

图 3-179　拆下换挡摇臂及防尘罩

图 3-180　拆下压力开关等部件

③ 拧下小盖端盖（摇臂侧）与小盖壳体的连接螺栓，取下小盖端盖（摇臂侧），小盖端盖（摇臂侧）内

的油封和复合衬套是不允许拆卸的，若损坏则进行破坏性拆除，但不允许损坏小盖端盖（摇臂侧）的配合面，如图 3-181 所示。

④ 用冲头拆下传感器驱动环的连接弹性圆柱销，取下传感器驱动环、扇形自锁块和驱动销，如图 3-182 所示。

图 3-181　拧下小盖端盖（摇臂侧）螺栓

图 3-182　用冲头拆下弹性圆柱销

⑤ 如图 3-183 所示拧下两侧的内六角螺塞，取下密封垫圈、范围挡锁销、范围挡弹簧。

⑥ 拆下小盖端盖（范围挡侧）与小盖壳体间的连接螺栓，取下小盖端盖（范围挡侧）、定中弹簧（低挡侧）、隔环、定中座环，如图 3-184 所示。

图 3-183　拧下两侧的内六角螺塞

图 3-184　拆下小盖端盖（范围挡侧）螺栓

⑦ 取下自锁销轴上的滚针，然后取下自锁销轴、自锁弹簧，如图 3-185 所示。

⑧ 拆下碗形塞片，如图 3-186 所示用冲头拆下连接换挡头与换挡轴的圆柱销，取下换挡轴总成、换挡头和互锁叉。

图 3-185　取下自锁销轴上的部件

图 3-186　用冲头拆下圆柱销

⑨ 拆下连接间隔套与小盖壳体的紧定螺钉，取下间隔套、定中座环、定中弹簧（高挡侧），如图 3-187 所示。一般情况下，小盖壳体上的复合衬套和衬套是不用拆卸的，若损坏就用冲子将其冲下，但不能损坏小盖壳体。用冲子冲下连接高低挡定位环与换挡轴的弹性圆柱销，就可以拆下高低挡定位环。

（2）小盖总成的装配

① 装小盖端盖（摇臂侧）内的复合衬套，如图 3-188 所示。

图 3-187　取下间隔套、定中座环、定中弹簧

图 3-188　装小盖端盖（摇臂侧）内的复合衬套

② 用专用工装 G11、G12 装端盖内油封和端盖外油封，并在复合衬套内孔、油封的唇口处涂足够的润滑脂。

③ 把复合衬套装到小盖壳体内并到位，并在复合衬套内孔涂适量的润滑脂，如图 3-189 所示。

④ 在衬套上涂抹乐泰 680 黏合剂，保证覆盖整个外圆柱面，喷乐泰 7649 促进剂，然后装到小盖壳体内并到位，如图 3-190 所示。

图 3-189　把复合衬套装到小盖壳体内并到位

图 3-190　安装衬套

⑤ 在小盖壳体上装定中弹簧（高挡侧）、定中座环、间隔套（注意方向），如图 3-191 所示。

⑥ 在紧定螺钉的螺纹上涂乐泰 242 螺纹紧固胶，将紧定螺钉拧紧到小盖壳体上，实现间隔套的定位，如图 3-192 所示。

图 3-191　装定中弹簧（高挡侧）

图 3-192　将紧定螺钉拧紧到小盖壳体

⑦ 把互锁叉和换挡头放进小盖壳内，把换挡轴总成穿过互锁叉和换挡头的内孔，如图 3-193 所示。

⑧ 将换挡头圆柱销装到位，如图 3-194 所示。

⑨ 用冲头把换挡头圆柱销的两端冲开，以保证销子连接牢固可靠，如图 3-195 所示。

图 3-193　把互锁叉和换挡头放进小盖壳

图 3-194　将换挡头圆柱销装到位

⑩ 把自锁弹簧塞进小盖壳体上的自锁弹簧孔内，把自锁销轴（自锁销轴的锥端朝外）穿过销孔并通过弹簧挡片和自锁弹簧，穿上滚针，注意挡片的方向，能使滚针卡在挡片的槽内，如图 3-196 所示。

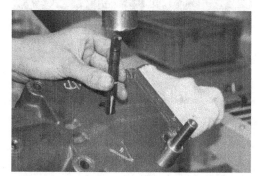

图 3-195　用冲头把换挡头圆柱销的两端冲开

图 3-196　安装自锁弹簧及销

⑪ 装驱动销到位，套上扇形自锁块，使自锁销轴卡在扇形自锁块中凹槽内。装上传感器驱动环（注意方向，HW18709 如图 3-197 圆圈内所示，HW20716 的方向需相对图示方向绕换挡轴轴心旋转 180°），用弹性圆柱销定位。

⑫ 在小盖端盖（摇臂侧）的油封的唇口处涂满润滑脂，用连接螺栓把在小盖端盖（摇臂侧）固定在小盖壳体上，小盖端盖（摇臂侧）与小盖壳体间垫有小盖纸垫，连接螺栓的拧紧力矩为 21～25N·m，如图 3-198 所示。

图 3-197　装驱动销到位

图 3-198　小盖端盖（摇臂侧）螺栓安装

⑬ 将防尘罩、换挡摇臂装到位，拧紧锁紧螺母。换挡摇臂短臂部分（见图 3-199 圆圈内部分）的中心线与小盖表面垂直。

⑭ 在小盖壳体两侧装上范围挡锁销、范围挡锁弹簧、内六角螺塞，拧紧内六角螺塞，如图 3-200 所示。

⑮ 如图 3-201 所示装定中座环、隔环、定中弹簧（低挡侧），用螺栓连接小盖端盖（范围挡侧）与小盖壳体，小盖端盖（范围挡侧）与小盖壳体间垫有端盖衬垫，螺栓的拧紧力矩为 21～25N·m。

图 3-199　拧紧锁紧螺母

图 3-200　拧紧内六角螺塞

⑯ 装传感器顶销和压力开关，拧紧力矩不大于 35N·m；如图 3-202 所示。

图 3-201　安装定中弹簧（低挡侧）

图 3-202　装传感器顶销和压力开关

⑰ 在碗形塞片上涂密封胶，如图 3-203 所示把碗形塞片装到小盖壳体上的孔中，保证不漏油；若此时没有装选挡支撑轴，则装上选挡支撑轴。

⑱ 用连接螺栓把双 H 阀加纸垫安装到小盖壳体上，拧紧力矩为 21～25N·m，如图 3-204 所示。

图 3-203　把碗形塞片装到小盖壳体上的孔中

图 3-204　把双 H 阀加纸垫安装到小盖壳

图 3-205　装小盖端盖（摇臂侧）复合衬套

⑲ 装完小盖总成后，试换挡检查换挡是否可靠、回位是否正常。

3.1.2.2　HW10 与 HW12 小盖总成

① 装小盖端盖（摇臂侧）内的复合衬套，如图 3-205 所示。

② 用专用工装 G11、G12 装端盖内油封和端盖外油封，如图 3-206 所示。

③ 把复合衬套装到小盖壳体内并到位，如图 3-207 所示。

④ 在复合衬套的内孔中涂适量的润滑脂；在衬套上涂抹乐

泰680黏合剂，保证覆盖整个外圆柱面，喷乐泰7649促进剂，然后装到小盖壳体内并到位，如图3-208所示。

图 3-206　装端盖内油封和端盖外油封

图 3-207　把复合衬套装到小盖壳体内　　　　　　图 3-208　安装复合衬套

⑤ 组装换挡轴总成：依次把定中座环、定中弹簧、另一个定中座环套在换挡轴上，在压缩弹簧上装上弹性挡圈，如图3-209所示。

图 3-209　组装换挡轴总成

⑥ 把互锁叉和换挡头放进小盖壳内，把换挡轴穿过互锁叉和换挡头的内孔，如图3-210所示。

⑦ 如图3-211所示将换挡头圆柱销装到位。

⑧ 用冲头把换挡头圆柱销的两端冲开，以保证销子牢固可靠，如图3-212所示。

⑨ 把自锁弹簧塞进小盖壳体上的自锁弹簧孔内，把自锁销轴（自锁销轴的锥端朝向摇臂侧）穿过销孔并通过弹簧挡片和自锁弹簧，穿上滚针，注意挡片的方向，能使滚针卡在挡片的槽内，如图3-213所示。

⑩ 装驱动销到位，套上扇形自锁块，使自锁销轴卡在扇形自锁块中凹槽内，如图3-214所示。

图 3-210　把换挡轴穿过互锁叉和换挡头的内孔

图 3-211　将换挡头圆柱销装到位

图 3-212　用冲头把换挡头圆柱销的两端冲开

图 3-213　安装自锁弹簧及销

⑪ 装上传感器驱动环（注意方向，HW13710 如图 3-215 圆圈内所示）。

图 3-214　装驱动销到位

图 3-215　装上传感器驱动环

⑫ 用弹性圆柱销定位，如图 3-216 所示。

⑬ 装传感器顶销和压力开关，拧紧力矩不大于 35N·m，如图 3-217 所示。

图 3-216　用弹性圆柱销定位

图 3-217　装传感器顶销和压力开关

⑭ 在碗形塞片上涂密封胶，把碗形塞片装到小盖壳体上的孔中，保证不漏油，如图 3-218 所示。若此时没有装选挡支撑轴，则装上选挡支撑轴。

⑮ 在小盖端盖（摇臂侧）的油封的唇口处涂满润滑脂，用连接螺栓把在小盖端盖（摇臂侧）固定在小盖壳体上，小盖端盖（摇臂侧）与小盖壳体间垫有小盖纸垫，连接螺栓的拧紧力矩为 21～25N·m，如图 3-219 所示。

⑯ 将防尘罩、换挡摇臂装到位，拧紧锁紧螺母。换挡摇臂短臂部分（见图 3-220 圆圈内部分）的中心线与小盖表面垂直。

图 3-218 安装碗形塞片

图 3-219 安装小盖端盖（摇臂侧）螺栓

图 3-220 装防尘罩、换挡摇臂到位

⑰ 10 挡小盖总成：在小盖壳体的范围挡侧装入隔环（图 3-241）。12 挡小盖总成：在小盖壳体两侧装上范围挡锁销、范围挡锁弹簧、内六角螺塞，拧紧内六角螺塞，如图 3-221 所示。

⑱ 装定中座环、隔环、定中弹簧（低挡侧），如图 3-222 所示。

⑲ 如图 3-223 所示用螺栓连接小盖端盖（范围挡侧）与小盖壳体，小盖端盖（范围挡侧）与小盖壳体间垫有端盖衬垫，螺栓的拧紧力矩为 21～25N·m。

⑳ 装传感器顶销和压力开关，拧紧力矩不大于 35N·m。

㉑ 把衬套装在小盖壳体的止口上，将锁止销伸入小盖壳体的一端涂适量锂基润滑脂，装在小盖壳体上，要求锁止销轴向窜动灵活、无卡滞现象，如图 3-224。

图 3-221 拧紧内六角螺塞

图 3-222　装定中座环、隔环、定中弹簧

图 3-223　安装小盖端盖（范围挡侧）螺栓

图 3-224　安装衬套

㉒ 将弹簧套在锁止销上，把 O 形圈放在小盖壳体上，如图 3-225 所示。

图 3-225　将弹簧套在锁止销上

㉓ 装上气控阀纸垫，将气控锁止阀装在小盖壳体上并与之贴合。装上双 H 阀衬垫，装上双 H 阀总成，用内六角圆柱头螺钉固定，螺钉拧紧力矩为 21～25N・m，如图 3-226 所示。

㉔ 在直通的螺纹上涂适量 LOCTITE572，把直通拧紧装在气控锁止阀上。测试选挡是否挡位清晰、回位灵活，如图 3-227 所示。

注意：小盖端盖（摇臂侧）内的油封和复合衬套是不允许拆卸的，若损坏则进行破坏性拆除，但不允许损坏小盖端盖（摇臂侧）的配合面；用冲头拆下传感器驱动环的连接弹性圆柱销，取下传感器驱动环、扇形自锁块和驱动销。

图 3-226　装上双 H 阀总成

(a) 10 挡小盖总成

(b) 12 挡小盖总成

图 3-227　安装完成的总成

3.1.3　轴总成拆卸与安装

变速器主轴、副轴及输入轴等总成部件分解如图 3-228～图 3-233 所示。

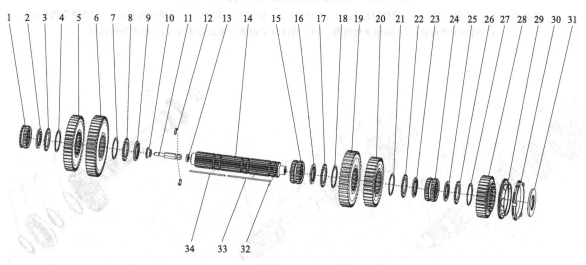

图 3-228　变速器主轴总成（HW20716）

1—倒挡滑套；2—花键调整片组；3,8,17,22,26—花键挡片；4—卡簧；5—主轴倒挡齿轮；6—主轴 1 挡齿轮；7,21,27—卡簧；
9,16,23,25—花键调整片组；10—球头压环；11—球头；12,13—球头座圈；14—主轴；15—主轴滑套；18—卡簧；
19—主轴 2 挡齿轮；20—主轴 3 挡齿轮；24—主轴滑套；28—传动主动齿轮；29—插分挡同步器锥；
30—插分同步器；31—主轴大挡片；32—弹性圆柱销；33,34—六角键

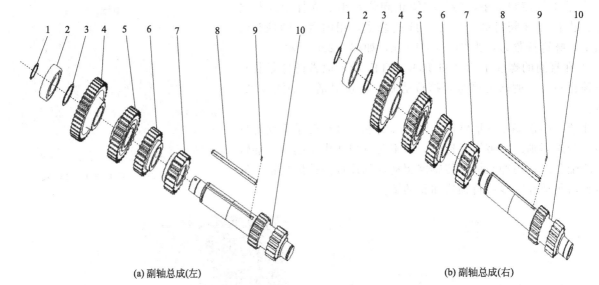

(a) 副轴总成(左)　　　　　　　　　　　(b) 副轴总成(右)

图 3-229　变速器副轴总成 ［HW18709/18710（C）/15710（C）］

1,3—轴用弹性挡圈；2—圆柱滚子轴承；4—副轴传动齿轮；5—副轴4挡齿轮；6—副轴3挡齿轮；
7—副轴2挡齿轮；8—长平键；9—弹性圆柱销；10—副轴

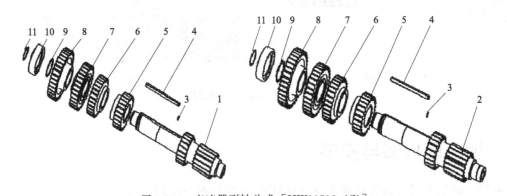

图 3-230　变速器副轴总成 ［HW19712（C）］

1—副轴（左）；2—副轴（右）；3—弹性圆柱销；4—长平键；5—副轴3挡齿轮；6—副轴4挡齿轮；7—副轴5挡齿轮；
8—副轴传动齿轮；9—轴用弹性挡圈；10—圆柱滚子轴承（带止动槽）；11—轴用弹性挡圈

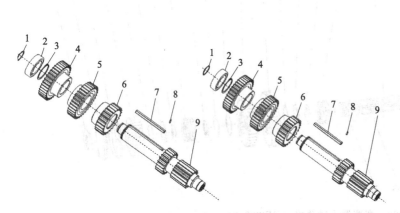

图 3-231　变速器副轴总成 ［HW20716（C）］

1,3—轴用弹性挡圈；2—圆柱滚子轴承；4—副轴传动齿轮（低）；
5—副轴传动齿轮（高）；6—副轴3挡齿轮；7—长平键；
8—弹性圆柱销；9—副轴

图 3-232　变速器输入轴总成［HW18709/
19710（C）/15710（C）/19712（C）］

1—衬套；2—输入轴；3—轴齿轮；4—卡簧；
5—隔套；6—滚动轴承；7—簧选用件组

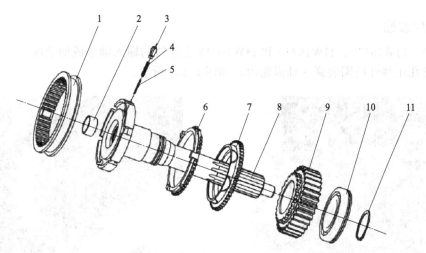

图 3-233　变速器输入轴总成［HW20716（C）］
1—插分挡同步滑套；2—衬套；3—同步推块；4—推块外弹簧；5—推块内弹簧；6—插分同步器同步环；7—插分挡同步器锥毂；
8—输入轴；9—传动主动齿轮总成；10—滚动轴承；11—卡簧选用件组

3.1.3.1　轴总成的拆卸

提示：副轴无须拆卸，维修时更换副轴总成。

① 提起中壳后，主轴及拨叉轴即可取下。依次用冲头先把拨块和拨叉上的销子冲下，如图 3-234 所示，再把销子冲出，即完成拨叉轴的拆解。

② 如图 3-235 所示使主轴呈竖直状态，取下六角键，转动主轴大挡片，其键槽对准主轴花键时可取下主轴大挡片、倒挡齿轮，如此拆下主轴总成上的所有零件。

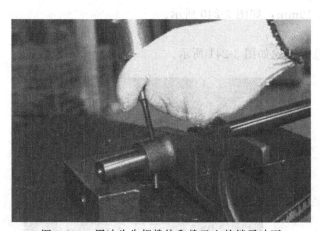

图 3-234　用冲头先把拨块和拨叉上的销子冲下

图 3-235　取下主轴零件

③ 依次拆下弹性挡圈、输入轴轴承、隔套、齿轮弹性挡圈、一轴齿轮（参考备件目录中输入轴总成分解图）。如只更换输入轴轴承，只需拆下分离轴承、油管、输入轴端盖、止动环、弹性挡圈等外围件，再用专用工具 G08 卡住轴承止动槽即可拆下输入轴轴承，如图 3-236 所示。

3.1.3.2 轴总成的装配

(1) HW18709、HW19710、HW15710 和 HW19712 变速器的输入轴总成的装配

① 用卡簧钳把孔用弹性挡圈装到一轴齿轮内，如图 3-237 所示。

图 3-236 拆下输入轴轴承

图 3-237 用弹性挡圈装到一轴齿轮内

② 把输入轴衬套装入输入轴后端内孔中并到位，如图 3-238 所示。

③ 依次把一轴齿轮带卡簧、隔套、滚动轴承（注意滚动轴承外圈的止动槽朝向变速器前方）放到输入轴上，用专用工具 G10 把滚动轴承装到位，如图 3-239 所示。

图 3-238 把输入轴衬套装入输入轴

图 3-239 用专用工具 G10 把滚动轴承装到位

④ 用卡簧钳把轴用弹性挡圈装到输入轴上的卡簧槽中，注意轴用弹性挡圈有多组，装上轴用弹性挡圈后保证轴用弹性挡圈与轴承间的轴向距离不大于 0.10mm，如图 3-240 所示。

(2) HW20716 变速器的输入轴总成的装配

① 把插分挡同步器锥毂装到传动齿轮（低）总成上，如图 3-241 所示。

图 3-240 装上轴用弹性挡圈

图 3-241 安装插分挡同步器锥毂

② 使同步环上较大的凸台朝下并装到输入轴上的大开口中，再使同步器锥毂朝下，装上传动齿轮（低）总成，装上滚动轴承（注意滚动轴承外圈的止动槽朝向变速器前方），如图 3-242 所示。

③ 用专用工具 G10 把滚动轴承装到位，如图 3-243 所示。

图 3-242　装上滚动轴承

图 3-243　滚动轴承装到位

④ 用卡簧钳把轴用弹性挡圈装到输入轴上的卡簧槽中，注意轴用弹性挡圈有多组，装上轴用弹性挡圈后保证轴用弹性挡圈与轴承间的轴向间隙小于 0.1mm，如图 3-244 所示。

（3）HW18709、HW19710、HW15710 和 HW19712 变速器的主轴总成装配

① 在主轴的销孔中将 2 个弹性圆柱销装到底，如图 3-245 所示。

图 3-244　测量轴向间隙

图 3-245　装入 2 个弹性圆柱销

② 依次用卡簧钳把孔用弹性挡圈装到主轴齿轮的卡簧槽中，如图 3-246 所示。

③ 使主轴稳固竖立，先把花键调整片装入主轴并旋转半齿（可插入小木塞防止其再转动），注意调整垫片的安装方向，大平面朝上；齿轮间的轴向定位如图 3-247 所示，花键调整片通过旋转半齿并以使六角键穿过而实现轴向定位（可用冲子冲调整片使其旋转半齿）；参照零部件目录分解图中各零件的位置完成主轴总成的装配。

图 3-246　安装弹性挡圈

图 3-247　齿轮间的轴向定位

通过选择花键调整片，调整齿轮间的轴向间隙，确保达到以下要求。

HW19710、HW15710：4 挡齿轮与 3 挡齿轮轴向间隙为 0.15～0.35mm；2 挡齿轮与 1 挡齿轮轴向间隙为 0.15～0.35mm；倒挡齿轮与主轴大挡片轴向间隙为 0.30～0.50mm。

HW18709：3挡齿轮与2挡齿轮、1挡齿轮与爬挡齿轮的轴向间隙为0.15～0.35mm；倒挡齿轮与主轴大挡片的轴向距离为0.30～0.50mm。

HW19712：5挡齿轮与4挡齿轴向间隙为0.15～0.35mm；3挡齿轮与2挡齿轮轴向间隙为0.15～0.35mm；倒挡齿轮与1挡大挡片轴向间隙为0.30～0.50mm。测量方法如图3-248所示，量具为塞尺，注意六角键需装2根，正好对应于主轴滑套上的两个槽。

（4）拨叉轴的装配　倒挡拨叉轴总成、一二挡拨叉轴总成、三四挡拨叉轴总成、插分挡拨叉轴总成上各零件的相对位置参照部件分解图所示，在装配拨叉轴和拨叉或拨块的销子时，应先把销子装到相对于零件对称，再把销子的两端冲开，注意一定要牢固可靠，保证使用过程中不能松脱，如图3-249所示。

图3-248　测量轴向间隙

图3-249　把销子的两端冲开

（5）HW20716变速器的主轴总成的装配

① 在主轴的销孔中将2个弹性圆柱销装到底。

② 依次用卡簧钳把孔用弹性挡圈装到传动齿轮（高）、3挡齿轮、2挡齿轮、1挡齿轮、倒挡齿轮的卡簧槽中。

③ 使主轴稳固竖立，先把主轴大挡片装入主轴并旋转半齿（可插入小木塞防止其再转动），把传动齿轮（高）和花键挡片装上，选择合适的花键调整片，保证传动齿轮（高）和主轴大挡片的轴向间隙为0.15～0.35mm，再把传动齿轮（高）拆下，把插分挡锥毂装到传动齿轮（高）上，然后连同选择的花键挡片、花键调整片一块装到主轴上。

④ 花键调整片通过旋转半齿并穿过六角键而实现其轴向定位（可用冲子冲调整片使其旋转半齿）；参照零部件目录分解图中各零件的位置完成主轴总成的装配，选用厚度合适的花键调整片保证3挡齿轮与2挡齿轮的轴向间隙为0.15～0.35mm、1挡齿轮与倒挡齿轮的轴向间隙为0.30～0.50mm，测量方法如图3-248所示，量具为塞尺。注意：在主轴总成上装入2根六角键（长度316mm）。

3.2
法士特系列变速器拆装

3.2.1　变速器总成拆装

3.2.1.1　12挡变速器总成

法士特9挡、10挡、12挡、16挡变速器的结构基本一致，下面以12挡变速器为例，详述变速器的拆装方法。

12挡变速器各总成部件分解如图3-250～图3-263所示。

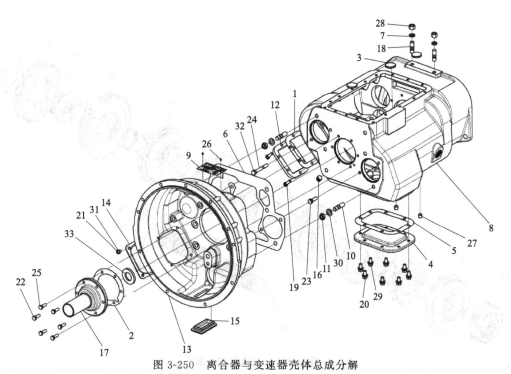

图 3-250　离合器与变速器壳体总成分解

1—侧取力窗口衬垫；2——轴轴承盖衬垫；3—圆磁铁；4—底取力窗口盖；5—底取力窗口衬垫；6—离合器壳体衬垫；7—弹簧垫圈；8—离合器壳体；9—标牌；10—双头螺栓；11—六角尼龙圈锁紧薄螺母；12—侧取力窗口盖；13—离合器壳；14,15—手孔盖；16—开槽锥形螺塞；17——轴轴承盖；18—双头螺柱；19—六角头螺栓和弹簧垫圈组合件；20—六角头螺栓；21~24—六角头螺栓；25—六角头部带孔螺栓；26—十字槽盘头自攻螺钉；27—开槽平端紧定螺钉；28—1 型六角螺母；29,30—平垫圈；31,32—弹簧垫圈；33—骨架油封总成

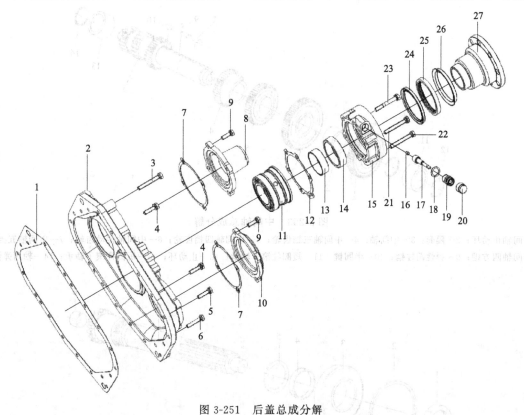

图 3-251　后盖总成分解

1—后盖衬垫；2—后盖壳体；3,5,6,22—六角头螺栓和弹簧垫圈组合件；4—六角头螺栓弹簧垫圈和平垫圈组合件；7—副箱中间轴承盖衬垫；8—加长中间轴盖；9—螺栓总成；10—副箱中间轴承盖；11—圆锥滚子轴承；12—副箱主轴后轴承衬垫；13—里程表主动齿轮衬套；14—里程表主动齿轮；15—输出轴后轴承盖；16—里程表被动齿轮轴套；17—里程表被动齿轮；18—垫片；19—里程表接头总成；20—里程表防护套；21—六角头头部带孔螺栓和弹簧垫圈组合件；23—螺栓总成；24—主轴后轴承盖油封；25—油封；26—防尘罩；27—输出法兰盘

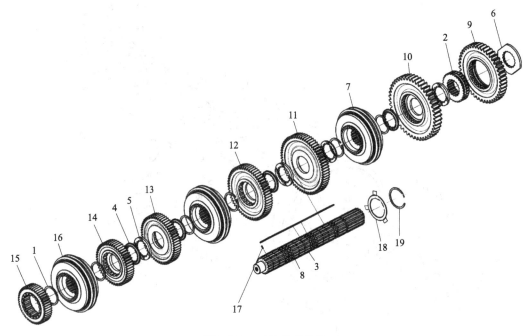

图 3-252 二轴总成分解

1—止动环；2—滑套；3—二轴六角键；4—二轴齿轮花键垫；5—二轴齿轮隔垫；6—二轴倒挡齿轮垫片；7——二挡同步器总成；8—二轴；

9—二轴倒挡齿轮；10—二轴一挡齿轮；11—二轴二挡齿轮；12—二轴三挡齿轮；13—二轴四挡齿轮；14—二轴五挡齿轮；

15—一轴齿轮；16—三四挡同步器总成；17—弹性圆柱销；18—主轴齿轮垫圈；19—倒挡齿轮止动环

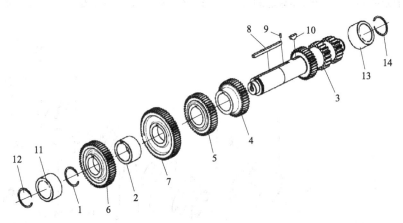

图 3-253 中间轴总成分解

1—中间轴止动环；2—隔套；3—中间轴；4—中间轴三挡齿轮；5—中间轴四挡齿轮；6—中间轴传动齿轮；7—中间轴五挡齿轮；

8—中间轴四方键；9—弹性圆柱销；10—半圆键；11—短圆柱滚子轴承；12—止动环；13—短圆柱滚子轴承；14—轴用弹性挡圈

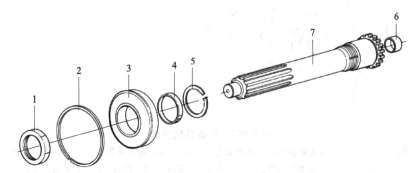

图 3-254 一轴总成分解

1——轴螺母；2—止动环；3—单列向心球轴承；4—齿轮隔垫；5—止动环；6—二轴导套；7——轴

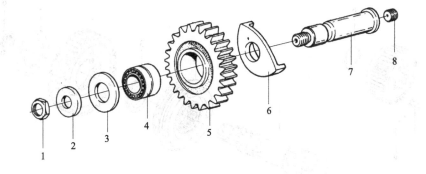

图 3-255　倒挡中间轴总成分解
1—螺母 M20×1.5；2—倒挡中间轴垫圈；3—倒挡止推垫圈；4—滚针轴承；5—倒挡中间齿轮；6—杯形倒挡垫圈；7—倒挡中间轴；8—平端紧定螺钉

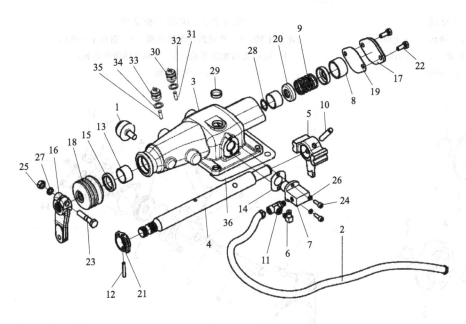

图 3-256　操纵装置总成
1—通气塞；2—气管总成；3—操纵装置壳体；4—横向换挡杆；5—拨头；6—90°快换接头；7—气路控制阀；8—限位套；9—压缩弹簧；10—圆柱销；11—三通管接头；12—弹性圆柱销；13—横向换挡杆衬套；14—双 H 气阀衬垫；15—油封；16—LRC 外换挡臂；17—侧板；18—防尘套；19—端垫；20—弹簧座；21—低倒挡开关控制块；22—六角头螺栓和弹簧垫圈组合件；23—六角头螺栓（细牙）；24—内六角圆柱头螺钉；25—1 型六角螺母；26，27—弹簧垫圈；28—轴用弹性挡圈；29—碗形塞片；30—压力开关；31—开关启动销；32—密封垫圈；33—压力开关；34—垫密封圈；35—开关启动销；36—操纵窗口衬垫

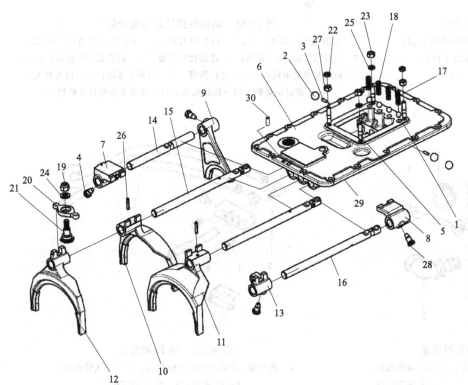

图 3-257　上盖总成分解
1，2—钢球；3—拨叉轴联锁销；4—换挡拨叉锁止螺钉；5—双头螺栓；6—上盖；7—倒挡导块总成；8—五六挡导块；9—倒挡拨叉；10——二挡拨叉；11—三四挡拨叉；12—五六挡拨叉；13—五六挡换挡导块；14—倒挡拨叉轴；15——二三四挡拨叉轴；16—五六挡拨叉轴；17，18—压缩弹簧；19—六角尼龙圈锁紧螺母；20—摆动拨头；21—支承轴销；22—六角薄螺母；23—2 型六角螺母；24—平垫圈；25—弹簧垫圈；26—弹性圆柱销；27—六角螺母；28—换挡拨叉锁止螺钉；29—上盖衬垫；30—圆柱销

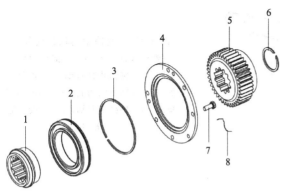

图 3-258 副箱驱动齿轮总成

1—轴承支座；2—带止动槽的单列向心球轴承；3—止动环；

4—副箱轴承定位盘；5—副箱驱动齿轮；6—止动环；

7—六角头头部带孔螺栓；8—铁丝

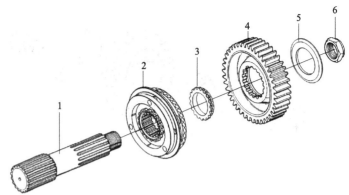

图 3-259 副箱主轴总成

1—副箱主轴；2—高低挡同步器总成；3—副箱主轴垫圈；

4—副箱主轴减速齿轮；5—副箱主轴齿轮压板；

6—凸缘螺母

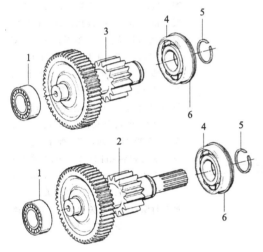

图 3-260 副箱中间轴总成分解

1—短圆柱滚子轴承；2—副箱加长中间轴焊接总成；

3—副箱中间焊接总成；4—短圆柱滚子轴承；

5—止动环；6—止动环（120/129.7）

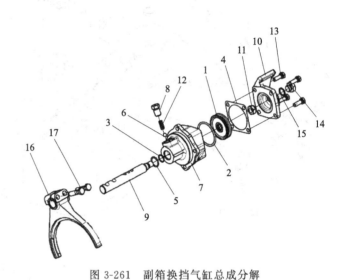

图 3-261 副箱换挡气缸总成分解

1—范围挡气缸总成；2,3,5—O形密封圈；4—气缸盖密封垫；6—钢球；

7—范围挡气缸；8—螺塞；9—范围挡拨叉轴；10—副箱换挡气缸盖；11—

六角尼龙锁紧薄螺母；12—定位弹簧；13—六角头螺栓；14—压力开关；

15—褶皱铜垫圈；16—副箱拨叉；17—六角头头部带孔螺栓

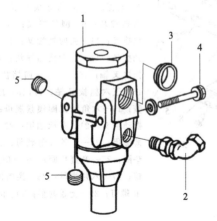

图 3-262 空气滤清调节器总成

1—空气滤清调节器；2—90°变管接头；3—CA碗形塞片；

4—六角头螺栓和弹簧垫圈组合件；5—六角头锥形螺塞

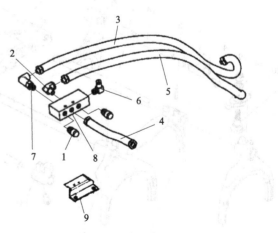

图 3-263 单 H 阀总成

1—通气塞；2,6,7—90°弯管接头；3～5—气管总成；

8—单 H 阀；9—单 H 阀支座

（1）换挡机构的拆卸与装配

① 单杆左操纵的 12 挡变速器，如图 3-264 所示。

② 拆掉单 H 总成上气路控制阀的内六角螺钉。

图 3-264　12 挡变速器外观

图 3-265　取下气路控制阀的内六角螺钉

③ 拆掉上盖右侧单 H 阀的支架螺栓，如图 3-266 所示。

④ 拆掉单 H 总成上的四颗定位螺母，如图 3-267 所示。

图 3-266　拆下单 H 阀的支架螺栓

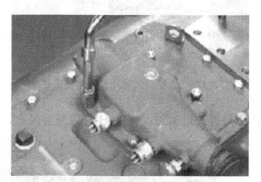

图 3-267　拆掉单 H 总成上的四颗定位螺母

⑤ 如图 3-268 所示敲击并取下单 H 总成。

⑥ 拆掉换挡摇臂、防尘套、通气塞，如图 3-269 所示。

图 3-268　敲击并取下单 H 总成

图 3-269　拆掉换挡摇臂、防尘套、通气塞

⑦ 拆掉倒、空挡开关及柱销，如图 3-270 所示。

⑧ 拆掉单 H 总成侧板上的两颗螺栓，取出限位套，拆掉横向换挡轴上的止动环，如图 3-271 所示。

⑨ 翻转双 H 壳体，去掉碗形塞片及换挡拨头上的铁丝，如图 3-272 所示。

⑩ 如图 3-273 所示拆下换挡拨头上的圆柱销。

⑪ 拆掉倒挡控制块上的弹性圆柱销，抽出横向换挡轴，如图 3-274 所示。

以下为装配步骤。

图 3-270　拆掉倒、空挡开关及柱销

图 3-271　拆掉横向换挡轴上的止动环

图 3-272　去掉碗形塞片及换挡拨头铁丝

图 3-273　拆下换挡拨头上的圆柱销

① 如果拆卸过油封，将单 H 总成竖直向上，装入油封，如图 3-275 所示。

图 3-274　抽出横向换挡轴

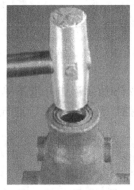

图 3-275　装入油封

② 如图 3-276 所示装入横向换挡轴，装配倒挡控制块的弹性圆柱销，小头一面朝上。

③ 如图 3-277 所示装入换挡拨头的圆柱销，用铁丝绑定。

图 3-276　装入横向换挡轴

图 3-277　装入换挡拨头的圆柱销

④ 如图 3-278 所示装配弹簧、弹簧座及止动环。

⑤ 装入限位套，安装侧板，如图 3-279 所示。

图 3-278　装配弹簧、弹簧座及止动环

图 3-279　安装侧板

⑥ 如图 3-280 所示装配开关启动销及倒、空挡开关。

⑦ 安装防尘套及换挡摇臂，保证摇臂和拨头在一条直线上，如图 3-281 所示。

图 3-280　装配开关启动销

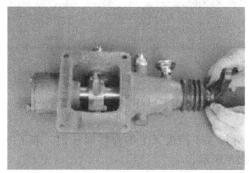

图 3-281　安装防尘套及换挡摇臂

（2）上盖总成的拆卸与装配

① 拆掉上盖壳体上的螺栓，如图 3-282 所示。

② 如图 3-283 所示用工具拆掉上盖壳体上的四颗双头螺栓。

图 3-282　拆掉上盖壳体上的螺栓

图 3-283　拆掉上盖壳体上的四颗双头螺栓

③ 如图 3-284 所示用铜棒敲击上盖，使其与衬垫分离。注意敲击时用手挡住弹簧孔位置，以防弹簧崩入主箱内。

④ 拿掉上盖总成，取出上盖孔内的弹簧与钢球，如图 3-285 所示。

⑤ 翻转上盖总成，拆掉倒挡拨叉、倒挡拨叉轴及导块，如图 3-286 所示。

⑥ 如图 3-287 所示拆掉 1/2 挡拨叉上的弹性圆柱销，取下 1/2 挡拨叉及拨叉轴，取出轴上的互锁销及孔内的互锁钢球。

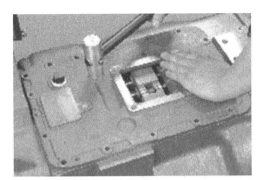

图 3-284　用铜棒敲击上盖

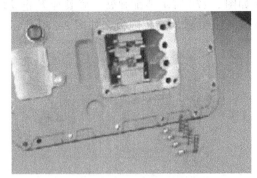

图 3-285　取出上盖孔内的弹簧与钢球

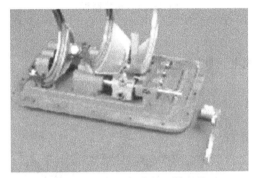

图 3-286　拆掉倒挡拨叉等部件

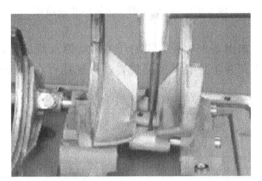

图 3-287　取下 1/2 挡拨叉及拨叉轴

⑦ 拆掉 3/4 挡拨叉上的弹性圆柱销，取下 3/4 挡拨叉及拨叉轴，取出轴上的互锁销及孔内的互锁钢球，如图 3-288 所示。

⑧ 拆掉 5/6 挡拨叉轴上的定位螺栓，抽出拨叉轴，取下 5/6 挡拨叉及导块，如图 3-289 所示。

图 3-288　取下 3/4 挡拨叉及拨叉轴

图 3-289　取下 5/6 挡拨叉及导块

以下为装配步骤。

① 将低/倒挡导块及拨叉依次穿入倒挡拨叉轴，用锥形螺栓紧固，拧紧防松铁丝，如图 3-290 所示装入一个互锁钢球。

② 装配 1/2 挡拨叉轴，如图 3-291 所示安装拨叉上的弹性圆柱销。注意 1/2 挡拨叉轴上互锁销不要漏装。

③ 如图 3-292 所示装入一个互锁钢球。

④ 装配 3/4 挡拨叉轴，安装拨叉上的弹性圆柱销，安装互锁销及互锁钢球，如图 3-293 所示。

⑤ 装配 5/6 挡拨叉轴，依次装配 5/6 挡导块和拨叉，用螺栓紧固并拧紧防松铁丝，如图 3-294 所示。

⑥ 如图 3-295 所示将上盖总成装入主箱。

⑦ 如图 3-296 所示装配上盖上的四颗双头螺栓及定位弹簧、钢球。注意 5/6 挡拨叉轴孔内弹簧较粗。

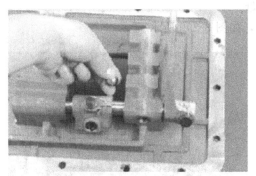

图 3-290　装入一个互锁钢球

图 3-291　安装拨叉上的弹性圆柱销

图 3-292　装入一个互锁钢球

图 3-293　装配 3/4 挡拨叉轴互锁钢球

图 3-294　用螺栓紧固并拧紧防松铁丝

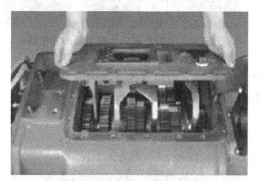

图 3-295　将上盖总成装入主箱

（3）副箱总成的拆卸

① 使主箱内两个同步器分别与齿轮啮合，如图 3-297 所示。

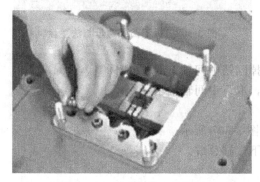

图 3-296　装配上盖上的部件

图 3-297　使同步器与齿轮啮合

② 如图 3-298 所示用专用省力扳手拧松输出轴凸缘螺母。

③ 拆掉副箱气缸上的三根气管及空滤器的上两个螺栓，如图 3-299 所示。

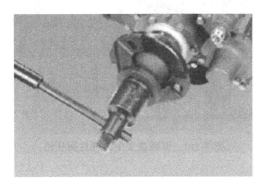
图 3-298　拧松输出轴凸缘螺母

图 3-299　拆掉气管与空滤器的螺栓

④ 拆掉后盖壳体与主箱的连接螺栓，如图 3-300 所示。

⑤ 如图 3-301 所示用三颗螺栓将副箱总成后顶约 10mm。

图 3-300　拆掉后盖壳体与主箱的连接螺栓

图 3-301　用三颗螺栓将副箱总成后顶约 10mm

⑥ 用吊具抬下副箱总成，如图 3-302 所示。

⑦ 如图 3-303 所示拆下凸缘螺母与法兰盘。

图 3-302　用吊具抬下副箱总成

图 3-303　拆下凸缘螺母与法兰盘

⑧ 如图 3-304 所示拆掉两个输出轴承盖，用卡环钳拆掉副箱中间轴上的止动环。

⑨ 如图 3-305 所示向后敲击输出轴，使其与轴承分离，取下中间轴轴承。

⑩ 副箱两个中间轴及轴承如图 3-306 所示。

⑪ 拆掉副箱换挡气缸与副箱换挡拨叉的连接螺栓，如图 3-307 所示。

⑫ 如图 3-308 所示拆掉副箱换挡气缸的四颗螺栓，取下气缸总成。

⑬ 如图 3-309 所示从输出轴上取下同步器总成。

⑭ 如图 3-310 所示向后敲击输出轴，使其从轴承孔中脱出。

重型卡车维修技术手册
变速器分册

图 3-304 拆掉两个输出轴承盖

图 3-305 向后敲击输出轴

图 3-306 副箱两个中间轴及轴承

图 3-307 拆掉换挡气缸与换挡拨叉的连接螺栓

图 3-308 拆掉副箱换挡气缸的四颗螺栓

图 3-309 从输出轴上取下同步器总成

⑮ 将输出轴总成垫起，如图 3-311 所示敲击拆下轴承。

图 3-310 向后敲击输出轴

图 3-311 敲击拆下轴承

⑯ 输出轴总成的各个部件如图 3-312 所示。

⑰ 拆掉输出轴承盖的螺栓，取下轴承盖，拆掉里程表接头与里程表主、被动齿轮，如图 3-313 所示。

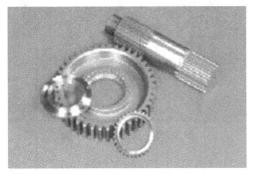

图 3-312　输出轴总成的各个部件

图 3-313　取下轴承盖

⑱ 从后盖壳体孔内取出组合轴承外环，如图 3-314 所示。

⑲ 分解副箱换挡气缸。

a. 副箱换挡气缸总成如图 3-315 所示。

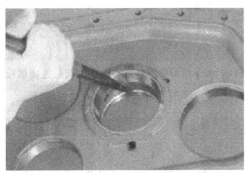

图 3-314　取出组合轴承外环

图 3-315　副箱换挡气缸总成

b. 拆掉气缸壳体侧面的螺栓，取出定位弹簧及钢球，如图 3-316 所示。

c. 拆掉气缸活塞上的自锁螺母，从活塞上取下密封圈，如图 3-317 所示。

图 3-316　取出定位弹簧及钢球

图 3-317　从活塞上取下密封圈

d. 换挡气缸活塞及密封圈部件如图 3-318 所示。

⑳ 分解与装配副箱同步器。

a. 副箱同步器的高、低挡锥环、三颗弹簧及滑套等部件实物如图 3-319 所示。

b. 将同步器低挡环带销一面向上平放，套入同步器滑套，如图 3-320 所示。

c. 先将三个弹簧推入高挡环孔底，然后放入同步器高挡环，加一个旋转力将高挡环装配到位。

图 3-318　换挡气缸活塞及密封圈部件

图 3-319　副箱同步器部件

图 3-320　套入同步器滑套

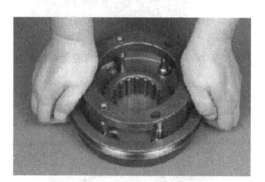

图 3-321　将高挡环装配到位

（4）副箱总成的装配

① 将同步器低挡环向上置于一个 50mm 高的木块上，插入输出轴，如图 3-322 所示。

② 如图 3-323 所示放入副箱主轴垫圈，带止口的一面向下。

③ 将副箱减速齿平面向上套入输出轴，如图 3-324 所示放入副箱主轴齿轮压板。注意：副箱主轴齿轮压板处要涂润滑脂。

图 3-322　插入输出轴

图 3-323　放入副箱主轴垫圈

图 3-324　放入副箱主轴齿轮压板

④ 将组合轴承一侧装入输出轴，在副箱减速齿轮任意相邻轮齿 180°方向做对齿标记，如图 3-325 所示。

⑤ 若拆掉副箱中间轴轴承内环，则按如图 3-326 所示装上轴承内环。

⑥ 在与副箱中间轴上"O"标记对正的齿顶上做对齿标记，如图 3-327 所示。

⑦ 如图 3-328 所示将两个中间轴有标记的齿分别插入减速齿两个有标记的齿槽中。

图 3-325　在副箱减速齿轮做对齿标记

图 3-326　装上轴承内环

图 3-327　在副箱中间轴上做对齿标记

图 3-328　对齿安装

⑧ 如图 3-329 所示放入后盖壳体，注意取力器的加长轴要装在后盖壳体的右下方。

⑨ 安装后盖上的三个轴承，如图 3-330 所示。

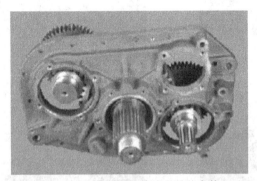

图 3-329　将中间轴等放入后盖壳体

图 3-330　安装后盖上的三个轴承

⑩ 装配副箱中间轴轴承上的止动环，如图 3-331 所示。

⑪ 安装两个中间轴盖，如图 3-332 所示。

⑫ 如图 3-333 所示装配输出轴承盖，装入里程表主、被动齿轮及接头。

⑬ 将副箱换挡拨叉平面向外插入同步器滑套，安装拨叉和换挡气缸连接螺栓，用铁丝锁定，如图 3-334 所示。

⑭ 装配副箱换挡气缸，如图 3-335 所示。

⑮ 如图 3-336 所示用专用套头将凸缘螺母紧固。

图 3-331　装配副箱中间轴轴承上的止动环

图 3-332　安装两个中间轴盖

图 3-333　装入里程表主、被动齿轮及接头

图 3-334　安装拨叉和换挡气缸连接螺栓

图 3-335　装配副箱换挡气缸

图 3-336　紧固凸缘螺母

⑯ 将副箱同步器置于低挡区，如图 3-337 所示。

⑰ 如图 3-338 所示将润滑脂均匀涂在主箱后端两个轴承内孔中（此步非常重要）。

图 3-337　将副箱同步器置于低挡区

图 3-338　在主箱后端两个轴承内孔涂润滑脂

⑱ 如图 3-339 所示用专用吊具装配副箱总成。注意：不可敲击或用其他方式强行装入。

⑲ 如图 3-340 所示拧紧后盖与主箱壳体的连接螺栓。

图 3-339　用专用吊具装配副箱总成

图 3-340　拧紧后盖与主箱壳体的连接螺栓

（5）主箱部分的拆卸与装配

① 如图 3-341 所示拆掉离合器壳体内的螺栓，取下离合器壳体总成。

② 如图 3-342 所示拆掉一轴盖的螺栓，轻敲取下一轴盖。

图 3-341　拆掉离合器壳体内的螺栓

图 3-342　拆掉一轴盖的螺栓

③ 使主箱同步器分别与两组齿轮啮合，如图 3-343 所示。

④ 如图 3-344 所示用专用工具拆掉一轴螺母。

图 3-343　啮合同步器和齿轮

图 3-344　用专用工具拆掉一轴螺母

⑤ 如图 3-345 所示向内敲击一轴。

⑥ 如图 3-346 所示左右敲击一轴，使轴承从壳体孔中脱出。

⑦ 取下一轴齿轮隔垫，如图 3-347 所示。

⑧ 如图 3-348 所示拆掉一轴齿轮内的止动环及一轴。

⑨ 如图 3-349 所示用压板和一个螺栓（M10×1）压住一轴齿轮，为了拆卸及装配时不致损坏 5/6 挡同步器，在拆装主轴总成时要用压板和螺栓将一轴齿轮固定在二轴总成上。此压板也可根据现场情况自制。

图 3-345 向内敲击一轴

图 3-346 使轴承从壳体孔中脱出

图 3-347 取下一轴齿轮隔垫

图 3-348 拆掉一轴齿轮内的止动环及一轴

⑩ 驱动齿轮总成的拆卸如下。

a. 剪断驱动齿总成的锁紧铁丝，如图 3-350 所示拆掉六颗带孔螺栓。

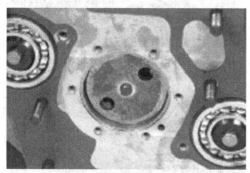

图 3-349 用压板压住一轴齿轮

图 3-350 拆掉六颗带孔螺栓

b. 如图 3-351 所示拆掉驱动齿轮内孔中的止动环，取下驱动齿轮和定位盘。

c. 从主箱内敲击轴承座取下驱动齿轴承，如图 3-352 所示。

图 3-351 拆掉驱动齿轮内孔中的止动环

图 3-352 驱动齿轴承实物

⑪ 倒挡介轮总成的拆卸如下。

a. 如图 3-353 所示拆掉二轴倒挡齿轮内的止动环。

b. 如图 3-354 所示取出二轴倒挡齿轮内的主轴齿轮垫圈。

图 3-353　拆掉二轴倒挡齿轮内的止动环

图 3-354　取出主轴齿轮垫圈

c. 如图 3-355 所示用专用工具拆掉倒挡介轮轴后端的轴承。

d. 如图 3-356 所示用改锥取出倒挡介轮轴内的螺塞。

图 3-355　拆掉倒挡介轮轴后端的轴承

图 3-356　用改锥取出倒挡介轮轴内的螺塞

e. 如图 3-357 所示松掉倒挡介轮轴上的自锁螺母。

f. 用专用的拔轴器拆掉倒挡介轮轴，如图 3-358 所示。

图 3-357　松掉倒挡介轮轴上的自锁螺母

图 3-358　拆掉倒挡介轮轴

g. 倒挡介轮总成各部件如图 3-359 所示。

⑫ 主箱总成的拆卸如下。

a. 如图 3-360 所示拆掉主箱中间轴后端的止动环。

b. 如图 3-361 所示安装驱动齿轴承将二轴后端定位。

c. 如图 3-362 所示拆掉两个中间轴后轴承。

重型卡车维修技术手册
变速器分册

图 3-359　倒挡介轮总成部件

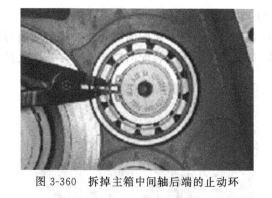

图 3-360　拆掉主箱中间轴后端的止动环

图 3-361　安装驱动齿轴承

图 3-362　拆掉两个中间轴后轴承

　　d. 先拆掉两个中间轴前端的轴承压板，用铜棒敲击中间轴使其后移约 10mm，用专用工具拆掉两个中间轴前轴承，如图 3-363 所示。

　　e. 重新拆掉驱动齿轴承，如图 3-364 所示。

图 3-363　拆掉两个中间轴前轴承

图 3-364　重新拆掉驱动齿轴承

　　f. 如图 3-365 所示从主箱内取出二轴总成。

　　g. 从主箱内取出两根中间轴总成，拆掉倒挡尺轮总成，拆除后的主箱壳体如图 3-366 所示。

图 3-365　从主箱内取出二轴总成

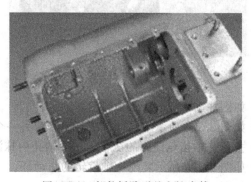

图 3-366　部件拆除后的主箱壳体

(6) 主箱总成的装配

① 如图 3-367 所示装配倒挡介轮，凸面朝前与倒挡轴止推垫一起装入。

② 如图 3-368 所示装配倒挡介轮轴，并拧紧自锁螺母。

图 3-367　装配倒挡介轮

图 3-368　装配倒挡介轮轴

③ 如图 3-369 所示在两个中间轴键槽正对的齿上做对齿标记。

④ 如图 3-370 所示在两个主箱中间轴放入主箱壳体。

图 3-369　在两个中间轴键槽做对齿标记

图 3-370　将两个中间轴放入主箱壳体

⑤ 在一轴齿轮相邻 180°方向各选一组齿做对齿标记后，如图 3-371 所示将二轴总成放入主箱，并装上驱动齿轴承将二轴后端定位。

⑥ 将中间轴上有标记的齿插入一轴齿轮上有标记的齿槽中，装配中间轴后轴承，如图 3-372 所示。

图 3-371　将二轴总成放入主箱

图 3-372　装配中间轴后轴承

⑦ 如图 3-373 所示装配中间轴前轴承。

⑧ 如图 3-374 所示用同样方法对齿装配另一个中间轴的后、前轴承。

⑨ 去掉一轴齿轮前面的压板，在一轴孔内抹润滑脂，如图 3-375 所示将一轴装入一轴齿轮内花键。

⑩ 如图 3-376 所示装配一轴齿轮的止动环。

⑪ 如图 3-377 所示装配一轴齿轮隔垫。

图 3-373　装配中间轴前轴承

图 3-374　装配另一个中间轴的后、前轴承

图 3-375　将一轴装入一轴齿轮内花键

图 3-376　装配一轴齿轮的止动环

⑫ 装配一轴轴承，如图 3-378 所示。

图 3-377　装配一轴齿轮隔垫

图 3-378　装配一轴轴承

⑬ 在一轴螺母上涂密封胶，如图 3-379 所示用专用工具装上一轴螺母。

⑭ 如图 3-380 所示将一轴螺母在一轴的螺纹带槽处铆死。

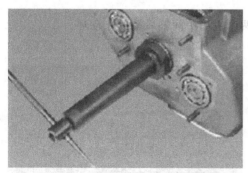

图 3-379　用专用工具装上一轴螺母

图 3-380　铆死一轴螺母

⑮ 装配两个中间轴的前挡板，装配一轴盖，如图 3-381 所示。

⑯ 如图 3-382 所示装配倒挡介轮总成，拆掉驱动齿轴承，并将二轴倒挡齿轮后拔，与倒挡介轮啮合。

图 3-381　装配一轴盖

图 3-382　装配倒挡介轮总成

⑰ 如图 3-383 所示装配二轴倒挡齿内的主轴齿轮垫圈。

⑱ 如图 3-384 所示装配二轴倒挡齿轮内的止动环。

图 3-383　装配主轴齿轮垫圈

图 3-384　装配二轴倒挡齿轮内的止动环

⑲ 如图 3-385 所示装配驱动齿轴承，装配驱动齿轮定位盘，并用螺栓紧固，拴上防松铁丝。

⑳ 装配副箱驱动齿轮，装配上后端的止动环，如图 3-386 所示。

图 3-385　装配驱动齿轴承和驱动齿轮定位盘

图 3-386　装配上后端的止动环

㉑ 如图 3-387 所示装配两个加长中间轴前轴承，装配两个主箱中间轴后端的止动环。

㉒ 如图 3-388 所示装配离合器壳体总成。

图 3-387　装配两个加长中间轴前轴承

图 3-388　装配离合器壳体总成

重型卡车维修技术手册
变速器分册

12 挡全同步器双中间轴系列变速器的拆卸与装配可完全参照以上过程，8 挡如 8JS130T-B、9 挡如 9JS150T-B 因主箱内取消了相应的齿轮，使得主箱结构略有不同，请在拆卸时留意。其余亦可参照以上拆装过程。

3.2.1.2　16 挡变速器总成

以 16JZSD240A 变速器为例，16 挡变速器各总成部件分解如图 3-389～图 3-402 所示。

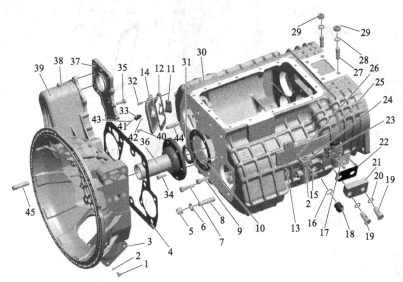

图 3-389　离合器与变速器壳体总成分解

1—六角螺栓；2—弹簧垫圈；3—离合器手孔盖；4—离合器壳体衬垫；5—1 型非金属嵌件六角锁紧螺母；6—垫圈；7,9,34,40,42—预涂胶六角头螺栓和弹簧垫圈组合件；8—双头螺栓；10—一轴轴承盖衬垫；11—输入传感器座；12—侧取力窗口衬垫；13,17,32,35,38—六角头螺栓和弹簧垫圈组合件；14—取力窗口盖；15,43—六角头螺栓；16,20—O 形密封圈；18—油堵；19—导流阀空心螺钉；21—油泵导流阀；22—衬垫；23—空气滤清调节器总成；24—制动器电磁阀；25—阀支座；26—平垫圈；27,44,45—双头螺栓；28,41—弹簧垫圈；29—六角螺母；30—变速器壳体加装钢丝螺套总成；31—骨架油封总成；33—输入转速传感器；36—一轴轴承盖；37—离合器壳体侧板总成；39—离合器壳体加装钢丝螺套总成

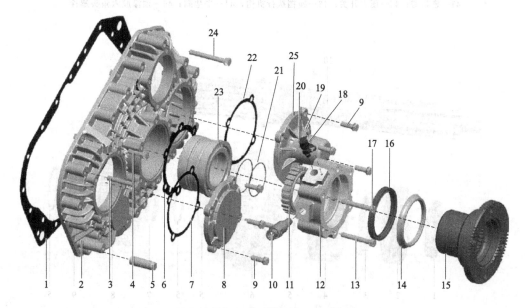

图 3-390　变速器后壳体总成部件分解

1—后盖衬垫；2—后盖壳体加装钢丝螺套总成；3,4,13,24—六角头螺栓和弹簧垫圈组合件；5—后盖定位销；6—主轴后轴承盖衬垫；7—副箱中间轴盖衬垫；8—副箱中间轴盖；9—螺栓总成；10—电子车速里程表传感器总成；11—输出轴转子；12—主轴后轴承盖；14—防尘罩；15—输出法兰盘；16—油封；17—六角头头部带孔螺栓和弹簧垫圈组合件；18—弹簧垫圈；19—六角头螺栓；20—输出转速传感器；21—O 形密封圈；22—副箱中间轴盖衬垫；23—圆锥滚子轴承；25—加长中间轴盖

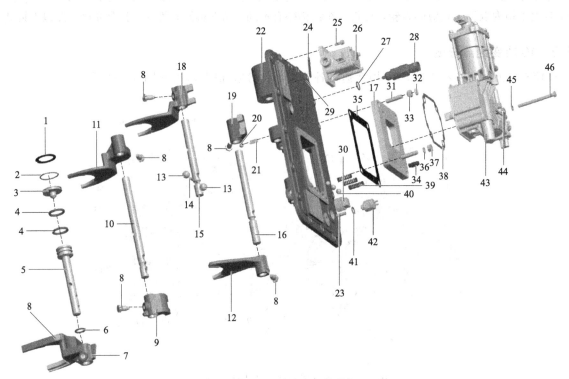

图 3-391　上盖总成部件分解

1—孔用弹性挡圈；2,29—O形圈；3—端盖；4—Y形密封圈；5—活塞叉轴；6,27—O形密封圈；7—前副箱拨叉；8—换挡拨叉锁止螺钉；9—四五挡导块；10—三四挡拨叉轴；11—三四挡拨叉；12—倒挡拨叉；13—钢球；14—拨叉轴联锁销；15——二挡拨叉轴；16—倒挡拨叉轴；17—换挡机构过渡板；18——二挡拨叉；19—倒挡导块；20—钢球；21—定位弹簧；22—上盖加装钢丝螺套总成；23—开关启动销；24—密封垫；25—内六角圆柱头螺钉；26—半挡电磁阀；28—半挡位移传感器；30—方头锥形螺塞；31—双头螺栓 3/8 英寸（9.5mm）；32—六角薄螺母（细牙）；33—2 型六角螺母（细牙）；34—通气塞总成；35—操纵窗口衬垫；36,45—弹簧垫圈；37—六角螺母；38—换挡机构衬垫；39—压缩弹簧；40—钢球；41—密封圈；42—压力开关；43—换挡执行机构；44—平垫圈；46—预涂胶六角头螺栓

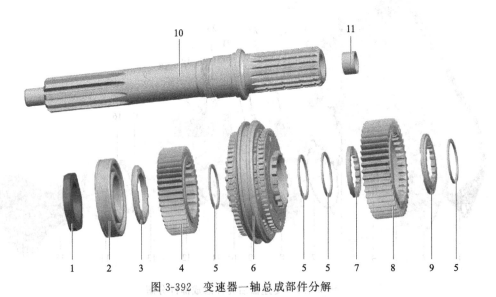

图 3-392　变速器一轴总成部件分解

1——轴螺母；2——面带止动槽和防尘盖的单列向心球轴承；3——轴隔垫；4——轴分速齿轮；5—止动环；6—前副箱同步器总成；7——轴齿轮花键垫；8——轴齿轮；9——轴齿轮花键垫；10——轴；11—二轴导套

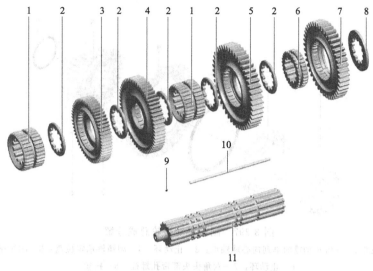

图 3-393　变速器二轴总成部件分解

1——二三四挡滑套；2—二轴齿轮隔垫；3—二轴三挡齿轮；4—二轴二挡齿轮；5—二轴一挡齿轮；6—滑套；7—二轴倒挡齿轮；
8—二轴倒挡齿轮垫片；9—弹性圆柱销；10—二轴长六角键；11—二轴

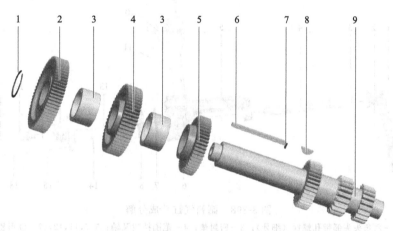

图 3-394　变速器中间轴总成部件分解

1—中间轴止动环；2—中间轴分速齿轮；3—隔套；4—中间轴传动齿轮；5—中间轴三挡齿轮；
6—中间轴四方键；7—弹性圆柱销；8—半圆键；9—中间轴

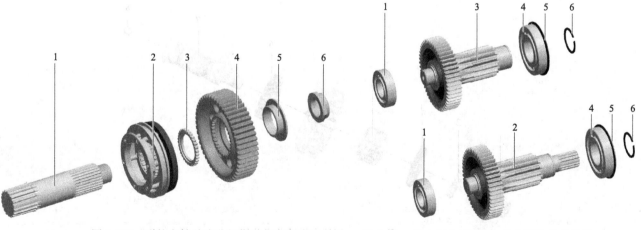

图 3-395　副箱主轴总成分解

1—副箱主轴；2—高低挡同步器总成；3—副箱主轴垫圈；
4—副箱主轴减速齿轮；5—副箱主轴齿轮压板；6—凸缘螺母

图 3-396　副箱左右中间轴总成分解

1—短圆柱滚子轴承；2—副箱加长中间轴焊接总成；3—副
箱中间轴焊接总成；4—短圆柱滚子轴承；5,6—止动环

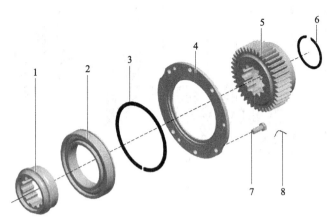

图 3-397　副箱驱动齿轮总成分解

1—轴承支座；2—带止动槽的单列向心球轴承；3—止动环；4—副箱轴承定位盘；5—副箱驱动齿轮；
6—止动环；7—六角头头部带孔螺栓；8—铁丝

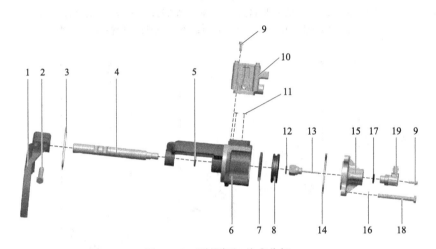

图 3-398　副箱气缸总成分解

1—副箱拨叉；2—六角头头部带孔螺栓（细牙）；3—密封垫；4—范围挡拨叉轴；5,7,11,12,17—O形密封圈；6—范围
挡气缸；8—范围挡气缸活塞；9—六角头螺栓弹簧垫圈和平垫圈组合件；10—半挡电磁阀；13—螺母与衔铁；
14—气缸盖密封垫；15—副箱换挡气缸盖；16—弹簧垫圈；18—六角头螺栓；19—范围挡位移传感器

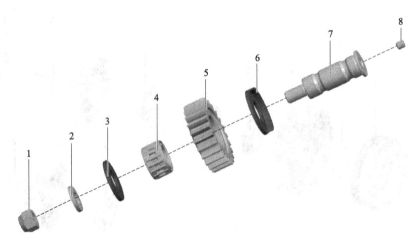

图 3-399　倒挡中间轴总成分解

1—1型非金属嵌件六角锁紧螺母；2—倒挡中间轴垫圈；3—倒挡止推垫圈；4—无外圈长圆柱滚子轴承；
5—倒挡中间齿轮；6—杯形倒挡垫圈；7—倒挡中间轴；8—开槽平端紧定螺钉

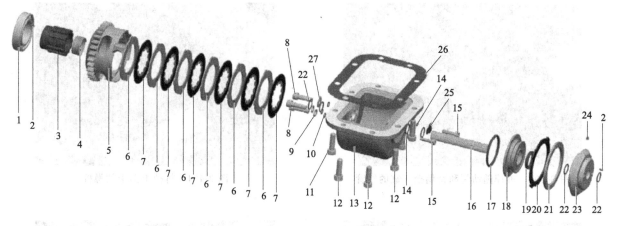

图 3-400　制动器总成分解

1—角接触球轴承；2—圆柱销；3—花键轴；4—回位弹簧；5—制动齿轮；6—制动盘；7—摩擦盘；8—内六角圆柱头螺钉；9—小垫圈；
10,14,17,22—O形密封圈；11—预涂胶六角头螺栓和弹簧垫圈组合件；12—六角头螺栓和弹簧垫圈组合件；13—制动器壳体；
15—内六角圆柱头螺钉；16—输入轴；18—制动活塞；19—Y形密封圈；20—齿轮挡板；21—滚针轴承；
23—制动气缸；24—垫片；25—底取力窗口衬垫；26—垫圈；27—垫圈

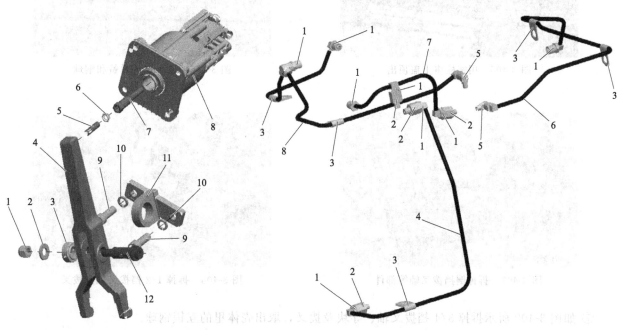

图 3-401　离合器分离拨叉支架与分离机构总成分解

1—1型非金属嵌件六角锁紧螺母；2—垫片；3—关节轴承；
4—离合器分离拨叉；5—离合器推杆；6—六角薄螺母；
7—离合器调整杆；8—离合器执行机构；9—内六角圆
柱头螺钉；10—弹簧垫圈；11—T形板；12—拨叉轴

图 3-402　气管总成

1—连接螺母；2—快插过渡接头；3—单管夹箍；4—气管四总成；
5—90°管接头；6—气管一总成；7—气管三总成；
8—气管二总成

（1）上盖总成的拆装

① 拆掉随动阀和奇偶挡气缸的气管，如图 3-403 所示。

② 如图 3-404 所示拆掉上盖上的螺栓。

③ 如图 3-405 所示用螺栓将上盖顶出，取下上盖总成。

④ 如图 3-406 所示取出壳体孔中的三颗定位弹簧和钢球。

⑤ 拆掉倒挡拨叉轴、导块及倒挡拨叉，如图 3-407 所示。

⑥ 如图 3-408 所示拆掉1/2挡拨叉轴及拨叉，取出壳体内的互锁钢球。注意：1/2挡拨叉轴孔内有互锁销。

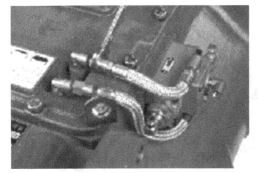

图 3-403　拆掉随动阀和奇偶挡气缸的气管

图 3-404　拆掉上盖上的螺栓

图 3-405　用螺栓将上盖顶出

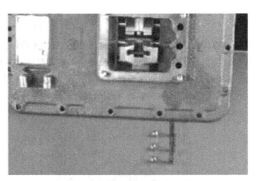

图 3-406　取出定位弹簧和钢球

图 3-407　拆掉倒挡拨叉轴等部件

图 3-408　拆掉 1/2 挡拨叉轴及拨叉

⑦ 如图 3-409 所示拆掉 3/4 挡拨叉轴、导块及拨叉，取出壳体里的互锁钢球。

⑧ 如图 3-410 所示拆掉上盖壳体上的奇偶挡换挡气缸内的止动环。

图 3-409　拆掉 3/4 挡拨叉轴等部件

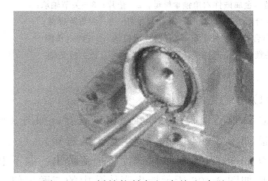

图 3-410　拆掉换挡气缸内的止动环

⑨ 敲击活塞叉轴，取出壳体里的弹簧及钢球，取下活塞叉轴，如图 3-411 所示。

重型卡车维修技术手册
变速器分册

⑩ 活塞叉轴与上面的 Y 形密封圈和侧盖的 O 形密封圈部件如图 3-412 所示。

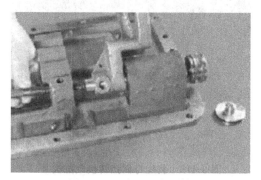

图 3-411　取下活塞叉轴

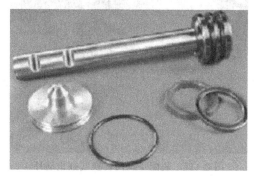

图 3-412　活塞叉轴及密封圈部件

⑪ 上盖壳体上的奇偶挡换挡气缸孔内的 Y 形密封圈如图 3-413 所示。

⑫ 如图 3-414 所示在活塞叉轴的 Y 形密封圈上抹一层润滑脂，将叉轴装入上盖壳体上的奇偶挡换挡气缸。注意：Y 形密封圈的方向，背对背安装。

图 3-413　气缸孔内的 Y 形密封圈

图 3-414　在 Y 形密封圈上抹一层润滑脂

⑬ 如图 3-415 所示装入奇偶挡转换气缸孔内的定位钢球。注意：弹簧在下，钢球在上。

⑭ 如图 3-416 所示平面向外装上侧盖。

图 3-415　装入奇偶挡转换气缸孔内的定位钢球

图 3-416　平面向外装上侧盖

⑮ 如图 3-417 所示装配奇偶挡转换气缸上的止动环。

⑯ 如图 3-418 所示装配奇偶挡转换气缸拨叉上的螺栓，并用铁丝绑定。

⑰ 装入 3/4 挡拨叉轴、导块及拨叉，紧固螺栓并用铁丝绑定，装入一个互锁钢球，如图 3-419 所示。

⑱ 如图 3-420 所示装入 1/2 挡拨叉轴及拨叉，安装互锁销。

⑲ 紧固 1/2 挡拨叉及导块上的螺栓，用铁丝绑定。如图 3-421 所示装入一个互锁钢球。

⑳ 如图 3-422 所示装入倒挡拨叉轴、导块及倒挡拨叉，紧固螺栓并用铁丝绑定。

㉑ 如图 3-423 所示装配上盖总成。

图 3-417　装配奇偶挡转换气缸止动环

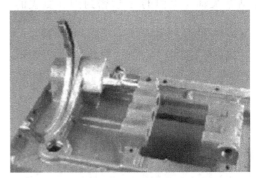

图 3-418　装配奇偶挡转换气缸拨叉

图 3-419　装入 3/4 挡拨叉轴

图 3-420　装入 1/2 挡拨叉轴及拨叉

图 3-421　装入互锁钢球

图 3-422　装入倒挡拨叉轴等部件

㉒ 如图 3-424 所示装配上盖孔内的三颗定位钢球及弹簧。注意：3/4 挡拨叉轴孔内弹簧较粗。

图 3-423　装配上盖总成

图 3-424　装配上盖孔内的定位钢球及弹簧

㉓ 拧紧上盖的螺栓，连接单 H 阀和上盖的气管，如图 3-425 所示。

（2）总成的装配

① 16 挡远距离操纵的双 H 总成可参考双中间系列变速器双 H 总成的拆装。

② 16 挡总成的拆装（包括副箱总成及主箱）可参考本书"3.2.2.1 12 挡变速器总成的拆装"。

③ 16 挡主箱对齿可对一轴齿或一轴分速齿，两者任选其一，如图 3-426 所示。

图 3-425 连接单 H 阀和上盖的气管

图 3-426 16 挡主箱对齿

3.2.2 轴总成拆装步骤

3.2.2.1 12 挡轴承总成拆装

二轴总成的分解与装配（12 挡主轴总成为免调整，无须调整主轴齿轮间隙）。

① 拆掉二轴总成前端的挡板，取下一轴齿轮及 5/6 挡同步器一侧组件，如图 3-427 所示。

② 如图 3-428 所示拆掉二轴上固定 5/6 挡同步器的止动环，取下 5/6 挡同步器。

图 3-427 拆掉二轴总成前端的挡板

图 3-428 拆掉二轴同步器止动环

③ 如图 3-429 所示拔掉二轴上的弹性销，抽出长键，依次拆掉二轴上的齿轮及垫片。

以下为装配步骤。

① 将二轴小端向上竖直放置于工作台上，如图 3-430 所示装入二轴倒挡齿垫片，转过一个齿距后穿入长键。

② 如图 3-431 所示装配二轴倒挡滑套，缺齿处对准二轴上有孔的槽，短齿一面向上。

③ 如图 3-432 所示装配二轴齿轮隔垫，转过一个齿距后向上穿长键。

④ 如图 3-433 所示将二轴一挡齿结合齿向上装入二轴，凸面向上放入花垫，转过一个齿距后向上穿长键。

⑤ 如图 3-434 所示放入 1/2 挡同步器的一侧组件，装入一个止动环，止动环开口朝向二轴有孔的槽。

图 3-429 拔掉二轴上的弹性销并抽出长键

图 3-430 装入二轴倒挡齿垫片

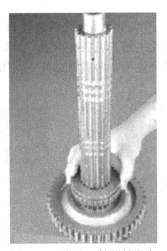

图 3-431 装配二轴倒挡滑套

图 3-432 装配二轴齿轮隔垫

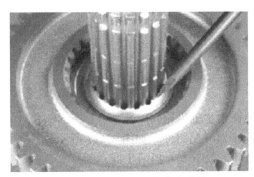

图 3-433 将二轴一挡齿结合齿装入

图 3-434 放入 1/2 挡同步器的一侧组件

⑥ 如图 3-435 所示装入 1/2 挡同步器齿毂,装入一个止动环,止动环开口朝向二轴有孔的槽。

⑦ 如图 3-436 所示放入 1/2 挡同步器的另一侧组件,凸面向下装入二轴花垫,转过一个齿距后向上穿长键。

⑧ 如图 3-437 所示将二轴二挡齿结合齿向下装入二轴,装入二轴齿轮隔垫,转过一个齿距后向上穿长键。

图 3-435 装入 1/2 挡
同步器齿毂

图 3-436 放入 1/2 挡同步器的
另一侧组件

图 3-437 将二轴二挡齿结合
齿向下装入二轴

⑨ 如图 3-438 所示将二轴三挡齿结合齿向上装入二轴,凸面向上放入花垫,转过一个齿距后向上穿

重型卡车维修技术手册
变速器分册

长键。

⑩ 如图 3-439 所示放入 3/4 挡同步器的一侧组件，装入一个止动环，止动环开口朝向二轴有孔的槽。

⑪ 如图 3-440 所示装入 3/4 挡同步器齿毂，装入一个止动环，止动环开口朝向二轴有孔的槽。

图 3-438　将二轴三挡齿结合　　图 3-439　放入 3/4 挡同步器的　　图 3-440　装入 3/4 挡同步
　　齿向上装入二轴　　　　　　　　一侧组件　　　　　　　　　　器齿毂

⑫ 如图 3-441 所示放入 3/4 挡同步器的另一侧组件，凸面向下装入二轴花垫，转过一个齿距后向上穿长键。

⑬ 如图 3-442 所示将二轴四挡齿结合齿向下装入二轴，装入二轴齿轮隔垫，转过一个齿距后向上穿长键。

⑭ 如图 3-443 所示将二轴五挡齿结合齿向上装入二轴，凸面向上放入花垫，转过一个齿距后向上穿长键。

图 3-441　放入 3/4 挡同步器的　　图 3-442　将二轴四挡齿　　　图 3-443　将二轴五挡齿结合
　　另一侧组件　　　　　　　　　结合齿装入　　　　　　　　　齿向上装入二轴

⑮ 如图 3-444 所示放入 5/6 挡同步器的一侧组件，装入一个止动环，止动环开口朝向二轴有孔的槽。

⑯ 如图 3-445 所示安装二轴上的弹性销，将长键推到位。

⑰ 如图 3-446 所示装入 5/6 挡同步器齿毂，装入一个止动环，止动环开口要错开二轴上带孔的槽。

⑱ 放入 5/6 挡同步器的另一侧组件，装上一轴齿轮，如图 3-447 所示。

⑲ 如图 3-448 所示用压板将一轴齿轮固定在二轴上。

图 3-444　放入 5/6 挡同步器的一侧组件

图 3-445　安装二轴上的弹性销

图 3-446　装入 5/6 挡同步器齿毂

图 3-447　装上一轴齿轮

图 3-448　用压板将一轴齿轮固定在二轴上

3.2.2.2　16 挡轴总成装配

（1）二轴的装配

① 将二轴竖直放置于工作台上，如图 3-449 所示装入倒挡齿垫片，转过一个齿距后穿入长键。

② 如图 3-450 所示将二轴倒挡齿轮结合齿向上装入二轴，装入倒挡滑套，短齿一面向上。缺齿槽朝向二轴上带孔键槽。

③ 如图 3-451 所示装入二轴齿轮隔垫，转过一个齿距后向上推长键。

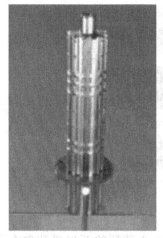

图 3-449　装入倒挡齿垫片

图 3-450　将二轴倒挡齿轮结合齿装入二轴

图 3-451　装入二轴齿轮隔垫

④ 如图 3-452 所示将二轴一挡齿轮结合齿向上装入二轴，装入二轴齿轮花垫，转过一个齿距后向上推长键。

⑤ 如图 3-453 所示装入 1/2 挡同步器的一侧组件，装入一个止动环。

图 3-452　将二轴一挡齿轮结合齿装入

图 3-453　装入 1/2 挡同步器的一侧组件

⑥ 如图 3-454 所示装配 1/2 挡同步器的齿毂，装入一个止动环。

⑦ 如图 3-455 所示装入 1/2 挡同步器的另一侧组件，装入二轴齿轮花垫，转过一个齿距后向上推长键。

图 3-454　装配 1/2 挡同步器的齿毂

图 3-455　装入 1/2 挡同步器的另一侧组件

⑧ 如图 3-456 所示将二轴二挡齿结合齿向下装入二轴，装入二轴齿轮隔垫，转过一个齿距后向上推长键。

⑨ 如图 3-457 所示将二轴三挡齿轮结合齿向上装入二轴，装入二轴齿轮花垫，转过一个齿距后向上推长键。

图 3-456　将二轴二挡齿结合齿装入

图 3-457　将二轴三挡齿轮结合齿装入

⑩ 如图 3-458 所示装配二轴上的弹性销。

⑪ 如图 3-459 所示装入 3/4 挡同步器的一侧组件，装入一个止动环。注意止动环的开口要朝向有孔的槽。

图 3-458　装配二轴上的弹性销

图 3-459　装入 3/4 挡同步器的一侧组件

⑫ 如图 3-460 所示装配 3/4 挡同步器的齿毂，装入一个止动环。注意止动环的开口要避开有孔的槽。

⑬ 如图 3-461 所示装入 3/4 挡同步器的另一侧组件。

图 3-460　装配 3/4 挡同步器的齿毂

图 3-461　装入 3/4 挡同步器的另一侧组件

（2）一轴的拆装

① 16 挡变速器的一轴齿轮总成如图 3-462 所示。

② 拆下一轴齿轮内孔里的止动环，如图 3-463 所示。

图 3-462　16 挡变速器的一轴齿轮总成

图 3-463　拆下一轴齿轮内孔里的止动环

③ 如图 3-464 所示取下一轴齿轮及其两侧面的花键垫。

④ 如图 3-465 所示拆掉同步器常啮合齿前面的止动环。

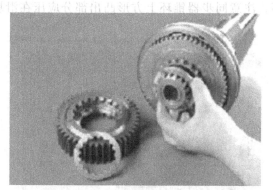

图 3-464　取下一轴齿轮的花键垫

图 3-465　拆掉同步器常啮合齿的止动环

⑤ 取下奇偶挡同步器的一侧组件，拆掉同步器一侧的止动环，如图 3-466 所示。

⑥ 同步器上的滑块和锥环的方向如图 3-467 所示。

图 3-466　拆掉同步器一侧的止动环

图 3-467　同步器上滑块与锥环的方向

注意：16 挡奇偶挡同步器两侧锥环及常啮合齿不能互换。同步器上 6 个滑块的柱销孔是偏心的，在安装时每相邻的两个安装方向应相反，安装同步器滑套时大圆弧应对正滑块长的一边装入。

以下为一轴总成的装配步骤。

① 将一轴竖直放置，套入一轴齿轮，如图 3-468 所示装配一轴分速齿轮隔垫，凸面向下。

② 如图 3-469 所示装入一轴轴承。

图 3-468　装配一轴分速齿轮隔垫

图 3-469　装入一轴轴承

③ 将一轴横放，装入奇偶挡同步器的一侧组件，装配一个止动环，如图 3-470 所示。

④ 如图 3-471 所示装入同步器齿毂，安装一个止动环。注意同步器锥环上方形凸出部分应压在滑块长的一边。

图 3-470　装配一个止动环

图 3-471　装入同步器齿毂安装一个止动环

⑤ 如图 3-472 所示装入同步器的另一侧组件，安装一个止动环。注意：同步器锥环上方形凸出部分应压在滑块长的一边。

⑥ 安装一轴上的花键垫，如图 3-473 所示。

图 3-472　装入同步器的另一侧组件

图 3-473　安装一轴上的花键垫

⑦ 如图 3-474 所示装配一轴齿轮及花键垫，安装一个止动环。

⑧ 在一轴螺母螺纹上涂厌氧胶，装配一轴螺母并铆死。在一轴分速齿轮 1800 方向任意两组齿上做上对齿标记，如图 3-475 所示。

图 3-474　装配一轴齿轮及花键垫

图 3-475　装配一轴螺母并铆死

3.3
解放卡车变速器安装

3.3.1　12 挡 CA12TAX230M1 变速器拆装

3.3.1.1　变速器总成拆装

变速器内部结构如图 3-476 所示。

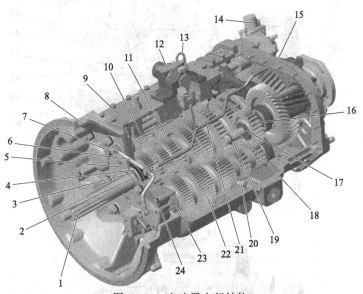

图 3-476　变速器内部结构

1—第一轴总成；2—油封（第一轴）；3—卡环（第一轴后轴承）；4—带止动环深沟球轴承；5—盖（一轴后轴承）；6—输油管总成；
7—空心喷油螺栓总成；8—外壳（离合器）；9—上盖总成；10—右中间轴总成；11—第二轴总成；12—顶盖总成；13—吊耳；
14—空气滤清器及接头总成；15—副箱总成；16—倒挡惰轮；17—垫圈（倒挡惰轮）；18—惰轮轴；19—卡环（倒挡惰轮轴）；
20—进油管总成；21—喷油管总成；22—左中间轴总成；23—左中间轴前轴承；24—油泵总成

（1）拆卸前的作业

① 拆掉传动轴总成（如果装有取力器，同时也应拆掉取力器连接轴或油泵）。

② 拆开变速操纵机构。

③ 拆掉离合器助力泵，使离合器分离轴承脱开。

④ 拧下变速器下部的放油螺塞，放净变速器内的润滑油（热车放油）。

⑤ 拆下速度里程表与变速器连接的线束和气管。

⑥ 用钢丝绳吊住变速器，如果发动机后悬置在离合器壳体上，则在发动机下部放置支撑物，保证稳固支撑发动机，拆去悬置。

⑦ 拆下离合器壳与飞轮壳的连接螺栓。

⑧ 用千斤顶或钢丝绳即可从车上取下变速器总成。

⑨ 将变速器离合器壳体向下立式放置，注意不要损坏离合器壳和输入轴。

（2）拆卸注意事项

① 拆解变速器总成之前，将变速器外壳彻底清洗干净。

② 变速器的拆解必须在一个清洁的地方进行，避免让灰尘或其他杂物进入变速器内部，否则会加剧部件磨损以致损坏齿轮、轴承等部件。

③ 拆下的轴承要仔细进行清洗。

④ 拆解各个分总成，要把所有零件按拆卸的顺序放在干净的工作台上，避免零件丢失、混淆，同时又便于装配。

⑤ 拆卸卡环应使用卡环钳。

⑥ 在拆卸零件的过程中，请勿野蛮操作，避免损坏零件。

⑦ 拆卸某些部件必须使用专用工具。

（3）安装后的作业　按照拆卸前的相反顺序进行安装。

变速器部件分解如图 3-477 所示。

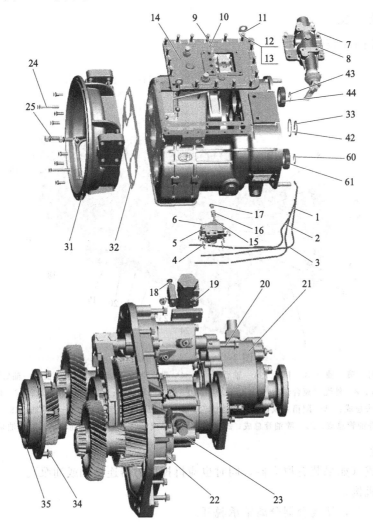

重型卡车维修技术手册
变速器分册

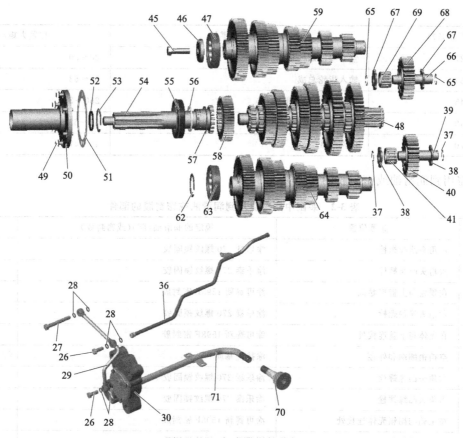

图 3-477　变速器部件分解

1—进气软管（随动阀）；2—进气软管（低挡）；3—进气软管（高挡）；4,7,18,20,22,24,34—六角头凸缘螺栓；5—随动阀总成；6—垫片（随动阀总成）；8—顶盖总成；9—自锁弹簧；10—钢球；11—吊耳；12—六角头导颈螺栓；13—弹簧垫圈；14—上盖总成；15—空挡销（随动阀总成）；16—弹簧（空挡销）；17—导套总成（空挡销）；19—空气滤清器及接头总成；21—取力器总成；23—副箱总成；25—双头螺柱；26—空心螺栓；27—空心喷油螺栓总成；28—垫密圈；29—输油管总成；30—油泵总成；31—离合器壳体；32—垫片；33—卡环；35—副箱输入齿轮总成；36—喷油管总成；37,65—轴用钢丝挡圈；38,66—垫圈（倒挡齿轮）；39,67—轴［倒挡齿轮（惰轮轴）]；40,68—倒挡齿轮；41,69—滚针轴承；42—卡环（倒挡齿轮）；43,60—中间轴后轴承卡环；44,61—中间轴后轴承；45—六角头螺栓；46—挡板（中间轴前轴承）；47,63—中间轴前轴承；48—第二轴总成；49—螺栓；50—盖（一轴后轴承）；51—垫片（第一轴承盖）；52—油封（第一轴）；53,57—第一轴后轴承卡环；54—第一轴总成；55—第一轴轴承；56—垫圈（第一轴后轴承）；58—第一轴输入齿轮；59—右中间轴总成；62—卡环（中间轴前轴承）；64—左中间轴总成；70—滤网总成；71—进油管总成

装配顺序：按照分解的相反顺序。

变速器螺栓拧紧力矩见表 3-1。

表 3-1　变速器螺栓拧紧力矩

部位（图 3-477）	被拧紧的零件	拧紧力矩/N·m
4	随动阀总成	6～12
7	顶盖总成	50～63
13	上盖总成	50～63
18	空气滤清器及接头总成	50～63
20	取力器总成	50～63
22	副箱总成	50～63
24	离合器壳体	113～135
25		260～300
26	空心螺栓	20～30

部位(图 3-477)	被拧紧的零件	拧紧力矩/N·m
27	空心喷油螺栓总成	20～30
34	输入齿轮总成	50～63
45	挡板(右中间轴前轴承)	260～300
49	盖(一轴后轴承)	50～63
70	滤网总成	40～47

装配中所需用到润滑油或密封胶的部件见表 3-2。

表 3-2　装配中所需要用到润滑油或密封胶的部件

部位(图 3-477)	涂覆位置	规定的润滑油(脂)(或密封胶)	数量
4	六角头凸缘螺栓	涂乐泰 270 螺纹锁固胶	视需要
7	六角头凸缘螺栓	涂乐泰 270 螺纹锁固胶	视需要
8	在顶盖与上盖接触面	涂可赛新 1598F 密封胶	视需要
12	六角头导颈螺栓	涂乐泰 270 螺纹锁固胶	视需要
14	在壳体与上盖连接处	涂可赛新 1598F 密封胶	视需要
15	空挡销细端和外径	涂抹锂基质	视需要
18	六角头凸缘螺栓	涂乐泰 270 螺纹锁固胶	视需要
22	六角头凸缘螺栓	涂乐泰 270 螺纹锁固胶	视需要
23	在主箱与副箱壳体连接处	涂可赛新 1598F 密封胶	视需要
24	六角头凸缘螺栓	涂乐泰 270 螺纹锁固胶	视需要
27	双头螺柱	涂乐泰 270 螺纹锁固胶	视需要
29	六角头凸缘螺栓	涂乐泰 270 螺纹锁固胶	视需要
30	油泵与壳体接合面处	涂可赛新 1598F 密封胶	视需要
34	六角头凸缘螺栓	涂乐泰 270 螺纹锁固胶	视需要
36	喷油管总成端头 O 形圈	涂抹锂基质	视需要
45	六角头螺栓	涂乐泰 270 螺纹锁固胶	视需要
52	油封唇部	唇口上均匀涂抹锂基质	视需要
71	进油管总成端头 O 形圈	涂抹锂基质	视需要

检修方法如下。

图 3-478　第一轴输入齿轮与中间轴齿轮对齿

（1）第一轴输入齿轮与中间轴齿轮对齿　将右侧中间轴尽可能地向右移动并用工装塞住；安装第一轴输入齿轮 58，其做标记的齿与左中间轴总成 64 做标记的齿对正，装入第一轴总成，如图 3-478 所示。

（2）挑选第一轴后轴承卡环　在第一轴后轴承卡环 53 中选一个与轴承间隙最小的卡环，安装到相应卡环槽内，如图 3-479 所示。

（3）安装第二轴总成　把倒挡齿轮向前移，倾斜第二轴总成 48，使其后端向下装入壳体，如图 3-480 所示。注意第二轴倾斜时，确保倒挡齿轮和定位挡圈不脱落。

（4）安装副箱输入齿轮总成用于二轴定心　如图 3-481 所示安装副箱输入齿轮总成 35，但不用拧紧紧固螺栓。注意安装副箱输入齿轮是为了使二轴定心，便于对齿。

图 3-479　挑选第一轴后轴承卡环

图 3-480　安装二轴总成

（5）使用外卡环钳子安装卡环　如图 3-482 所示在右侧中间轴后轴承 44 处安装中间轴后轴承卡环 43。

图 3-481　安装副箱输入齿轮总成

图 3-482　使用外卡环钳子安装卡环

（6）倒挡齿轮 40、68 正确啮合　如图 3-483 所示将二轴倒挡齿轮尽可能向后拨，使它与倒挡惰轮正确啮合，然后把倒挡滑动齿套拨到前进挡一侧。

（7）安装喷油管总成　如图 3-484 所示将喷油管总成 36 从副箱腔体侧从后向前穿入，带 O 形圈端头与壳体前端对应孔配合，用螺栓拧紧后端固定臂。注意带 O 形圈端头装配时，O 形圈上涂适量润滑脂，确保 O 形圈不被划伤。

图 3-483　二轴倒挡齿轮与倒挡惰轮正确啮合

图 3-484　安装喷油管总成

（8）安装副箱总成　将副箱同步器总成挂到低挡位置，用专用工具将副箱总成吊起，利用定位销将副箱总成23安装到位，如图3-485所示。

（9）拧紧突缘螺母　将变速器同时挂上两个挡，如图3-486所示拧紧副箱输出轴突缘螺母，若副箱总成装配时已拧紧，此时需检查拧紧力矩。

图3-485　安装副箱总成

图3-486　拧紧突缘螺母

（10）安装调整垫片　测量副箱中间轴总成圆锥滚子轴承外圈与副箱壳体轴承安装面之间的距离，测量三次取平均值，挑选一个调整垫片，调整垫片厚度＝测量值的平均值－副箱隔环厚度＋(0.05～0.15mm)；将选好的调整垫片和副箱隔环安装到圆锥滚子轴承外圈一处，如图3-487所示。

（11）安装上盖总成　放平变速器合件，在上盖连接面涂密封胶；如图3-488所示安装上盖总成14。注意确认主箱的滑动齿套位于中间位置，上盖总成各挡拨叉处于空挡位置。

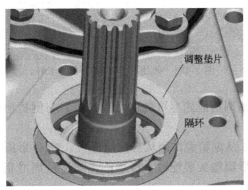

图3-487　安装调整垫片

图3-488　安装上盖总成

（12）安装油泵总成　如图3-489所示装配油泵总成30，并拧紧固定螺栓。注意油泵与壳体接合面涂可赛新1598F密封胶。

（13）安装输油管总成　如图3-490所示装配输油管总成71，并利用空心螺栓固定。注意锁紧空心螺栓时确保喷油管固定端两侧装配垫密圈。

3.3.1.2　变速器顶盖总成拆装

变速器顶盖总成部件分解如图3-491所示。

装配顺序：按照分解的相反顺序。

拧紧力矩：六角头螺塞，26.5～31.4N·m。需要用到润滑油与密封胶的部件如表3-3所示。

3.3.1.3　变速器上盖总成拆装

变速器上盖总成部件分解如图3-492所示。

图 3-489 安装油泵总成

图 3-490 安装输油管总成

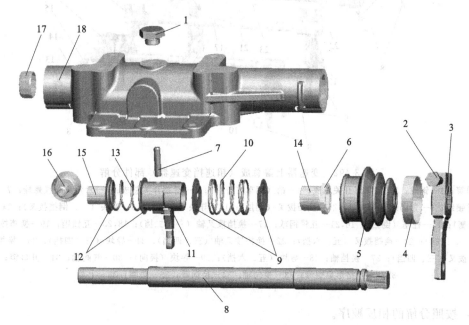

图 3-491 顶盖总成部件分解

1—六角头螺塞；2—六角头螺栓；3—换挡臂；4—蜗杆传动式软管夹箍 B 型；5—防尘罩；6—油封总成；7—弹性锁销（换挡拨头）；
8—换挡轴（顶盖）；9—座（低挡回位弹簧）；10—回位弹簧（低挡）；11—换挡拨头；12—座（高挡回位弹簧）；
13—回位弹簧（高挡）；14—滑动衬套（顶盖）；15—滑动衬套（顶盖）；16—通气塞总成；17—端盖；18—顶盖

表 3-3　需要用到润滑油或密封胶的部件

部位(图 3-491)	涂覆位置	规定的润滑油(脂)	数量
1	六角头螺塞	涂乐泰 270 螺纹锁固胶	视需要
5	油封总成	唇口上均匀涂抹锂基质	视需要
14	滑动衬套内侧	涂全天候汽车通用锂基润滑脂	视需要
16	滑动衬套内侧	涂全天候汽车通用锂基润滑脂	视需要
17	通气塞总成螺纹处	涂乐泰 243 螺纹锁固胶	视需要

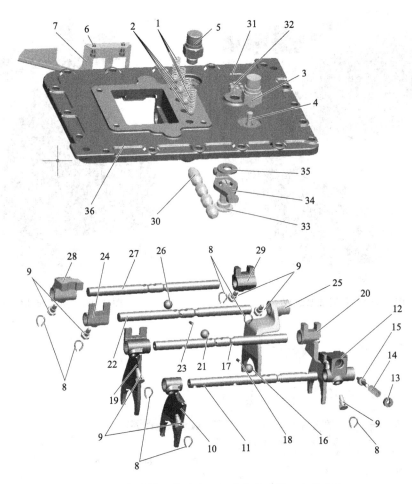

图 3-492　变速器上盖总成（超速挡变速器）部件分解

1—自锁弹簧；2—钢球；3—倒车灯开关总成；4—销（倒车灯开关）；5—空挡开关总成；6—六角头凸缘螺栓；7—导油槽；
8—钢丝锁线；9—紧固螺钉；10,11,26—换挡拨叉（倒挡）；12—导块（倒挡）；13—塞头（一、倒挡拨叉）；14—弹簧
（柱塞）；15—柱塞（倒挡）；16,21—互锁钢球；17—换挡拨叉轴（一、二挡）；18,23—互锁销；19—换挡拨叉
（一、二挡）；20—换挡拨叉（五、六挡）；22—换挡拨叉轴（三、四挡）；24—导块（三、四挡）；25—换挡
拨叉（三、四挡）；27—换挡轴；28—导块（五、六挡）；29—导块（换向）；30—气阀轴；31—开口销；
32—六角槽形扁螺母；33—换向轴；34—换向臂；35—垫圈；36—上盖

装配顺序：按照分解的相反顺序。

拧紧力矩：部位 9 紧固螺钉为 100～120N·m。需要用到密封胶的部件见表 3-4。

表 3-4　需要用到密封胶的部件

部位（图 3-492）	涂覆位置	规定的密封胶	数量
3	倒车灯开关总成	乐泰 243 螺纹密封胶	视需要
5	空挡开关总成	乐泰 243 螺纹密封胶	视需要
9	紧固螺钉	涂乐泰 270 螺纹锁固胶	视需要

3.3.1.4　变速器副箱总成拆装

变速器副箱总成部件分解如图 3-493 所示。

装配顺序：按照分解的相反顺序。

副箱总成紧固件拧紧力矩见表 3-5。

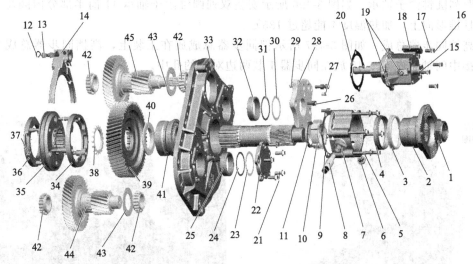

图 3-493　变速器副箱总成部件分解

1—锁紧螺母总成；2—输出突缘；3—挡尘罩；4—油封总成；5,16,21,26—六角头凸缘螺栓；6—放油堵总成；7—副箱输出轴后轴承盖；
8—车速传感器总成；9—垫片（副箱输出轴）；10—计数轮；11—计数轮垫圈；12—钢丝锁线；13—紧固螺钉；14—拨叉（副箱）；
15—端式管接头；17—弹性垫圈；18—副箱气缸总成；19—弯管接头总成；20—垫片（副箱气缸）；22—后轴承盖（副箱中间轴）；
23,30—调整垫片；24,31—隔环（副箱）；25,32—外圈（圆锥滚子轴承）；27—定位销；28—过渡板；29—圆柱销；33—副箱
壳体；34—低挡同步锥总成；35—滑动齿套（副箱同步器）；36—高挡同步器总成；37—弹簧（副箱同步器）；38—低
挡齿轮限位挡圈；39—低挡齿轮（输出轴）；40—定位垫圈（低挡齿轮）；41—双列圆锥滚子轴承；42—内圈
（圆锥滚子轴承）；43—定位垫圈；44—焊接中间轴总成（副箱）；45—取力器用焊接中间轴总成（副箱）

表 3-5　副箱总成紧固件拧紧力矩

部位（图 3-493）	被拧紧的零件	拧紧力矩/N·m
1	输出突缘	650～700
5	六角头凸缘螺栓-后轴承盖总成-副箱输出轴	50～63
16	六角头凸缘螺栓-副箱气缸总成	50～63
21	后轴承盖-副箱中间轴-过渡板	50～63
13	紧固螺钉-拨叉-副箱同步器	50～63

检修方法如下。

（1）安装低档齿轮　如图 3-494 所示安装低挡齿轮 39，有锥面一端朝下；在任意轮齿上涂颜色标记，并在与该齿相隔 180°的轮齿上涂标记。

（2）安装低挡齿轮限位挡圈　如图 3-495 所示安装低挡齿轮限位挡圈 38，小端朝下。

图 3-494　安装低挡齿轮

图 3-495　安装低挡齿轮限位挡圈

（3）安装双列圆锥滚子轴承　如图 3-496 所示安装双列圆锥滚子轴承 41 前半部分内圈总成，注意安装时要将其加热且锥形向上，加热温度不能超过 135℃。

（4）安装高挡同步器总成　如图 3-497 所示把同步器总成放在工装上，高挡同步器总成 36 锥环向下。把两个副箱焊接中间轴总成 44、45 放在同步器工装两边对应的孔中。

图 3-496　安装双列圆锥滚子轴承

图 3-497　安装同步器与中间轴总成

（5）安装副箱输出轴后轴承盖　如图 3-498 所示安装副箱输出轴后轴承盖 7，注意轴承盖上的油槽位置必须与副箱后壳盖上的油孔对齐。

（6）安装挡尘罩和输出突缘　如图 3-499 所示将挡尘罩 3 压装到输出突缘 2 上，然后将该合件安装到副箱输出轴上。

图 3-498　安装副箱输出轴后轴承盖总成

图 3-499　安装挡尘罩和输出突缘

（7）安装锁紧螺母总成 1　由于副箱输出轴容易与突缘螺母同时转动，将变速器同时挂上两个挡，使副箱输出轴不能转动再拧紧，如图 3-500 所示。

图 3-500　安装锁紧螺母总成

3.3.1.5　变速器第二轴总成拆装

变速器第二轴总成部件分解如图 3-501 所示。

装配顺序：按照分解的相反顺序。

检修方法如下。

（1）安装齿轮限位垫圈（注意反正面）　将第二轴 15 垂直放在平台上，后端朝上并固定；如图 3-502 所示安装齿轮限位垫圈 9，并拨动使其转过一齿。注意限位垫圈平坦一面朝上。

（2）安装齿轮（注意反正面）　如图 3-503 所示安装 5 挡

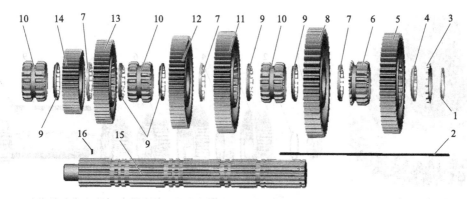

图 3-501　变速器第二轴总成部件分解

1—三面键卡环；2—三面键；3—定位挡圈（倒挡齿轮）；4—限位垫圈（倒挡齿轮）；5—倒挡齿轮（第二轴）；6—滑动齿套（倒挡）；
7—轴间限位垫圈；8—1 挡齿轮（第二轴）；9—齿轮限位垫圈；10—滑动齿套；11—2 挡齿轮（第二轴）；12—3 挡齿轮（第二轴）；
13—4 挡齿轮（第二轴）；14—5 挡齿轮（第二轴）；15—第二轴；16—弹性销

齿轮 14，内圈带花键的一面向下。

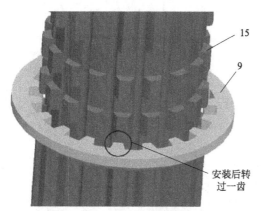

图 3-502　安装齿轮限位垫圈

图 3-503　安装 5 挡齿轮

（3）安装轴间限位垫圈 7　安装后拨动轴间限位垫圈使其转动一齿，如图 3-504 所示。

（4）安装滑动齿套 10　滑动齿套缺一齿的槽要和三面键所在键槽对齐，如图 3-505 所示。

图 3-504　安装轴间限位垫圈

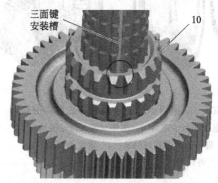

图 3-505　安装滑动齿套

（5）将三面键卡环 1 装入槽中　如图 3-506 所示三面键卡环缺口与三面键错开 180°角安装。

3.3.1.6　变速器中间轴总成拆装

变速器中间轴总成部件分解如图 3-507 所示。

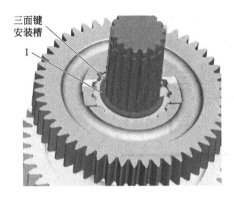

图 3-506　三面键卡环

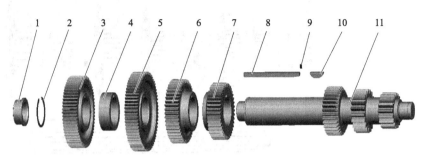

图 3-507　变速器中间轴总成部件分解

1—带止动环圆锥滚子轴承内圈；2—卡环（减速齿轮）；3—减速齿轮（中间轴）；
4—隔套；5—5 挡齿轮（中间轴）；6—4 挡齿轮（中间轴）；7—3 挡齿轮
（中间轴）；8—平键；9—弹性圆柱销；10—半圆键；11—中间轴

装配顺序：按照分解的相反顺序。

3.3.1.7　变速器副箱输入齿轮总成拆装

变速器副箱输入齿轮总成部件分解如图 3-508 所示。

装配顺序：按照分解的相反顺序。

3.3.1.8　变速器第一轴总成拆装

变速器第一轴总成分解如图 3-509 所示。

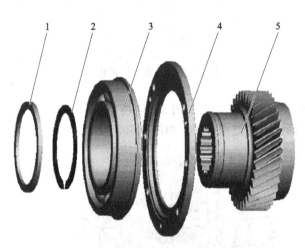

图 3-508　变速器副箱输入齿轮总成部件分解

1—定位圈（卡环）；2—卡环（输入齿轮轴承）；
3—带止动环深沟球轴承；4—定位盘（输入
齿轮轴承）；5—输入齿轮（副箱）

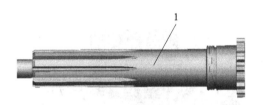

图 3-509　变速器第一轴总成分解

1—第一轴（变速器）；2—衬套

装配顺序：按照分解的相反顺序。

3.3.1.9　变速器壳体总成拆装

变速器壳体总成部件分解如图 3-510 所示。

装配顺序：按照分解的相反顺序。壳体总成紧固件拧紧力矩见表 3-6。

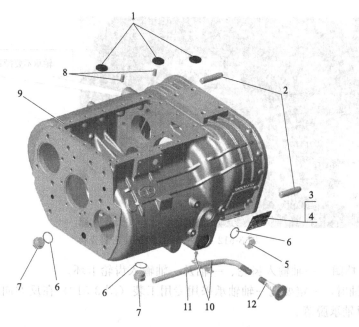

图 3-510 变速器壳体总成部件分解

1—磁铁；2—定位销（副箱壳）；3—十字槽盘头螺钉；4—变速器铭牌；5—螺塞体；6—垫密片；7—放油螺塞总成；
8—圆柱销；9—变速器壳体；10—六角头凸缘螺栓；11—进油管总成；12—滤网总成

表 3-6　壳体总成紧固件拧紧力矩

部位(图 3-510)	被拧紧的零件	拧紧力矩/N·m
5	螺塞体	100～120
7	放油螺塞总成	90～110
11	进油管总成	9～12
12	滤网总成	40～47

3.3.2　12挡 CA12TAX230M3 变速器拆装步骤

（1）铝壳12挡变速器装配要点

① 分装前壳体：把前壳体放在专用小车（或平放在工作台）上，把换向臂支架、导油槽安装在前壳体上，把换挡叉轴衬套安装在前壳体叉轴孔内。

注意：维修时可以把离合器平放在带有孔的支架上（后续装配一轴用），支架一定垫橡胶，避免壳体磕碰；安装换向臂支架时，安装螺栓一定要涂螺纹锁固胶；压装衬套后，如图 3-511 所示在衬套内孔及上边缘涂润滑脂，以便叉轴容易装配。

② 把一轴轴承安装在前壳体相应轴承孔内。

注意：把前壳体翻转再安装一轴轴承，一轴轴承在装入轴承孔时，保证轴承与孔不要倾斜，如图 3-512 所示，否则会刮伤轴承孔，用专用工装或采用铜锤沿轴承边沿轻轻敲打。

预涂润滑脂

图 3-511　在衬套内孔及上边缘涂润滑脂

图 3-512　将一轴轴承安装在前壳体

③ 安装一轴轴承挡圈、一轴输入齿轮、一轴及一轴输入齿轮卡环。

注意：在装配一轴时，一定要把一轴轴承采用专用工装（图 3-513）在反方向固定（或采用合适东西垫上），避免敲打一轴时轴承脱落。

图 3-513　安装一轴轴承、齿轮、卡环等部件

④ 安装一轴油封、一轴盖纸垫及一轴轴承盖板，如图 3-514 所示。

注意：一轴油封唇口要涂润滑脂，油封唇口向外（如果没有翻转支架，此工序可以后续操作）。

图 3-514　安装一轴油封、纸垫及盖板

⑤ 分装主箱各轴总成及叉轴总成：把二轴总成、中间轴总成、变速叉总成分别装在专用工装上，如图 3-515 所示。

图 3-515　分装主箱各轴总成及叉轴总成

注意：把各轴总成安装在工装上时，一定要先对好齿，保证一轴输入齿轮相位 180°。装拨叉总成时，先把拨叉放在对应齿套内，叉轴头一定要涂润滑脂，方便安装；中间轴后轴承内圈一定先压装在中间轴总成上。二轴总成中倒车齿轮挡圈、卡环已装配完成，不需后装。

⑥ 安装主箱各轴总成及叉轴总成：把带有二轴总成、中间轴总成、变速叉总成的工装吊起，并将其安装在对应孔位置，如图 3-516 所示。

注意：如果没有专用工装，可以分别将二轴总成、中间轴总成、叉轴总成放在对应孔位，但中间轴要在反向垫起，保证中间轴减速齿轮与输入齿轮等高，方便对齿。

⑦ 如图 3-517 所示把换向臂、挡圈、卡环安装在换向臂支架上。注意换向臂要放在五六挡换向导块槽内。

图 3-516　将各总成放在对应孔位

图 3-517　把换向臂、挡圈、卡环安装在换向臂支架上

⑧ 分装中壳体总成：如图 3-518 所示把叉轴衬套压入叉轴孔内，注意衬套不要倾斜，用铜锤轻轻敲打避免刮伤内孔；如安装衬套时有铝屑，一定要及时清理。

⑨ 分装中壳体总成：如图 3-519 所示安装惰轮、惰轮轴承、挡片惰轮轴及卡环。注意惰轮方向同现有12 挡，即惰轮凹面朝后。

图 3-518　把叉轴衬套压入叉轴孔内

图 3-519　安装惰轮、惰轮轴承

⑩ 在前壳体上涂胶，如图 3-520 所示。注意胶条最好控制在 3mm 以内，同时胶条要均匀，并且沿螺栓孔内侧涂胶，胶条在螺纹孔内侧。

⑪ 把中壳体总成安装在前壳体上，如图 3-521 所示。注意中壳体安装时，一定要慢慢下落，保证惰轮齿槽对应倒车轮齿，可以轻轻转动对正再落下；拧紧连接螺栓，螺栓预涂胶，对角拧紧并分次复紧。

胶条在螺纹孔内侧

图 3-520　在前壳体上涂胶

图 3-521　把中壳体总成安装在前壳体上

⑫ 安装中间轴后轴承外圈，如图 3-522 所示。注意安装外圈时，一定要把中间轴摆正，避免强行装入，刮伤轴承滚子。

⑬ 安装中间轴后轴承挡板螺栓，如图 3-523 所示。注意螺栓应预涂螺纹锁固胶。

图 3-522　安装中间轴后轴承外圈

图 3-523　安装中间轴后轴承挡板螺栓

⑭ 安装副箱输入齿轮总成，如图 3-524 所示。注意轴承挡板螺栓涂螺纹锁固胶。

⑮ 安装副箱输入齿轮卡环，如图 3-525 所示。注意安装副箱输入齿轮卡环时需用工具在顶盖窗口推动二轴卡环槽露出方可。

图 3-524　安装副箱输入齿轮总成

图 3-525　安装副箱输入齿轮卡环

⑯ 安装主箱中间轴前轴承：翻转小车（工作台或变速器），装配两个中间前轴承，拧紧挡板螺栓，如图 3-526 所示。注意中间轴前轴承可以整体装入拧紧挡板，螺栓需涂螺纹紧固胶。

⑰ 安装中间轴前轴承盖板，如图 3-527 所示。注意安装轴承盖板时，轴承盖板要沿安装孔内侧涂密封胶；拧紧螺栓时分几次拧紧，并对角拧紧，避免一次拧紧到位，否则轴承盖板容易变形。

⑱ 复位中间轴总成：中间轴前后轴承装配完成后，用铜棒用力敲打中间轴后部，保证前端轴承已与止口接触并限位，如图 3-528 所示。注意在中间轴后轴承上安装完后轴承盖板时，位置已向后并偏离正确装配位置，此时无法转动一轴及各挡齿轮；向前敲打使其能复位，同时一定要旋转一轴查看是否旋转自如。

图 3-526　装配两个中间前轴承

先预紧再复紧

胶条在安装孔内侧

图 3-527　安装中间轴前轴承盖板

用铜棒向前敲打中间轴总成

图 3-528　复位中间轴总成

⑲ 安装自锁弹簧钢球：先把 4 个自锁钢球及弹簧放入安装孔内，如图 3-529 所示。注意在安装孔周围涂密封胶，拧紧挡板螺栓需涂螺纹紧固胶。

⑳ 安装自锁弹簧压板，如图 3-530 所示。注意螺栓涂螺纹锁固胶，并均匀拧紧。

图 3-529　安装自锁弹簧钢球

图 3-530　安装自锁弹簧压板

㉑ 安装互锁板：把互锁板放在安装孔内，把 O 形环安装在互锁板衬套的环槽内，两个衬套从两端轻轻压入安装孔内，如图 3-531 所示。注意 O 形环处涂润滑脂；衬套内腔涂润滑脂或互锁板杆头部涂润滑脂；衬套右边长、左边短，不要装反；安装完衬套后互锁板可自由滑动。

㉒ 安装互锁板锁片，如图 3-532 所示。注意锁片放在衬套扁槽内，螺栓涂螺纹锁固胶。

O形环处涂润滑脂

图 3-531　安装互锁板

图 3-532　安装互锁板锁片

㉓ 安装顶盖总成，如图 3-533 所示。注意顶盖与箱体结合面为纸垫密封，不涂胶螺栓拧紧分次预紧，并对角拧紧。

图 3-533　安装顶盖总成

㉔ 安装两处惰轮观察窗口盖板，如图 3-534 所示。注意沿螺纹孔内侧涂胶，螺栓涂螺纹锁固胶，分次拧紧，避免盖板薄受力不均。

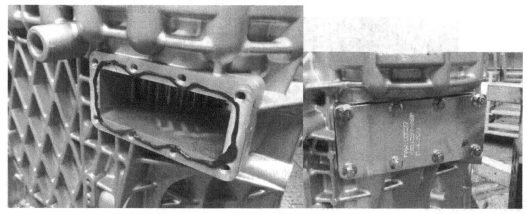

图 3-534 安装两处惰轮观察窗口盖板

㉕ 分装副箱总成。

a. 轴、齿装配：顺序与铸铁 12 挡箱完全相同，放副箱同步器拨叉时，安装螺栓方向相反。注意：副箱拨叉安装螺栓方向与 12 挡铸铁壳方向相反，如图 3-535 所示。

b. 安装副箱壳体及组合轴承，如图 3-536 所示。

安装螺栓方向

图 3-535　副箱拨叉安装螺栓方向

图 3-536　安装副箱壳体及组合轴承

c. 分装后轴承盖：装配后轴承盖方法与 12 挡相同，但后轴承盖安装从动齿轮孔时增加一个衬套，装配时先压到后轴承盖上，如图 3-537 所示。注意衬套压装避免倾斜油封，从动轮 O 形环等处涂润滑脂，安装速度表接头紧固钉时涂螺纹锁固胶。

压装衬套

图 3-537　装配后轴承盖方法

d. 安装计数轮垫圈、蜗杆及后轴承盖总成，装配后轴承盖时结合面表面涂胶，沿螺纹孔内侧，如图 3-538 所示。

图 3-538　安装计数轮垫圈、蜗杆及后轴承盖总成

e. 安装突缘、突缘螺母，如图 3-539 所示。

f. 安装气缸总成，如图 3-540 所示。注意在气缸结合面处涂胶，沿螺纹孔内侧。

图 3-539　安装突缘、突缘螺母

图 3-540　安装气缸总成

g. 安装拨叉锁紧螺栓，如图 3-541 所示。注意由于副箱壳体比较深，拧紧时扳手需要倾斜（螺栓方向与 12 挡铸铁壳反向）。

h. 安装副箱总成：在主箱壳体结合面上涂胶，在气缸连接孔处涂润滑脂，如图 3-542 所示。注意在副箱总成安装前，要在气缸结合面处涂胶，沿螺纹孔内侧。

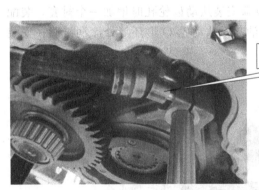

图 3-541　安装拨叉锁紧螺栓

图 3-542　在主箱壳体结合面上涂胶

i. 安装副箱总成：副箱壳体对正定位销及叉轴孔落下并拧紧连接螺栓。

注意：落下副箱总成时，速度要慢，并把副箱同步器切换到低挡区，对正定位销孔和气缸叉轴孔位置，如图 3-543 所示；慢慢落下过程中要轻轻转动副箱中间轴，确保副箱减速齿轮与副箱输入齿轮正确啮合，防止中间轴倾斜；如果副箱中间轴齿轮已倾斜无法落入，可以用工具拨正再落下。

㉖ 测量副箱中间轴调整垫片。

测量副箱中间轴外圈到安装连接深度 h_1；测量副箱轴承盖板止口高度 h_2，计算调整垫片厚度：$\Delta = h_1 - h_2 + (0.35 \sim 0.40)$，其垫片位置见图3-544。

对正轴叉孔

图 3-543　安装副箱总成

图 3-544　中间轴调整垫片位置

注意：调整垫片选择厚度应该产生过盈 0.35～0.40mm；在测量结合面到轴承外圈深度时一定要把副箱中间轴靠紧，并旋转突缘，避免有假间隙。

㉗ 安装副箱中间轴后轴承盖板：按确定的垫片厚度选择垫片并放在副箱轴承外圈上，在副箱壳体上涂胶，如图3-545所示，把轴承盖板安装在相应位置。注意胶线涂在方孔及螺纹连接孔内侧，过油孔处一定要涂外边沿，即要把过油孔围在胶线内。螺栓要对角并且分次拧紧，切记力矩一次拧紧到位。

图 3-545　在副箱壳体上涂胶

㉘ 如图3-546所示安装减压阀。

㉙ 如图3-547所示安装换向阀支架。

㉚ 分装截止阀接头，如图3-548所示。注意远离触头端安装三通，近触头端安装直通接头。

㉛ 分装换向阀接头，如图3-549所示。注意离控制气管接头近的为低挡气管接头，另一个为高挡气管接头。

㉜ 安装截止阀、换向阀和各个气管，如图3-550所示。注意气路连接完后，用接通手柄阀切换副箱同步器高低挡，观察切换是否顺畅、方向是否接反、接头是否有泄漏现象。

（2）变速器总成部件拆卸　把变速器平稳地放到拆解平台上，如果没有拆解台，用一个简单的台子支撑变速器壳体，再开始拆解工作。在拆解操作过程中一定要小心，注意安全。

图 3-546　安装减压阀

图 3-547　安装换向阀支架

图 3-548　分装截止阀接头

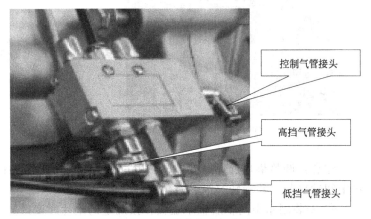

控制气管接头

高挡气管接头

低挡气管接头

图 3-549　分装换向阀接头

① 拆卸随动阀及操纵阀总成。

a. 拆下连接减压阀、操纵阀、随动阀以及换挡气缸之间的进气软管，如图 3-551 所示。

图 3-550　安装截止阀、换向阀和各个气管

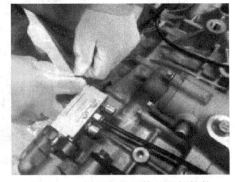

图 3-551　拆下各种阀体的进气软管

b. 拧下随动阀总成的紧固螺栓，拆下随动阀总成，如图 3-552 所示。

c. 拧下操纵阀总成的紧固螺栓，拆下操纵阀总成，如图 3-553 所示。

② 拆卸顶盖总成。

a. 用扳手拧下顶盖上的紧固螺栓，如图 3-554 所示。

b. 用铜锤或橡胶槌轻敲顶盖，然后双手握住顶盖两端伸出的管径，从壳体上卸下顶盖，如图 3-555

所示。

图 3-552　拧下随动阀总成的紧固螺栓

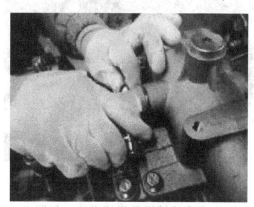

图 3-553　拆下操纵阀总成

图 3-554　拧下顶盖上的紧固螺栓

图 3-555　从壳体上卸下顶盖

③ 拆卸自锁装置。

a. 用扳手拧下自锁板上的紧固螺栓，并卸下自锁盖板，如图 3-556 所示。

b. 如图 3-557 所示取出盖板下的四个自锁弹簧和钢球。注意自锁钢球用磁铁吸出，防止掉到变速器壳体内。

图 3-556　拧下自锁板上的紧固螺栓

图 3-557　取出自锁弹簧和钢球

④ 拆卸互锁装置。

a. 拆掉互锁板两侧的衬套限位片螺栓，如图 3-558 所示。

b. 拔出两侧互锁板衬套，取下互锁板，如图 3-559 所示。

⑤ 拆卸副箱总成。

a. 把变速器直立，用离合器壳体支撑，拆掉副箱壳体上的紧固螺栓，如图 3-560 所示。

图 3-558　拆掉衬套限位片螺栓

图 3-559　拔出两侧互锁板衬套

　　b. 用铜棒或橡胶槌轻敲副箱壳体，如图 3-561 所示用起重机吊下副变速器总成。副箱总成很重，拆卸时一定要注意安全。

图 3-560　拆掉副箱壳体上的紧固螺栓

图 3-561　吊下副变速器总成

　　⑥ 拆卸副箱输入齿轮总成。

　　a. 用扳手拆掉副箱输入齿轮定位盘上的固定螺栓，如图 3-562 所示。

　　b. 用外卡环钳子拆卸输入齿轮内侧定位卡环，如图 3-563 所示。

图 3-562　拆掉输入齿轮定位盘上的固定螺栓

图 3-563　拆卸输入齿轮内侧定位卡环

　　c. 把三个螺纹长度足够的 M8 螺栓安装到副箱轴承定位盘的三个带螺纹的孔内，轮流拧动三个螺栓，如图 3-564 所示。

　　d. 如图 3-565 所示拆卸副箱输入齿轮总成。

　　⑦ 拆卸中壳体总成。

　　a. 如图 3-566 所示拆卸主箱中间轴后轴承挡板固定螺栓；两侧主箱中间轴后端螺栓均需卸载。

　　b. 如图 3-567 所示取下定位挡板；主箱中间轴后轴承外圈与壳体过盈力较大，拆卸主箱前务必取下两个定位挡板。

图 3-564　安装到副箱轴承定位盘的螺栓

图 3-565　拆卸副箱输入齿轮总成

图 3-566　拆卸主箱中间轴后轴承挡板固定螺栓

图 3-567　取下定位挡板

c. 如图 3-568 所示用扳手拧下中壳体与前壳体固定螺栓；前壳体内侧有四个中壳体与前壳体连接螺栓，应一并拆卸。

d. 用铜棒或橡胶槌轻敲中壳体，如图 3-569 所示用起重机吊起中壳体总成。

图 3-568　拧下中壳体与前壳体固定螺栓

图 3-569　吊起中壳体总成

⑧ 拆卸拨叉轴总成、中间轴总成和二轴总成合件。

a. 拆卸换向臂轴向限位卡环，如图 3-570 所示。

b. 取下垫片及换向臂，如图 3-571 所示。

c. 拆卸前壳体内喷油螺栓及输油管总成，如图 3-572 所示。

d. 如图 3-573 所示拆卸油泵紧固螺栓，并取下油泵总成。

图 3-570　拆卸换向臂轴向限位卡环

图 3-571　取下垫片及换向臂

图 3-572　拆卸前壳体内喷油螺栓

图 3-573　拆卸油泵紧固螺栓

e. 用卡环钳拆卸油泵侧中间轴前轴承卡环，如图 3-574 所示。

f. 从前壳体内侧卸下主箱中间轴前轴承端盖紧固螺栓，如图 3-575 所示。

图 3-574　拆卸油泵侧中间轴前轴承卡环

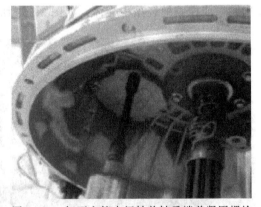

图 3-575　卸下主箱中间轴前轴承端盖紧固螺栓

g. 取下前轴承端盖；用翘板沿图 3-576 所示位置翘起端盖。

h. 拆卸主箱中间轴前端轴承挡板及固定螺栓（两处），如图 3-577 所示。

i. 如图 3-578 所示用专用工具固定拨叉轴总成、中间轴总成和二轴总成合件；用起重机吊起总成合件，放置于专用工装底座上；起重机吊起总成合件需平稳，避免产生危险。

j. 如图 3-579 所示拆卸合件固定专用工具，取下叉轴总成（如有必要，分离中间轴与二轴总成）。

k. 如图 3-580 所示拆卸进油管及喷油管总成。

　重型卡车维修技术手册
变速器分册

图 3-576　取下前轴承端盖

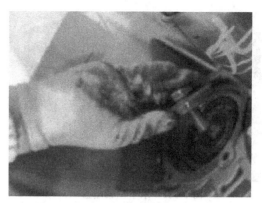

图 3-577　中间轴前端轴承挡板及螺栓

图 3-578　用专用工具固定总成

图 3-579　拆卸合件固定专用工具

⑨ 拆卸一轴总成合件。

a. 将余下变速器壳体部分翻转，使一轴输入端向上，用扳手拆卸一轴端盖上的固定螺栓，如图 3-581 所示。

图 3-580　拆卸进油管及喷油管总成

图 3-581　拆卸一轴端盖上的固定螺栓

b. 取下一轴端盖，如图 3-582 所示。

c. 如图 3-583 所示用卡环钳拆卸一轴后轴承卡环。

d. 用铜锤敲击一轴输入端，取出一轴总成及输入齿轮合件，如图 3-584 所示。

图 3-582　取下一轴端盖

图 3-583　拆卸一轴后轴承卡环

⑩ 拆卸倒挡惰轮。

a. 将中壳体总成翻转，拆卸倒挡惰轮轴卡环，如图 3-585 所示。

图 3-584　取出一轴总成及输入齿轮合件

图 3-585　拆卸倒挡惰轮轴卡环

b. 从副箱腔体侧拔出惰轮轴，如图 3-586 所示取出惰轮及垫片；另一侧惰轮采用同样方法拆卸。

⑪ 副箱输入齿轮总成的拆解。

a. 用专用工具拆卸卡环定位圈，如图 3-587 所示。

图 3-586　取出惰轮及垫片

图 3-587　拆卸卡环定位圈

b. 用卡环钳从轮毂上卸下输入齿轮轴承卡环，如图 3-588 所示。

c. 从轮毂上压出带止动环深沟球轴承，如图 3-589 所示。

d. 如图 3-590 所示拆卸副箱输入齿轮轴承定位盘。

⑫ 副箱总成的拆解。

a. 如图 3-591 所示用专用工具拆卸输出轴上的突缘螺母。

图 3-588　卸下输入齿轮轴承卡环

图 3-589　压出带止动环深沟球轴承

图 3-590　拆卸副箱输入齿轮轴承定位盘

图 3-591　拆卸输出轴上的突缘螺母

b. 取下输出突缘（若有必要取下挡尘罩），如图 3-592 所示。

c. 拆卸输出轴后轴承盖总成的紧固螺栓，如图 3-593 所示。

图 3-592　取下输出突缘

图 3-593　拆卸输出轴后轴承盖总成的紧固螺栓

d. 取下输出轴后轴承盖总成及垫片（若有必要拆卸速度表接头和油封），如图 3-594 所示。

e. 拆卸速度表传动用蜗杆和计数轮垫圈，如图 3-595 所示。

f. 拆卸副箱拨叉与气缸叉轴连接螺栓，如图 3-596 所示。

图 3-594　取下输出轴后轴承盖总成及垫片

图 3-595　拆卸速度表传动用蜗杆

g. 拆卸副箱气缸与后壳体连接螺栓，如图 3-597 所示。

图 3-596　拆卸副箱拨叉与气缸叉轴连接螺栓

图 3-597　拆卸副箱气缸与后壳体连接螺栓

h. 用铜棒或橡胶槌轻敲气缸叉轴末端，拆卸副箱气缸总成，如图 3-598 所示。

i. 拆卸副箱中间轴后轴承盖紧固螺栓，如图 3-599 所示。

图 3-598　拆卸副箱气缸总成

图 3-599　拆卸副箱中间轴后轴承盖紧固螺栓

j.取下副箱中间轴后轴承盖、调整垫片和隔环，如图 3-600 所示。

k.用铜棒锤打副箱输出轴，拆下副箱壳体，如图 3-601 所示。

图 3-600　取下副箱中间轴后轴承盖等部件

图 3-601　用铜棒锤打副箱输出轴

l.取下换挡拨叉总成，如图 3-602 所示。

m.取下锁销式同步器总成，如图 3-603 所示。

图 3-602　取下换挡拨叉总成

图 3-603　取下锁销式同步器总成

n.如图 3-604 所示拆卸副箱输出轴双列圆锥滚子轴承内圈；双列圆锥滚子轴承外圈必须同时更换，重装时不能互换装配。

o.拆卸副箱输出轴减速齿轮的定位垫圈、减速齿轮及限位垫圈，如图 3-605 所示。

图 3-604　拆卸副箱输出轴双列圆锥滚子轴承内圈

图 3-605　输出轴减速齿轮等部件

p.如图 3-606 所示拆下副箱中间轴总成（如有必要可用专用工具从中间轴拆下轴承内圈）。

⑬ 中间轴总成拆解。

a. 拆卸中间轴前端的带止动环圆柱滚子轴承内圈，以及中间轴上减速齿轮卡环，如图 3-607 所示。

图 3-606　副箱中间轴总成

图 3-607　拆卸中间轴上减速齿轮卡环

b. 以中间轴 4 挡齿轮后端面为承压面，向下压中间轴，可以取出中间轴减速齿轮、取力器齿轮（或隔套）、5 挡齿轮和 4 挡齿轮；再以中间轴 3 挡齿轮后端面为承压面，向下压中间轴，取出中间轴 3 挡齿轮，如图 3-608 所示。

c. 如图 3-609 所示取出平键和半圆键（若有必要，拆卸弹性圆柱销）。

图 3-608　取出中间轴减速齿轮

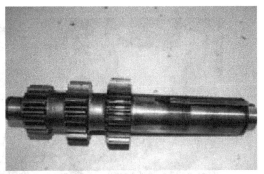

图 3-609　取出平键和半圆键

⑭ 第二轴总成的拆解。

a. 将第二轴总成垂直放置在平台上，后端朝上，如图 3-610 所示。

b. 拆卸三面键定位卡环，如图 3-611 所示。

图 3-610　将总成后端朝上置于平台

图 3-611　拆卸三面键定位卡环

c. 取下倒挡齿轮定位挡圈，如图 3-612 所示。

d. 拔出三面键，如图 3-613 所示。

图 3-612　取下倒挡齿轮定位挡圈

图 3-613　拔出三面键

e. 取下倒挡齿轮限位挡圈，如图 3-614 所示。

f. 取下倒挡齿轮，如图 3-615 所示。

图 3-614　取下倒挡齿轮限位挡圈

图 3-615　取下倒挡齿轮

g. 取下倒挡滑动齿套，如图 3-616 所示。

h. 取下 1 挡齿轮和倒挡滑动齿套间的轴间限位挡圈，如图 3-617 所示。

图 3-616　取下倒挡滑动齿套

图 3-617　取下轴间限位挡圈

i. 取下 1 挡齿轮和 1 挡齿轮限位垫圈（由于零件间有齿轮油，齿轮和限位垫圈被同时取下），如图 3-618 所示。

j. 取下滑动齿套，如图 3-619 所示。

图 3-618　取下限位垫圈

图 3-619　取下滑动齿套

k. 取下 2 挡齿轮限位垫圈和 2 挡齿轮，如图 3-620 所示。

l. 取下 2、3 挡齿轮间的轴间限位垫圈，如图 3-621 所示。

图 3-620　取下 2 挡齿轮限位垫圈

图 3-621　取下 2、3 挡齿轮间的轴间限位垫圈

m. 如图 3-622 所示取下 3 挡齿轮和 3 挡齿轮限位垫圈。

n. 取下滑动齿套，如图 3-623 所示。

图 3-622　取下 3 挡齿轮

图 3-623　取下滑动齿套

o. 取下 4 挡齿轮限位垫圈和 4 挡齿轮，如图 3-624 所示。

p. 取下 4、6 挡齿轮间的轴间限位垫圈，如图 3-625 所示。

q. 取下 6 挡齿轮，如图 3-626 所示。

r. 取下 6 挡齿轮限位垫圈，如图 3-627 所示。

图 3-624　取下 4 挡齿轮

图 3-625　取下 4、6 挡齿轮间的轴间限位垫圈

图 3-626　取下 6 挡齿轮

图 3-627　取下 6 挡齿轮限位垫圈

s. 如图 3-628 所示拆卸滑动齿套，拆卸弹性圆柱销（必要时）。

（3）变速器总成部件的装配

① 二轴总成的装配。

a. 如图 3-629 所示将二轴垂直放在平台上，后端朝上并固定。

b. 安装 6 挡齿轮限位垫圈，拨动限位垫圈使其转过一齿；限位垫圈平坦的一面朝上，如图 3-630 所示。

图 3-628　拆卸滑动齿套

图 3-629　将二轴后端朝上并固定

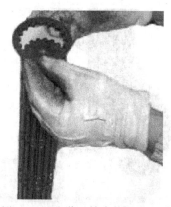

图 3-630　安装 6 挡齿轮限位垫圈

c. 安装 6 挡齿轮，内圈带花键的一面向下，如图 3-631 所示。

d. 安装 4、6 挡齿轮间的轴间限位垫圈，拨动轴间限位垫圈使其转动一齿，如图 3-632 所示。

e. 安装 4 挡齿轮，齿轮内圈带花键一面方向朝上，如图 3-633 所示。

f. 如图 3-634 所示安装 4 挡齿轮限位垫圈，拨动限位垫圈使其转过一齿，限位垫圈平坦的一面朝下。

g. 如图 3-635 所示安装滑动齿套；滑动齿套缺一齿的槽要和三面键所在键槽对齐。

图 3-631 安装 6 挡齿轮

图 3-632 安装 4、6 挡齿轮间的轴间限位垫圈

图 3-633 安装 4 挡齿轮

h. 如图 3-636 所示安装 3 挡齿轮限位垫圈，拨动限位垫圈使其转过一齿；限位垫圈平坦的一面朝上。

图 3-634 安装 4 挡齿轮限位垫圈

图 3-635 安装滑动齿套

图 3-636 安装 3 挡齿轮限位垫圈

i. 安装 3 挡齿轮，齿轮内圈带花键一面方向朝下，如图 3-637 所示。

j. 安装 2、3 挡齿轮间的轴间限位垫圈，拨动限位垫圈使其转过一齿，如图 3-638 所示。

k. 安装 2 挡齿轮，齿轮内圈带花键一面方向朝上，如图 3-639 所示。

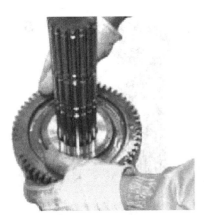
图 3-637 安装 3 挡齿轮

图 3-638 安装 2、3 挡齿轮间的轴间限位垫圈

图 3-639 安装 2 挡齿轮

l. 如图 3-640 所示安装 2 挡齿轮限位垫圈，拨动限位垫圈使其转过一齿；限位垫圈平坦的一面朝下。

m. 如图 3-641 所示安装滑动齿套；滑动齿套缺一齿的槽要和三面键所在键槽对齐。

n. 如图 3-642 所示安装 1 挡齿轮限位垫圈，拨动限位垫圈使其转过一齿；限位垫圈平坦的一面朝上。

o. 如图 3-643 所示安装 1 挡齿轮，齿轮内圈带花键一面方向朝下。

p. 如图 3-644 所示安装 1 挡齿轮和滑动齿套间的轴间限位垫圈，拨动限位垫圈使其转过一齿。

图 3-640 安装 2 挡齿轮限位垫圈

图 3-641 安装滑动齿套

图 3-642 安装 1 挡齿轮限位垫圈

q. 如图 3-645 所示安装倒挡滑动齿套；倒挡滑动齿套缺一齿的槽要和三面键所在键槽对齐。

图 3-643 安装 1 挡齿轮

图 3-644 安装 1 挡齿轮和滑动齿套间的限位垫圈

图 3-645 安装倒挡滑动齿套

r. 如图 3-646 所示安装倒挡齿轮限位垫圈，拨动限位垫圈使其转过一齿；倒挡齿轮限位垫圈平坦的一面朝上。

s. 从上端插入三面键，如图 3-647 所示。

t. 从第二轴后端安装倒挡齿轮定位垫圈，如图 3-648 所示。

图 3-646 安装倒挡齿轮限位垫圈

图 3-647 从上端插入三面键

图 3-648 安装倒挡齿轮定位垫圈

u. 如图 3-649 所示将三面键卡环装入槽中；三面键卡环缺口与三面键错开 180°角安装。

v. 把倒挡齿轮卡环安装到第二轴倒挡齿轮上，从第二轴后端安装已安装完卡环的第二轴倒挡齿轮，如图 3-650 所示。

w. 如图 3-651 所示在第二轴 6 挡齿轮侧安装滑动齿套，安装完毕后用工装将其固定。滑动齿套缺一齿的槽要和三面键所在的键槽对齐。

图 3-649　将三面键卡环装入槽中　　　　图 3-650　安装第二轴倒挡齿轮　　　图 3-651　安装滑动齿套

3.3.3　10 挡 CA10TA 系列变速器拆装

3.3.3.1　变速器总成拆解

把变速器平稳地放到分解平台上。如果没有分解台，用一个简单的台子支稳变速器壳体，来完成分解工作。在分解操作过程中一定要小心，注意安全。变速器总成分解如图 3-652～图 3-660 所示。

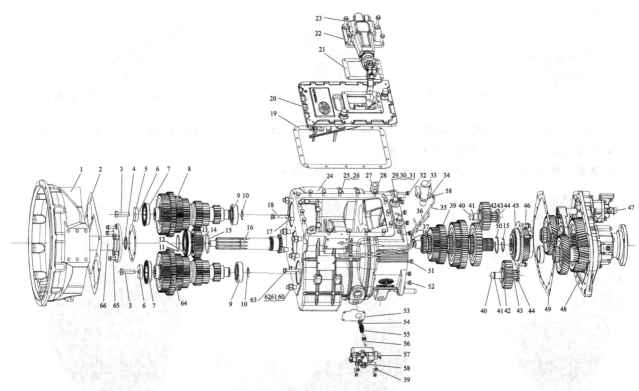

图 3-652　变速器总成分解

1—离合器壳总成；2—垫片；3,17,18,25,27,32,51,52—六角头导径螺栓；4—第一轴油封；5—第一轴轴承盖垫片；6—中间轴前轴承挡板；7—带止动环圆柱滚子轴承；8—右中间轴总成；9—圆柱滚子轴承；10—中间轴后轴承卡环；11—第一轴前轴承卡环；12—带止动环深沟球轴承；13—第一轴输入齿轮；14—第一轴后轴承垫圈；15—倒挡齿轮卡环；16—第一轴总成；19—上盖垫片；20—上盖总成；21—顶盖垫片；22—顶盖总成；23,34,46,59,65—六角头凸缘螺栓；24—变速器壳总成；26,62,63—弹簧垫圈；28—吊耳；29—螺栓；30—非金属嵌件六角锁紧螺母；31—大垫圈；33—空气滤清器及接头总成；35—随动阀进气管；36—低挡进气管；37—高挡进气管；38—软管夹；39—第二轴总成；40—倒挡惰轮轴；41—倒挡惰轮轴卡环；42—倒挡惰轮；43—倒挡惰轮滚针轴承；44—倒挡惰轮垫圈；45—输入齿轮总成（副箱）；47—45°弯接头；48—副箱总成；49—垫片；50—三面键卡环；53—随动阀总成垫片；54—导套总成（空挡销）；55—空挡销弹簧；56—随动阀总成空挡销；57—高低挡换挡气阀总成；58—回转接头；60—双头螺柱；61—螺母；64—左中间轴总成；66—第一轴后轴承盖各总成部件分解如图 3-653～图 3-660 所示。

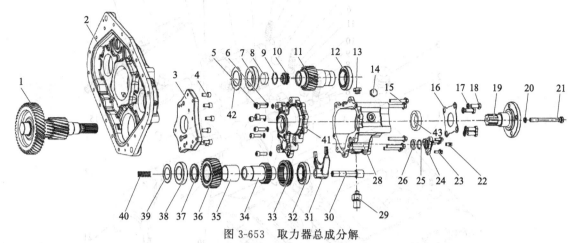

图 3-653　取力器总成分解

1—副箱中间轴；2—副箱壳体；3—过渡板；4—内六角圆头螺钉；5—内六角圆柱头螺栓；6,17—弹簧垫圈；7—轴承；8—堵塞；9—孔用弹性挡圈；10—突缘紧固板；11—取力器输出轴；12—圆锥滚子轴承；13,14—螺塞；15,23—六角头凸缘螺栓；16—盖板；18—紧固第一轴轴承盖用螺栓；19—突缘；20—圆柱销；21—六角头导颈螺栓；22—端式管接头；24—气缸套；25—O 形环；26—油封总成；28—取力器后壳体；29—倒挡警报开关；30—换挡轴；31—取力器拨叉；32,38—轴承；33—取力器齿套；34—取力器输入轴；35—滚针轴承（式样图）；36—齿轮；37—止推挡圈；39,43—调整垫片；40—弹簧；41—取力器前壳体；42—调整垫片

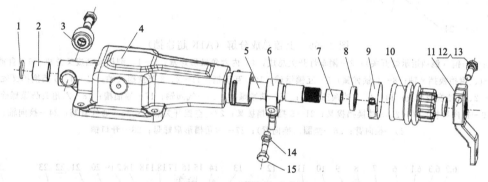

图 3-654　顶盖总成分解

1—塞片；2—滑动衬套；3—通气塞；4—顶盖；5—换挡轴；6—换挡拨头；7—顶盖滑动衬套；8—油封总成；9—卡箍；10—顶盖防尘罩；11—换挡臂；12,14—螺栓；13,15—弹簧垫圈

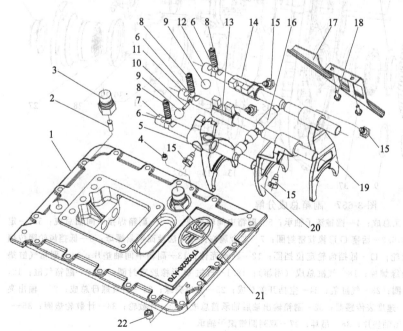

图 3-655　上盖总成分解图
（A7G 直接挡）

1—上盖；2—销（倒挡指示灯开关）；3—倒车灯开关总成；4—内六角锥形螺塞；5—1、倒挡换挡拨叉总成；6—自锁钢球；7—1、倒挡换挡拨叉轴；8—自锁弹簧；9—互锁钢球；10—互锁销；11—2、3 挡换挡拨叉轴；12—4、5 挡换挡拨叉轴；13—2、3 挡换挡滑块；14—4、5 挡换挡滑块；15—锁紧螺栓；16—气阀轴；17—导油槽；18—六角头凸缘螺栓；19—4、5 挡换挡拨叉；20—2、3 挡换挡拨叉；21—空挡开关总成；22—通气管塞

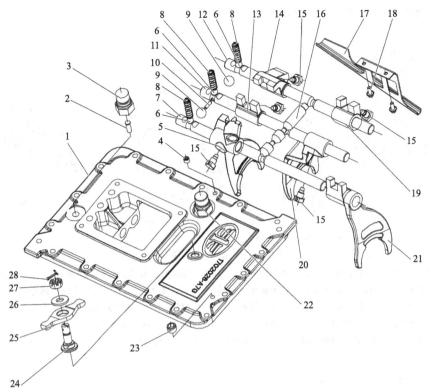

图 3-656 上盖总成分解（A1K 超速挡）

1—上盖；2—销（倒挡指示灯开关）；3—倒车灯开关总成；4—内六角锥形螺塞；5-1—倒挡换挡拨叉总成；6—自锁钢球；7-1—倒挡换挡叉轴；8—自锁弹簧；9—互锁钢球；10—互锁销；11-2、3 挡换挡叉轴；12-4、5 挡换挡叉轴；13—2、3 挡换挡滑块；14—4、5 挡换挡滑块；15—锁紧螺栓；16—气阀轴；17—导油槽；18—六角头凸缘螺栓；19—换向导块；20—2、3 挡换挡拨叉；21—5 挡换挡拨叉；22—空挡开关总成；23—通气管塞；24—换向轴；25—换向臂；26—垫圈（换向臂）；27—六角槽形扁螺母；28—开口销

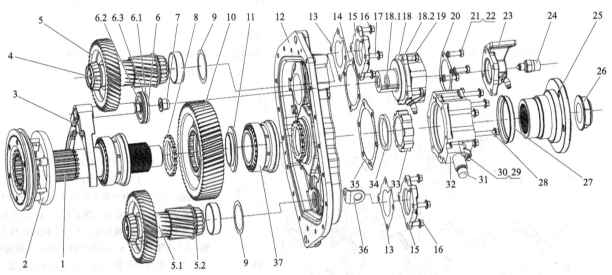

图 3-657 副箱总成分解

1—副箱输出轴；2—副箱同步器总成；3—换挡拨叉总成；4—圆锥滚子轴承；5—副箱中间轴总成；5.1—副箱焊接中间轴总成；5.2—定位垫圈；6—换挡气缸活塞总成；6.1—活塞；6.2，6.3—活塞 O 形橡胶密封圈；7—非金属嵌件六角法兰面锁紧螺母；8—低挡齿轮限位挡圈；9—副箱中间轴调整垫片；10—输出轴低挡齿轮；11—低挡齿轮定位挡圈；12—副箱壳体；13—副箱中间轴垫片；14—副箱气缸垫片；15—副箱中间轴后轴承盖；16，17—六角头凸缘螺栓；18—气缸总成（副箱）；18.1—气缸 O 形橡胶密封圈；18.2—副箱气缸；19，21—六角头导颈螺栓；20—垫片；22，30—弹簧垫圈；23—气缸盖；24—空挡开关总成；25—输出突缘；26—锁紧螺母总成；27—输出突缘挡尘罩；28—六角头凸缘螺栓；29—螺栓；31—速度表传感器；32—副箱输出轴后轴承盖总成；33—计数轮；34—计数轮垫圈；35—副箱输出轴垫片；36—吊耳；37—双列圆锥滚子轴承

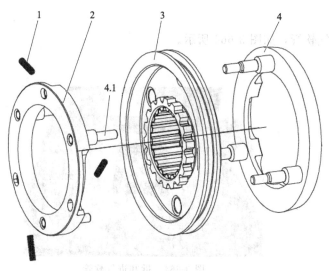

图 3-658　副箱同步器总成分解

1—弹簧（副箱同步器）；2—高挡同步锥总成；3—滑动齿套（副箱
同步器）；4—低挡同步锥总成

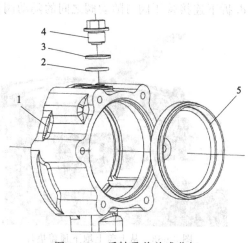

图 3-659　后轴承盖总成分解

1—副箱输出轴后轴承盖；2—O 形橡胶密封圈；
3—组合垫圈；4—放油堵总成；5—油封

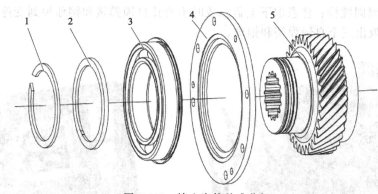

图 3-660　输入齿轮总成分解

1—卡环（输入齿轮轴承）；2—定位圈（卡环）；3—带止动环深沟球轴承；4—定位盘（输入齿轮轴承）；5—输入齿轮（副箱）

（1）总成分解

① 拆卸单 H 操纵总成。

a. 用扳手拧下顶盖上的紧固螺栓，如图 3-661 所示。

b. 用铜锤或橡胶槌轻轻敲击几下顶盖，然后双手握住顶盖两端伸出的管径，从上盖上卸下顶盖，如图 3-662 所示。

图 3-661　拧下顶盖上的紧固螺栓

图 3-662　从上盖上卸下顶盖

c. 如图 3-663 所示从上盖上取下顶盖垫片；注意在拆卸顶盖时，不要损坏顶盖垫片，一旦垫片损坏，在装配时必须更换新的垫片。

　　d.拆下连接减压阀与随动阀之间的随动阀进气软管，如图 3-664 所示。

图 3-663　从上盖上取下顶盖垫片

图 3-664　拆卸进气软管

　　e.如图 3-665 所示拆下连接换挡气缸与随动阀上的高低挡进气软管。

　　② 拆卸上盖总成。

　　a.拆掉变速器上盖紧固螺栓；注意取下上盖总成时不要让自锁弹簧和钢球掉到变速器壳体内。

　　b.如图 3-666 所示取出三个自锁弹簧和钢球。

图 3-665　拆卸高低挡进气软管

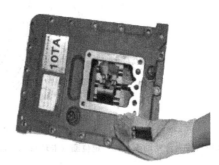

图 3-666　取出三个自锁弹簧和钢球

　　③ 拆卸副箱总成。

　　a.拆卸副箱后壳体上的紧固螺栓，如图 3-667 所示。

　　b.用两端带钩的铁链拴住副箱总成，如图 3-668 所示拆卸掉副箱壳体上的两个定位销；注意副箱总成很重，拆卸时一定要注意安全。

图 3-667　拆卸副箱后壳体上的紧固螺栓

图 3-668　拆卸掉副箱壳体上的两个定位销

c.用铜棒轻轻敲一敲副箱壳体,如图3-669所示用起重机吊下副变速器总成。

注意在拆卸副箱总成时,不要损坏副箱壳体垫片,一旦垫片损坏,装配时必须更换新的垫片。副箱总成很重,拆卸时一定要注意安全。

④ 拆卸离合器壳体。

a.如图3-670所示拆掉离合器壳紧固螺母、螺栓和垫圈。注意紧固螺栓有两种规格。

图3-669 用起重机吊下副变速器总成

图3-670 拆掉离合器壳紧固螺母

b.用铜棒轻轻敲击离合器壳加强筋处,如图3-671所示取下离合器壳总成和衬垫。注意在拆卸离合器壳体时,不要损坏离合器壳体垫片,一旦垫片损坏,必须更换新的垫片。离合器壳体很重,拆卸时一定要注意安全。

⑤ 随动阀总成。

a.拆卸随动阀总成上的紧固螺栓,如图3-672所示。

图3-671 取下离合器壳总成和衬垫

图3-672 拆卸随动阀总成上的紧固螺栓

b.如图3-673所示取出空挡销、空挡销弹簧、空挡销导套总成和垫片。

(2) 顶盖总成拆装

① 顶盖总成分解。

a.拆卸换挡拨头上的紧固螺栓,如图3-674所示。

b.如图3-675所示拆卸选挡臂上的锁止钢丝;注意在拆卸锁止钢丝时,要记住钢丝的缠绕方向。

c.如图3-676所示拆卸选挡臂上的紧固螺钉,卸下选挡臂;注意拆卸前在花键处做上标记。

d.如图3-677所示从左边抽拉换挡臂,即可卸下换挡拨头(若有必要,可拆卸顶盖上的空气塞、顶盖内的衬套、顶盖上的左右防尘罩和油封)。注意安装油封时,在油封处涂上全天候锥基润滑脂。

② 顶盖总成装配。

a.把换挡轴插进顶盖。

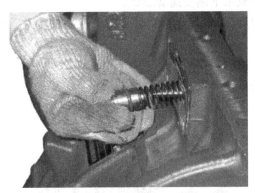

图 3-673　取出相关部件

图 3-674　拆卸换挡拨头上的紧固螺栓

图 3-675　拆卸选挡臂上的锁止钢丝

图 3-676　拆卸选挡臂上的紧固螺钉

b. 然后把换挡拨头套在换挡轴上，按标记对好花键。

c. 在换挡轴的右端装上选挡臂，并用螺钉紧固。

d. 用螺栓紧固换挡拨头，如图 3-678 所示。

图 3-677　卸下换挡拨头

图 3-678　用螺栓紧固换挡拨头

e. 如图 3-679 所示用钢丝紧固选挡臂上的紧固螺钉。注意顶盖总成装配完成后，换挡臂相对于选挡臂向前多旋转了 15°。

（3）上盖总成

① 上盖总成分解。

a. 拆卸上盖倒挡灯开关总成、倒挡灯开关销及空挡开关总成，把上盖总成倒置在工作台上并固定，如图 3-680 所示。

图 3-679　用钢丝紧固选挡臂上的紧固螺钉

图 3-680　把上盖总成倒置在工作台上并固定

b. 拆卸所有钢丝锁线，如图 3-681 所示。

c. 拆卸所有拨叉和导块上的紧固螺钉，如图 3-682 所示。

图 3-681　拆卸所有钢丝锁线

图 3-682　拆卸所有拨叉螺栓

d. 取出 2、3 挡换挡叉轴和 2、3 挡换挡拨叉及互锁销，如图 3-683 所示。

e. 如图 3-684 所示取出 1、倒挡拨叉轴和 1、倒挡拨叉（必要时从 1、倒挡拨叉孔内拆下倒挡塞头、柱塞弹簧、柱塞和锁紧销钉）；注意拆掉锁紧销钉后，在装配时需要更换新的销钉。

图 3-683　取出 2、3 挡换挡叉轴等部件

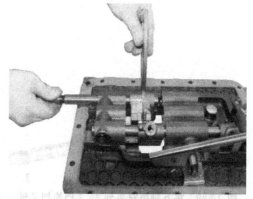

图 3-684　取出 1、倒挡拨叉轴

f. 如图 3-685 所示取出 4、5 挡换挡叉轴和 4、5 挡换挡拨叉。

g. 取出两个互锁钢球，如图 3-686 所示。

h. 如图 3-687 所示取出气阀轴。

② 上盖总成装配。

a. 装入气阀轴，如图 3-688 所示。

图 3-685　取出 4、5 挡换挡叉轴等部件

图 3-686　取出两个互锁钢球

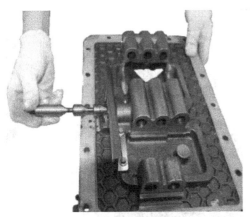

图 3-687　取出气阀轴

图 3-688　装入气阀轴

b. 如图 3-689 所示将互锁销安装到 2、3 挡换挡叉轴相应的轴孔内。

c. 将 2、3 挡换挡叉轴带互锁销装入上盖相应孔内，装上 2、3 挡换挡导块和 2、3 挡换挡拨叉，并用螺钉把导块和拨叉紧固在轴上，如图 3-690 所示。

图 3-689　将互锁销安装到 2、3 挡换挡叉轴

图 3-690　将 2、3 挡换挡叉轴带互锁销装入上盖

d. 将两个互锁钢球从左右两边分别装进相应的轴孔里，如图 3-691 所示。

e. 将 1、倒挡换挡叉轴装入上盖相应孔内，装上 1、倒挡换挡导块和 1、倒挡换挡拨叉，并用螺钉把导块和拨叉紧固在轴上，如图 3-692 所示。

f. 将 4、5 挡换挡叉轴装入上盖相应孔内，装上 4、5 挡换挡导块和 4、5 挡换挡拨叉，并用螺钉把导块和拨叉紧固在轴上，如图 3-693 所示。

重型卡车维修技术手册
变速器分册

g. 紧固锁止螺钉，如图 3-694 所示。

图 3-691　将两个互锁钢球装入

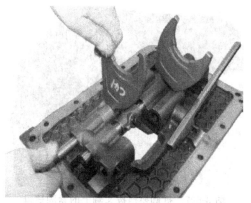

图 3-692　将 1、倒挡换挡叉轴装入上盖

图 3-693　将 4、5 挡换挡叉轴装入上盖

图 3-694　紧固锁止螺钉

h. 如图 3-695 所示用钢丝锁线紧固锁止螺钉。注意钢丝锁紧方式应有利于放松。

（4）副箱总成

① 副箱总成分解。

a. 如所示图 3-696 卸下副箱气缸盖（若有必要卸下空气滤清器）；注意在拆卸副箱气缸盖时，不要损坏气缸盖垫片，一旦垫片损坏，装配时必须更换新的垫片。

图 3-695　用钢丝锁线紧固锁止螺钉

图 3-696　卸下副箱气缸盖

b. 拆卸换挡拨叉轴上的尼龙紧固螺母，如图 3-697 所示。

c. 拆卸副箱气缸总成，如图 3-698 所示。

图 3-697　拆卸换挡拨叉轴上的紧固螺母

图 3-698　拆卸副箱气缸总成

d. 如图 3-699 所示拆卸换挡气缸活塞总成；注意在拆卸气缸时，不要损坏气缸垫片，一旦垫片损坏，装配时必须更换新的垫片。

e. 用专用工具拆卸输出轴锁紧螺母总成，如图 3-700 所示。

图 3-699　拆卸换挡气缸活塞总成

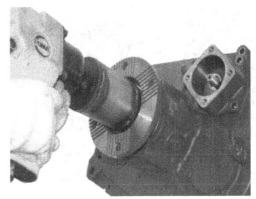

图 3-700　拆卸输出轴锁紧螺母总成

f. 取下输出突缘（若有必要取下挡尘罩），如图 3-701 所示。

g. 拆卸输出轴轴承端盖紧固螺栓，如图 3-702 所示。

图 3-701　取下输出突缘

图 3-702　拆卸输出轴轴承端盖紧固螺栓

h. 取下输出轴后轴承端盖总成（若有必要拆卸速度传感器接头和油封），如图 3-703 所示。

i. 取出计数轮和计数轮垫圈，如图 3-704 所示。

j. 拆卸副箱中间轴后轴承盖紧固螺栓，如图 3-705 所示。

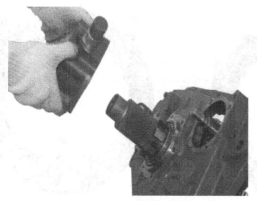

图 3-703　取下输出轴后轴承端盖总成　　　　　　　　图 3-704　取出计数轮和计数轮垫圈

　　k. 如图 3-706 所示取下副箱中间轴后轴承盖和调整垫片；注意在拆卸副箱中间轴后轴承盖时，不要损坏垫片，一旦垫片损坏，装配时必须更换新的垫片。

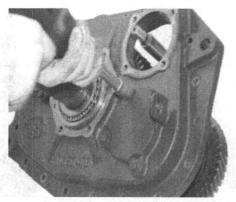
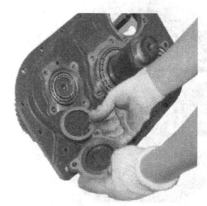

图 3-705　拆卸副箱中间轴后轴承盖紧固螺栓　　　　图 3-706　取下副箱中间轴后轴承盖和调整垫片

　　l. 用铜棒锤打输出轴，使其向前移动，如图 3-707 所示。
　　m. 取下换挡拨叉总成，如图 3-708 所示。

图 3-707　用铜棒锤打输出轴　　　　　　　　图 3-708　取下换挡拨叉总成

　　n. 取下锁销式同步器总成，如图 3-709 所示。
　　o. 拆下高挡同步锥总成和弹簧，如图 3-710 所示。
　　p. 拆下低挡同步锥总成，如图 3-711 所示。
　　q. 拆下副箱同步器滑动齿套，如图 3-712 所示。
　　r. 拆卸后圆锥轴承和隔套，如图 3-713 所示。

图 3-709　取下锁销式同步器总成

图 3-710　拆下高挡同步锥总成和弹簧

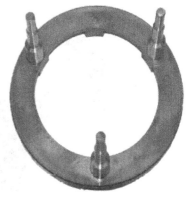

图 3-711　拆下低挡同步锥总成

s. 如图 3-714 所示拆卸减速齿轮；注意双列圆锥滚子轴承必须同时更换，重装时不能互换装配。

图 3-712　拆下副箱同步器滑动齿套

图 3-713　拆卸后圆锥轴承和隔套

图 3-714　拆卸减速齿轮

t. 低挡齿轮限位挡圈及定位垫圈如图 3-715 所示。

u. 如图 3-716 所示从后盖壳体前端取出副箱中间轴总成（如有必要可用专用工具从中间轴拆卸轴承内圈）。

② 副箱总成（装配）。

a. 如图 3-717 所示将输出轴直立在平台上，有螺纹的一端向上。

图 3-715　低挡齿轮限位挡圈及定位垫圈

图 3-716　取出副箱中间轴总成

图 3-717　将输出轴直立于平台

b. 将限位挡圈套在输出轴上，如图 3-718 所示。

c. 将减速轮装在输出轴上，有锥面的一端向下，如图 3-719 所示。

228　重型卡车维修技术手册
变速器分册

d.将定位垫圈套在输出轴上，小端朝下，如图 3-720 所示。

图 3-718　将限位挡圈套在输出轴上

图 3-719　将减速轮装在输出轴上

图 3-720　将定位垫圈套在输出轴上

e.将前锥轴承安装在输出轴上，锥面向上，如图 3-721 所示。

f.装配同步器总成，如图 3-722 所示。

图 3-721　将前锥轴承安装在输出轴上

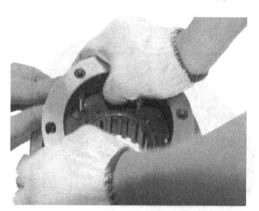

图 3-722　装配同步器总成

g.将同步器总成放置在一个高度约为 50mm 的小木块或铁块上，同步器的高挡锥环方向一定要朝下，把上步装好的部件放在同步器总成上面，并把内隔圈套在输出轴上，如图 3-723 所示。

h.将两个副箱中间轴总成放置在减速轮旁，让两个中间轴上的小轮与减速轮啮合，调整中间轴总成位置，使做了标记的小轮齿分别插入副箱减速轮做了标记的两个轮齿之间，如图 3-724 所示。

图 3-723　把内隔圈套在输出轴上

图 3-724　对齿操作

i.将高低挡换挡拨叉总成安装在滑动齿套上，并把副箱后盖扣压在已装好的总成上，如图 3-725 所示。

j.用铜棒锤打专用工具，安装后圆锥轴承，轴承锥面方向下，如图 3-726 所示。

图 3-725　把副箱后盖扣压在已装好的总成上

图 3-726　安装后圆锥轴承

　　k.如图 3-727 所示安装气缸体总成、活塞总成和拨叉轴锁紧尼龙螺母；注意在 O 形橡胶密封圈处涂适量全天候汽车通用润滑脂。

　　l.将计数轮垫圈和计数轮安放到输出轴上，如图 3-728 所示。

图 3-727　安装气缸体总成

图 3-728　将计数轮垫圈和计数轮安放到输出轴上

　　m.如图 3-729 所示安装输出轴轴承盖总成，并用专用工具紧固输出轴轴承端盖总成螺栓；轴承端盖上的油槽位置必须与副箱后壳盖上的油孔对齐，否则输出轴轴承会因润滑不足而易损坏。

　　n.如图 3-730 所示安装调整垫片、轴承端盖和吊耳，并紧固副箱中间轴轴承端盖总成的紧固螺栓；注意轴承端盖上的油槽位置必须与副箱后壳盖上的油孔对齐，否则副箱中间轴轴承会因润滑不足而易损坏。

图 3-729　安装输出轴轴承盖总成

图 3-730　安装调整垫片、轴承端盖和吊耳

　　o.安装输出突缘，如图 3-731 所示。

　　p.将突缘螺母安装到副箱输出轴上。规定的锁紧螺母总成拧紧力矩很大，拧紧时要使用专用工具，并

重型卡车维修技术手册
变速器分册

用一根铁棍阻止输出轴转动，如图 3-731 所示。

图 3-731　安装输出突缘

图 3-732　将突缘螺母安装到副箱输出轴上

q. 如图 3-733 所示安装气缸体后端盖和减压阀总成，拧紧紧固螺栓。

（5）主箱总成

① 主箱总成分解。

a. 拆卸副箱驱动轮定位盘上的六个紧固螺栓，如图 3-734 所示。

图 3-733　安装气缸体后端盖

图 3-734　拆卸副箱驱动轮定位盘螺栓

b. 拆卸二轴上的卡环，如图 3-735 所示。

c. 把三个 M8 螺栓安装到副箱轴承定位盘的三个带螺纹的孔内，轮流拧动三个螺栓，即可将副箱输入齿轮总成从二轴上拆下来，如图 3-736 所示。

图 3-735　拆卸二轴上的卡环

图 3-736　将副箱输入齿轮总成从二轴上拆下

d. 取下副箱输入齿轮总成，如图 3-737 所示。

e. 用专用工具拆卸定位圈。

f. 用卡环钳从轮毂上卸下卡环。

g. 从轮毂上压出球轴承。

h. 卸下副箱驱动轮定位盘，以上部件见图 3-738。

图 3-737　取下副箱输入齿轮总成

图 3-738　拆卸部件

i. 拆卸惰轮轴前端上的卡环，如图 3-739 所示。

j. 拆卸惰轮轴后端上的卡环，如图 3-740 所示。

图 3-739　拆卸惰轮轴前端上的卡环

图 3-740　拆卸惰轮轴后端上的卡环

k. 用专用工具从惰轮轴后端拔出惰轮轴，如图 3-741 所示。

l. 取出惰轮两边的垫片，如图 3-742 所示。

图 3-741　拔出惰轮轴

图 3-742　取出惰轮两边的垫片

m. 从二轴倒挡齿轮内圈取出卡环，如图 3-743 所示。

重型卡车维修技术手册
变速器分册

n.拆卸主箱右上中间轴后端轴承卡环，如图 3-744 所示。

图 3-743　取出卡环

图 3-744　拆卸主箱右上中间轴后端轴承卡环

o.用专用工具拆卸主箱右上中间轴前轴承挡板，如图 3-745 所示。

p.拆卸主箱右上中间轴前端轴承限位卡环，并用专用工具拆卸轴承，如图 3-746 所示。

图 3-745　拆卸主箱右上中间轴前轴承挡板

图 3-746　拆卸轴承

q.将二轴倒挡齿轮尽可能地向前移动，如图 3-747 所示。

r.将右上中间轴总成尽可能地移向主变速器壳体内壁，使中间轴和二轴的齿轮脱离啮合位置，把二轴及齿轮的前端向上倾斜，并将它从变速器壳体内移出，如图 3-748 所示。

图 3-747　向前移动二轴倒挡齿轮

图 3-748　取出二轴及齿轮

s.取出倒挡惰轮齿轮，并从倒挡惰轮齿轮内取出轴承内圈和滚针轴承，如图 3-749 所示。

t.从主箱里取出右上中间轴总成；用同样的方法，从主箱里拆卸掉左下中间轴总成和倒挡惰轮轴，如图 3-750 所示。

图 3-749 取出倒挡惰轮齿轮

图 3-750 取出右上中间轴总成

u. 拆卸一轴轴承盖紧固螺栓，如图 3-751 所示。

v. 取下一轴轴承盖和油封，如图 3-752 所示。

图 3-751 拆卸一轴轴承盖紧固螺栓

图 3-752 取下一轴轴承盖和油封

w. 拆卸下一轴后轴承卡环，如图 3-753 所示。

x. 用铜棒锤打输入轴的前端，使一轴从轴承内圈上脱离，如图 3-754 所示。

图 3-753 拆卸下一轴后轴承卡环

图 3-754 使一轴从轴承内圈上脱离

y. 如图 3-755 所示从主箱里面取出一轴总成和一轴输入齿轮。

3.3.3.2 变速器轴总成部件拆装

第二轴总成部件分解如图 3-756 所示，中间轴总成部件分解如图 3-757 所示。

图 3-755　取出一轴总成和一轴输入齿轮

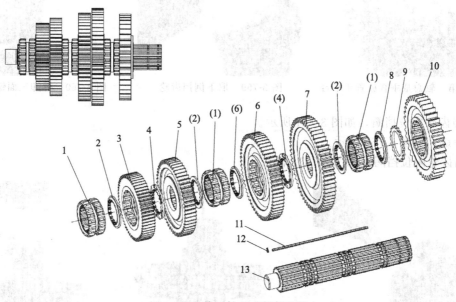

图 3-756　第二轴总成部件分解

1—滑动齿套；2—齿轮限位垫圈；3—第二轴四挡齿轮；4—轮间限位垫圈；5—第二轴三挡齿轮；6—第二轴二挡齿轮；7—第二轴一挡齿轮；
8—倒挡齿轮限位垫圈；9—倒挡齿轮定位挡圈；10—第二轴倒挡齿轮；11—三面键；12—弹性圆柱销；13—第二轴

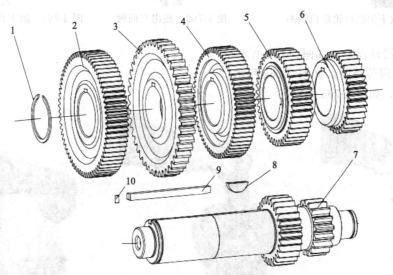

图 3-757　中间轴总成部件分解

1—减速齿轮卡环；2—中间轴减速齿轮；3—右取力齿轮；4—中间轴四速齿轮；5—中间轴三挡齿轮；6—中间轴二挡齿轮；
7—变速箱中间轴；8—半圆键；9—平键；10—弹性圆柱销

（1）第二轴总成

① 第二轴总成分解。

a. 将第二轴总成垂直放置在一个平台上，后端朝上，如图 3-758 所示。

b. 取下倒挡齿轮，如图 3-759 所示。

c. 拆卸三面键定位卡环，如图 3-760 所示。

图 3-758　将第二轴总成垂直放置于平台　　图 3-759　取下倒挡齿轮　　图 3-760　拆卸三面键定位卡环

d. 取下倒挡齿轮定位挡圈，如图 3-761 所示。

e. 拔出三面键，如图 3-762 所示。

f. 取下倒挡齿轮限位挡圈，如图 3-763 所示。

图 3-761　取下倒挡齿轮定位挡圈　　图 3-762　拔出三面键　　图 3-763　取下倒挡齿轮限位挡圈

g. 取下 1、倒挡滑动齿套，如图 3-764 所示。

h. 取下 1 挡齿轮限位挡圈，如图 3-765 所示。

i. 取下 1 挡齿轮，如图 3-766 所示。

图 3-764　取下 1、倒挡滑动齿套　　图 3-765　取下 1 挡齿轮限位挡圈　　图 3-766　取下 1 挡齿轮

j. 取下 1、2 挡之间的轴间限位垫圈，如图 3-767 所示。

k. 取下 2 挡齿轮，如图 3-768 所示。

l. 取下 2 挡齿轮限位垫圈，如图 3-769 所示。

图 3-767　取下 1、2 挡之间的轴间限位垫圈

图 3-768　取下 2 挡齿轮

图 3-769　取下 2 挡齿轮限位垫圈

m. 取下滑动齿套，如图 3-770 所示。

n. 取下 3 挡齿轮限位垫圈，如图 3-771 所示。

o. 取下 3 挡齿轮，如图 3-772 所示。

图 3-770　取下滑动齿套

图 3-771　取下 3 挡齿轮限位垫圈

图 3-772　取下 3 挡齿轮

p. 取出 3、4 挡齿轮间的轴间限位垫圈，如图 3-773 所示。

q. 取下 4 挡齿轮，如图 3-774 所示。

r. 取下 4 挡齿轮限位垫圈，如图 3-775 所示。

图 3-773　取出 3、4 挡齿轮间的
轴间限位垫圈

图 3-774　取下 4 挡
齿轮

图 3-775　取下 4 挡齿轮
限位垫圈

s. 如图 3-776 所示拆卸弹性圆柱销（必要时）。

② 二轴总成装配。

a. 将装上弹性圆柱定位销的二轴垂直放在一平台上，后端朝上，并加一固定，如图 3-777 所示。

b. 安装 4 挡齿轮限位垫圈，并将限位垫圈旋转一个齿位，接触面大的一面方向朝上，如图 3-778 所示。

图 3-776　拆卸弹性圆柱销

图 3-777　后端朝上固定

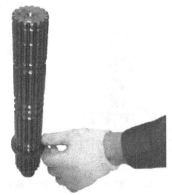
图 3-778　安装 4 挡齿轮限位垫圈

c. 安装 4 挡齿轮，内圈带花键的一面向下，如图 3-779 所示。

d. 安装 3、4 挡间的轴间限位垫圈，并将轴间限位垫圈旋转一个齿位，如图 3-780 所示。

e. 安装 3 挡齿轮，齿轮内圈带花键一面方向朝上，如图 3-781 所示。

图 3-779　安装 4 挡齿轮

图 3-780　安装 3、4 挡间的轴间限位垫圈

图 3-781　安装 3 挡齿轮

f. 安装 3 挡齿轮限位垫圈，并将限位垫圈旋转一个齿位，接触面大的一面方向朝下，如图 3-782 所示。

g. 安装结合齿套，使接合齿套内花键去掉一齿一面与弹性圆柱销所在的键槽正对，如图 3-783 所示。

h. 安装 3 挡齿轮限位垫圈，并将限位垫圈旋转一个齿位，接触面大的一面方向朝上，如图 3-784 所示。

图 3-782　安装 3 挡齿轮限位垫圈

图 3-783　安装结合齿套

图 3-784　安装 3 挡齿轮限位垫圈

i. 安装 3 挡齿轮，齿轮内圈带花键一面方向朝下，如图 3-785 所示。

j. 安装 1、2 挡间的轴间限位垫圈，并将轴间限位垫圈旋转一个齿位，如图 3-786 所示。

k. 安装 1 挡齿轮，齿轮内圈带花键一面方向朝上，如图 3-787 所示。

图 3-785　安装 3 挡齿轮

图 3-786　安装 1、2 挡间的轴间限位垫圈

图 3-787　安装 1 挡齿轮

l. 安装 1 挡齿轮限位垫圈，并将限位垫圈旋转一个齿位，接触面大的一面方向朝下，如图 3-788 所示。

m. 安装结合齿套，使接合齿套内花键去掉一齿一面与弹性圆柱销所在的键槽正对，如图 3-789 所示。

n. 安装倒挡齿轮限位垫圈，并将限位垫圈旋转一个齿位，接触面大的一面方向朝上，如图 3-790 所示。

图 3-788　安装 1 挡齿轮限位垫圈

图 3-789　安装结合齿套

图 3-790　安装倒挡齿轮限位垫圈

o. 安装倒挡定位垫圈，如图 3-791 所示。

p. 如图 3-792 所示安装倒挡齿轮；注意倒挡齿轮内圈不能有卡环。

q. 将三面键插入装有弹性圆柱销的键槽里，如图 3-793 所示。

图 3-791　安装倒挡定位垫圈

图 3-792　安装倒挡齿轮

图 3-793　将三面键插入装有
弹性圆柱销的键槽

r. 如图 3-794 所示安装三面键定位卡环。

（2）中间轴

① 中间轴分解。

a. 拆卸中间轴上的卡环，如图 3-795 所示。

b. 以中间轴 3 挡齿轮后端面为承压面，压下中间轴，可以取出中间轴常啮合齿轮、取力器齿轮、4 挡齿轮合 3 挡齿轮；再以中间轴齿轮后端面为承压面，压下中间轴，取出中间轴 2 挡齿轮，如图 3-796 所示。

图 3-794　安装三面键定位卡环　　　　图 3-795　拆卸中间轴上的卡环　　　　图 3-796　取出中间轴齿轮

c. 如图 3-797 所示取出平键和半圆键（若有必要，拆卸弹性圆柱销）。

② 中间轴装配。

a. 如图 3-798 所示弹性圆柱销、半圆键和中间轴平键装配好后，把中间轴固定到工作台上，倒挡齿轮向下。

b. 装配中间轴 2 挡齿轮，键槽和键对齐，如图 3-799 所示。

图 3-797　取出平键和半圆键　　　　图 3-798　装配弹性圆柱销　　　　图 3-799　装配中间轴 2 挡齿轮

图 3-800　装配中间轴 3 挡齿轮

c. 装配中间轴 3 挡齿轮，键槽和键对齐，如图 3-800 所示。

d. 装配中间轴 4 挡齿轮，键槽和键对齐，如图 3-801 所示。

e. 装配侧取力器齿轮，键槽和键对齐，如图 3-802 所示。

f. 装配中间轴常啮合齿轮，键槽和键对齐，如图 3-803 所示。

g. 如图 3-804 所示装配齿轮轴向定位卡环，并装配上前轴承内圈。

3.3.3.3　变速器主箱及总成装配

（1）主箱总成装配

① 装配好右下惰轮总成和左下中间轴总成，如图 3-805 所示。

② 将右上中间轴总成装入变速器主箱壳体右上位置，如图 3-806 所示。

图 3-801　装配中间轴
四挡齿轮

图 3-802　装配侧取
力器齿轮

图 3-803　装配中间轴
常啮合齿轮

图 3-804　装配齿轮轴向定位卡环

图 3-805　装配好右下惰轮总成

③ 安装一轴总成，如图 3-807 所示。

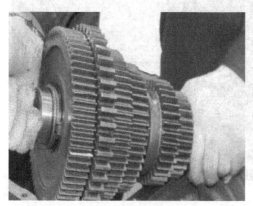

图 3-806　将右上中间轴总成装入变速器

图 3-807　安装一轴总成

④ 使右上中间轴传动齿轮上有颜色标记的轮齿与一轴齿轮标记齿相啮合，如图 3-808 所示。

⑤ 用专用工具敲打一轴，直至到位，如图 3-809 所示。

⑥ 用手拨动 1、倒挡齿轮之间的滑动齿套，使滑动齿套与 1 挡齿轮啮合，然后拨动倒挡齿轮向前移动，也使倒挡齿轮与滑动齿套啮合；用铁绳拴住二轴总成，手扶着倒挡齿轮，将二轴总成缓缓放进主箱壳体内，如图 3-810 所示。

⑦ 将左上惰轮放进主箱壳体，用手握住二轴后端，不断晃动二轴，并用力推动二轴向前移动，使二轴前端轴颈进入一轴后端轴套里，如图 3-811 所示。

图 3-808　对齐操作

图 3-809　用专用工具敲打一轴

图 3-810　装入二轴总成

图 3-811　使二轴前端轴颈进入一轴后端轴套

⑧ 将副箱输入齿轮总成装配到二轴上，如图 3-812 所示。

⑨ 装配惰轮总成，如图 3-813 所示。

图 3-812　将副箱输入齿轮总成装配到二轴

图 3-813　装配惰轮总成

⑩ 用专用工具向后拨动二轴上的倒挡齿轮，使其与两个倒挡惰轮同时啮合，如图 3-814 所示。

⑪ 拆卸副箱输入齿轮总成，如图 3-815 所示。

⑫ 装配二轴倒挡齿轮内的限位止动环，如图 3-816 所示。

⑬ 装配副箱输入齿轮总成，并紧固螺栓，如图 3-817 所示。

⑭ 装配副箱输入齿轮总成限位卡环，如图 3-818 所示

⑮ 如图 3-819 所示装配右上中间轴轴承压盖、前后轴承和止动环；注意安装右上中间轴总成前后轴承前，要注意对齿。

⑯ 如图 3-820 所示装配一轴轴承端盖，并紧固螺栓。

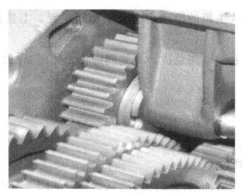

图 3-814　配置齿轮啮合

图 3-815　拆卸副箱输入齿轮总成

图 3-816　装配二轴倒挡齿轮内的限位止动环

图 3-817　装配副箱输入齿轮总成

图 3-818　装配副箱输入齿轮总成限位卡环

图 3-819　装配右上中间轴轴承压盖等部件

（2）变速器总成装配

① 装配离合器壳体垫片和壳体，并紧固螺栓，如图 3-821 所示。

图 3-820　装配一轴轴承端盖

图 3-821　装配离合器壳体垫片和壳体

② 如图 3-822 所示装配上盖垫片和上盖总成；注意确认主箱的滑动齿套位于中间位置。上盖总成各挡拨叉处于空挡位置。

③ 安装空挡销、空挡销弹簧、空挡销导套总成、垫片和随动阀总成，并紧固螺栓，如图 3-823 所示。

④ 紧固上盖总成螺栓，如图 3-824 所示。

⑤ 装配垫片和副箱总成，如图 3-825 所示。

⑥ 紧固副箱总成螺栓，如图 3-826 所示。

⑦ 安放顶盖垫片、自锁钢球和弹簧，如图 3-827 所示。

⑧ 安装顶盖总成，并紧固顶盖总成螺栓，如图 3-828 所示。

⑨ 接通换挡气缸与随动阀上的高低挡进气软管和减压阀与随动阀之间的进气软管，如图 3-829 所示。

⑩ 如图 3-830 所示安装放油螺塞。

图 3-822　装配上盖垫片和上盖总成

图 3-823　安装随动阀总成

图 3-824　紧固上盖总成螺栓

图 3-825　装配垫片和副箱总成

图 3-826　紧固副箱总成螺栓

图 3-827　安放顶盖垫片、自锁钢球和弹簧

图 3-828　紧固顶盖总成螺栓

图 3-829　安装进气软管

3.3.3.4　变速器操纵系统

拆卸前的准备工作：将变速操纵杆置于空挡位置，把驾驶室翻转，将传感器断开。

注意驾驶室在翻起和落下时，发动机必须熄火；当驾驶室地板接近变速手柄时，要注意地板开口与变速手柄不能有干涉现象。如果有干涉现象，必须调整操纵机构消除。必须将驾驶室固定好，以防止驾驶室落下伤人。

变速器操纵系统部件分解如图 3-831 所示。

图 3-830　安装放油螺塞

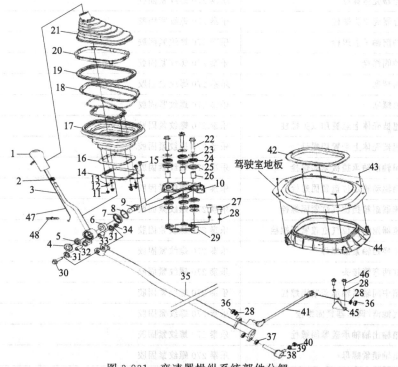

图 3-831　变速器操纵系统部件分解

1—变速操纵手柄及挡位标牌总成；2—六角螺母；3—变速操纵杆；4—堵盖（变速操纵杆）；5—后垫块（变速操纵杆球头销）；6—衬套（变速操纵杆球头销）；7—密封护罩（变速操纵杆）；8—密封护罩卡紧弹簧（变速操纵杆）；9—球头销（变速操纵杆）；10—上支架（变速操纵杆）；11—六角头凸缘锁紧螺母；12—连接压板（下防尘护套）；13—套管（下防尘护套）；14—下支撑板（防尘护套）；15,22,34—六角头凸缘螺栓；16—上支撑板（防尘护套）；17—下防尘护套；18—下防尘护套支撑弹簧总成；19—卡扣（下防尘护套）；20—卡扣（上防尘护套）；21—上防尘护套；23—垫板（变速操纵杆上支架软垫）；24—软垫（变速操纵杆上支架）；25—软垫座（变速操纵杆上支架）；26—套管（变速操纵杆上支架）；27—内六角圆柱头螺钉；28—弹簧垫圈；29—下支架（变速操纵杆）；30—轴（前连接臂）；31—软垫总成（变速操纵杆）；32—套管（前连接臂）；33—轴套（变速操纵杆）；35—变速操纵纵向杆带连接臂总成；36,40—六角螺母；37—六角薄螺母；38—后接头总成（变速操纵臂）；39—弹簧垫圈；41,45—固定臂连接杆及接头总成；42—卡扣（密封座总成）；43—十字槽半沉头自攻螺钉；44—密封座总成驾驶室地板；46—六角头螺栓；47—变速操纵气管管束总成；48—塑料拖带装配顺序：按照分解的相反顺序。

调整方法如下。

在驾驶室内按选挡方向拨动操纵杆，检查操纵杆空挡时是否在中间位置，是否有三个明确的选挡位置。如果不能正常选挡，则调整固定臂连接杆及接头总成的长度：如果加长固定臂连接杆及接头总成长度，则变速手柄向左侧移动，远离地板口右侧边缘。相反，缩短固定臂连接杆及接头总成长度，则变速手柄向右侧移动，远离地板口左侧边缘。调整到变速操纵杆所处的平面与水平面垂直，此时下落驾驶室，变速操纵手柄靠近地板开口左缘。

在驾驶室内按换挡方向拨动操纵杆，如果变速操纵杆与地板口前、后边缘干涉，则需调整变速操纵纵向杆、连接臂及球头总成的长度：松开后固定球头的螺母，加长该总成长度，手柄向后方移动；缩短该总成长度，手柄向前方移动。然后锁紧后换挡臂锁紧螺母，进行前、后换挡动作，检查变速操纵杆与地板口前、后边缘之间的间隙。变速操纵杆的理论倾斜角度为 22°30′，此时下落驾驶室，变速手柄与地板开口后边缘有约 10mm 的间隙。若位置不合适，则重新进行上述步骤进行调整，直到调整到合适位置为止。

调节完后，应使每个选挡、换挡位置均可以实现，且尽量保证操纵左右选挡行程基本相同，前后换挡行程一致。

变速器涂胶部位及相应部件紧固扭矩见表 3-7。

表 3-7　变速器涂胶部位及相应部件紧固扭矩

序号	部件	涂胶	扭矩/N·m
1	离合器壳体螺栓	乐泰 270 螺纹紧固胶	113～135
2	离合器壳体螺母	乐泰 270 螺纹紧固胶	220～260
3	离合器壳双头螺柱	乐泰 270 螺纹紧固胶	81(最小)
4	一轴前轴承盖螺栓	乐泰 270 螺纹紧固胶	50～63
5	随动阀螺栓	乐泰 270 螺纹紧固胶	9～12
6	加油螺塞	乐泰 270 螺纹紧固胶	61～74
7	放油螺塞	乐泰 270 螺纹紧固胶	61～74
8	变速器壳体上悬置用双头螺柱	乐泰 270 螺纹紧固胶	81(最小)
9	变速器壳体上悬置用螺母	乐泰 270 螺纹紧固胶	260～300
10	中间轴前轴承挡板紧固螺栓	乐泰 270 螺纹紧固胶	260～300
11	副箱驱动轮定位盘紧固螺栓	乐泰 270 螺纹紧固胶	50～63
12	变速器副箱挡位气缸紧固螺栓	乐泰 270 螺纹紧固胶	50～63
13	变速器副箱挡位气缸盖紧固螺栓	乐泰 270 螺纹紧固胶	50～63
14	副箱换挡轴紧固螺母	乐泰 270 螺纹紧固胶	190～260
15	气缸两弯管接头	乐泰 270 螺纹紧固胶	18～24
16	副箱中间轴后轴承盖紧固螺栓	乐泰 270 螺纹紧固胶	50～63
17	空气滤清/调压器紧固螺栓	乐泰 270 螺纹紧固胶	9～12
18	副箱输出轴轴承盖紧固螺栓	乐泰 270 螺纹紧固胶	50～63
19	输出轴锁紧螺母	乐泰 270 螺纹紧固胶	650～700
20	换挡拨叉和导块紧固螺钉	乐泰 270 螺纹紧固胶	80～115
21	导油槽紧固螺栓	乐泰 270 螺纹紧固胶	8～12
22	变速器上盖紧固螺栓	乐泰 270 螺纹紧固胶	50～63
23	变速器顶盖紧固螺栓	乐泰 270 螺纹紧固胶	50～63
24	换挡拨头紧固螺栓	乐泰 270 螺纹紧固胶	50～63
25	高低挡开关	乐泰 270 螺纹紧固胶	56～84
26	空挡开关总成	乐泰 270 螺纹紧固胶	56～84

序号	部件	涂胶	扭矩/N·m
27	倒挡指示灯开关总成	乐泰 270 螺纹紧固胶	34.5～39.5
28	顶盖防尘罩软管夹拖	乐泰 270 螺纹紧固胶	3.9～4.9
29	通气塞总成	乐泰 270 螺纹紧固胶	25～30
30	变速器上盖两锥形螺塞	乐泰 270 螺纹紧固胶	50～63
31	取力器过渡板	乐泰 270 螺纹紧固胶	50～63
32	取力器两壳体连接螺钉	乐泰 270 螺纹紧固胶	31～63
33	取力器输出突缘紧固螺栓	乐泰 270 螺纹紧固胶	70～110
34	取力器输出突缘盖板	乐泰 270 螺纹紧固胶	50～63
35	取力器开关	乐泰 270 螺纹紧固胶	56～84
36	取力器气缸盖紧固螺栓	乐泰 270 螺纹紧固胶	50～63
37	取力器气缸盖端式管接头	乐泰 270 螺纹紧固胶	34.5～39.5

3.4
ZF 变速器拆装与检修

3.4.1　部件拆装

3.4.1.1　变速器总成部件分解

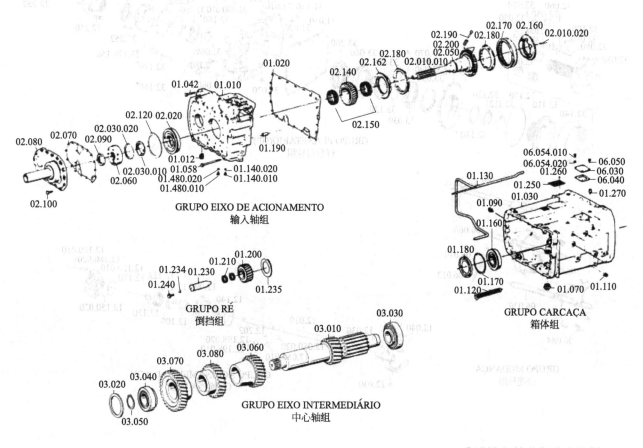

GRUPO EIXO DE ACIONAMENTO
输入轴组

GRUPO RÉ
倒挡组

GRUPO EIXO INTERMEDIÁRIO
中心轴组

GRUPO CARCAÇA
箱体组

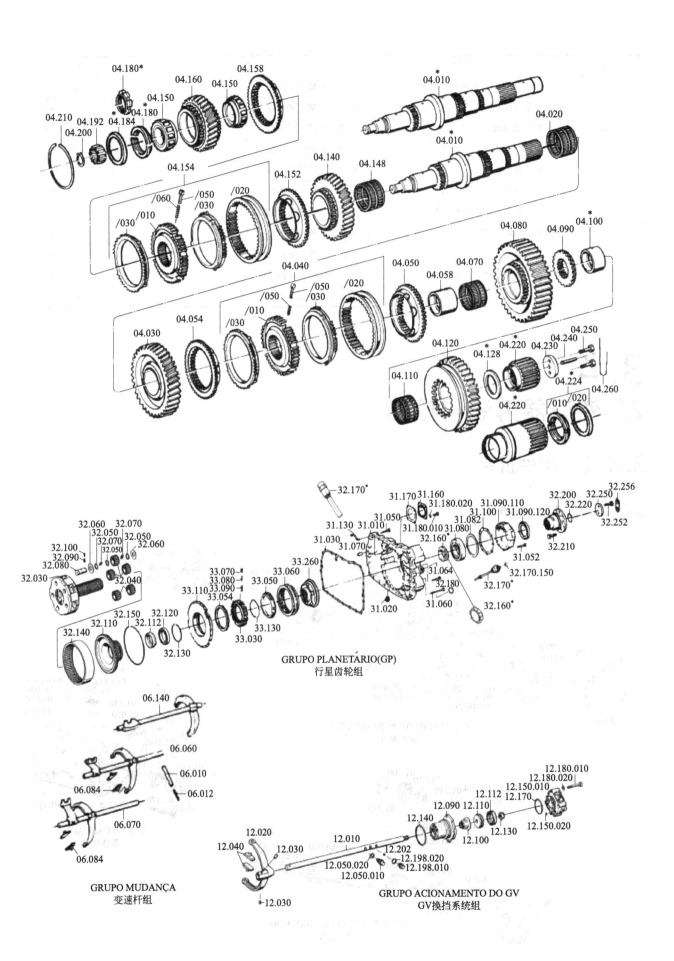

GRUPO PLANETÁRIO(GP)
行星齿轮组

GRUPO MUDANÇA
变速杆组

GRUPO ACIONAMENTO DO GV
GV换挡系统组

重型卡车维修技术手册
变速器分册

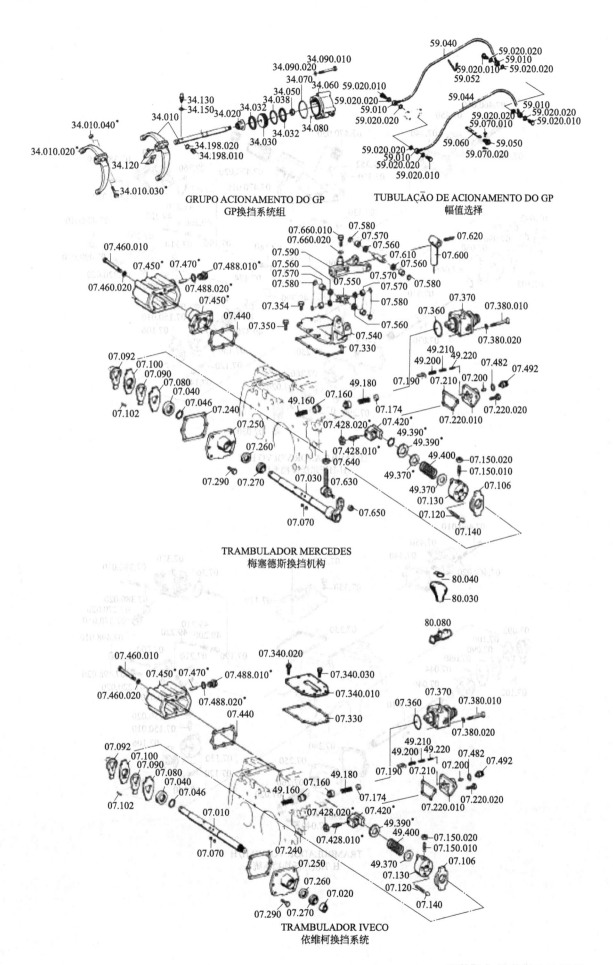

GRUPO ACIONAMENTO DO GP
GP换挡系统组

TUBULAÇÃO DE ACIONAMENTO DO GP
幅值选择

TRAMBULADOR MERCEDES
梅塞德斯换挡机构

TRAMBULADOR IVECO
依维柯换挡系统

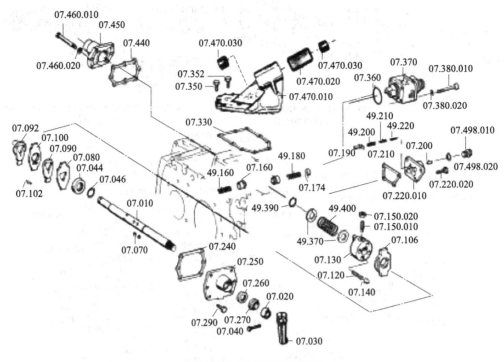

TRAMBULADOR VOLVO H-H
H-H沃尔沃换挡系统

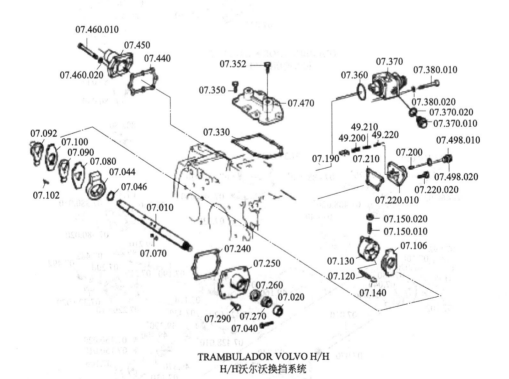

TRAMBULADOR VOLVO H/H
H/H沃尔沃换挡系统

重型卡车维修技术手册
变速器分册

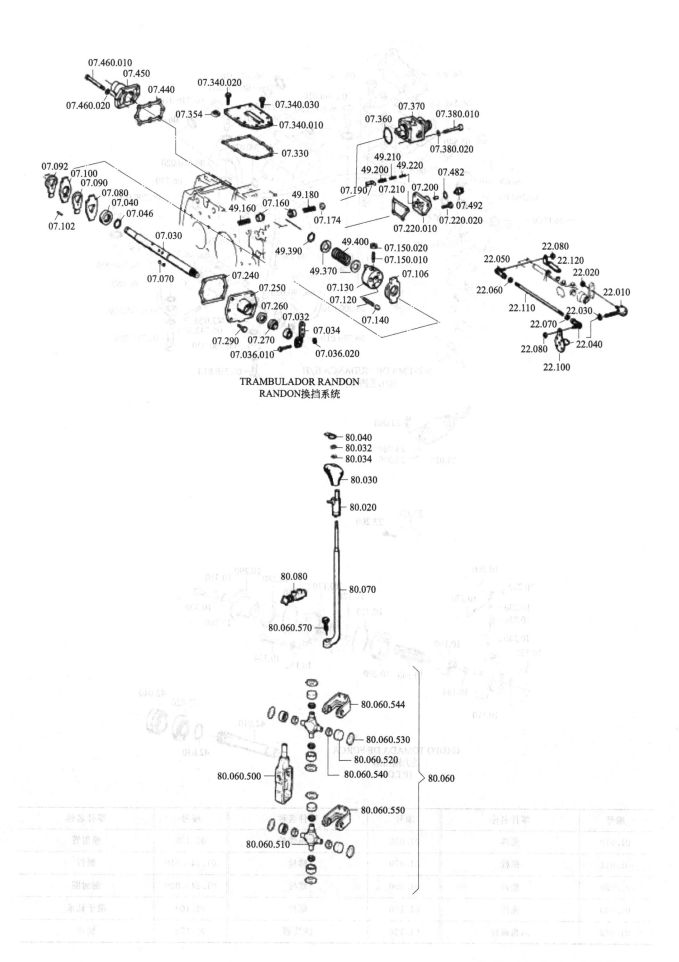

07.460.010
07.450
07.460.020
07.440
07.340.020
07.340.030
07.354
07.340.010
07.330
07.370
07.360
07.380.010
07.380.020

07.092
07.100
07.090
07.080
07.040
07.046
07.102
49.210
49.200
49.220
07.190
07.210
07.482
07.200
07.492
49.180
07.160
49.160
49.170
07.220.010
07.220.020
07.030
49.390
49.400
07.070
49.370
07.150.020
07.150.010
07.240
07.130
07.106
07.250
07.120
07.260
07.140
07.032
07.290
07.270
07.034
07.036.010
07.036.020

22.080
22.050
22.120
22.020
22.060
22.010
22.110
22.030
22.070
22.040
22.080
22.100

TRAMBULADOR RANDON
RANDON换挡系统

80.040
80.032
80.034
80.030
80.020
80.080
80.070
80.060.570
80.060.544
80.060.530
80.060.520
80.060.540
80.060.500
80.060
80.060.550
80.060.510

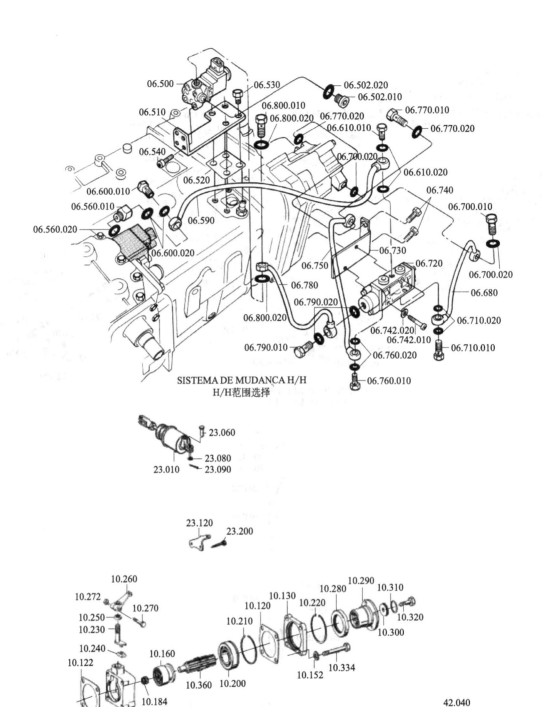

SISTEMA DE MUDANÇA H/H
H/H范围选择

GRUPO TOMADA DE FORÇA
动力输出组
(P.T.O.)

编号	零件名称	编号	零件名称	编号	零件名称
01.010	壳体	01.058	六角螺栓	01.130	喷射管
01.012	螺栓	01.070	螺栓	01.140.010	螺钉
01.020	垫片	01.090	螺栓	01.140.020	密封圈
01.030	壳体	01.110	螺栓	01.160	滚子轴承
01.042	六角螺栓	01.120	滤清器	01.170	锁环

编号	零件名称	编号	零件名称	编号	零件名称
01.180	挡板	03.050	锁环	04.210	密封圈
01.190	销	03.060	斜齿轮	04.220	太阳轮
01.200	倒挡惰轮	03.070	斜齿轮	04.230	垫圈
01.210	滚针笼	03.080	斜齿轮	04.240	管
01.230	倒挡惰轮轴	040.010	主轴	04.250	六角螺栓
01.234	垫圈	04.020	滚针套	04.260	线
01.235	止推垫圈	04.030	斜齿轮	06.010	防滑销
01.240	锁紧螺栓	04.040.010	轴套	06.012	斜齿轮
01.250	铭牌	04.040.020	滑套	06.030	盖
01.260	沟槽销	04.040.030	同步环	06.040	垫片
01.270	通气孔	04.040.050	压板	06.050	螺钉
01.480.010	螺钉	04.040.060	螺旋弹簧	06.054.010	六角螺栓
01.480.020	密封圈	04.050	离合器鼓	06.054.020	弹簧垫圈
02.010.010	驱动轴	04.054	离合器鼓	06.060	齿轮换挡轴
02.010.010	输入轴	04.058	衬套	06.070	齿轮换挡轴
02.010.020	管	04.070	滚针套	06.084	滑套
02.020	滚子轴承	04.080	正齿轮	06.140	齿轮换挡轴
02.030.010	分割环	04.090	离合器鼓	06.500	垫片
02.030.020	锁环	04.100	衬套	06.502.010	螺钉
02.050	销	04.110	滚针套	06.502.020	密封圈
02.060	泵	04.120	正齿轮	06.510	托架
02.070	垫片	04.128	平板	06.520	垫圈
02.080	连接板	04.140	斜齿轮	06.530	六角螺栓
02.090	轴密封	04.148	滚针套	06.540	螺母
02.100	六角螺栓	04.150	滚子轴承	06.560.010	风门
02.120	间隔盘	04.152	离合器鼓	06.560.020	密封圈
02.140	斜齿轮	04.154.010	轴套	06.590	管
02.150	滚针	04.154.020	滑套	06.600.010	活接螺栓
02.160	离合器鼓	04.154.030	同步环	06.600.020	密封圈
02.162	离合器鼓	04.154.050	压板	06.610.010	活接螺栓
02.170	滑套	04.154.060	斜齿轮	06.610.020	密封圈
02.180	同步环	04.158	离合器鼓	06.680	管路
02.190	压板	04.160	斜齿轮	06.700.010	活接螺栓
02.200	螺旋弹簧	04.180	分割环	06.700.020	密封圈
03.010	副轴	04.180	锁环	06.710.010	活接螺栓
03.020	间隔盘	04.184	锁环	06.710.020	密封圈
03.030	滚子轴承	04.192	滚子轴承	06.720	4/2通阀
03.040	滚子轴承	04.200	锁环	06.730	托架

编号	零件名称	编号	零件名称	编号	零件名称
06.740	六角螺栓	07.200	销	07.498.010	螺塞
06.742.010	螺母	07.210	垫片	07.498.020	密封圈
06.742.020	垫片	07.220.010	盖	07.540	盖子
06.750	管路	07.220.020	六角螺栓	07.550	十字头
06.760.010	活接螺栓	07.240	垫片	07.560	密封圈
06.760.020	密封圈	07.250	盖子	07.570	针套
06.770.010	活接螺栓	07.260	轴封	07.580	锁盘
06.770.020	密封圈	07.270	轴封	07.590	换挡拨叉
06.780	管路	07.290	六角螺栓	07.600	换挡杆
06.790.010	活接螺栓	07.330	垫片	07.610	销
06.790.020	密封圈	07.340.010	盖子	07.620	弹性销
06.800.010	活接螺栓	07.340.020	六角螺栓	07.630	螺栓接头
06.800.020	密封圈	07.340.030	六角螺栓	07.640	六角螺母
07.010	变速轴	07.350	六角螺栓	07.650	六角螺母
07.020	防护帽	07.352	螺钉	07.660.010	六角螺钉
07.030	变速杆	07.354	六角螺栓	07.660.020	弹簧垫
07.032	防护帽	07.354	衬套	10.110	壳体
07.034	变速杆	07.360	O形圈	10.120	垫片
07.036.010	六角螺栓	07.370	切断阀	10.122	垫片
07.036.020	螺母	07.370.010	螺塞	10.130	盖
07.040	螺栓	07.370.020	密封圈	10.152	垫圈
07.044	垫片	07.380.010	圆柱螺栓	10.160	滑套
07.046	卡环	07.380.020	弹簧盘	10.184	针套
07.070	滚筒	07.420	止动件	10.200	滚珠轴承
07.080	防滑片	07.428.010	平头螺钉	10.210	卡环
07.090	驱动	07.428.020	六角螺母	10.220	锁环
07.092	驱动	07.440	垫片	10.230	换挡杆
07.100	防滑片	07.450	盖子	10.240	滑盘
07.102	销	07.460.010	六角螺栓	10.250	轴封
07.106	防滑片	07.460.020	弹簧垫	10.260	换挡杆
07.120	螺旋弹簧	07.470	销	10.270	六角螺栓
07.130	止动件	07.470.010	盖	10.272	六角螺母
07.140	止动螺栓	07.470.020	衬套	10.280	轴封
07.150.010	平头螺栓	07.470.030	衬套	10.290	输出法兰
07.150.020	螺母	07.482	密封圈	10.300	垫片
07.160	吊环滚	07.488.010	开关	10.310	O形圈
07.174	衬套	07.488.020	密封圈	10.320	六角螺栓
07.190	螺栓	07.492	开关	10.334	六角螺栓

编号	零件名称	编号	零件名称	编号	零件名称
10.360	输出轴	31.020	螺栓塞	32.250	垫片
12.010	换挡杆	31.030	垫片	32.252	六角螺栓
12.020	换挡叉	31.050	六角螺栓	32.256	锁盘
12.030	调整螺栓	31.052	六角螺栓	33.030	轴套
12.050.010	定位器	31.060	六角螺栓	33.050	同步器
12.050.020	密封圈	31.064	六角螺栓	33.054	同步器
12.090	气缸	31.070	圆柱销	33.060	滑套
12.100	固定器	31.080	滚珠轴承	33.070	压盘
12.110	活塞	31.082	间隔盘	33.080	螺旋弹簧
12.112	双槽	31.090.110	盖	33.090	螺旋弹簧
12.130	锁定螺母	31.090.120	轴封	33.110	离合器鼓
12.140	O形圈	31.100	垫片	33.130	卡环
12.150.010	定向控制阀	31.130	喷射管	33.260	离合器鼓
12.150.020	O形圈	31.160	盖	34.010	变速杆
12.170	O形圈	31.170	垫片	34.010.010	变速杆
12.180.010	六角螺栓	31.180.010	六角螺栓	34.010.020	换挡叉
12.180.020	弹簧盘	31.180.020	弹簧盘	34.010.030	螺栓
12.198.010	开关/螺塞	32.030	行星架	34.040.040	六角螺母
12.198.020	密封圈	32.040	行星轮组	34.020	盖帽
12.202	销	32.050	中间盘	34.030	活塞
22.010	球接头	32.060	垫片	34.032	开槽环
22.020	螺母	32.070	针套	34.038	引导环
22.030	螺母	32.080	轴承螺栓	34.050	锁定环
22.040	球接头	32.090	弹性销	34.060	气缸
22.050	球接头	32.100	弹性销	34.070	O形圈
22.060	螺母	32.110	齿圈支架	34.080	O形圈
22.070	螺母	32.112	中间圈	34.090.010	六角螺栓
22.080	螺母	32.120	滚珠轴承	34.090.020	弹簧盘
22.100	法兰	32.130	卡环	34.120	滑套
22.110	拉杆	32.140	行星齿轮	34.130	弹簧螺栓
22.120	支撑板	32.150	锁环	34.150	密封圈
23.010	气缸	32.160	衬套	34.198.010	螺纹塞
23.060	螺栓	32.170	脉冲传感器	34.198.020	密封圈
23.080	垫片	32.170.150	轴封	42.010	副轴
23.090	开口销	32.180	密封圈	42.020	滚珠轴承
23.120	固定板	32.200	输出法兰	42.030	锁环
23.200	螺栓	32.210	六角螺栓	42.040	衬套
31.010	壳体	32.220	O形圈	49.160	螺旋弹簧

编号	零件名称	编号	零件名称	编号	零件名称
49.180	螺旋弹簧	59.044	管路	80.060.500	壳体
49.200	螺旋弹簧	59.050	钳	80.060.510	十字叉
49.210	螺旋弹簧	59.052	钳	80.060.520	针套
49.220	螺旋弹簧	59.060	分板	80.060.530	锁定盘
49.370	垫片	59.070.010	六角螺栓	80.060.540	密封圈
49.390	V 形环	80.020	阀体	80.060.544	连接件
49.390	垫片	80.030	换挡杆	80.060.550	连接件
49.400	螺旋弹簧	80.032	螺母	801.060.570	六角螺栓
59.010	垫片	80.034	垫片	80.070	换挡杆
59.020.010	空心螺栓	80.040	盖	80.080	阀体
59.020.020	密封圈	80.050	隔离片		
59.040	管路	80.060	轴控制		

3.4.1.2 变速器总成拆装一般步骤与参数

拆装一般步骤（图 3-832）：拆卸步骤从 1～7，装配步骤从 7～1。

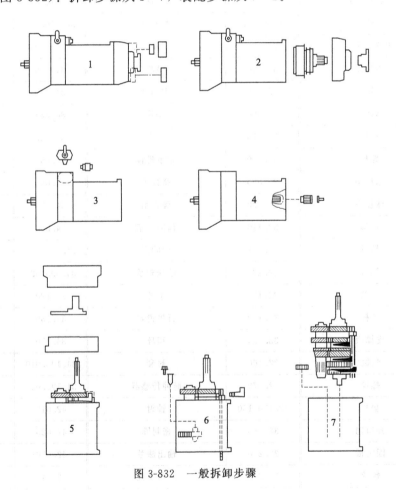

图 3-832 一般拆卸步骤

部件间隙调节数据见表 3-8。

表 3-8　部件间隙调节数据   单位：mm

调节位置		数据
输入轴轴向间隙(外圈)		0~0.10
GP 输出轴轴承轴向间隙(外圈)		0~0.10
轴承和主轴锁环轴向间隙		0~0.10
副轴和圆锥轴承轴向间隙		0.10~0.25
行星齿轮轴向间隙		0.20~0.70
同步环和锥鼓的磨损极限		0.80
齿轮轴向间隙(控制)	1 挡	0.20~0.50
	2 挡	0.20~0.65
	3 挡	0.20~0.45
	4 挡	0.04~0.32
	倒挡轴	0.20~0.50
输入轴和主轴间隙		0.60~0.90
输入轴开口环配合过盈		±0.05
副轴齿轮装配温度(配合面不得有油脂)		180℃
轴承装配温度		100~120℃
锥鼓装配温度		120℃
主轴开口环配合过盈		±0.05

紧固件拧紧力矩见表3-9。

表 3-9　紧固件拧紧力矩   单位：N·m

紧固部件名称	力矩
箱体和壳体上的固定螺栓 M10	49
螺钉(M8)	25
输出法兰螺钉	120
倒挡轴固定螺钉	150
车速表连接	120
太阳轮固定螺栓	49
活塞固定螺栓	160
GV 拨叉固定螺栓	70
GP 拨叉固定螺栓	60
空心螺钉 M10	15
空心螺钉 M12	20
空心螺钉 M14	35
电磁阀支架固定螺栓	25
主轴开槽螺母	500
挡位开关	45
细牙螺栓螺母	70

3.4.1.3　变速器分解步骤

① 清洁变速箱外表面。

② 将变速箱固定在合适的支架或试验台上，放净变速器油。

③ 如图3-833所示取下取力器及其气缸和传动轴。

④ 如图3-834所示取下气管、GV驱动阀、活塞固定螺母和气缸。

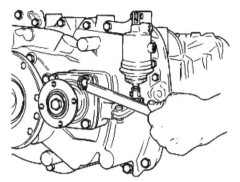

图3-833　取下取力器及其气缸和传动轴

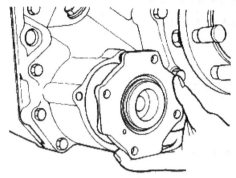

图3-834　取下气管、GV驱动阀

⑤ 如图3-835所示取下气管、气缸、螺母和GP驱动活塞。

⑥ 取下固定螺栓和GP拨叉杆定位器。如图3-836所示拆下整个GP。

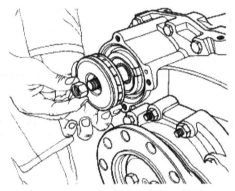

图3-835　取下气管、气缸、螺母

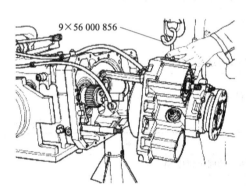

图3-836　拆下整个GP

a. 直接驱动版：打开锁定防松装置，取下螺钉和盖板，用通用拉马，如图3-837所示拔出太阳轮。

b. 超速驱动版：取下螺钉和盖板1，取下卡簧2和开口环，如图3-838所示。

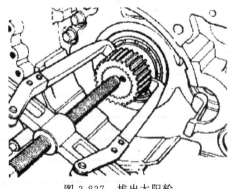

图3-837　拔出太阳轮

图3-838　取下盖板和卡簧

⑦ 远程控制装置。

a. 双H型。

ⓐ 如图3-839所示取下GP驱动阀。

ⓑ 取下侧盖和顶盖，然后取下锁定环、垫圈、弹簧和第二垫圈，如图3-840所示。

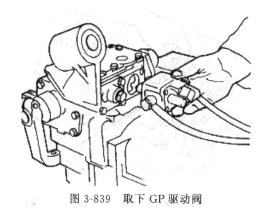

图 3-839　取下 GP 驱动阀

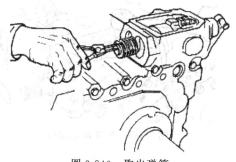

图 3-840　取出弹簧

ⓒ 取下带弹簧、垫片、锁销和倒挡拨块轴的盖子。注意为了便于拆卸，如图 3-841 所示压下锁销并用两个 5mm 的销杆锁住。

ⓓ 松开加力柱塞，松开盖子螺栓并取下换挡轴，然后取下拨块和驱动销，如图 3-842 所示。

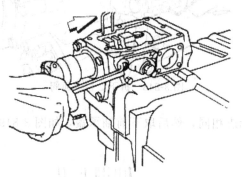

图 3-841　用两个 5mm 的销杆锁住

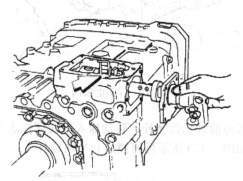

图 3-842　取下换挡轴

b. 超 H 型。

ⓐ 如图 3-843 所示取下气管和 GP 驱动阀。

ⓑ 如图 3-844 所示取下侧盖和顶盖。

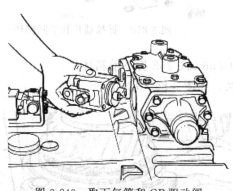

图 3-843　取下气管和 GP 驱动阀

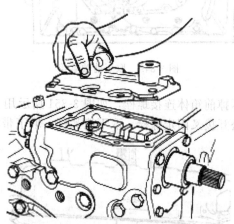

图 3-844　取下侧盖和顶盖

ⓒ 如图 3-845 所示松开锁定螺母并取下定位器固定螺栓。

ⓓ 如图 3-846 所示取下盖子和换挡轴，然后取下对面的盖子。

ⓔ 如图 3-847 所示拆下电磁阀，然后拆下其支架。

ⓕ 如图 3-848 所示拆下 2 位 4 通阀，然后拆下其支架。

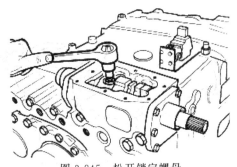

图 3-845　松开锁定螺母

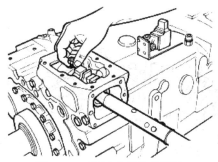

图 3-846　取下盖子和换挡轴

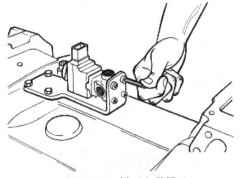

图 3-847　拆下电磁阀

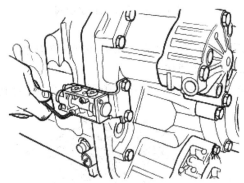

图 3-848　拆下 2 位 4 通阀

⑩ 拆掉前轴承盖螺栓；转动输入轴使其标志与盖子标志相同，然后取下前轴承盖，如图 3-849 所示。

⑪ 如图 3-850 所示拆掉锁片和半圆锁环。

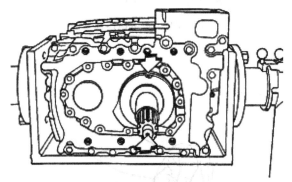

图 3-849　取下前轴承盖

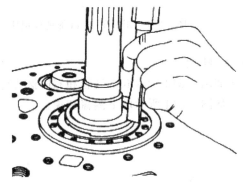

图 3-850　拆掉锁片和半圆锁环

⑫ 拆掉前箱体连接螺栓，如图 3-851 所示用 2 个吊环 9×56 000 858 拆下前箱体。

⑬ 松开拨叉固定螺栓、取下拨叉杆，取下带滑块的拨叉，如图 3-852 所示。

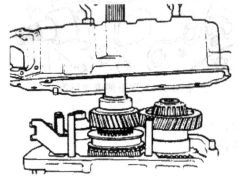

图 3-851　拆下前箱体

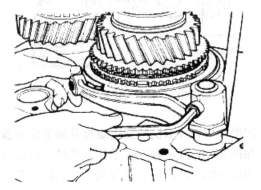

图 3-852　取下带滑块的拨叉

　重型卡车维修技术手册
变速器分册

⑭ 如图 3-853 所示拆掉螺栓、拔出倒挡轴，将倒挡齿轮推到紧靠箱体。

⑮ 如图 3-854 所示在副轴上将专用工具 9×56 000 864 用螺栓紧固，并利用此工具将主箱部分各齿轮轴连同拨叉和拨叉杆一同吊出。

注意变速箱带互锁，压下 GP 定位器孔洞上的销钉，从而使拨叉杆孔完全打开。

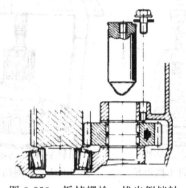

图 3-853 拆掉螺栓、拔出倒挡轴

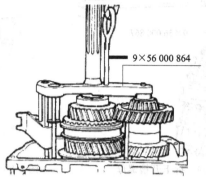

图 3-854 将主箱部分各齿轮轴吊出

⑯ 如图 3-855 所示取下带滚针轴承和止推垫圈的倒挡惰轮。

⑰ 拆下挡油板、锁环、轴承、副轴轴承盖、油滤器和互锁销，如图 3-856 所示。

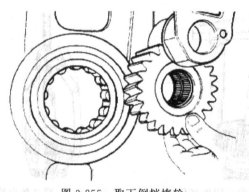

图 3-855 取下倒挡惰轮

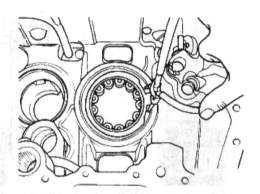

图 3-856 拆下挡油板、锁环等部件

⑱ 如图 3-857 所示拆掉专用工具和拨叉。

⑲ 主轴拆卸，如图 3-858 所示分开输入轴和主轴。

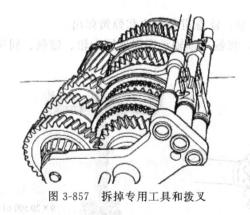

图 3-857 拆掉专用工具和拨叉

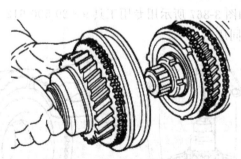

图 3-858 分开输入轴和主轴

⑳ 用台虎钳夹住轴，并在用专用工具 9×56 000 867 拆下开槽螺母，如图 3-859 所示。

㉑ 如图 3-860 所示用通用拉马拔出带轴承的 4 挡齿轮，拉马爪子置于滑套上。注意避免推块和弹簧弹出。

㉒ 直接驱动版和超速驱动版。

a. 直接驱动版：将主轴后端朝上。将倒挡齿轮连同轴承内圈和止推垫片一同拔出，如图 3-861 所示。

b. 超速驱动版：将倒挡齿轮连同轴承内圈和太阳轮一同拔出，如图 3-862 所示。取下滚针轴承。

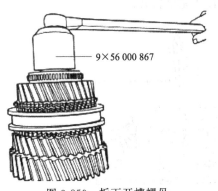
图 3-859 拆下开槽螺母

图 3-860 拔出带轴承的 4 挡齿轮

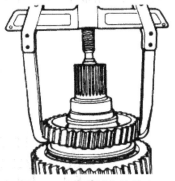
图 3-861 将倒挡齿轮拔出

㉓ 如图 3-863 所示将 1 挡齿轮连同齿座和倒挡轴承内圈一同拔出。然后取下滚针轴承、锥鼓和 1 挡同步环、滑套及推块。注意避免推块和弹簧弹出。

㉔ 如图 3-864 所示将 2 挡齿轮连同 1 挡轴承内圈、齿座、锥鼓和同步环一同拔出。取下齿轮滚针轴承。

图 3-862 将倒挡齿轮连同轴承
内圈和太阳轮一同拔出

图 3-863 将 1 挡齿轮连同齿座和
倒挡轴承内圈

图 3-864 将 2 挡齿轮
等部件拔出

㉕ 如图 3-865 所示将轴翻转过 180°，将 3 挡齿轮连同 4 挡轴承、齿座、同步环和锥鼓一同拔出。将滚针轴承拉出。

㉖ 输入轴拆卸。如图 3-866 所示取下推块和弹簧的滑套。注意避免推块和弹簧弹出。

㉗ 如图 3-867 所示用专用工具 9×20 500 612 和压床，将输入轴轴承座圈连同齿轮、锥鼓、同步器和滚针轴承一同压出。

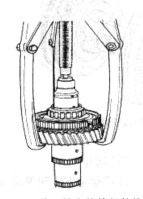
图 3-865 将 3 挡齿轮等部件拔出

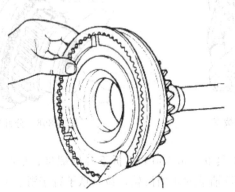
图 3-866 取下推块和弹簧的滑套

图 3-867 压出输入轴上齿轮等部件

㉘ 拆掉螺栓，分解油泵如图 3-868 所示。检查齿轮端面同油泵壳体结合面间的间隙，它必须在 0.07～0.10mm 范围内。注意泵体不能维修，一旦磨损，应整个更换。

㉙ 副轴分解。如图 3-869 所示取下轴承卡簧。

㉚ 如图 3-870 所示用专用工具 9×56 000 943 和压床拆下轴承。

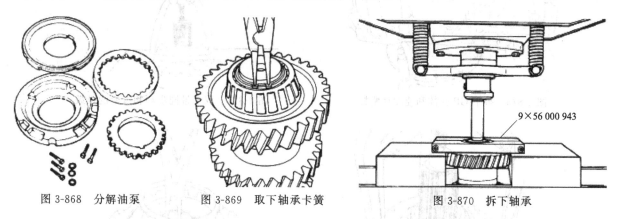

图 3-868　分解油泵　　　图 3-869　取下轴承卡簧　　　图 3-870　拆下轴承

㉛ 用压床一次拆下一个副轴齿轮，如图 3-871 所示。

㉜ 如图 3-872 所示用专用工具 9×56 000 944 拆下副轴另一端轴承。

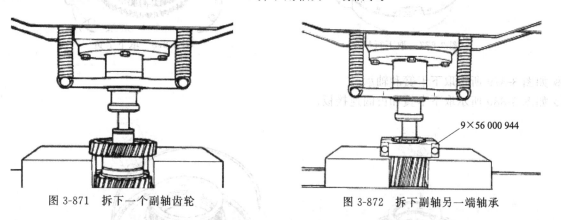

图 3-871　拆下一个副轴齿轮　　　　　图 3-872　拆下副轴另一端轴承

㉝ GP 行星组分解。拆下螺钉和压板，并用通用拉马将输出法兰拔出，如图 3-873 所示。

㉞ 如图 3-874 所示拆下带轴承和里程计的后盖，里程计根据变速器型号不同，也有电子脉冲传感器。

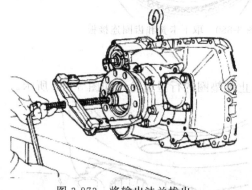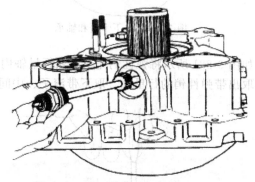

图 3-873　将输出法兰拔出　　　　　图 3-874　拆下带轴承和里程计的后盖

㉟ 如图 3-875 所示拆下 GP 壳体和速度计蜗杆。根据变速器型号不同，也有电子脉冲传感器感应圈。

㊱ 如图 3-876 所示取下带同步环和滑套的锥鼓。注意用布将滑套包裹起来，防止推块被弹簧弹出。

㊲ 如图 3-877 所示用一个通用拉马取下行星架。

㊳ 如图 3-878 所示取下卡簧。然后，用拉马取下齿座。

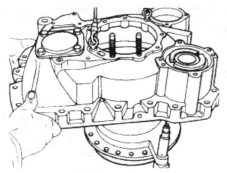

图 3-875 拆下 GP 壳体和速度计蜗杆

图 3-876 取下带同步环和滑套的锥鼓

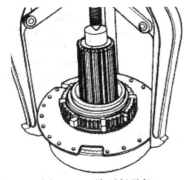

图 3-877 取下行星架

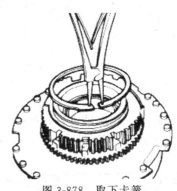

图 3-878 取下卡簧

㉟ 如图 3-879 所示取下卡簧和轴承。

㊵ 如图 3-880 所示取下卡簧和齿圈连接板。

图 3-879 取下卡簧和轴承

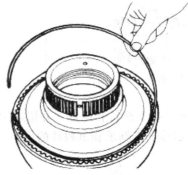

图 3-880 取下卡簧和齿圈连接板

㊶ 如图 3-881 所示将弹性销完全压入行星轴内。

㊷ 取出带弹性销的行星轴，取下带滚子、中间垫圈和止推垫圈的行星齿轮，如图 3-882 所示。

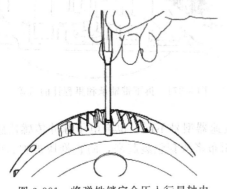

图 3-881 将弹性销完全压入行星轴内

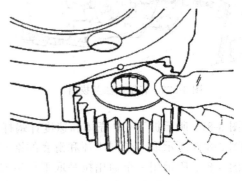

图 3-882 取出行星齿轮

3.4.1.4　变速器组装步骤

① 装配副轴。将齿轮加热到180℃，把它们压装到轴上并到位（图3-883）。注意：确认齿轮是否放置在油压机座的恰当的位置上；齿轮和轴的结合面必须没有油脂。

② 如图3-884所示在所装部件冷却后，加热轴承到100～120℃，将其装入轴上。用相同的步骤安装轴另一端的轴承。

③ 装配主轴。将主轴固定在垂直位置，后端朝上。如图3-885所示安装滚针轴承、2挡齿轮、锥鼓和同步环。

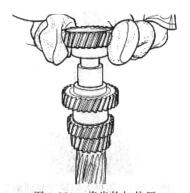

图3-883　将齿轮加热压装到轴上

图3-884　加热轴承压装到轴上

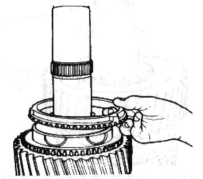

图3-885　安装滚针轴承和2挡齿轮等部件

④ 如图3-886所示加热齿座到120℃，并将它安装到轴上，观察它和同步环间的相互位置是否正确。

⑤ 如图3-887所示加热1挡轴承套至100～120℃，并将其安装到轴上。

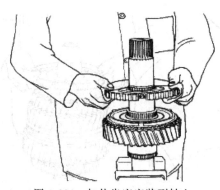

图3-886　加热齿座安装到轴上

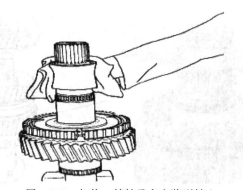

图3-887　加热1挡轴承套安装到轴上

⑥ 安装滑套。然后安装弹簧、推块、同步环、锥鼓、滚针轴承和1挡齿轮，如图3-888所示。

⑦ 加热倒挡齿座到120℃，并将其安装到轴上。注意轮齿的倒角面必须面向上。

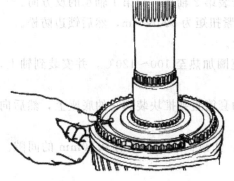

图3-888　安装1挡齿轮等部件

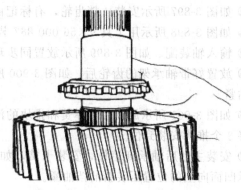

图3-889　加热倒挡齿座安装到轴上

⑧ 直接驱动版和超速驱动版。

a.直接驱动版。

ⓐ 如图 3-890 所示加热倒挡齿轮轴承套至 100～120℃，并将其安装到轴上。然后，安装滚针轴承和齿轮。

ⓑ 安装止推垫圈，凹坑面朝上（图 3-891）。然后，将轴承加热 100～120℃后装在轴上。

b.超速驱动版。

ⓐ 安装倒挡齿轮和滚针轴承。如图 3-892 所示加热太阳轮至 100～120℃，将其安装到主轴上。

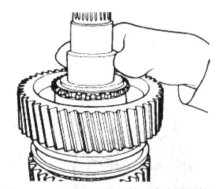 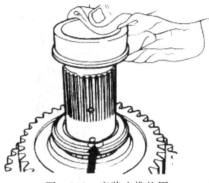 

图 3-890　加热倒挡齿轮轴承套安装到轴上　　　图 3-891　安装止推垫圈　　　图 3-892　加热太阳轮安装到轴上

ⓑ 如图 3-893 所示安装后轴承座圈。

⑨ 将主轴翻转 180℃并垂直固定，如图 3-894 所示安装滚针轴承、3 挡齿轮、锥鼓和同步环。

⑩ 如图 3-895 所示加热齿座到 120℃，将其安装到轴上，注意它和同步环间的相互位置是否正确。

 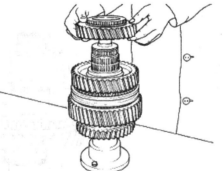 

图 3-893　安装后轴承座圈　　　图 3-894　安装 3 挡齿轮　　　图 3-895　加热齿座安装到轴上

⑪ 如图 3-896 所示安装第 1 轴承到轴上，内圈有缺口面向上，然后安装滑套、弹簧、推块、同步环和 4 挡锥鼓。

⑫ 如图 3-897 所示安装 4 挡齿轮，有标记面向上。然后安装第 2 轴承，与第 1 轴承的反方向。

⑬ 如图 3-898 所示用工具 9×56 000 867 装开槽螺母，上紧扭矩为 500N·m，然后锁边防松。

⑭ 输入轴装配。如图 3-899 所示放置同步环和锥鼓到轴上。

⑮ 放置好带轴承架的齿轮后，如图 3-900 所示将轴承外座圈加热至 100～120℃，并安装到轴上，直到相互贴紧。

⑯ 如图 3-901 所示放置带新弹簧和推块的滑套。抬起滑动套筒直到推块装到它的底座上，然后向下压，自动将 3 个推块安装到位。

⑰ 安装主轴后轴承到箱体，安装卡簧，如图 3-902 所示。注意：卡簧可以有 0.10mm 的间隙。然后，在轴承凹面向上的位置压装新的挡油圈。

⑱ 如图 3-903 所示安装副轴后轴承座圈，直至它完全到位。用专用工具 9×20 500 439 和 9×20 500260。

图 3-896　安装第 1 轴承到轴上

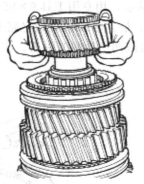

图 3-897　安装 4 挡齿轮

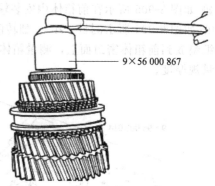

9×56 000 867

图 3-898　装开槽螺母

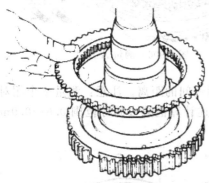

图 3-899　放置同步环和锥鼓到轴上

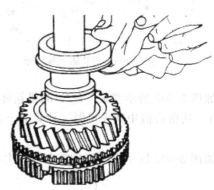

图 3-900　轴承外座圈加热

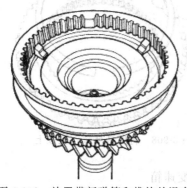

图 3-901　放置带新弹簧和推块的滑套

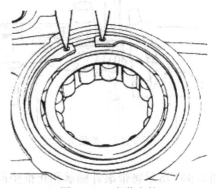

图 3-902　安装卡簧

⑲ 如图 3-904 所示安装导向轴套 9×95 100 105 或 9×20 500 451 和一个辅助吊杆到主轴上，将它垂直插入箱体内安装到位。

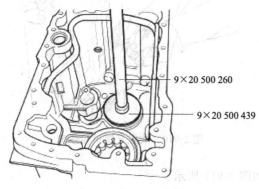

9×20 500 260

9×20 500 439

图 3-903　安装副轴后轴承座圈

9×95 100 105

9×20 500 451

图 3-904　安装导向轴套

⑳ 如图 3-905 所示在前箱体内安装输入轴轴承，用专用工具 9×95 000 014 固定。

㉑ 如图 3-906 所示测量 "A"。翻转前箱体，插入输入轴直到它完全装到轴承内，如下进行测量 "A"：将新纸垫放到前箱体密封面上，测量箱体面和锥鼓凹槽处间的距离。注意：测量 2 个相对点，记录平均值。减去量规厚度。

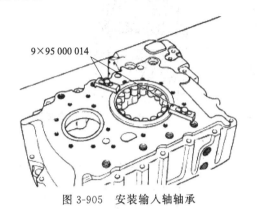

图 3-905　安装输入轴轴承

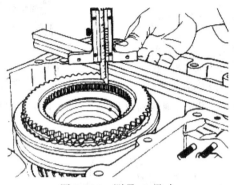

图 3-906　测量 A 尺寸

㉒ 如图 3-907 所示测量 "B"：测量箱体接合面和 4 挡齿轮齿面间的距离。注意：测量 2 个相对点，记录平均值。从所得值中减去尺厚。计算 $A-B$：调整环厚度为上述计算值减去间隙范围 0.6~0.9mm 的所得值。

㉓ 如图 3-908 所示将所选环放在锥鼓上，从箱体中吊出主轴。

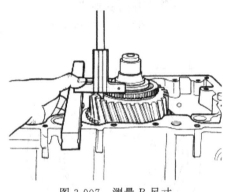

图 3-907　测量 B 尺寸

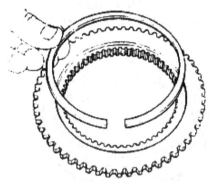

图 3-908　将所选环放在锥鼓上

㉔ 如图 3-909 所示将带滚针轴承和止推垫圈的倒挡惰轮放入变速箱。

㉕ 如图 3-910 所示放置互锁销和弹簧。

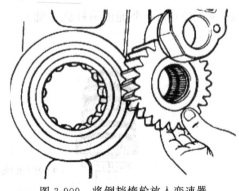

图 3-909　将倒挡惰轮放入变速器

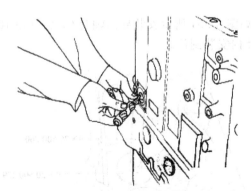

图 3-910　放置互锁销和弹簧

㉖ 安装滚柱轴承到主轴上，并连接输入轴和主轴，如图 3-911 所示。

㉗ 如图 3-912 所示用专用工具 9×56 000 864 连接输入轴，主轴和副轴连接在一起，依次将换挡拨叉和

重型卡车维修技术手册
变速器分册

换挡杆放置到位。

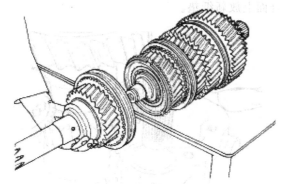

图 3-911　安装滚柱轴承到主轴上

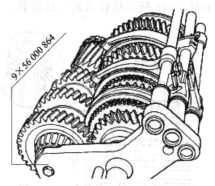

图 3-912　连接输入轴、主轴和副轴

㉘ 如图 3-913 所示在主轴后端装导向轴套 9×95 100 105 或 9×20 500 451，将连接体吊入箱体，注意换挡杆是否安放到位。上述零部件完全安装到位后，拆下专用工具。

注意：变速箱装有互锁销，用专用工具 9×20 500 485 压入互锁销，以便换挡杆顺利装入。

㉙ 如图 3-914 所示将倒挡惰轮对中，安装轴，切面朝向锁定螺钉。放好垫圈，旋紧螺钉，上紧扭矩 150N·m。

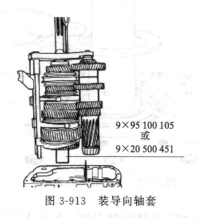

图 3-913　装导向轴套

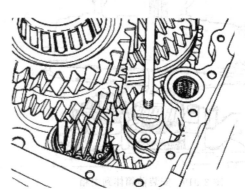

图 3-914　将倒挡惰轮对中安装轴

㉚ 将 GV 拨叉和滑块与 GV 滑套连接，如图 3-915 所示插入 GV 换挡杆到箱体和拨叉内，用一个螺钉暂时固定。

㉛ 如图 3-916 所示向下压滑套并到位，将带 6mm 垫圈的专用工具 9×56 000 683 装在箱体上，上紧螺母直到换挡杆没有轴向间隙，从而允许径向移动。

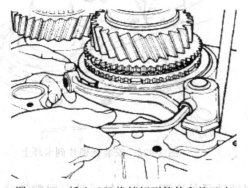

图 3-915　插入 GV 换挡杆到箱体和拨叉内

图 3-916　向下压滑套到位

㉜ 如图 3-917 所示用内六角螺栓调节拨叉的轴向位置。注意：一个螺钉可下移拨叉的位置，另一个螺钉上提拨叉。交替拧紧螺钉，保持滑块在滑套槽中的中间位置，即两边等间隙。上紧螺钉到 70N·m，并

拆下专用工具。

㉝ 如图 3-918 所示箱体内放入滤清器。在箱体结合面上放新纸垫。

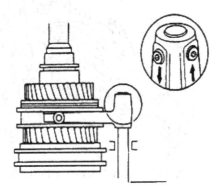

图 3-917　用内六角螺栓调节拨叉的轴向位置

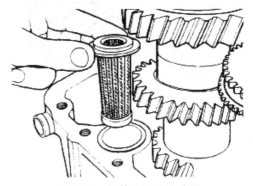

图 3-918　箱体内放入滤清器

㉞ 如图 3-919 所示在前箱体上安装副轴轴承的外圈。然后将其装在主箱体上，注意换挡拨叉杆与前箱体间的配合。上紧连接螺栓至 49N·m。

㉟ 如图 3-920 所示安装轴承止推垫圈，倒角面朝上。

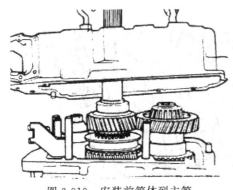

图 3-919　安装前箱体到主箱

图 3-920　安装轴承止推垫圈

㊱ 如图 3-921 所示消除轴承间隙，用专用工具 9×56 000 855 安装半圆卡环。注意卡环每级厚度值：±0.05mm。

㊲ 如图 3-922 所示安装新锁片到卡环上，并在 4 个等距点锁边。

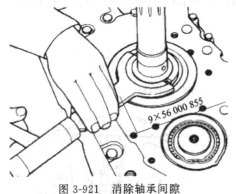

图 3-921　消除轴承间隙

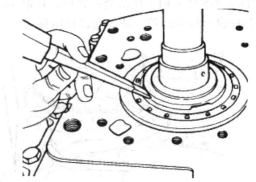

图 3-922　安装新锁片到卡环上

㊳ 副轴轴向间隙调整。用榔头和冲头轻轻敲打副轴轴承外座圈，直到轴承轴向间隙消除，如图 3-923 所示。

㊴ 如图 3-924 所示测量箱体表面到轴承座圈之间的距离。把密封垫厚度加到这个值上为所得值。调整垫片厚度必须较所得值小 0.10mm 到 0.25mm。

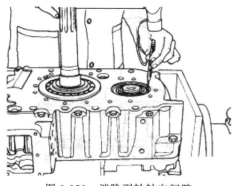

图 3-923　消除副轴轴向间隙

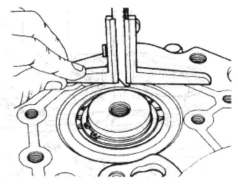

图 3-924　测量间距

㊵ 用专用工具 9×95 000 214 将油封安装到前盖上，如图 3-925 所示。

㊶ 对齐油泵定位销放置，装入油泵，如图 3-926 所示。

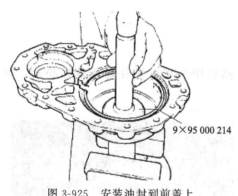

9×95 000 214

图 3-925　安装油封到前盖上

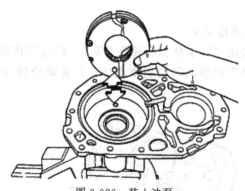

图 3-926　装入油泵

㊷ 安装油泵后，如图 3-927 所示上紧螺钉到 6.0N·m。

㊸ 前盖装配。如图 3-928 所示测量尺寸"A"：测量前盖表面到输入轴轴承外圈结合面之间的距离。把密封垫厚度加到这个值上。

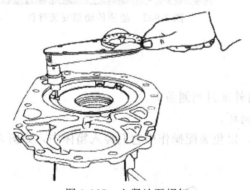

图 3-927　上紧油泵螺钉

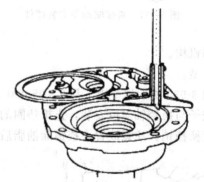

图 3-928　测量尺寸 A

㊹ 如图 3-929 所示测量尺寸"B"：测量轴承表面到箱体表面之间的距离。计算 A−B 为所得值。调整垫圈厚度较所得值小 0.10mm。尽可能选择最小轴向间隙的垫圈。

㊺ 如图 3-930 所示安装前盖到箱体上。注意拆卸它之前，先将油泵内齿槽的方向对准前盖空槽，以便让过定位销（看拆卸）。上紧螺钉至 49N·m。

㊻ 直接驱动型和超速传动型。

a.直接驱动型。

ⓐ 安装主轴轴承的止推垫圈，倒角面向外。

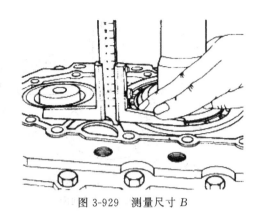

图 3-929　测量尺寸 *B*

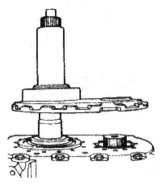

图 3-930　安装前盖到箱体上

ⓑ 安装加热到 120℃的太阳轮。

ⓒ 安装带润滑油管的止推块，上紧螺栓扭矩到 49N·m，然后用金属丝锁住防止螺栓松动，如图 3-931 所示。

b.超速传动型。

ⓐ 装配半圆卡环和后轴承卡簧 2，然后将其锁住。

ⓑ 装带润滑油管的止推块 1，上紧螺栓到 49N·m。然后用金属丝锁住防止螺栓松动，如图 3-932 所示。

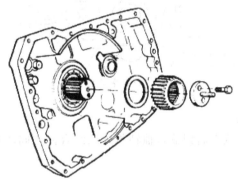

图 3-931　直接驱动型安装部件

图 3-932　超速传动型安装部件

㊼ 换挡机构。

a.双 H 型。

ⓐ 如图 3-933 所示用专用工具 9×95 000 124 装内外油封到侧盖上。

ⓑ 将盖子与换挡轴对位安装，止推垫圈的凹面朝向环。

ⓒ 放置换挡销。注意放置换挡销涂油脂后再安装，以免装配操作中它们掉入箱体中，如图 3-934 所示。

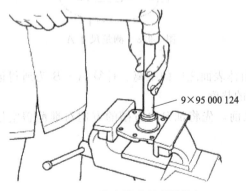

9×95 000 124

图 3-933　装内外油封到侧盖上

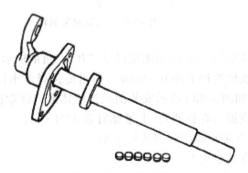

图 3-934　放置换挡销

重型卡车维修技术手册
变速器分册

ⓓ 如图 3-935 所示放置带弹簧的止动销到位。

ⓔ 如图 3-936 所示压入止动销，并用 2 个 5mm 直径销杆锁住它们。

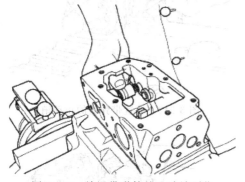

图 3-935　放置带弹簧的止动销到位

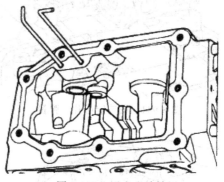

图 3-936　压入止动销

ⓕ 如图 3-937 所示放置互锁部件和换挡拨块。注意拨块数字顺序。

ⓖ 如图 3-938 所示将带弹簧的自锁块在箱体内安装到位。

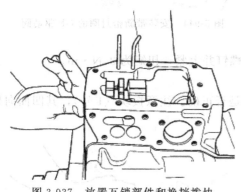

图 3-937　放置互锁部件和换挡拨块

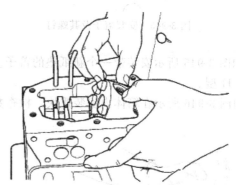

图 3-938　安装带弹簧的自锁块

ⓗ 放置一个新纸垫到盖子上，如图 3-939 所示安装换挡轴。注意将螺钉拧到盖子上，但不上紧。

ⓘ 如图 3-940 所示用杆子压自锁塞，将固定螺钉上紧，扭矩为 50N·m。然后用一个螺母锁紧防松。

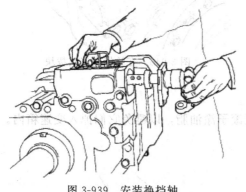

图 3-939　安装换挡轴

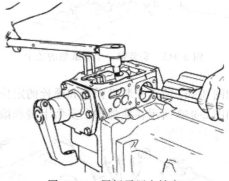

图 3-940　用杆子压自锁塞

ⓙ 如图 3-941 所示安装定心片、弹簧、其他定心片和卡簧。然后安装带新纸垫的盖子并上紧螺钉，扭矩为 25N·m。

ⓚ 如图 3-942 所示放置带弹簧的止动销，然后放置反向惰轴。

ⓛ 如图 3-943 所示安装 3 个弹簧、垫圈和密封垫到盖子上。然后安装盖子及其螺钉并上紧，扭矩为 25N·m。上紧换挡轴盖螺钉。

ⓜ 如图 3-944 所示安装带新密封圈的 GP 驱动阀。放置带垫圈的螺钉并上紧，扭矩为 25N·m。

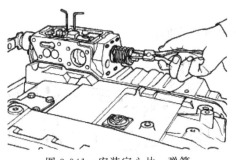

图 3-941 安装定心片、弹簧

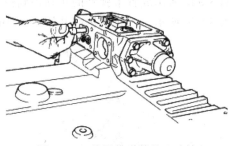

图 3-942 放置带弹簧的止动销

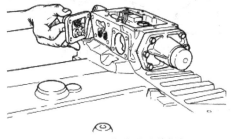

图 3-943 安装盖子及其螺钉

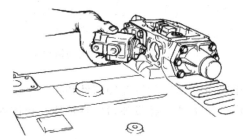

图 3-944 安装带新密封圈的 GP 驱动阀

ⓝ 如图 3-945 所示安装带一个新纸垫的盖子。然后装螺钉并上紧，扭矩为 25N·m。

b. 超 H 型。

ⓐ 如图 3-946 所示在箱体内安装拨块，检查数字顺序是否正确。注意拨块（1 号），其凹面向外（在卡簧侧）。

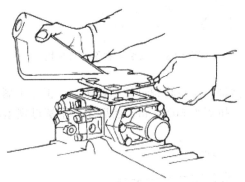

图 3-945 安装带一个新纸垫的盖子

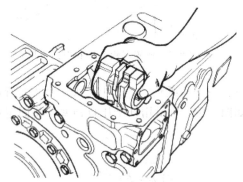

图 3-946 在箱体内安装拨块

ⓑ 如图 3-947 所示安装带弹簧和螺栓的定位器。

ⓒ 如图 3-948 所示在换挡轴上安装卡簧和滚子。注意滚子涂油脂，以避免它们掉入变速箱内。

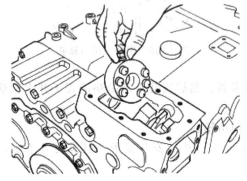

图 3-947 安装带弹簧和螺栓的定位器

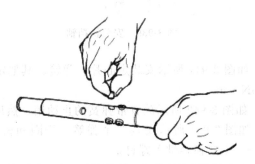

图 3-948 在换挡轴上安装卡簧和滚子

重型卡车维修技术手册
变速器分册

ⓓ 如图 3-949 所示把换挡轴插入箱体内，穿过换挡拨块和定位器。

ⓔ 如图 3-950 所示用杠子推动定位器，直到锁紧螺钉孔对上换挡轴孔。装螺钉并上紧，扭矩为 45N·m。然后装防松螺母并上紧，扭矩为 70N·m。

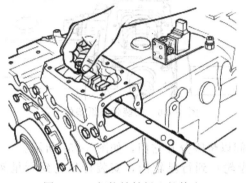

图 3-949　把换挡轴插入箱体内

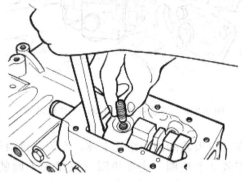

图 3-950　用杠子推动定位器

ⓕ 如图 3-951 所示用工具 9×95 000 124 将内外油封安装到边盖上。

ⓖ 如图 3-952 所示在箱体内安装带新纸垫的盖子，装螺栓并上紧，扭矩为 25N·m。

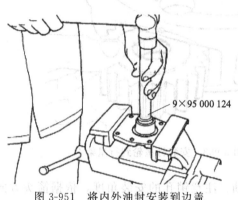

图 3-951　将内外油封安装到边盖

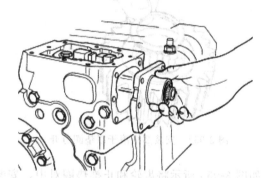

图 3-952　安装带新纸垫的盖子

ⓗ 如图 3-953 所示安装反向惰轴。注意此轴在端部有 2 个斜面，但在双 H 型中的此轴是半球端面的。

ⓘ 如图 3-954 所示放置 3 个弹簧到盖子上，并用新纸垫安装此盖。装螺栓并上紧，扭矩为 25N·m。注意件号为 0501 398 106 大直径弹簧，说明它比双 H 换挡弹簧压力更高。

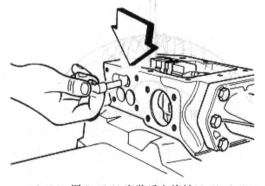

图 3-953　安装反向惰轴

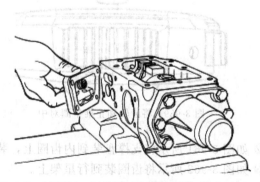

图 3-954　放置 3 个弹簧到盖子上

ⓙ 如图 3-955 所示安装带新密封圈的 GP 驱动阀。装带垫圈的螺栓并上紧，扭矩为 25N·m。

ⓚ 如图 3-956 所示安装带新纸垫的上盖，放置螺栓并上紧，扭矩为 25N·m。

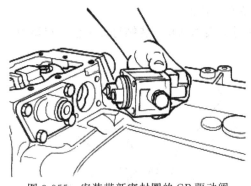

图 3-955　安装带新密封圈的 GP 驱动阀

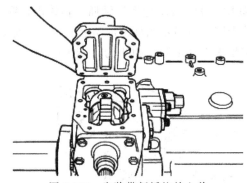

图 3-956　安装带新纸垫的上盖

㊽ 在行星齿轮的内圈涂凡士林，安装 2 排滚子，在中间以垫圈分开它们，如图 3-957 所示。

㊾ 安放 2 个垫圈、止推垫圈（机械加工面朝向行星齿轮）到行星轮内，安装行星轮到行星架上，如图 3-958 所示。

注意一旦某个行星轮磨损，须更换整套行星轮部件。同样安装其他行星轮。

图 3-957　安装 2 排滚子以垫圈分开

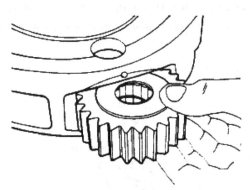

图 3-958　安装行星轮到行星架上

㊿ 如图 3-959 所示将齿轮和止推垫圈对中，安装行星轴。注意销孔的安装角度，依据箭头方向。润滑油孔必须与行星架孔对准。

51 如图 3-960 所示安装弹性销，注意不要冲孔。

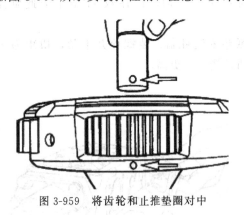

图 3-959　将齿轮和止推垫圈对中

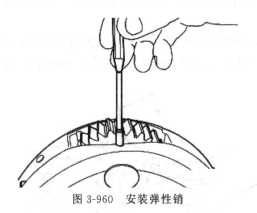

图 3-960　安装弹性销

52 如图 3-961 所示将支撑盘装到内齿圈上，装卡簧。

53 如图 3-962 所示将齿圈装到行星架上。

54 如图 3-963 所示安置止推环，内倒角面向下。然后安装加热到 100～120℃ 的轴承以及锁环。

55 装支撑盘（锥鼓）和同步环。如图 3-964 所示加热齿座到 120℃，将其安装在支撑盘上，内凸面向下。确定同步环完全安装到位，装卡簧。

56 如图 3-965 所示安装滑套，凸缘向上。装弹簧和推块，安装同步环。

重型卡车维修技术手册
变速器分册

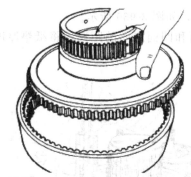

图 3-961　将支撑盘装到内齿圈上

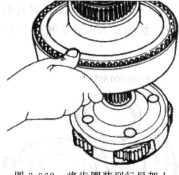

图 3-962　将齿圈装到行星架上

图 3-963　安置止推环

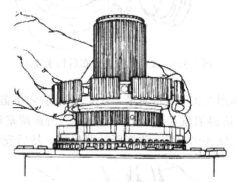

图 3-964　加热齿座安装在支撑盘

� 加热锥鼓到120℃，将其安装到输出轴上，直到其紧靠齿座，如图3-966所示。

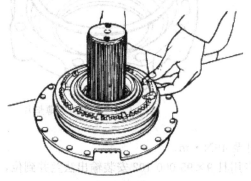

图 3-965　安装同步环

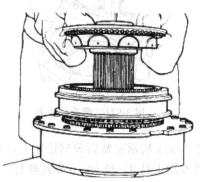

图 3-966　加热锥鼓安装到输出轴

� 如图3-967所示安装速度计齿圈，如为电子速度传感器则为脉冲感应齿圈（凹面朝上），然后装滑块和拨叉。注意拨叉杆必须放置在低挡支撑板的缺口位置上。

� 如图3-968所示安装GP箱体吊装到GP传动装置上，其销孔与低挡支撑板对应。

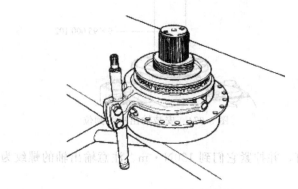

图 3-967　安装速度计齿圈

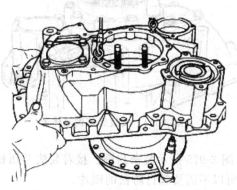

图 3-968　安装GP箱体吊装到GP传动装置

⑩ 用专用工具 9×56 000 865 安装双唇油封在后轴承盖上，如图 3-969 所示。

⑥ GP 盖调节。如图 3-970 所示测量"A"：测量箱体表面和凹面之间的距离。将纸垫厚度加到这个值上为 A。

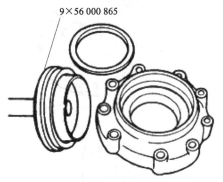

图 3-969　安装双唇油封在后轴承盖上

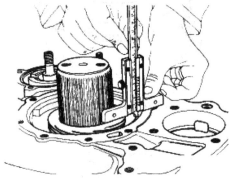

图 3-970　测量尺寸 A

⑥ 如图 3-971 所示测量"B"：测量后轴承盖表面和凹面之间的距离为 B。计算 A＋B 并减去轴承厚度测量值。所得值就是调整垫片的厚度。所选调整垫片可以比计算值小 0.10mm。

⑥ 如图 3-972 所示放置所选薄垫片，然后安装轴承到后盖内。

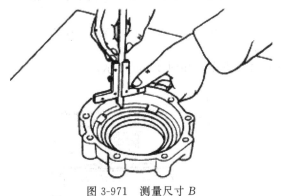

图 3-971　测量尺寸 B

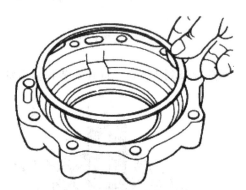

图 3-972　放置所选薄垫片

⑥ 如图 3-973 所示安装后盖到箱体上，并上紧螺钉至 49N·m。

⑥ 安装专用工具 9×20 500 008 到轴上，再配用工专用具 9×95 000 102 安装输出法兰并到位，如图 3-974 所示。

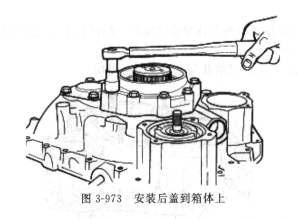

图 3-973　安装后盖到箱体上

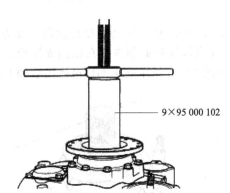

图 3-974　安装输出法兰到位

⑥ 如图 3-975 所示装密封圈。接着装法兰压板和螺钉，并拧紧它们到 120N·m。注意输出轴的螺纹为自锁式，所以不需要螺钉防松的锁片。

⑥ 如图 3-976 所示用专用工具 9×95 000 106，安装一个新油封在速度计齿轮连接处。然后安装带新密

重型卡车维修技术手册
变速器分册

封垫的整个齿轮并上紧，扭矩为120N·m。

图 3-975　装密封圈

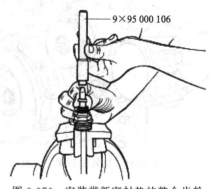

图 3-976　安装带新密封垫的整个齿轮

⑱ 依靠型号不同，电子速度计脉冲发送器也有安装，如图 3-977 所示。

⑲ 在箱体上放置一个新纸垫，如图 3-978 所示吊装 GP 部分直到定位销插入销孔内。为了便于装配，轻转输出法兰，以便太阳轮和行星轮啮合。上紧螺钉连接螺栓到 49N·m。注意压入互锁销可使装配更顺利。

图 3-977　电子速度计脉冲发送器

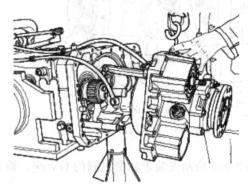

图 3-978　吊装 GP 部分

⑳ 如图 3-979 所示用专用工具 9×95 000 218 安装 GP 换挡杆的新轴封。

㉑ 如图 3-980 所示在活塞上安装定位销和密封圈，唇边均朝外。然后装活塞到换挡杆上，上紧螺母至 160N·m。

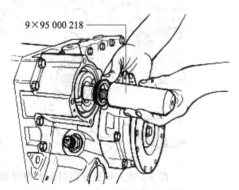

图 3-979　安装 GP 换挡杆的新轴封

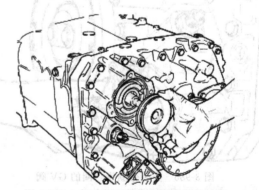

图 3-980　在活塞上安装定位销和密封圈

㉒ 如图 3-981 所示放置密封圈到气缸上，并将它安装到箱体上，检查气孔是否重合。装带垫圈的螺钉并上紧，扭矩为 49N·m。

㉓ 如图 3-982 所示用专用工具 9×95 000 218 安装新油封到半挡气缸。

㉔ 如图 3-983 所示安装一个新密封圈到气缸上，并把它装到箱体内。注意用专用工具 9×56 000 866 保护油封唇边。

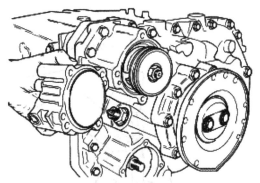

图 3-981　放置密封圈到气缸上

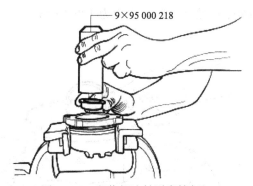

9×95 000 218

图 3-982　安装新油封到半挡气缸

⑦ 如图 3-984 所示安装带新双密封环的活塞到气缸和半挡换挡杆上。装螺母，上紧扭矩至 160N·m。

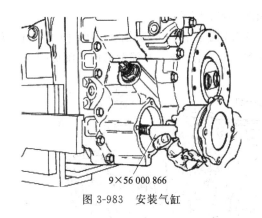

9×56 000 866

图 3-983　安装气缸

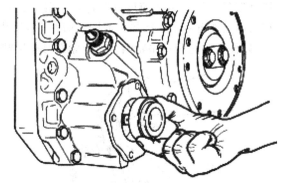

图 3-984　安装带新双密封环的活塞

⑦ 如图 3-985 所示安装带新密封圈的 GV 阀，检查气孔是否相互重合。装带垫圈的螺钉并上紧，扭矩为 25N·m。

⑦ 带取力器（PTO）型、双"H"版和叠加"H"版。

a.带取力器（PTO）型。

ⓐ 安装卡簧和轴承到轴上，将总成插入箱体内。然后安装导向衬套和滚针轴承，如图 3-986 所示。

图 3-985　安装带新密封圈的 GV 阀

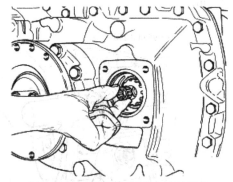

图 3-986　安装导向衬套和滚针轴承

ⓑ 安装带新垫圈的取力器、动作气缸及其支架。将操纵杆放在非取力位，安装锁定销。

注意在非取力位，安装带新垫圈的盖子并上紧螺钉（图 3-987），扭矩为 60N·m。

b.双"H"版。如图 3-988 所示安装空气管道和接头。

c.叠加"H"版。

ⓐ 如图 3-989 所示放置新密封垫并安装电磁阀支架。

ⓑ 如图 3-990 所示在支架上安装电磁阀。装螺栓并上紧，扭矩为 10N·m。

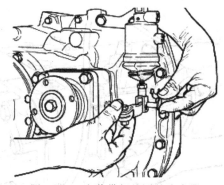

图 3-987　安装带新垫圈的取力器

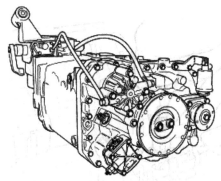

图 3-988　安装空气管道和接头

图 3-989　放置新密封垫并安装电磁阀支架

图 3-990　在支架上安装电磁阀

ⓒ 如图 3-991 所示在箱体上安装 2 位 4 通阀支架。放置螺栓并上紧，扭矩为 49N·m。

ⓓ 如图 3-992 所示在支架上安装 2 位 4 通阀。装带垫圈的螺栓并上紧，扭矩为 6N·m。

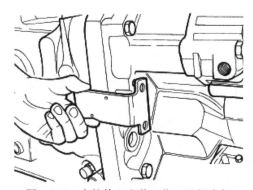

图 3-991　在箱体上安装 2 位 4 通阀支架

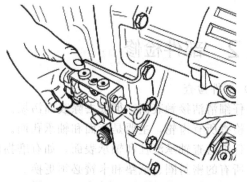

图 3-992　在支架上安装 2 位 4 通阀

ⓔ 如图 3-993 所示在 GP 驱动阀内安装带新密封圈的节流体并上紧，扭矩为 20N·m。

ⓕ 如图 3-994 所示在 2 位 4 通阀上部安装 620mm 长空气管道的管接头（小），在 GP 驱动阀节流体上安装其他管接头。上紧接头螺钉。M10＝15N·m；M12＝20N·m；M14＝35N·m。

ⓖ 如图 3-995 所示从 2 位 4 通阀到电磁阀安装 320mm 长的空气管。

ⓗ 如图 3-996 所示从 2 位 4 通阀后下部到 GP 气缸安装 240mm 长的空气管。

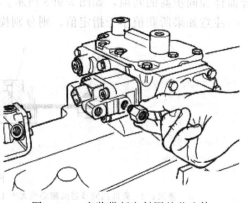

图 3-993　安装带新密封圈的节流体

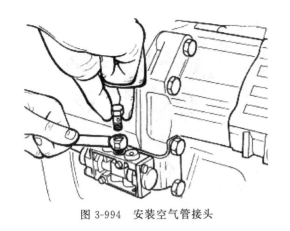

图 3-994　安装空气管接头

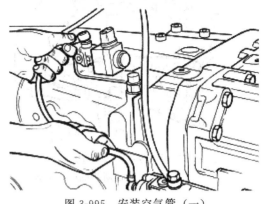

图 3-995　安装空气管（一）

① 如图 3-997 所示从 2 位 4 通阀前下部到 GP 气缸安装 420mm 长的空气管。

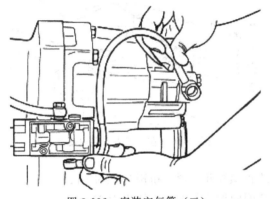

图 3-996　安装空气管（二）

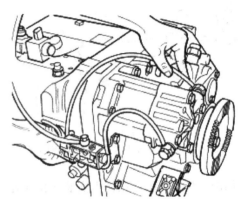

图 3-997　安装空气管（三）

3.4.2　部件检修

（1）部件检查
① 仔细清洁接触表面，彻底去除表面污垢。
② 检查所有齿轮，主要是齿面和轴承孔面。
③ 仔细检查轴承滚柱和轴承表面，如有磨损即于更换。
④ 所有的密封圈、纸垫和卡簧必须更换。

（2）检查磨损极限　在装配同步器之前，检查同步环和锥鼓的磨损情况。用塞尺在两相对点间测量离合器体和同步器的间隙，如图 3-998 所示。

注意如果所获值小于指定值，则分别检查锥鼓和同步环的磨损情况，确定单独更换或全部更换它们。

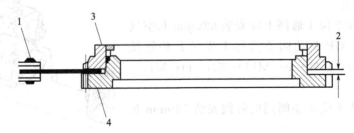

图 3-998　磨损检测示意图

1—塞尺；2—高低挡同步器间隙必须大于 1.2mm，其他挡位的同步器间隙必须大于 0.8mm；3—同步环；4—锥鼓

3.5
奔驰卡车变速器

3.5.1 G140-8 8挡变速器分解

3.5.1.1 变速器总成拆解步骤

① 断开变速箱控制单元（TCM）（A5），气动中央离合器分离轴承，变速箱油温度传感器（B505），主轴转速传感器 B501 和副轴转速传感器 B502 上的电气连接器。

② 拆下自动变速箱处的压缩空气管路。

③ 将电线 23 连同支架一起从变速箱上分开。

④ 拆下气动中央离合器分离轴承，此步骤针对车型 963、964、967。

⑤ 拆下变速箱油温度传感器 B505。

⑥ 拆下副轴转速传感器 B502。

⑦ 拆下主轴转速传感器 B501。

⑧ 拆下行程和速度传感器 B18，此步骤针对未装配 2 速分动箱的车辆；拆下输出轴转速传感器 B500，此步骤针对装配 2 速分动箱的车辆。

⑨ 拆下端盖 37，此步骤针对未装配取力器的变速箱；拆下取力器，此步骤针对装配取力器的变速箱。

⑩ 拆下变速箱选挡器 Y900。

⑪ 拆下换挡机构 24。

⑫ 拆下螺旋塞 38、密封圈 39、机油滤网 40 和弹簧 41。

⑬ 用撞击拔取器拆下套筒 42。

⑭ 将卡环 16 从倒挡空转齿轮轴 30 上拆下。

⑮ 使用螺纹嵌件 31 和撞击拔取器 32 拆下倒挡空转齿轮轴 30。

⑯ 拆下副变速箱气缸 2。

⑰ 拆下副变速箱换挡活塞。

⑱ 将装配工具放到副变速箱换挡杆 3 上。

⑲ 拆下输出凸缘 18。

⑳ 拆下输出轴径向轴密封圈 36。

㉑ 拆下脉冲轮 34。

㉒ 将装配工具固定到变速箱上，然后将变速箱移至垂直位置。

㉓ 松开螺旋塞 5，拆下弹簧 6 和止动螺栓 7。

㉔ 分开副轴制动器 28。

㉕ 拆下驱动轴轴承盖 29。

㉖ 拆下油管 9 处的卡环 33。

㉗ 松开两个支承轴销 35。

㉘ 拆下变速箱外壳后部 15 周围的螺钉/螺栓。

㉙ 将拉拨器 43、止推件、手动泵、液压软管、液压缸和两个适配器固定到变速箱外壳前部 4。

㉚ 将变速箱外壳前部 4 从变速箱外壳后部 15 撬下约 30mm。

㉛ 将副变速箱换挡杆 3 从副变速箱换挡拨叉 10 上松开，然后使用装配工具从变速箱外壳前部 4

拉出。

㉜ 拆下手动泵、液压软管、液压缸和两个适配器。

㉝ 将固定装置固定到拉拔器 43 上。

㉞ 拆下变速箱外壳前部 4。

㉟ 将固定装置、拉拔器 43 和止推件从变速箱外壳前部 4 分开。

㊱ 将副变速箱换挡杆 3 的径向轴密封圈和导向轴套从变速箱外壳前部 4 拆下。

㊲ 将圆锥滚柱轴承外座圈 26 和 27 使用合适的冲子从变速箱外壳前部 4 拆下。

㊳ 拆下油管 9。

㊴ 将副变速箱换挡拨叉 10 连同滑块 8 一起拆下。

㊵ 将主轴 19、驱动轴 22 和副轴 11 连同换挡单元 13 一起拆下，将倒挡齿轮 14 推到一侧（箭头所示）。

㊶ 将倒挡齿轮 14 从变速箱外壳后部 15 拆下。

㊷ 转动变速箱外壳。

㊸ 将圆锥滚柱轴承外座圈 12 使用直径 6mm 的冲压机 46 通过孔 45 从变速箱外壳后部 15 拆下。

㊹ 将圆锥滚柱轴承外座圈 17 从变速箱外壳后部 15 拆下。

㊺ 分解主轴 19。

㊻ 分解驱动轴 22。

㊼ 拆下副轴 11 处的圆锥滚柱轴承。

变速器部件分解如图 3-999 所示。

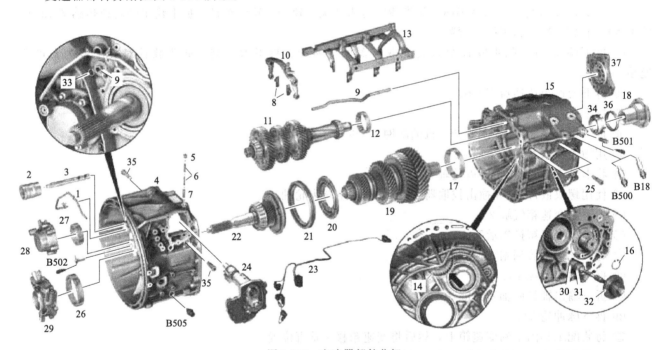

图 3-999　变速器部件分解

1—压缩空气管路；2—副变速箱气缸；3—副变速箱换挡杆；4—变速箱外壳前部；5—螺旋塞；6—弹簧；7—止动螺栓；8—滑块；
9—油管；10—副变速箱换挡拨叉；11—副轴；12,17,26,27—圆锥滚柱轴承外座圈；13—换挡单元；14—倒挡齿轮；15—变速箱
外壳后部；16,33—卡环；18—输出凸缘；19—主轴；20—带同步环和环形弹簧的同步器锥体；21—滑动套筒；22—驱动轴；
23—电线；24—换挡机构；25—支承轴销；28—副轴制动器；29—驱动轴轴承盖；30—倒挡空转齿轮轴；31—螺纹嵌件；
32—撞击拔取器；34—脉冲轮；35—支承轴销；36—径向轴密封圈；37—端盖（仅适用未装配取力器的车辆）；
B18—行程和速度传感器（仅适用于未装配 2 速分动箱的车辆）；B500—输出轴转速传感器（仅适用于装配
2 速分动箱的车辆）；B501—主轴转速传感器；B502—副轴转速传感器；B505—变速箱油温度传感器

变速器拆解细节图解如图 3-1000～图 3-1003 所示。

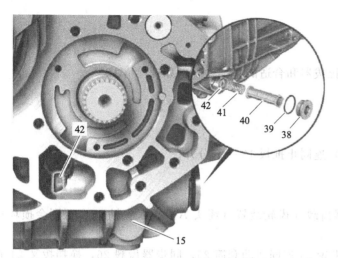

图 3-1000　变速器拆卸图解

15—变速箱外壳后部；38—螺旋塞；39—密封圈；
40—机油滤网；41—弹簧；42—套筒

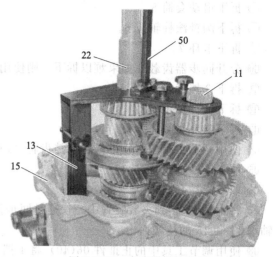

图 3-1001　变速器拆卸图解

11—副轴；13—换挡单元；15—变速箱外壳后部；
22—驱动轴；50—举升装置

图 3-1002　变速器拆卸图解

4—变速箱外壳前部；43—拉拔器；44—适配器

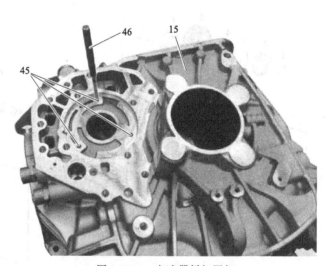

图 3-1003　变速器拆卸图解

15—变速箱外壳后部；45—孔；46—冲压机（直径 6mm）

3.5.1.2　轴总成拆解步骤

变速箱 G140-8/9.30-0.79 主轴拆卸步骤如下。

① 分解变速箱。

② 将主轴 17 输出凸缘的齿轮夹在夹紧装置上。

③ 拆下螺母 1，注意螺母 1 为左旋螺纹。

④ 使用调节工具中的止推件拆下圆锥滚柱轴承 2，然后取下垫片 3。

⑤ 使用调节工具中的冲子调节圆锥滚柱轴承 4，直至等速齿轮 2(5) 难以转动，敲动调节工具中的冲子，这会使圆锥滚柱轴承 4 从主轴 17 上松开。

⑥ 使用调节工具中的止推件 04(41) 和止推件 06(40) 将等速齿轮 2(5) 连同圆锥滚柱轴承 4 一起分开。

⑦ 拆下滑动套筒 8。

⑧ 拆下圆锥滚柱轴承 6。

⑨ 拆下卡环 7。

⑩ 分开同步器齿毂 9 如果难以拆下，则使用拉拔器和合适的止推件，例如螺栓 M12。

⑪ 拆下 3 挡齿轮 10。

⑫ 拆下针柱轴承 11。

⑬ 拆下卡环 12。

⑭ 使用调节工具中的止推件将 2 挡齿轮（14）连同止推板 13 一起分开。

⑮ 取下针柱轴承 15。

⑯ 取下滑动套筒 16。

⑰ 将主轴 17 转到夹紧装置中，仅通过同步器齿毂 9 齿轮装置（箭头 A）夹入主轴 17，否则会损坏针柱轴承 11 和 15 的接触面。

⑱ 使用调节工具中的止推件 06(40) 将 1 挡齿轮 23 连同滑动套筒 25，同步器齿毂 26，换挡拨叉 24 和圆锥滚柱轴承 27 一起分开。

⑲ 拆下针柱轴承 22。

⑳ 使用调节工具中的止推件将倒挡齿轮 19 连同止推板 20 和衬套 21 一起分开。

㉑ 拆下针柱轴承 18。

主轴部件分解如图 3-1004 所示。

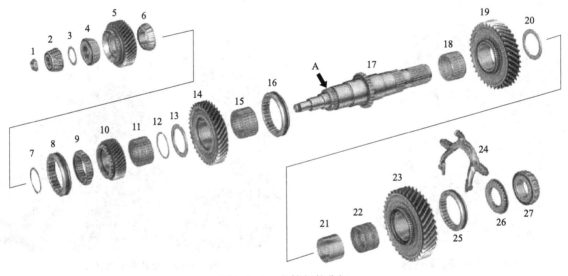

图 3-1004　主轴部件分解

1—螺母；2,4,6,27—圆锥滚柱轴承；3—垫片；5—等速齿轮2；7—卡环；8—滑动套筒；9,26—同步器齿毂；10—3 挡齿轮；
11,15,18,22—针柱轴承；12—卡环；13,20—止推垫圈；14—2 挡齿轮；16—滑动套筒；17—主轴；
19—倒挡齿轮；21—衬套；23—1 挡齿轮；24—换挡拨叉；25—滑动套筒；A—齿轮装置

主轴拆卸细节图解如图 3-1005～图 3-1008 所示。

变速器驱动轴部件分解如图 3-1009 所示，拆装步骤如下。

① 分解变速箱。

② 拆下卡环 11。

③ 使用分解工具包中的止推件拆下圆锥滚柱轴承 10。

④ 将等速齿轮 1(8)，针柱轴承 9 连同同步器锥体 6，环形弹簧 5 和同步环 7 一起拆下。

⑤ 从同步环 7 上拆下环形弹簧 5 和同步器锥体 6。

⑥ 拆下导流叶片 4。

⑦ 拆下卡环 3 和机油管 2。

重型卡车维修技术手册
变速器分册

图 3-1005 主轴拆卸图解 (一)

5—等速齿轮 2；40—止推件 06 (调节工具中)；41—止推件 04
(调节工具中)；42—适配器 (拉拔器臂)；43—不带芯轴的拉拔器

图 3-1006 主轴拆卸图解 (二)

13—止推垫圈；14—2 挡齿轮；17—主轴；42—适配
器 (拉拔器臂)；43—不带芯轴的拉拔器

图 3-1007 主轴拆卸图解 (三)

23—1 挡齿轮；24—换挡拨叉；27—圆锥滚柱轴承；
40—止推件 06 (调节工具中)；42—适配器 (拉拔
器臂)；43—不带芯轴的拉拔器

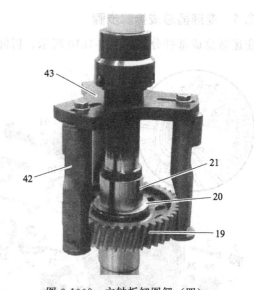

图 3-1008 主轴拆卸图解 (四)

19—倒挡齿轮；20—止推垫圈；21—衬套；42—适
配器 (拉拔器臂)；43—不带芯轴的拉拔器

⑧ 将油管 2 插入驱动轴 1 中，然后安装卡环 3。

⑨ 安装空气流量传感器导流叶片 4，导流叶片 4 的橡胶密封唇必须朝外。

⑩ 将环形弹簧 5 插入同步器锥体 6 中，然后安装到同步环 7 上，检查部件是否磨损，如有必要，则进行更换，用变速箱油润滑同步器锥体 6。

⑪ 将针柱轴承 9 滑到驱动轴 1 上，然后安装带等速齿轮 1(8) 的同步环 7，润滑针柱轴承 9。

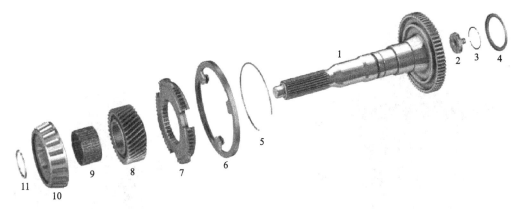

图 3-1009　变速器驱动轴部件分解

1—驱动轴；2—油管；3,11—卡环；4—导流叶片；5—环形弹簧；6—同步器锥体；7—同步环；
8—等速齿轮1；9—针柱轴承；10—圆锥滚柱轴承

　　⑫ 将圆锥滚柱轴承 10 加热至约 80℃并安装，冷却后，轴向调节圆锥滚柱轴承 10 的内座圈，直至其无间隙地落座。

　　⑬ 无间隙地安装卡环 11，如有必要，使用不同厚度的卡环。

　　⑭ 装配变速箱。

3.5.2　G281-12/G330-12 12 挡变速器

3.5.2.1　变速器总成拆解步骤

　　变速器总成部件分解如图 3-1010 所示，拆卸步骤如下。

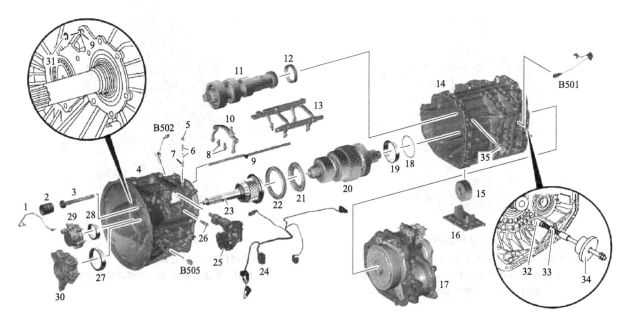

图 3-1010　变速器总成部件分解

1—压缩空气管路；2—副变速箱气缸；3—副变速箱换挡杆；4—变速箱外壳前部；5—螺旋塞；6—弹簧；7—止动螺栓；8—滑块；9—油管；10—副变速箱换挡拨叉；11—副轴；12,19,27,28—圆锥滚柱轴承外座圈；13—换挡单元；14—变速箱外壳中部；15—倒挡齿轮；16—倒挡齿轮盖；17—高低挡组；18—垫片；20—主轴；21—带同步环和环形弹簧的同步器锥体；22—滑动套筒；23—驱动轴；24—电线；25—换挡机构；26—支承轴销；29—副轴制动器；30—驱动轴轴承盖；31—卡环；32—倒挡空转齿轮轴；33—螺纹嵌件；34—撞击拨取器；35—支承轴销；B501—主轴转速传感器；B502—副轴转速传感器；B505—变速箱油温度传感器

① 从装在发动机上的取力器换挡模块 Y502 上断开压缩空气管路，仅适用于装配独立式取力器（装在发动机上的取力器）的变速箱。

② 拆下取力器处的压缩空气管路，仅适用于装配驱动取力器的变速箱。

③ 分开变速箱选挡器 Y900 高低挡组气缸处的压缩空气管路。

④ 从装在发动机上的取力器换挡模块 Y502 和装在发动机上的取力器转速传感器 B507 上断开电气连接器，仅适用于装配独立式取力器（装在发动机上的取力器）的变速箱。

⑤ 断开变速箱控制单元（TCM）A5、气动中央离合器分离轴承、变速箱油温度传感器 B505、主轴转速传感器 B501 和副轴转速传感器 B502 上的电气连接器。

⑥ 将压缩空气管路和电线 24 连同支架一起从变速箱上分开。

⑦ 拆下气动中央离合器分离轴承，仅适用于装配第三代梅赛德斯动力换挡变速箱 PowerShift 3/代码 G5G 的车辆。

⑧ 拆下高低挡组 17。

⑨ 将机油限制器 69 从主轴 20 上拆下，仅在装配的情况下。

⑩ 拆下变速箱油温度传感器 B505。

⑪ 拆下副轴转速传感器 B502。

⑫ 拆下主轴转速传感器 B501。

⑬ 拆下变速箱选挡器 Y900。

⑭ 拆下换挡机构 25。

⑮ 使用螺纹嵌件 33 和撞击拔取器 34 拆下倒挡空转齿轮轴 32。

⑯ 拆下取力器，仅适用于装配独立式取力器（装在发动机上的取力器）的变速箱。

⑰ 拆下换挡拨叉和取力器滑动套筒，仅适用于装配独立式取力器（装在发动机上的取力器）的变速箱。

⑱ 拆下副变速箱气缸 2，此步骤针对未装配独立式取力器（装在发动机上的取力器）的变速箱。

⑲ 拆下副变速箱换挡活塞。

⑳ 将装配工具放到副变速箱换挡杆 3 上。

㉑ 将装配工具 73 安装到变速箱 72 上，然后垂直放置。

㉒ 松开螺旋塞 5，拆下弹簧 6 和止动螺栓 7，螺旋塞 5 是弹簧加载式的。

㉓ 分开副轴制动器 29，此步骤针对未装配独立式取力器（装在发动机上的取力器）的变速箱。

㉔ 拆下驱动轴轴承盖 30，此步骤针对未装配独立式取力器（装在发动机上的取力器）的变速箱。

㉕ 拆下变速箱外壳前部 4 半挡组换挡杆安装工具，此步骤针对未装配独立式取力器（装在发动机上的取力器）的变速箱。

㉖ 将圆锥滚柱轴承外座圈 27 和 28 从变速箱外壳前部 4 拆下。

㉗ 分开倒挡齿轮盖 16。

㉘ 将倒挡齿轮 15 从变速箱外壳中部 14 拆下。

㉙ 将两个支承轴销 35 从变速箱外壳中部 14 拆下。

㉚ 拆下驱动轴 23，将副轴 11 推到一旁。

㉛ 拆下滑动套筒 22。

㉜ 拆下带同步环和环形弹簧的同步器锥体 21。

㉝ 拆下油管 9。

㉞ 将固定装置 50 固定到主轴 20、副轴 11 和换挡单元 13 上。

㉟ 从变速箱外壳中部 14 拆下主轴 20、副轴 11 和换挡单元 13，然后夹到夹紧装置中。

㊱ 将副轴 11 从支架 50 上分开。

㊲ 从固定装置 50 和主轴 20 上分开换挡单元 13。

㊳ 从主轴 20 上分开固定装置 50。

㊴ 将装配工具 73 从变速箱外壳中部 14 分开，然后水平放置。

㊵ 将圆锥滚柱轴承外座圈 12 从变速箱外壳中部，使用合适的冲子 14 拆下。

㊶ 从变速箱外壳中部 14 使用合适的冲子拆下圆锥滚柱轴承外座圈 19 和间隔垫片 18。

㊷ 分解主轴 20。

㊸ 分解驱动轴 23。

㊹ 分解副轴 11。

变速器部件拆卸细节图解如图 3-1011～图 3-1014 所示。

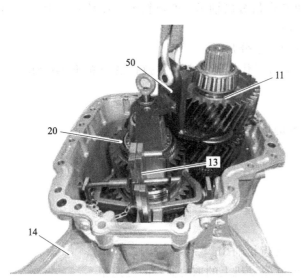

图 3-1011　变速器部件拆卸图解（一）

11—副轴；13—换挡单元；14—变速箱外壳中部；
20—主轴；50—固定装置

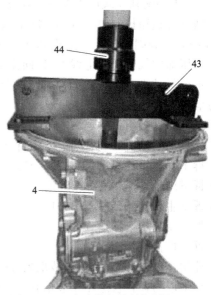

图 3-1012　变速器部件拆卸图解（二）

4—变速箱外壳前部；43—拔取工具；
44—适配器

图 3-1013　变速器部件拆卸图解（三）

20—主轴；69—机油限制器

图 3-1014　变速器部件拆卸图解（四）

72—变速箱；73—装配工具

3.5.2.2　轴总成拆解步骤

（1）主轴分解

① 分解变速箱。

② 将主轴 12 上太阳齿轮 21 的齿夹在夹紧装置中。

③ 拆下螺母 1，螺母 1 具有左旋螺纹。

④ 拆下圆锥滚柱轴承（2），然后取下垫片（3）使用分解组件中的止推件 02(24)。

⑤ 使用分解组件中的冲子 04 调节圆锥滚柱轴承 4，直至等速齿轮 2(5) 难以转动，这会使圆锥滚柱轴承 4 从主轴 12 上松开。

⑥ 将等速齿轮 2(5) 连同圆锥滚柱轴承 4 一起分开，使用分解组件中的止推件 01(25) 和止推件 02(24)。

⑦ 拆下滑动套筒 7。

⑧ 拆下圆锥滚子轴承 6，使用分解组件中的止推件 02(24)。

⑨ 拆下卡环 8。

⑩ 分开同步体 9。

⑪ 拆下 2 挡齿轮 10。

⑫ 拆下滚针轴承 11。

⑬ 将主轴 12 转到夹紧装置中，仅通过同步体 9 传动装置夹入主轴 12，否则会损坏针柱轴承 11 的接触面。

⑭ 拆下卡环 22。

⑮ 拉下太阳齿轮 21、带脉冲轮的圆锥滚柱轴承 20 和倒挡齿轮 19，使用分解组件中的止推件 01(25) 和止推件 02(24)。

⑯ 拆下滚针轴承 18。

⑰ 拆下滑动套筒 17。

⑱ 拆下卡环 16。

⑲ 分开同步体 15。

⑳ 拆下 1 挡齿轮 14。

㉑ 拆下滚针轴承 13。

变速器主轴部件分解如图 3-1015 所示。

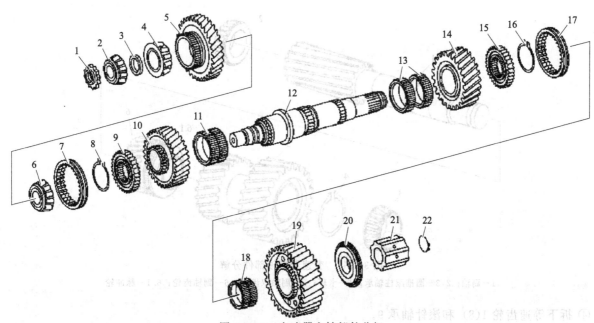

图 3-1015　变速器主轴部件分解

1—螺母；2—圆锥滚柱轴承（引导轴承）；3—垫片；4,6—圆锥滚柱轴承；5—等速齿轮 2；7—滑动套筒；8,16—卡环；
9—同步体；10—2 挡齿轮；11,13,18—针柱轴承；12—主轴；14—1 挡齿轮；15—同步体；17—滑动套筒；
19—倒挡齿轮；20—带脉冲轮的圆锥滚柱轴承；21—太阳齿轮；22—卡环

主轴部件拆解图示见图 3-1016。

图 3-1016 主轴部件拆解图示

12—主轴；19—倒挡齿轮；20—带脉冲轮的圆锥滚柱轴承；
21—太阳齿轮；23—不带芯轴的拉拔器；24—止推件 02
（包含在分解组件中）；25—止推件 01（包含在分解组件中）

（2）副轴拆装

① 分解变速箱。

② 拆下圆锥滚子轴承 2。

③ 拆下圆锥滚子轴承 3。

④ 拆下卡环 4。

⑤ 拆下副轴双齿轮 5。

⑥ 分开带脉冲轮 6.1 的副轴齿轮 6。

⑦ 将带脉冲轮 6.1 的副轴齿轮 6 加热至最高 180℃，然后安装。安装后，立即使用授权服务中心压具调节副轴齿轮 6，以使其无间隙地落座。

⑧ 将副轴双齿轮 5 加热至最高 180℃，然后进行安装。安装后，立即使用授权服务中心压具调节副轴双齿轮 5，以使其无间隙地落座。

⑨ 安装卡环 4。

⑩ 将圆锥滚柱轴承 3 加热至最高 80℃，然后安装，无间隙地调节圆锥滚柱轴承 3 的锥体。

⑪ 将圆锥滚柱轴承 2 加热至最高 80℃，然后安装，将圆锥滚子轴承 2 的锥体调节至零间隙。

⑫ 装配变速箱。

变速器副轴部件分解如图 3-1017 所示。

（3）驱动轴拆装

① 分解变速箱。

② 拆下卡环 11。

③ 拆下圆锥滚柱轴承 10，使用分解工具包中的止推件 03。

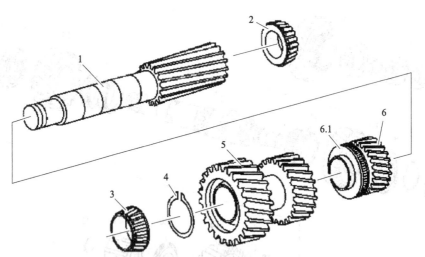

图 3-1017 变速器副轴部件分解

1—副轴；2,3—圆锥滚柱轴承；4—卡环；5—副轴双齿轮；6—副轴齿轮；6.1—脉冲轮

④ 拆下等速齿轮 1（8）和滚针轴承 9。

⑤ 从同步环 7 上拆下环形弹簧 5 和同步器锥体 6。

⑥ 拆下导流叶片 4。

⑦ 拆下卡环 3 和机油管 2。

⑧ 将机油管 2 插入驱动轴 1 中，然后安装卡环 3。

⑨ 安装空气流量传感器导流叶片 4，导流叶片 4 的橡胶密封唇必须朝上。

⑩ 检查环形弹簧 5、同步器锥体 6 和同步环 7 是否磨损和损坏，必要时更换。

⑪ 润滑环形弹簧 5 和同步器锥体 6。

⑫ 将环形弹簧 5 插入同步器锥体 6 中，然后安装到同步环 7 上。

⑬ 润滑针柱轴承 9，然后推到驱动轴 1 上。

⑭ 安装同步环 7 和等速齿轮 1(8)。

⑮ 将圆锥滚柱轴承 10 加热至约 80℃ 并安装，冷却后，轴向调节圆锥滚柱轴承 10 的内座圈，直至其无间隙地落座。

⑯ 安装卡环 11，注意卡环 11 的轴向间隙，如有必要，使用不同厚度的卡环 11。

⑰ 装配变速箱。

变速器驱动轴承部件分解如图 3-1018 所示。

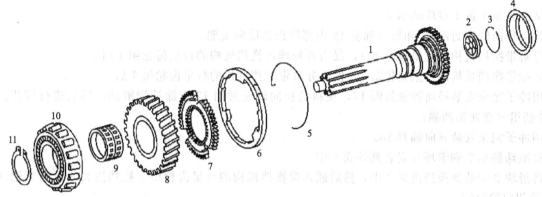

图 3-1018　变速器驱动轴承部件分解

1—驱动轴；2—机油管；3—卡环；4—导流叶片；5—环形弹簧；6—同步器锥体；7—同步环；
8—等速齿轮 1；9—针柱轴承；10—圆锥滚柱轴承；11—卡环

3.5.2.3　行星齿轮组拆装步骤

变速器行星齿轮组分解如图 3-1019 所示，拆装步骤如下。

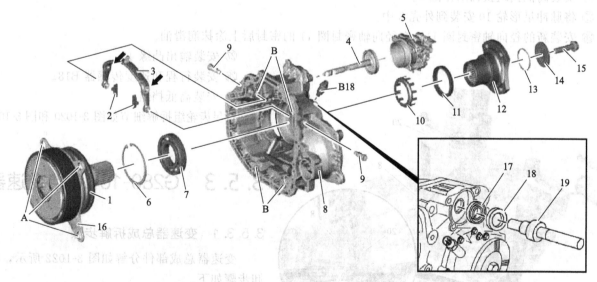

图 3-1019　变速器行星齿轮组分解

1—带换挡机构的行星齿轮组；2—滑块；3—换挡拨叉；4—带换挡活塞的换挡杆；5—高低挡组换挡工作缸；6—卡环；7—滚珠轴承；
8—外壳（高低挡组）；9—支承轴销；10—脉冲星形轮；11—径向轴密封圈；12—输出凸缘；13—O 形环；14—压板；
15—膨胀螺栓；16—支承环；17—径向轴密封圈；18—导向衬套；19—冲子；B18—行程和速度传感器；
A—孔（支承环上）；B—孔（变速箱外壳后部）；箭头所指—字母标识

① 拆下高低挡组。

② 拆下行程和速度传感器 B18。

③ 拆下输出凸缘 12。

④ 拆下径向轴密封圈 11。

⑤ 拆下高低挡组换挡工作缸 5。

⑥ 松开支承轴销 9。

⑦ 将带换挡活塞的换挡杆 4 转动 180°，然后拉出。

⑧ 将外壳 8 从带换挡机构的行星齿轮组 1 上分开，将烙铁 21 放到拉拔器 20 与外壳 8 之间，否则可能损坏外壳 8。

⑨ 拆下脉冲星形轮 10。

⑩ 拆下卡环 6。

⑪ 从外壳 8 上拆下滚珠轴承 7。

⑫ 拆下径向轴密封圈 17 和导向轴套 18 内部拉拔器反向支架。

⑬ 分解带换挡机构的行星齿轮组 1，仅当要修理带换挡机构的行星齿轮组 1 时。

⑭ 装配带换挡机构的行星齿轮组 1，仅当分解带换挡机构的行星齿轮组 1 后。

⑮ 用冲子完全安装径向轴密封圈 17，在新的径向轴密封圈 17 上涂抹润滑油，然后进行安装。使弹簧插销垫片朝里（变速箱油侧）。

⑯ 用冲子完全安装导向轴套 18。

⑰ 将滚珠轴承 7 和卡环 6 安装到外壳 8 中。

⑱ 将滑块 2 安装到换挡拨叉 3 中，然后插入带换挡机构的行星齿轮组 1 换挡拨叉 3 上的刻记（箭头所示），必须朝向输出端。

⑲ 将支承环 16 上的孔 A 与外壳 8 上的孔（B）对齐，直至其相互齐平。

⑳ 将外壳 8 和滚珠轴承 7 放到带换挡机构的行星齿轮组 1 上。

㉑ 使用拉拔器 22 压上外壳 8，直至其靠在滚珠轴承 7 上。

㉒ 安装带换挡活塞的换挡杆 4，换挡拨叉 3 必须接合到带换挡活塞的换挡杆 4 的切口中。

㉓ 拧入支承轴销 9，在支承轴销 9 的螺纹上涂抹密封剂。

㉔ 安装高低挡组换挡工作缸 5。

㉕ 将脉冲星形轮 10 安装到外壳 8 中。

㉖ 安装新的径向轴密封圈 11，在径向轴密封圈 11 的密封唇上涂抹润滑油。

㉗ 安装输出凸缘 12。

㉘ 安装行程和速度传感器 B18。

㉙ 安装高低挡组。

行星齿轮组拆解细节如图 3-1020 和图 3-1021 所示。

3.5.3　G280-16 16 挡变速器

3.5.3.1　变速器总成拆解步骤

变速器总成部件分解如图 3-1022 所示，拆卸步骤如下。

① 断开装在发动机上的取力器换挡模块 Y502 处的压缩空气管路，仅适用于装配独立式取力器［装在发动机上的取力器（PTO）］的变速箱。

图 3-1020　行星齿轮组拆解图示（一）

8—外壳（高低挡组）；20—拉拔器；21—烙铁

② 拆下取力器处的压缩空气管路仅适用于装配驱动取力器的变速箱。

③ 拆下变速箱选挡器 Y900 和高低挡组气缸处的压缩空气管路。

④ 断开装在发动机上的取力器换挡模块 Y502 和装在发动机上的取力器转速传感器（B507）处的电气连接器，仅适用于装配独立式取力器［装在发动机上的取力器（PTO）］的变速箱。

⑤ 断开变速箱控制单元（TCM）A5、变速箱油温度传感器 B505、主轴转速传感器 B501 和副轴转速传感器（B502）处的电气连接器。

⑥ 将压缩空气管路和电线 24 连同支架一起从变速箱上分开。

⑦ 拆下气动中央离合器分离轴承，仅适用于装配第三代梅赛德斯动力换挡变速箱 PowerShift3/代码 G5G 的车辆。

⑧ 拆下高低挡组 17。

⑨ 将机油限制器 69 从主轴（20）上拆下，仅在装配的情况下。

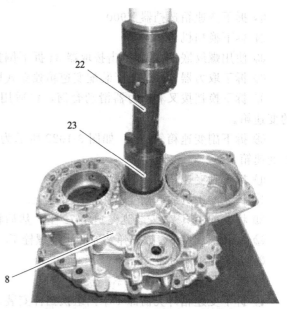

图 3-1021　行星齿轮组拆解图示（二）
8—外壳（高低挡组）；22—拉拔器；23—套筒（拉拔器）

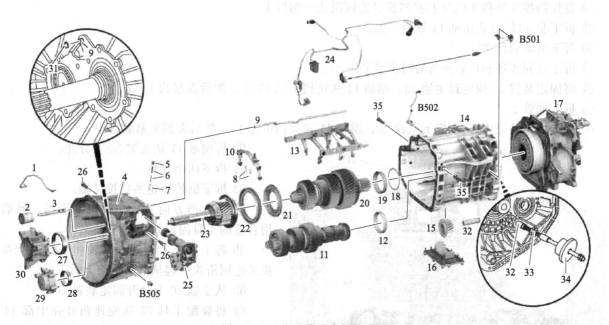

图 3-1022　变速器总成部件分解
1—压缩空气管路；2—副变速箱气缸；3—副变速箱换挡杆；4—变速箱外壳前部；5—螺旋塞；6—弹簧；7—止动螺栓；8—滑块；9—油管；10—副变速箱换挡拨叉；11—副轴；12,19,27,28—圆锥滚柱轴承外座圈；13—换挡单元；14—变速箱外壳中部；15—倒挡；16—倒挡齿轮盖；17—高低挡组；18—垫片；20—主轴；21—带同步环和环形弹簧的同步器锥体；22—滑动套筒；23—驱动轴；24—电线；25—换挡机构；26—支承轴销；29—副轴制动器；30—驱动轴轴承盖；31—卡环；32—倒挡空转齿轮轴；33—螺纹嵌件；34—撞击拔取器；35—支承轴销；B501—主轴转速传感器；B502—副轴转速传感器；B505—变速箱油温度传感器

⑩ 拆下变速箱油温度传感器 B505。

⑪ 拆下副轴转速传感器 B502。

⑫ 拆下主轴转速传感器 B501。

⑬ 拆下变速箱选挡器 Y900。

⑭ 拆下换挡机构 25。

⑮ 使用螺纹嵌件 33 和撞击拔取器 34 拆下倒挡空转齿轮轴 32。

⑯ 拆下取力器，仅适用于装配变速箱独立式取力器［装在发动机上的取力器（PTO）］的变速箱。

⑰ 拆下换挡拨叉和取力器滑动套筒，仅适用于装配独立式取力器［装在发动机上的取力器（PTO）］的变速箱。

⑱ 拆下副变速箱气缸 2，如图 3-1022 所示为未装配独立式取力器［装在发动机上的取力器（PTO）］的变速箱。

⑲ 拆下副变速箱换挡活塞。

⑳ 将装配工具放到副变速箱换挡杆 3 上。

㉑ 将装配工具 73 安装到变速箱 72 上，然后将变速箱 72 移至垂直位置。

㉒ 松开螺旋塞 5，拆下弹簧 6 和止动螺栓 7，螺旋塞 5 是弹簧加载式的。

㉓ 分开副轴制动器 29。

㉔ 拆下驱动轴轴承盖 30。

㉕ 拆下变速箱外壳前部 4 半挡组换挡杆安装工具。

㉖ 将圆锥滚柱轴承外座圈 27 和 28 从变速箱外壳前部 4 拆下。

㉗ 分开倒挡齿轮盖 16。

㉘ 将倒挡齿轮 15 从变速箱外壳中部 14 拆下。

㉙ 将两个支承轴销 35 从变速箱外壳中部 14 拆下。

㉚ 将换挡拨叉轴和 3 挡/4 挡换挡拨叉连同滑块一起拆下。

㉛ 拆下驱动轴 23 将副轴 11 推到一旁。

㉜ 拆下滑动套筒 22。

㉝ 拆下带同步环和环形弹簧的同步器锥体 21。

㉞ 将固定装置 50 固定到主轴 20、副轴 11 和换挡单元 13 上，然后提起约 10cm。

㉟ 拆下油管 9。

㊱ 从变速箱外壳中部 14 拆下主轴 20、副轴 11 和换挡单元 13，然后夹到夹紧装置中。

㊲ 将副轴 11 从支架 50 上分开。

㊳ 拆下两个导轨。

㊴ 拆下倒挡齿轮换挡拨叉轴。

㊵ 沿 2 挡方向手动切换滑动套筒，然后使用合适的工具固定就位。

㊶ 将 1 挡/2 挡换挡拨叉轴和 1 挡/2 挡换挡拨叉连同滑块一起从滑动套筒上拆下。

㊷ 从主轴 20 上分开固定装置 50。

㊸ 将装配工具 73 从变速箱外壳中部 14 分开，然后水平放置。

㊹ 将圆锥滚柱轴承外座圈 12 使用合适的冲子从变速箱外壳中部 14 拆下。

㊺ 将圆锥滚柱轴承外座圈 19 和垫片 18 使用合适的冲子从变速箱外壳中部 14 拆下。

㊻ 分解主轴 20。

㊼ 分解驱动轴 23。

㊽ 分解副轴 11。

变速器拆解细节如图 3-1023～图 3-1025 所示。

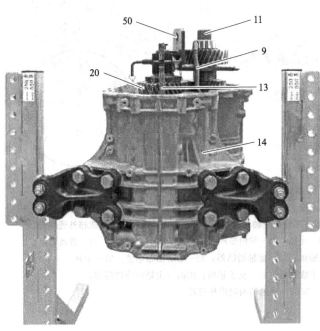

图 3-1023　变速器拆解图示（一）

9—油管；11—副轴；13—换挡单元；14—变速箱外壳中部；
20—主轴；50—固定装置

图 3-1024 变速器拆解图示（二）

20—主轴；69—机油限制器

图 3-1025 变速器拆解图示（三）

72—变速箱；73—装配工具

3.5.3.2 轴总成拆装步骤

（1）主轴分解

① 分解变速箱。

② 将主轴 12 夹到夹紧装置上。

③ 拆下螺母 1，螺母 1 为左旋螺纹。

④ 分开圆锥滚柱轴承 2 和垫片 3，使用分解组件中的止推件 02(30)。

⑤ 使用分解组件中的冲子 04 调节圆锥滚柱轴承 4，直至等速齿轮 2(5) 难以转动，这会使圆锥滚柱轴承 4 从主轴 12 上松开。

⑥ 将适配器翻转过来放到圆锥滚柱轴承 4 上。

⑦ 将等速齿轮 2(5) 连同圆锥滚柱轴承 4 一起分开，使用分解组件中的止推件 01(31) 和止推件 02(30)。

⑧ 拆下滑动套筒 7。

⑨ 分开圆锥滚柱轴承 6，使用分解组件中的止推件 02(30)。

⑩ 拆下卡环 8。

⑪ 拆下同步体 9。

⑫ 拆下 4 挡齿轮 10。

⑬ 拆下针柱轴承 11。

⑭ 将主轴 12 转到夹紧装置中，仅将主轴 12 卡在同步体 9 的齿轮上，否则会损坏针柱轴承 11 的轴承表面。

⑮ 拆下卡环 29。

⑯ 将螺栓 M16 插入主轴 12 的开口中，然后将太阳齿轮 28、带脉冲轮的圆锥滚柱轴承 27 和倒挡齿轮 26 分开，螺栓 M16 用于对中。使用分解组件中的止推件 01(31) 和止推件 02(30)。

⑰ 拆下针柱轴承 25。

⑱ 拆下带滑块 21 的倒挡换挡拨叉 22。

⑲ 拆下滑动套筒 23。

⑳ 分开 1 挡齿轮 19、套管 24 和倒挡同步体 20。

㉑ 拆下针柱轴承 18。

㉒ 拆下滑动套筒 15。

㉓ 拆下卡环 17。

㉔ 拆下同步体 16。

㉕ 拆下 2 挡齿轮 14。

㉖ 拆下针柱轴承 13。

变速器主轴部件分解如图 3-1026 所示。

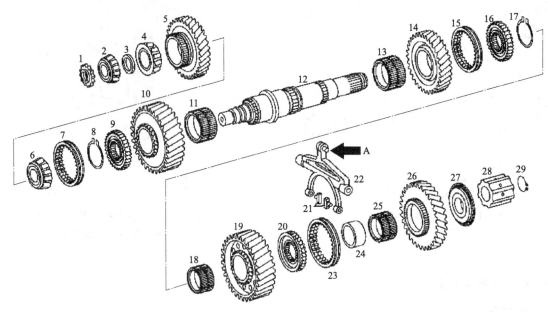

图 3-1026 变速器主轴部件分解

1—螺母；2—圆锥滚柱轴承（引导轴承）；3—垫片；4,6—圆锥滚柱轴承；5—等速齿轮 2；7,15,23—滑动套筒；8,17,29—卡环；
9,16—同步体；10—4 挡齿轮；11,13,18,25—针柱轴承；12—主轴；14—2 挡齿轮；19—1 挡齿轮；20—倒挡同步体；
21—滑块；22—倒挡换挡拨叉；24—套管；26—倒挡齿轮；27—带脉冲轮的圆锥滚柱轴承；28—太阳齿轮

主轴拆解细节如图 3-1027 所示。

（2）副轴拆装

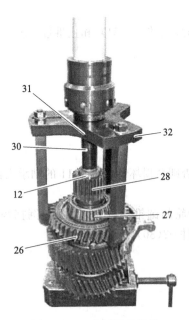

图 3-1027 主轴拆解细节

12—主轴；26—倒挡齿轮；27—带脉冲轮的
圆锥滚柱轴承；28—太阳齿轮；30—止推件
02（包含在分解组件中）；31—止推件 01（包
含在分解组件中）；32—不带芯轴的拉拔器

① 拆下副轴 1。

② 拉下圆锥滚柱轴承 2。

③ 拉下圆锥滚柱轴承 3。

④ 拆下卡环 4。

⑤ 拆下副轴双齿轮 5。

⑥ 将副轴齿轮 6 连同脉冲轮 6.1 一起拆下。

⑦ 将副轴齿轮 6 连同脉冲轮 6.1 一起加热至最高 180℃，然后滑上，滑上后，立即用授权服务中心压力机无轴向间隙地重新调节副轴齿轮 6 及脉冲轮 6.1。

⑧ 将副轴双齿轮 5 加热至最高 180℃，然后滑上，滑上后，立即用授权服务中心压力机无轴向间隙地重新调节副轴双齿轮 5。

⑨ 安装卡环 4。

⑩ 将圆锥滚柱轴承 3 加热至最高 80℃，然后滑上，将圆锥滚柱轴承 3 的内座圈设定到零间隙。

⑪ 将圆锥滚柱轴承 2 加热至最高 80℃，然后滑上，无间隙地重新调节圆锥滚柱轴承 2 的内座圈。

⑫ 安装副轴 1。

变速器副轴部件分解如图 3-1028 所示。

（3）驱动轴拆装

① 分解变速箱。

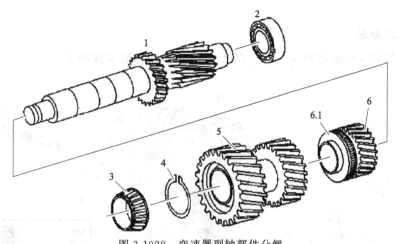

图 3-1028 变速器副轴部件分解

1—副轴；2,3—圆锥滚柱轴承；4—卡环；5—副轴双齿轮；6—副轴齿轮；6.1—脉冲轮

② 拆下卡环 11。

③ 分开圆锥滚柱轴承 10，使用分解工具包中的止推件 03。

④ 将等速齿轮 1(8) 连同同步环 7 和针柱轴承 9 一起拆下。

⑤ 从同步环 7 上拆下环形弹簧 5 和同步器锥体 6。

⑥ 拆下导流叶片 4。

⑦ 拆下卡环 3 和油管 2。

⑧ 将油管 2 插入驱动轴 1 中，然后安装卡环 3。

⑨ 安装空气流量传感器导流叶片 4 导流叶片 4 的橡胶密封唇必须朝上。

⑩ 润滑环形弹簧 5 和同步器锥体 6，检查环形弹簧 5 和同步器锥体 6 是否磨损，如有必要，则更换相应的部件。

⑪ 将环形弹簧 5 插入同步器锥体 6 中，然后安装到同步环 7 上。

⑫ 润滑针柱轴承 9。

⑬ 将等速齿轮 1(8) 连同同步环 7 和针柱轴承 9 一起滑到驱动轴 1 上。

⑭ 将圆锥滚柱轴承 10 加热至约 80℃，然后进行安装。冷却后，轴向调节圆锥滚柱轴承 10 的内座圈，直至其无间隙地落座。

⑮ 安装卡环 11 无间隙地安装，如有必要，则安装不同尺寸的卡环 11。

⑯ 装配变速箱。

变速器驱动轴部件分解如图 3-1029 所示。

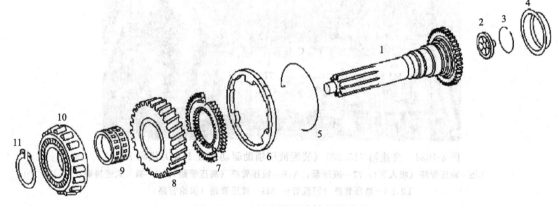

图 3-1029 变速器驱动轴部件分解

1—驱动轴；2—油管；3—卡环；4—导流叶片；5—环形弹簧；6—同步器锥体；7—同步环；
8—等速齿轮 1；9—针柱轴承；10—圆锥滚柱轴承；11—卡环

3.5.3.3 高低挡总成安装

高低挡总成部件位置及分解如图 3-1030～图 3-1032 所示，拆装步骤如下。

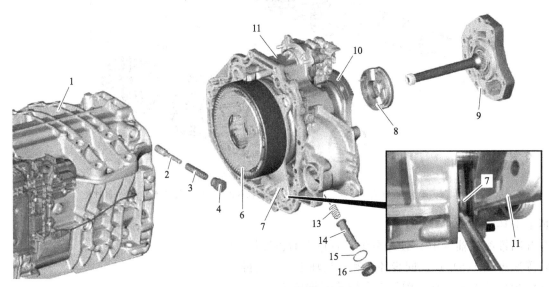

图 3-1030　高低挡总成部件分解

1—变速箱；2—止动螺栓；3,13—弹簧；4—螺旋塞；6—带换挡机构的行星齿轮组；7—支承环；8—机油泵；
9—端盖；10—输出凸缘；11—高低挡组；14—机油滤网；15—密封圈；16—螺旋塞

图 3-1031　变速箱 715.381（装配液压辅助驱动装置 HAD/代码 A1H）

1/S—液压管路（吸入管）；77—液压泵；A,B—液压管路（高压管路）；C—插入式连接器；
L2,L4—液压管路（回流管）；M3—液压管路（供给管路）

① 排放变速箱中的工作液（变速箱为 715.371/381/523）。

② 排空液压驱动装置 HAD 中的油液，仅适用于装配液压辅助驱动装置 HAD/代码 A1H 的车辆。

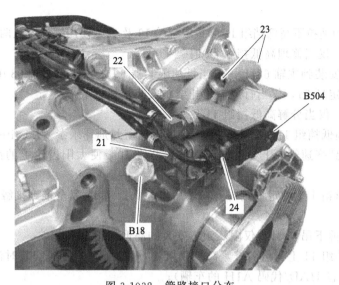

图 3-1032　管路接口分布
21,22—压缩空气管路；23—压缩空气接口；24—电气连接器；B18—行程和转速传感器
（仅适用于未装配 2 速分动箱的车辆）；B504—高低挡组行程传感器

③ 拆下液压管路 1/S、A、B、L2、L4、M3 的支架，仅适用于装配液压辅助驱动装置 HAD/代码 A1H 的车辆。

④ 将液压管路 1/S、A、B 从液压泵 77 上拆下，用密封塞密封开口，然后将液压管路（1/S，A，B）放到工作区域之外，仅适用于装配液压辅助驱动装置 HAD/代码 A1H 的车辆。

⑤ 将液压管路 L2、L4、M3 从插接 C 上分开，然后将其放到工作区域之外的车辆左侧，仅适用于装配液压辅助驱动装置 HAD/代码 A1H 的车辆。

⑥ 拆下液压管路 1/S 的支架，仅适用于装配液压辅助驱动装置 HAD/代码 A1H 的车辆。

⑦ 将支架从支架臂和高低挡组 11 上拆下，仅适用于装配液压辅助驱动装置 HAD/代码 A1H 的车辆。

⑧ 拆下端盖 9（未装配取力器的变速箱 1）；拆下取力器（装配取力器的变速箱 1）。

⑨ 拆下油泵 8。

⑩ 拆下油管 12，仅适用于装配变速箱冷却系统/代码 N6Z 的车辆。拆卸/安装液压管路插接上的密封圈，收集流出的油液.首先沿箭头方向 D 推动套筒扳手 50，然后沿箭头方向 E 推动，以松开，然后分开油管 12。

⑪ 将传动轴从输出凸缘 10 上拆下。

⑫ 拆下缓速器，仅适用于装配二级水冷式缓速器/代码 B3H 的车辆。

⑬ 将压缩空气管路从高低挡组工作缸的压缩空气接口 23 上分开，仅适用于装配取力器的变速箱 1。

⑭ 将压缩空气管路 21 和 22 从高低挡组工作缸上拆下（车型 963、964）。

⑮ 拆下螺旋塞 4，拆下止动螺栓 2 和弹簧 3，螺旋塞 4 是弹簧加载式的。

⑯ 松开并断开行程和转速传感器 B18 处的电气连接器，然后露出变速箱 1 上的电线，针对未装配 2 速分动箱的车辆；松开并断开输出轴转速传感器处的电气连接器，然后露出变速箱 1 上的电线，针对装配 2 速分动箱的车辆。

⑰ 松开并断开高低挡组行程传感器 B504 处的电气连接器 24。

⑱ 松开变速箱 1 上支架 30 的螺栓，然后用木块 32 支撑支架 30。

⑲ 拆下螺旋塞 16、机油滤网 14 和弹簧 13。

⑳ 将吊耳 31 安装到高低挡组 11 的外壳上，然后用链式吊车抬起高低挡组 11，直至链条张紧（向上拆卸高低挡组 11 时）；将商用车变速箱举升台安装到井道式升降机上，并用井道式升降机支撑高低挡组 11（向下拆卸高低挡组 11 时）。

㉑ 拆下高低挡组 11 周围的剩余螺栓。

㉒ 安装冲子 17。

㉓ 通过螺纹孔 18 均匀地拉下高低挡组 11 和拔取螺栓 19 及 20，使用螺丝刀从两个下部销上撬下支承环 7。

㉔ 分解高低挡组 11，仅当修理高低挡组 11 时。

㉕ 将机油限制器 69 安装到主轴 68 上，仅当机油限制器 69 未安装在主轴 68 中时。

㉖ 拆下油管 70 和固定环 71，仅当行星齿轮托架中安装了油管 70 时。

㉗ 装配高低挡组 11，仅当分解高低挡组 11 后。

㉘ 清洁变速箱 1 和高低挡组 11 的密封表面，然后涂抹密封剂［乐泰（Loctite）5203］。

㉙ 将高低挡组 11 放到变速箱 1 上，通过转动输出凸缘 10，使太阳齿轮上的齿与带换挡机构的行星齿轮组 6 上的齿相接合。

㉚ 将支承环 7 与变速箱 1 上的定位销对齐，然后将高低挡组 11 完全推到接触面上。

㉛ 拆下冲子 17。

㉜ 从高低挡组 11 上拆下吊耳 31，仅限从上方安装的高低挡组 11。

㉝ 将支架放到高低挡组 11 上，然后拧紧高低挡组 11 上的所有螺栓，安装时注意螺栓的不同长度（仅适用装配液压辅助驱动装置 HAD/代码 A1H 的车辆）；

拧紧高低挡组 11 圆周上的螺栓，注意螺栓的不同长度（适用于未装配液压辅助驱动装置（HAD)/代码（A1H）的车辆）。

㉞ 安装弹簧 13、机油滤网 14 和螺旋塞 16，机油滤网 14 上的导向凸耳必须朝向螺旋塞 16。更换密封圈（15)。

㉟ 安装机油泵 8。

㊱ 将止动螺栓 2 连同弹簧 3 一起插入，然后拧紧螺旋塞 4。连接高低挡组换挡杆锁到变速箱外壳。

㊲ 拆下木块 32，然后将支架 30 安装到变速箱 1 上。

㊳ 连接并锁止高低挡组行程传感器 B504 处的电气连接器 24。

㊴ 连接并锁止行程和转速传感器 B18 处的电气连接器（未装配 2 速分动箱的车辆）；连接并锁止输出轴转速传感器处的电气连接器（装配 2 速分动箱的车辆）。

㊵ 将压缩空气管路 21 和 22 连接到高低挡组工作缸上（车型 963、964)。

㊶ 将压缩空气管路固定到高低挡组换挡工作缸的压缩空气接口 23 上（仅适用于装配取力器的变速箱 1)。

㊷ 安装油管 12（仅适用于装配变速箱冷却系统/代码 N6Z 的车辆），拆卸/安装液压管路插接上的密封圈，安装新的密封圈 25。

㊸ 安装缓速器（仅适用于装配二级水冷式缓速器/代码 B3H 的车辆)。

㊹ 将传动轴安装到输出凸缘 10 上（连接传动轴到凸缘连接)。

㊺ 安装端盖 9（未装配取力器的变速箱 1)；安装取力器（装配取力器的变速箱 1)。

㊻ 将支架安装到支架臂上。

㊼ 安装液压管路 1/S 的支架。

㊽ 将液压管路 L2、L4、M3 安装到插接 C 上。

㊾ 将液压管路 1/S、A、B 安装到液压泵 77 上。

㊿ 安装液压管路 1/S、A、B、L2、L4、M3 的支架。

(51) 将机油加注到液压辅助驱动装置（HAD）系统并进行排气操作。

(52) 注入变速箱油，然后校正变速箱油液位。

(53) 连接诊断系统，启动 XENTRY 并打开点火开关。

(54) 执行初始快速测试。

(55) 学习变速箱控制单元（TCM）A5 和离合器。

(56) 删除所有控制单元中的故障记忆。

(57) 执行最终快速测试。

(58) 关闭 XENTRY，然后拆下诊断系统。

高低挡总成拆解细节如图 3-1033～图 3-1037 所示。

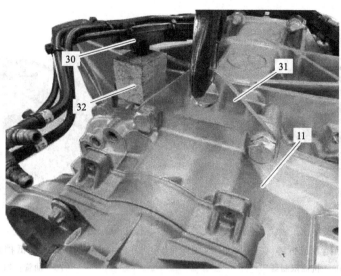

图 3-1033　高低挡总成拆解（一）

11—高低挡组；30—支架；31—吊耳；32—木块

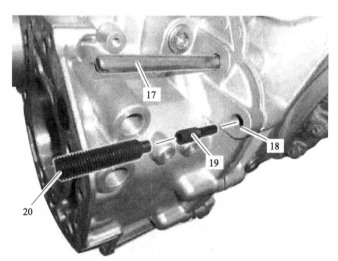

图 3-1034　高低挡总成拆解（二）

17—冲子；18—螺纹孔；19—拔取螺栓；20—拔取螺栓

图 3-1035　仅适用于装配变速箱冷却系统/代码 N6Z 的车辆

12—油管；25—密封圈；50—套筒扳手；D—箭头方向；E—箭头方向

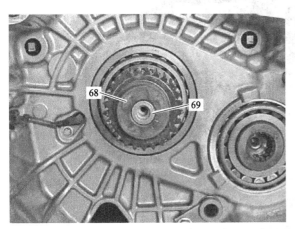

图 3-1036　高低挡总成拆解（三）

68—主轴；69—机油限制器

图 3-1037　高低挡总成拆解（四）

70—油管；71—固定环

重型卡车维修技术手册
变速器分册

第**4**章

变速器总成维修

4.1
变速器使用与维护维修

4.1.1　变速器使用注意事项

操作时应注意起步不挂挡的要求。由于离合器制动器的存在，要求在起步挂挡前离合器踏板踩到有一个明显阻力的位置后，应继续向下踏下，使制动器开关阀打开（为了使操作人员有明显的感觉，制动器开关阀弹簧有意设置得很硬），制动器投入工作，然后再挂挡，否则会有离合器分离不开的感觉。如果第一次操作挂挡时没有离合器分离不开的感觉，然而挡仍然挂不上，说明此刻刚好啮合套的齿与齿轮内齿对正顶住了。此时只需将离合器踏板再抬起一下，然后再按要求踏下，自然就很容易挂上挡。汽车行驶间换挡则无须使用离合器制动器。

重卡用变速箱允许工作温度为120℃，因此该变速箱比其他变速箱工作温度高是正常现象。只要不缺油就关系不大，如果发现变速箱过热，则应检查原因。变速箱的通风孔应经常检查是否畅通。否则易造成过热和漏油。

由于变速箱由低速挡向高速挡换挡时，主箱与副箱同时换挡，因此操作上应注意：由4挡推入5挡或由5挡拉回4挡时，操作上应有间隔，即由4挡推出，先将变速杆向高挡区打过去，停顿一下再推入5挡。就是说首先让副变速箱由低速挡换高速挡，再让主变速箱由4挡换入1挡；反之亦然。如果由4挡迅速推入5挡，离合器抬得又过猛，容易造成打齿的事故。

汽车在下坡行驶时应尽量避免用挂低挡"坐车"的方式使汽车减速。特别不能在高速挡区行驶时突然挂入低速挡区来使汽车减速，这样操作往往会造成副箱同步器的烧损。

在行驶中严禁空挡熄火滑行，一般也不推荐空挡滑行的操作。在发动机产生故障而需要长距离高速拖车时，必须将传动轴与驱动桥连接法兰拆卸，否则会造成变速箱二轴和花键垫的严重烧损。

变速器在工作时，变速器的轴和齿轮不停地传动，可以为变速器提供充分的润滑，但当车辆在后轮着地传动系统连接的情况下被拖行时，主箱的中间轴齿轮和主轴齿轮并不旋转，而主轴却被带动着高速旋转，这样将会因缺乏润滑而引起变速器严重损坏。当车辆需要拖行时，可抽出半轴或脱开传动轴，也可使驱动轮离地拖行。

其他注意事项如下。

车辆起步前，应首先解除制动。采用断气制动的车辆在接通制动阀后，必须待气压上升到解除需要的压力时，方可挂挡起步。根据道路情况，采用1挡或2挡起步。

换挡时，离合器必须分离彻底，变速杆应挂挡到位。

挂倒挡时，应先停车，再挂倒挡，以免损坏变速器内部的零件；倒挡选挡力较大。

当变速器从低挡区向高挡区换挡时，不要跳挡操作，否则将影响副箱同步器使用寿命；反之亦然。

车辆下坡时，禁止变换高低挡位。

行驶中发现变速器有异响、操作明显沉重等不正常现象应立即停车检查，待排除故障后再继续行驶。

换挡时如果不能挂入挡位，请先检查副箱气缸及其气路，以确保副箱进入挡位。

停车时，变速杆应置于低挡区的空挡位置。

4.1.2 变速器检查与保养

正确合理地使用变速器，定期进行维护保养，对保证汽车安全可靠的行驶和延长变速器寿命十分重要，请遵守以下要求。

（1）润滑油规格与更换周期　润滑油牌号：壳牌（SPIRAX S3 AD 80W/90）。新车行驶6万千米时应更换润滑油，以后每行驶10万千米或一年更换一次润滑油，以先到为准。加油量：约17.3L（加油至机油口溢出油为止）。

汽车每行驶10000km，应检查润滑油的油面高度和泄漏情况，随时进行补充。

换油时必须先放尽变速器内的润滑油，然后添加新润滑油。为了防止不同型号的润滑油发生化学反应，在补充润滑油时应保证与原来的润滑油型号相同。

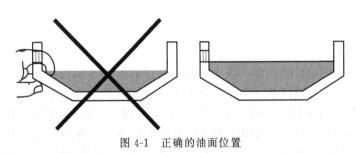

图 4-1　正确的油面位置

（2）油面位置检查　要确保油面与加油口平齐，油面高度通过壳体侧面的加油孔检查，油面加至孔口处出现溢出即可，如图 4-1 所示。

油面的高度应定期进行检查。检查油面高度时汽车应停在水平的路面上，在油面稳定和温度稍低一些时才可以进行。

（3）变速器工作温度与倾斜度　变速器在连续工作期间的最高温度不得超过 120℃，最低温度不得低于 −40℃，工作温度超过 120℃，会使润滑油失效并缩短变速器的寿命。

变速器的工作倾斜角超过 12°，润滑将会不充分，工作倾斜角等于变速器在底盘上的安装角加上斜坡角度，如果超过 12°，变速器应安装润滑油泵，以保证良好的润滑。

重卡用变速箱是重负荷、大扭矩变速箱，因此要求加注 API GL-5 以上等级、黏度牌号为 SAE85W/90 的齿轮油。国产 18 号双曲线齿轮油完全满足使用要求。新车在行驶 2000～2500km 时应更换新油，换油时应在热车工况下进行。一般来讲行驶 50000km 或一年需更换齿轮油。

4.2
变速器常见分析与判断

4.2.1 变速器异响故障分析与判断

变速器的噪声可能是变速器本身引起的，也可能是由车辆其他部位的噪声传到变速器并被它放大所产生的。外部的原因可能由于发动机、离合器和传动轴的附加振动作用在变速器的输入轴或输出轴上，从而影响变速器内部的齿轮啮合，噪声被进一步放大。

变速器的异响常见的有敲击声、尖叫声、轰鸣声、咔嚓声。分析异响时要注意异响产生的规律，是哪种状态时表现出来的，哪种状态更明显，哪种状态不明显。异响可用声级和频率来度量，敲击声的声级较大而频率较低，尖叫声的声级较大而频率很高，轰鸣声的声级很大而频率也较大，咔嚓声的声级较大而频率很低。异响的频率还必须与变速器的输入转速做比较，频率低于输入轴转速时有咔嚓声，接近输入轴转速的有敲击声、轰鸣声，高于输入轴转速的有尖叫声。

敲击声一般发生在新的变速器总成或刚维修过的变速器总成上，是由于齿面磕碰造成的，可由齿面强力压研后出现的亮点来鉴别。一般来说，当齿轮承受载荷时，这种噪声就更显著，因此当挂上某一挡就产生噪声时，说明这一挡的齿轮有问题，这种磕碰可用油石或手砂轮磨平。

尖叫声是由于齿轮的不正常啮合造成的，主要原因有：齿面点蚀或轮齿变形、轴承点蚀等。

轰鸣声主要原因有：对齿不正确、副轴齿轮在副轴上转动、齿轮严重变形或其他零件严重损坏。

咔嚓声主要是由于轴承或齿轮间的啮合间隙过大。齿轮间的啮合间隙过大，当扭矩变换方向时会产生咔嚓声。副轴轴承的径向间隙过大，会引起轴的中心距增大使负荷作用在齿顶上，这种情况会引起轮齿的折断。

综上所述，在分析时首先要摸清异响发生的规律和状态，再判断主要由哪些因素引起的。根据已有的故障模式和经验判断出故障源，从而找到排除故障的根本措施。

4.2.2　变速器过热故障分析与判断

变速器长期工作时，温度不应超过120℃，如果超过此温度，润滑油会变质，各种非金属零件性能会下降，影响变速器的可靠性和寿命。

由于运动件的摩擦，变速器将产生一定的热量。正常的工作温度约比环境温度高40℃。热量通过变速器壳体散发出去。如果散热不正常或有其他热源，就会引起过热。在寻找过热的原因之前，必须检查油温表及油温传感器，以确保油温表的读数正确无误。

一般过热由下列原因引起。

① 润滑不好。油面太低或太高、油的牌号不对，或变速器的工作角超过12°。
② 连续行车的速度通常在32km/h以下。
③ 发动机转速太高。
④ 由于变速器被围在车架、地板、燃油箱和安装在大的保险杠总成之间，使变速器周围的气流受阻。
⑤ 发动机排气系统太接近变速器。
⑥ 环境温度太高。
⑦ 超载、超速行驶。

在进行故障分析时必须要找到引起所见故障的初始故障，并对故障发生的顺序有一个整体的了解。

4.2.3　变速器操纵机构故障分析与判断

操纵机构部件主要包括：小盖总成、拨叉轴换挡、范围挡同步器换挡、插分挡同步器换挡。

小盖总成主要实现变速器的选挡、换挡、互锁、自锁和空挡、倒挡信号。小盖总成功能为实现变速器主箱的选挡和换挡，并保证挡位清晰，自锁、互锁可靠。其失效形式有脱挡、换挡困难、不易摘挡。

(1) 变速器主箱换挡困难　变速器换挡时，换入各挡所需的力是不同的，但是如果换挡力过大，就不正常了。换挡困难，大多数发生在平头车所用的远距离操纵装置上，所以在检查变速器换挡困难的原因时，必须首先检查远距离操纵装置的连接杆件。而连接杆件中的问题又是由于连接叉或衬套的磨损、咬合、调整不当和关节润滑不良或机械障碍限制了杠杆的自由运动等原因而造成的。

为了确定换挡困难是否是变速器本身所引起的，就需要把变速杆或连接杆从变速器上边拆掉，试验如下。

① 用适当内径的圆管套在换挡摇臂上，试换变速器各挡，如果换挡灵活，说明故障存在于变速器外部；反之故障存在于变速器内部。

② 拆下小盖总成，然后用撬杠或起子拨动换挡拨块，使其啮合入各个挡位，如果拨叉轴能轻松地滑动，且小盖总成换挡灵活，说明故障为小盖总成与变速器总成存在定位误差，松开连接螺栓，调整小盖总成的位置直至换挡灵活，若拨叉轴滑动不灵活，则故障存在于变速器内部。如果在内部，那么一般由下列原因引起。

a. 主轴滑套的花键咬在主轴上。这是由于主轴扭曲、拨叉弯曲或主轴花键弯曲所造成的。

b. 拨叉轴在壳体内咬住、拨叉轴上有其他零部件干涉造成。

(2) 变速器主箱脱挡　当移动同步齿套与主轴齿轮啮合时，相啮合的齿必须平行。如果接合齿有锥度或已磨损，在旋转时便有分离的趋势，在一定的条件下就会引起脱挡。

① 变速器输入轴与发动机飞轮内的导向轴承不同心。

② 换挡时齿轮之间猛烈碰撞，引起接合齿端面磨损。

③ 接合齿磨损成锥状。

④ 由于自锁弹簧变弱或自锁销轴、扇形自锁块过度磨损造成自锁力不足。

⑤ 远距离换挡操纵机构的连杆调整不当，引起齿轮接合齿与滑套不能完全长啮合。

⑥ 当车辆以全功率牵引或在有负荷推动的情况下减速时常会发生脱挡。

⑦ 当车辆行驶在不平路面上时，太长太重的变速杆会产生像钟摆一样的摆动。变速杆的摆动会克服锁止弹簧的压力，引起掉挡。

(3) 变速器副箱同步器脱挡　副箱同步器的脱挡可能是由于副箱低挡锥毂总成、高挡锥毂总成、同步环和同步器滑套接合齿磨损、有锥度或非全长啮合而引起的。

造成这些缺陷的原因是换挡撞击和长期使用后的正常磨损。由于传动轴安装不当所产生的振动以及气路系统压力不够高也会引起脱挡。

(4) 变速器插分挡脱挡　插分挡同步器的脱挡可能是由于插分挡同步器锥毂、同步环和插分挡同步器滑套接合齿磨损、有锥度或非全长啮合而引起的。

造成这些缺陷的原因是换挡撞击和长期使用后的正常磨损或插分挡、取力器的非正常使用。

(5) 双 H 阀总成漏气　双 H 阀总成漏气的主要表现为从双 H 阀总成的通气塞漏气，若只是在范围挡换挡时漏气，这是正常的，是由双 H 阀总成本身的结构造成的；若一直漏气，则表明出现了故障，那么一般由下列原因引起。

① 范围挡气缸内 O 形圈密封不严造成，这时可以拧开范围挡气缸的回气管检测，注意：换挡轴在高挡、低挡时，回气管是不同的。

② 双 H 阀总成内部密封件损坏或密封件之间存在异物造成漏气。

(6) 压力开关故障　压力开管主要表现在：倒车灯常亮或不亮、发动机空挡不启动或挡上能启动。检查方法是：首先应检查整车是否有电，再检查压力开关是否有效，传感器顶销是否灵活，如果带线束应检查线束质量以及接触是否良好。

4.2.4　变速器壳体及密封件故障分析与判断

变速器壳体主要包括：前壳、中壳、后壳、输入轴端盖、输出轴端盖、小盖壳体、小盖端盖、副轴端盖、油泵体、油泵端盖等，是变速器的保护外壳，对运动件、操纵件进行定位，并承受其作用力和外界对其作用力。其失效形式主要为断裂、磨损，需要根据失效的具体部位和形式具体分析，判断是什么性质的作用力造成机件失效的。

变速器壳体的常见故障分析如下。

变速器壳体漏油：变速器壳体漏油是由于壳体本身存在缺陷，例如裂纹、砂眼、缩孔、缩松等，由于变速器在出厂时都经过气密性试验，出现此类问题的概率很小。

变速器壳体开裂：如果变速器在使用过程中出现不正常的受力，可能造成前壳、中壳、后壳开裂，出现此类故障时需仔细分析外因，包括变速器总成的悬架。

密封件根据变速器壳体连接的性质，可分为静密封和动密封。静密封的密封零件为纸垫、平面密封胶，

重型卡车维修技术手册
变速器分册

靠装配方法来保证，装配时必须注意方式和方法。动密封的密封零件为油封、密封圈，装配时要注意零件的状态，并采取合适的装配方法，其失效主要为油封的唇口损坏造成漏油。

（1）变速器总成结合面漏油　此类问题解决的关键在于找到渗漏油点，排除可疑渗漏油点，对造成漏油的具体原因进行分析，然后根据漏油的原因进行修复。

（2）变速器总成的油封漏油　油封的唇口压在轴上，是靠唇口的形状和回油线保证旋转时不从油封唇口处漏油。根据油封的密封原理在装配时一定要检查油封唇口是否完好、油封与轴的接触面及引导面是否完好，装配时需用合适的专用工具以保证装配质量。

4.3
变速器常见故障分析与排除

4.3.1　变速箱常见故障具体分析

（1）换挡困难　一般对刚接触装有富勒变速箱的汽车时，驾驶员常反映该车起步不好挂挡。这往往是没有阅读使用说明，或没有经过培训，不了解富勒变速箱的操作特点所致。上面已经说过，由于富勒变速箱的主箱没有同步器，因此起步挂挡必须有离合器制动器配合工作。起步时，如果仅将离合器踏板踩下而没有顶开离合器制动器开关阀，那么制动器不起作用，显然挂挡困难。有些用户知道起步操作要求，但还反映起步不好挂挡，一般来说，驾驶人员个子太矮，腿太短，加上座椅太高，起步时腿伸直也踏不到制动器工作位置，此时应调整座椅高度才能达到要求。

如果说离合器踏板确实已将制合器开关阀顶开，而起步挡仍然难挂（好像离合器分离不彻底）则说明离合器制动系统有故障。此时应首先检查制动气路，将制动阀至富勒箱右侧下方的制动气缸气管线接头松开，踏下离合器踏板到顶开离合器制动阀的位置，观察气管接头是否向外排气，如果排气不畅，说明制动器开关阀故障，应予以拆检或更换。如果排气正常说明开关阀没有问题，问题可能发生在制动气缸。需拆检离合器制动气缸，观察制动气缸活塞密封"O"形圈是否磨损漏气、活塞是否移动自如没有发卡的现象，如果漏气则需更换"O"形圈。最后检查活塞制动圆弧凹面是否磨损严重，如果磨损严重需更换制动缸活塞。

如果发现汽车正常行驶时换挡困难，那么应首先检查是不是远距离操纵换挡杆系统的故障所致。如果换挡杆系统调整不当或是连接接头和衬套过紧或过度磨损都会产生增大换挡阻力和换挡困难的故障。特别是某些挡位挂挡困难，可调整变速箱上换挡拐臂支承调整螺杆，以使操纵杆系统处于合适的位置。

如果将远距离操作杆系统与变速箱换挡拐臂拆卸分开。直接操作换挡拐臂的方式换挡仍然发现某些位换挡困难，则说明故障在变速箱内部，需要解体检查。一般来讲是由于变速箱盖的换挡轴变形、啮合套与二轴变形或过度磨损，或是换挡轴与拨杆的锁销松旷造成的。

（2）变速箱脱（掉）挡　汽车在运行中某一挡位经常掉挡，特别是在急加速（突然施加负荷）或突然减速（丢油门）时较为明显。掉挡的主要原因是啮合套与齿轮啮合齿长期撞击磨损，使齿磨成锥形，使传力过程中对啮合套产生轴向推力所致，此时应更换磨损严重的啮合套或齿轮。变速箱的一轴如果与飞轮轴孔内导向轴承不同心也易造成掉挡故障。当然变速箱盖上变速轨定位凹槽磨损、挡位锁销磨损、弹簧失效等都会造成掉挡故障。由于远距离操纵换挡机构的杆系统较长，汽车行驶颠簸造成杆系统摆动也会偶尔造成掉挡。显然由于远距离操纵杆系统调整不当，使某些挡位啮合套挂不倒位，即仅吃合半个挡位也会造成掉挡故障。

副变速箱掉挡同样是由于啮合套严重磨损或啮合齿非全齿长啮合造成的。另外还应注意副箱输出轴两盘双联锥轴承是否松旷，该双联轴承松旷不仅会造成副箱掉挡，严重时会造成打坏齿轮的事故。

发动机支承垫损坏有时也会造成各个挡位也掉挡。

（3）只有高速挡而没有低速挡，或是只有低速挡而没有高速挡　汽车行驶中突然只有高速挡而没有低速挡，或只有低速挡而没有高速挡，这种故障经常发生。就是说汽车在低速挡行驶时，换入高速挡，结果仍在低速挡位运行。比如汽车在 4 挡运行，换入 5 挡，结果反而呈现出低速 1 挡的情况。这种故障一般是出现在副箱高、低速挡换挡的操纵系统。出现这种故障，首先将汽车停下来，检查全车气压是否符合要求，然后原地将变速杆在空挡位置左、右向高、低速挡区来回拨动，观察变速箱上盖的双 H 换挡阀有没有"嚓、嚓"的放气声音。如果没有任何反应，则应检查换挡气路减压阀是否堵塞或经减压阀输出的气压太低，清洗或更换减压阀。如果变速杆由低速挡拨入高速挡位置时，双 H 换挡阀排气口持续向外排气，则显然汽车行驶时有低速挡。如果变速杆由高速挡区拨入低速挡区时，双 H 换挡阀排气口持续向外排气，则汽车运行时有低速挡而没有高速挡。如果变速杆由高速挡区拨入低速挡区时，双 H 换挡阀排气口持续向外排气，则汽车运行时有高速挡而无低速挡。发生这种故障可以采取将变速杆在空挡位置向左、右（高速、低速）反复拨打，往往故障就被排除，这是由于双 H 换挡阀"O"形密封圈偶尔封闭不严漏气或是高、低速挡换挡气缸漏气。无论是双 H 换挡阀漏气，还是高、低速挡换挡气缸漏气都将造成有高速挡无低挡速，或是有低速挡而无高速挡的故障。检查漏气的方法很简单，如果变速箱有低速挡而无高速挡，将变速杆由低速挡区推到高速挡区，然后将低速挡换挡气缸进气接头拆卸，如果此时从气缸接头处向外漏气，则说明换挡气缸漏气。如果此时仍由双 H 换挡气阀排气口向外排气，则说明是双 H 换挡阀漏气。同样道理，如果变速箱有高速挡而无低速挡，将变速杆推入低速挡区，将高速挡工作缸进气接头拆卸，如果从该接头处持续向外漏气，则说明换挡气缸漏气。如果此时仍然从双 H 换挡阀排气，则说明是双 H 换挡阀漏气。一般来讲，双 H 换挡阀的故障，如果没有可更换的密封圈则只能更换整个阀件。如果判断是高、低速挡换挡气缸的故障，一般来讲主要是由于换挡活塞上大、小两个"O"形密封圈磨损封闭不严所致。

还有一种情况值得注意，变速箱只有高速挡而没有低速挡，双 H 换挡阀也没有表现出持续排气的现象，那么一般是由于换挡杆"O"形密封圈漏气所致。此时只需更换密封圈即可修复。

（4）任何挡都挂不上　汽车行驶中偶尔发生任何一个挡都挂不上去，变速杆没有任何挡位，呈现"自由"状态。这一般是由于在换挡轴和拨杆上起固定作用的销钉断裂，使拨杆与换挡轴完全脱离，换挡轴不起作用导致的。

（5）挂挡后汽车不能正常起步　这类故障，表现为挂起步挡抬起离合器后汽车不能正常起步，一抬离合器发动机就熄火。和有高速挡而没有低速挡故障是一样的。换句话说，由于双 H 换挡阀漏气，或是高、低速挡换挡气缸密封圈漏气，或者是换挡气路压力不够使得副箱在高速挡位而不能推入低速挡，导致汽车在高速挡起步，造成一起步发动机就熄火的故障。解决的方法与第（3）项故障相同。

（6）乱挡　偶尔发生的乱挡故障往往是由于变速轨互锁机构严重磨损，同时挡位段位锁也严重磨损，在操作比较猛烈的情况下容易同时挂合两个挡位从而造成乱挡故障。

（7）变速箱异响　变速箱异响故障涉及的方面较多，在诊断时首先要判断异响的部位，如果是在变速箱前部产生异响，说明故障部位在主箱，否则故障部位在副箱。

一般噪声异响有两种，一种是敲击声，或者说发"啃"的声音，这一般是由于齿面撞击造成剥落、打齿或是齿面局部严重磨损所致。轴承"散架"或是严重破损也会产生这种异响。这种异响在低速运转时十分明显。另一种异响是持续的不正常噪声，这种噪声或是尖叫，或是轰鸣，往往是齿轮齿面产生锈蚀或轴承产生锈蚀所致。总之，变速箱发生异响需解体检查，更换磨损严重的机件。如果异响的位置明显在副箱输出轴，而且还伴随着输出轴法兰前后窜动，显然是副箱输出轴双联轴承松旷或损坏造成的，此时应及时检查和修理，否则容易造成打齿的严重事故。在使用中应对输出轴双联轴承经常进行检查和调整。

当变速箱解体重新组装后，变速箱产生严重的轰鸣声，而且明显看出变速箱旋转"别劲"。这一般是在重新组装时没有按"对齿"的要求装配。一般来讲，不按"对齿"要求其二轴与副轴是装不上去的。但是如果齿轮磨损严重、轴承松旷，如果错位一、两个齿偶尔也能装上，但这时运转必然"别劲"，即使能够转动也会产生巨大的噪声。

（8）变速箱解体后重新装配后不能旋转　显然这种故障也是由于装配时没有按"对齿"程序要求而错装，装配后完全不能旋转。只有旧变速箱才会发生这样的问题。

（9）变速箱过热　富勒变速箱允许工作温度不超过 120℃。因此夏季炎热天气运行的汽车变速箱"烫手"是正常现象。但是如果变速箱的漆皮都烧裂了，表现出高温状况，就应注意检查了。引起变速箱过热的原因也较多。首先如果加注的齿轮油过多或是严重缺油都会引起过热。其次，机件的不正常磨损、轴承配合过紧也会造成过热。变速箱长期在低速挡高速行驶也会产生过热现象。变速箱齿轮油的牌号（特别是黏度牌号）不对，造成润滑条件恶劣也会使变速箱过热。变速箱的通风孔堵塞不仅会造成过热，而且会造成变速箱从输入、输出端严重漏油。

（10）取力器不能正常工作，不能挂空挡　对"后取力"来说变速箱一般是使用副箱副轴取力，因此取力时主箱必须挂合前进挡的低位。汽车在停驶状态工作时，副箱必须挂空挡。当"空挡开关"旋至空挡位置时，副箱仍在低速挡位上，即不能实现空挡，那么应首先检查换挡气缸空挡气接头是否有气，如果把空挡开关旋至"空挡位置"而拆开接头 C 时没有气压显示，则说明空挡开关堵塞或损坏，如果接头处有足够气压显示，而仍然没有空挡，同时双 H 换挡阀排气口处持续漏气，则说明空挡活塞的"O"形密封圈损坏，或是高、低速挡活塞的密封圈漏气。

取力器的挂合装置是取力器开关控制电磁气阀，当开关接通后电磁阀打开，压缩空气通向取力器工作缸，工作缸活塞杆推动取力器挂合机构将取力器与副箱副轴挂合。因此，电路不通、电磁阀故障以及气路不通、工作缸故障都会造成不能正常取力的故障，应依次对电、气路进行检查。

4.3.2　变速器常见故障快速排查

变速器常见故障快速排查见表 4-1。

表 4-1　变速器常见故障快速排查

故障表现	可能的原因及分析	排除方法
副箱高低速挡脱挡	调压阀有缺陷	更换损坏零部件
	软管或接头松动	紧固松动零件
	气管或接头被压扁	排除零部件所受干扰；更换所有损坏零部件
	齿轮受轴扭曲影响，离开对齿位置	排除引起损坏的原因；更换损坏零部件
	副箱输入齿轮和同步器接合齿过度磨损或有锥度或啮合不完全	更换损坏零部件
	传动轴安装不当，产生振动	按规定重新安装
	气路系统压力过低	排除引起原因
换挡机构不能实现互锁	漏装互锁钢球	按规定安装漏装零件
	漏装互锁销	按规定安装漏装零件
不能摘挡	二轴扭曲	更换所有损坏零部件
	变速器操纵机构出现运动干涉	排除零部件所受干扰
	变速器操纵机构调整不当	按规定重新调整
主变速器脱挡	拨叉磨损	更换损坏零部件
	拨叉轴定位槽过度磨损	更换损坏零部件
	自锁弹簧变弱、损坏或漏装	更换损坏零部件；安装漏装的零件
	齿轮受轴扭曲影响，离开对齿位置	排除引起损坏的原因；更换所有损坏零部件
	啮合齿过度磨损或有锥度	更换损坏零部件
	二轴滑动齿套拨叉槽过度磨损	更换损坏零部件
	变速器操纵机构调整不当	按规定检查、调整
	发动机悬架损坏，产生抖动	更换损坏零部件
	发动机与变速器不对中，产生摆动	按规定安装、调整
	变速器操纵机构出现运动干涉	排除零部件的干涉
	行车时变速杆因振动摆动过大	减小变速杆的摆动幅度

故障表现	可能的原因及分析	排除方法
高低速挡位转换滞缓或不能转换	调压阀损坏	更换损坏零部件
	软管或接头松动	紧固松动零件
	气管或接头被压扁	排除零部件所受的干扰;更换所有损坏零部件
	换挡气缸 O 形圈损坏	清洗零件;更换损坏零部件
	气缸活塞螺母松动	清洗零件;紧固松动零件
	气缸活塞损坏	更换损坏零部件
	副箱同步器弹簧损坏	更换所有损坏零部件;排除引起损坏的原因
	副箱同步器损坏	更换所有损坏零部件;排除引起损坏的原因
	气缸 O 形圈无润滑油(脂)	涂润滑油(脂)
	气缸 O 形圈润滑油(脂)太多	清除多余润滑油(脂)
起步换挡有嘎嘎声	拨叉过度磨损	更换损坏零部件
	齿轮受轴扭曲影响,离开对齿位置	寻找由它引起的损坏;排除引起损坏的原因;更换损坏零部件
	变速器操纵机构运动干涉	排除零部件所受干扰
	变速器操纵机构调整不当	按规定重新调整
	顶盖壳体内衬套过度磨损	更换损坏零部件
	离合器调整不当	按规定重新调整
变速器噪声大	齿轮受轴扭曲影响,离开对齿位置	寻找由它引起的损坏;更换损坏零部件
	齿轮有裂纹或齿部有毛刺	更换损坏零部件;用砂纸磨光表面
	副箱中间轴前轴承内圈脱落	更换损坏零部件
	轴承损坏	更换损坏零部件
	油面太低	按规定添加润滑油
	润滑油质量低劣	按规定更换润滑油
	换油不及时	按规定更换润滑油
	不同型号的润滑油混用	按规定更换润滑油
	对齿不正确	按规定重新调整
	齿轮过度磨损	更换损坏零部件
	齿轮啮合不当	按规定重新调整
空挡时齿轮发响	发动机运转不平稳	按规定重新调整
振动大	发动机悬架损坏	更换损坏零部件
	输出轴锁紧螺母拧紧力矩不够	按规定重新紧固
	传动轴安装不当	按规定重新调整
	悬架部分有损坏	检查并更换损坏零部件
二轴垫圈烧蚀	油面太低	寻找此原因引起的损坏;更换损坏零部件;按规定添加润滑油
	车辆拖行或滑行方法不当	采用正确的驾驶方法;寻找此原因引起的损坏;更换损坏零部件
主变速器换挡困难或不能换挡	变速器操纵机构调整不当	按规定检查、调整
	变速器操纵机构运动干涉	排除零部件的干涉

故障表现	可能的原因及分析	排除方法
主变速器换挡困难或不能换挡	变速器操纵机构润滑不良	按规定加注润滑脂
	二轴扭曲变形	排除引起损坏的原因；更换所有损坏零部件
	拨叉弯曲变形	按规定力矩重装拨叉；更换所有损坏零部件
	二轴花键弯曲变形，滑动齿套卡死	排除引起损坏的原因；更换所有损坏零部件
	换挡拨叉轴因弯曲变形卡死在壳体孔中	按规定力矩重装拨叉；更换所有损坏零部件
	拨叉轴有毛刺	用砂纸磨光表面
	自锁弹簧刚度过大	更换零部件
	上盖或顶盖壳体破裂	更换损坏零部件
	齿轮受轴扭曲影响，离开对齿位置	排除引起损坏的原因；更换所有损坏零部件
	没有分离离合器	采用正确的驾驶方法；寻找由它引起的损坏
	离合器调整不当	按规定重新调整
	发动机悬架损坏	寻找由它引起的损坏；更换损坏零部件
一轴花键磨损或损坏	以太高的挡位起步	采用正确的驾驶方法；更换损坏零部件
	冲击负荷过大	采用正确的驾驶方法；更换损坏零部件
	离合器调整不当	更换损坏零部件；按规定重新调整
	离合器故障	更换损坏零部件；按规定重新调整
	发动机与变速器不对中	按规定重新调整；更换损坏零部件
	传动轴安装不当	按规定重新调整；更换损坏零部件
离合器壳损坏	发动机悬置损坏	更换损坏零部件
	发动机与变速器不对中	更换损坏零部件
	紧固螺栓松动	紧固螺栓达到规定扭矩值
同步器损坏	调压阀损坏	更换损坏零部件
	高低挡锁止销折断	更换损坏零部件；按规定重新安装
	同步器弹簧损坏	更换损坏零部件
	润滑油质量低劣	更换损坏零部件；按规定添加润滑油
	不同型号润滑油混用	更换损坏零部件；按规定添加润滑油
	操纵使用方法不当	采用正确的驾驶方法
变速器过热（长期工作温度超过120℃）	齿轮受轴扭曲影响，离开对齿位置	更换所有损坏零部件；按规定重新对齿
	轴承损坏	更换损坏零部件
	中间轴前轴承内圈脱落	更换损坏零部件
	油面太低或太高	按规定添加润滑油；查找并更换损坏零部件
	润滑油质量低劣	按规定添加润滑油；查找并更换损坏零部件
	换油不及时	按规定更换润滑油；查找并更换损坏零部件
	不同型号润滑油混用	按规定添加润滑油；查找并更换损坏零部件
	变速器工作倾斜角过大	查找并更换损坏零件；按规定重新调整
	长时间低速行车	采用正确的驾驶方法
	发动机转速太高	采用正确的驾驶方法
	超载、超速行驶	按规定装载；采用正确的驾驶方法

故障表现	可能的原因及分析	排除方法
变速器过热(长期工作温度超过120℃)	以太高的挡位起步	采用正确的驾驶方法;更换损坏零部件
	冲击负荷过大	采用正确的驾驶方法;更换损坏零部件
二轴扭曲变形	起步猛松离合器	正常起步
	副轴前轴承内圈脱落	更换损坏零部件
轴承烧蚀	换油不及时	按规定更换润滑油;查找并更换损坏零部件
	不同型号润滑油混用	按规定添加润滑油;查找并更换损坏零部件
	油面太低	按规定添加润滑油;查找并更换损坏零部件
	通气孔堵塞	清洗或更换通气塞
漏油	壳体有铸造缺陷	查找并更换损坏零件
	油封损坏	查找并更换损坏零部件
	放油塞没拧紧或没涂胶安装	按规定安装漏装零件
	盖板紧固螺栓松动或漏装	按规定紧固松动零件;按规定安装漏装零件
	要求涂胶密封面没有涂密封胶	按规定涂密封胶
	离合器壳体垫片损坏或漏装	按规定安装垫片

第5章

自动变速器控制系统

5.1
控制系统组成与原理

5.1.1 控制系统组成部件

以解放卡车12挡全新铝壳变速器为例，控制系统组成部件如图5-1所示。

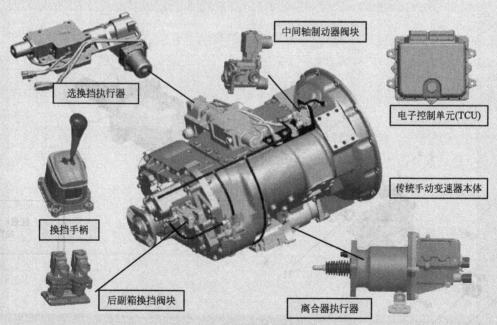

图 5-1 控制系统组成部件

执行器、制动器及气缸部件分解如图5-2～图5-5所示。

此副箱气缸增加了自锁装置，如图5-6所示，副箱整体拆卸时需注意先将上盖下方的副箱自锁装置拆下，才能将副箱拆下。

变速器电控系统传感器安装位置如图5-7所示。

AMT系统传感器技术参数与功能原理见表5-1。

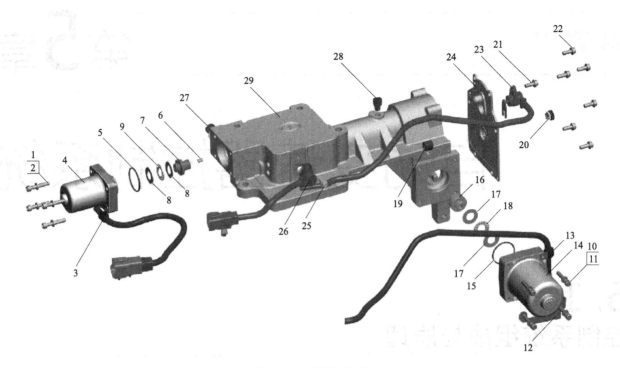

图 5-2　选换挡执行器

1,10—内六角圆柱头螺钉；2,11—弹簧垫片；3—定位支架；4—选挡电机；5,15—O形环；6—弹簧；7,16—联轴器；8—止推垫片；
9,18—止推轴承；12—保护支架；13—定位支架；14—换挡电机；17—止推垫片；19—定位支架；20—空气滤清器；
21,22,25—内六角圆柱法兰面螺栓；23—换挡转角传感器；24—盖板；26—选挡转角传感器；
27—空气滤清器；28—通气塞；29—选换挡执行器机械总成

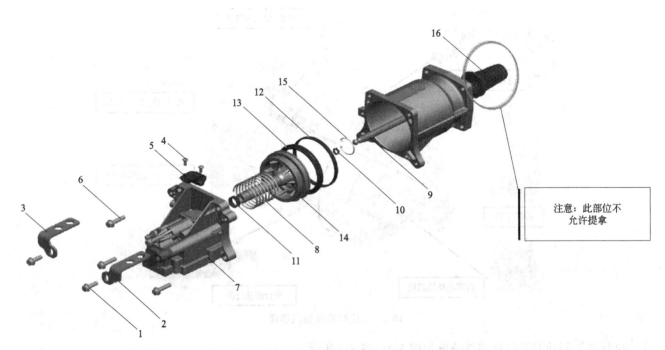

注意：此部位不
允许提拿

图 5-3　离合器执行器

1—六角法兰面螺栓；2,3—支架；4—内六角圆柱头螺钉；5—位置传感器；6—六角法兰面螺栓；7—离合器控制阀体；
8—弹簧；9—推杆；10—橡胶卡环；11—摩擦环（小）；12—摩擦环（大）；13—油封；
14—活塞；15—卡环；16—防尘罩；17—缸体

重型卡车维修技术手册
变速器分册

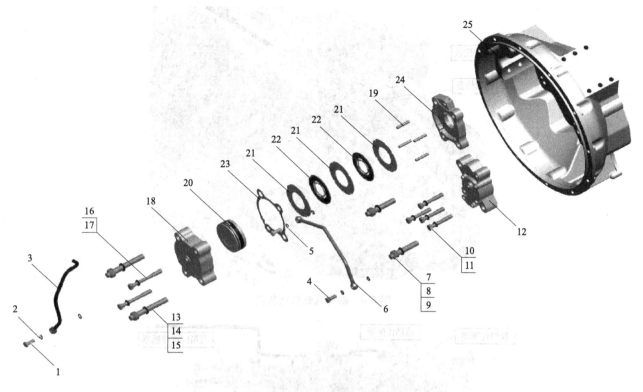

图 5-4　中间轴制动器

1—空心螺栓；2—垫密片；3—气管总成（中间轴制动器）；4—空心螺栓；5—垫密片；6—油管总成；7—六角头螺母；
8,11,14,17—弹簧垫圈；9—双头螺柱；10,16—六角头螺栓；12—油泵总成；13—六角头螺母；15—双头螺柱；
18—中间轴制动器外壳；19—定位销；20—活塞总成；21—摩擦环；22—摩擦片总成；
23—密封垫；24—中间轴制动器底座总成；25—变速器壳体

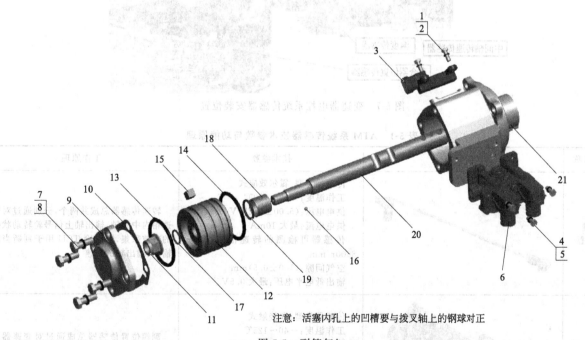

注意：活塞内孔上的凹槽要与拨叉轴上的钢球对正

图 5-5　副箱气缸

1,4,7—六角头螺栓；2,5,8—弹簧垫圈；3—直线位移传感器总成；6—电磁阀总成（副箱气缸）；9—副箱气缸盖；10—垫片
（副箱气缸）；11—六角法兰面锁紧螺母；12—活塞；13,14,17—O形橡胶密封圈（活塞）；15—磁铁（直线位移传感器总成）；
16—钢球；18—衬套；19—O形橡胶密封圈（气缸）；20—拨叉轴（副箱同步器）；21—气缸（副箱）

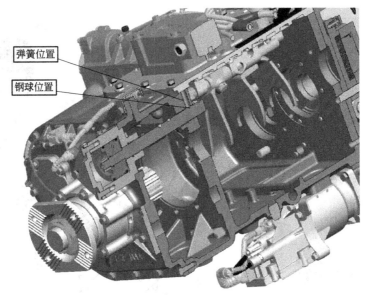

图 5-6 副箱气缸自锁装置

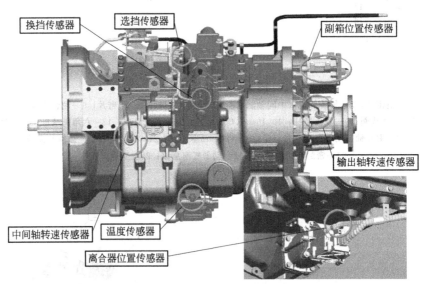

图 5-7 变速器电控系统传感器安装位置

表 5-1 ATM 系统传感器技术参数与功能原理

名称	实物	技术参数	工作原理
转速传感器		传感器类型:霍尔效应式 工作温度:−40~150℃ 供电电压:(5.00±0.25)V 供电电流:最大 10mA 传感器可检测的转速范围:15~8000r/min 空气间隙:(1.0±0.5)mm 输出低电平电压:最大 0.5V	转速传感器总成共两个,分别通过对变速箱内中间轴、输出轴上信号轮转动状态的方波采集,输出给 TCU 用于判断当前输入、输出轴的转速
副箱位置传感器		传感器类型:非接触式 工作温度:−40~125℃ 供电电压:(5.00±0.25)V 供电电流:最大 20mA 可检测范围:0~35mm 输出电压范围:0.5~4.5V	副箱位置传感器总成通过对变速器副箱气缸内活塞位置的识别,转换成模拟电信号输出给 TCU 用于判断当前副箱挡位

名称	实物	技术参数	工作原理
温度传感器		工作温度：−40～130℃ 量程：−40～130℃ 热敏电阻阻值范围： 45479～89.63Ω 接口：M12×1.5 安装扭矩：15～20N·m	温度传感器总成通过内部热敏电阻随温度变化而电阻值发生相应变化的关系，在不同的温度下有不同的分压输出给TCU，用于判断当前变速箱油的温度
离合器传感器		工作温度：−40～120℃ 供电电压：(5.00±0.25)V 供电电流：≤24mA PWM频率：(500±75)Hz PWM范围：10%～90%	离合器转角传感器通过离合器上的销轴带动传感器转子转动一定的角度，输出相对应的电压信号值给TCU用于检测离合器的当前位置
换挡传感器		传感器类型：非接触式 工作温度：−40～120℃ 工作角度：49°～131° 供电电压：(5.00±0.25)V 供电电流：≤16mA 输出电压：0.4～4.6V	换挡传感器总成包括选挡传感器和换挡传感器，分别安装在选换挡执行机构的相应位置，通过执行机构上的选挡销轴及换挡销轴带动传感器转子转动一定角度，输出相应的电压信号值给TCU用于检测变速器当前的挡位状态
压力传感器		工作温度：−40～125℃ 工作压力：0～12bar(1bar=100kPa，下同) 供电电压：(5.00±0.25)V 供电电流：最大8mA 输出电压：0.5～4.5V(DC) 输出精度：±3.8%FS(常温) 压力接口：M16×1.5-6g	压力传感器总成通过传感器内部的压力感应元件及处理电路对气路当前压力进行模拟量输出给TCU，用于判断当前储气筒的压力
加速度传感器		工作温度：−40～85℃ 供电电压：(5.00±0.25)V 供电电流：最大10mA 加速度测量范围：±0.78g 输出电压范围：0.5～4.5V 安装要求：接插件开口朝向车辆前进方向	加速度传感器总成通过内部电容极板间隙随加速度的变化而电容值发生相应变化的关系，在不同的加速下有不同的电压输出给TCU，用于判断当前车辆加速度

5.1.2 控制系统工作原理

以豪沃HW20716系列变速器为例。SmartShift系列变速器是一种机械自动变速器（AMT）。这种变速器并没有改变传统手动变速器的主体结构，其技术核心是一套由TCU（变速器控制单元）控制的智能换挡机构。变速器控制单元安装于手柄内部。AMT控制系统组成部件如图5-8所示。

自动换挡模式下，在车辆行驶过程中，TCU根据软件程序的设定，实时地采集车速、发动机转速和扭矩、当前挡位以及驾驶员可操作的手柄、加速踏板和离合器踏板等信号。通过对采集的信号进行处理和判断，TCU可以实时得知车辆行驶状态，给出当前行驶的最佳目标挡位。

在需要换挡时，TCU发出换挡指令并通过CAN总线控制发动机收油，使发动机转速达到目标控制值。收油完成后，TCU通过控制离合器电磁阀通电将高压气路打开，离合器执行器气缸活塞在压缩空气作用下将离合器分离，在此过程中，TCU实时监测离合器位置，保证离合器彻底分离，中断传动动力。之后，根据需要换入的目标挡位的不同，TCU先后控制装在选换挡执行器上的选挡电磁阀与换挡电磁阀通电，打开不同的高压气路并控制相应的气缸动作。

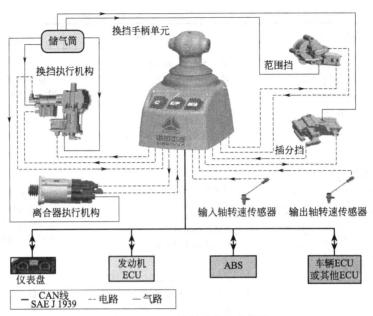

图 5-8　AMT 控制系统组成部件

换挡完成后，TCU 控制离合器电磁阀使离合器执行器气缸内气体释放，离合器缓慢结合。最后通过 CAN 总线控制发动机恢复供油。

以上整个控制过程在 2s 之内完成，且驾驶员无明显动力中断和恢复的感觉。

在手动模式下，挡位的切换请求由驾驶员发出，由驾驶员控制换挡时机和挡位选择，换挡的执行和离合器的控制由 AMT 系统自动控制。

TCU 根据驾驶员的意图（油门踏板、制动踏板等的状态）和车辆的工况（发动机转速、输出轴转速、车速和挡位等），依据一定的规律（换挡规律、离合器接合规律等），借助于相应的执行机构（供油执行机构、选换挡执行机构、离合器分离和接合执行机构），对车辆的动力传动系统（发动机、离合器、变速器）进行联合操纵，实现起步、换挡的自动操纵。AMT 控制系统原理示意见图 5-9。

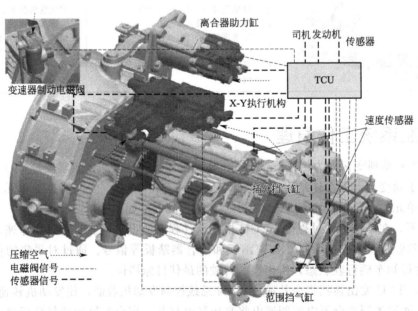

图 5-9　AMT 控制系统原理示意

16 挡变速器与整车连接线路比较简单，整车只需要为变速器模块提供电源以及 CAN 总线通信即可。而变速器内部所有电器部件自身通信连接通过内部插件与手柄中的 TCU 连接，进行系统控制，其电路如图 5-10 所示。

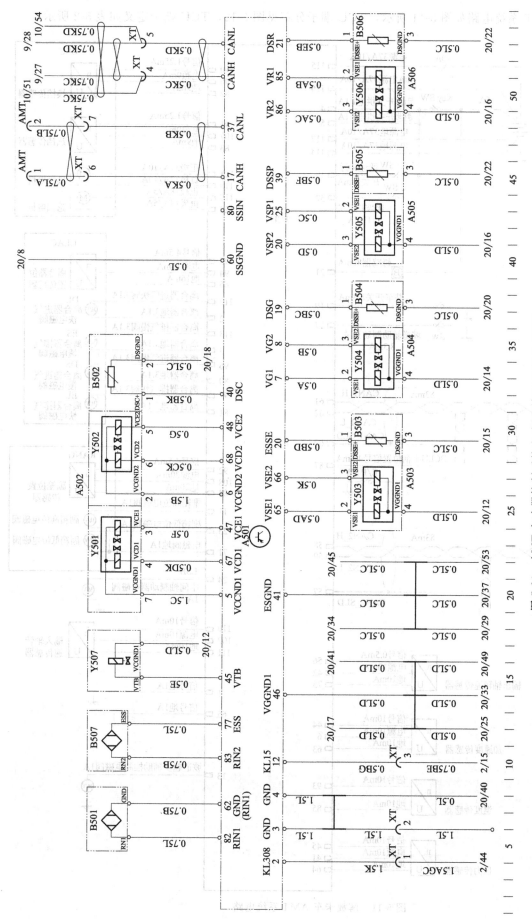

图 5-10 AMT 变速器控制系统电路图（豪沃汕德卡 C7H）

A501—AMT 控制器；A502—离合器执行机构；A503—X 执行器；A504—Y 执行器；A505—差分挡气缸；A506—范围挡气缸；B501—输入轴传感器；B502—离合器行程传感器；
B503—X 执行器传感器；B504—Y 执行器传感器；B505—差分挡传感器；B506—范围挡传感器；B507—输出轴传感器；Y501—离合器执行机构电磁阀 I；
Y502—离合器执行机构电磁阀 II；Y503—X 执行器电磁阀；Y504—Y 执行器电磁阀；Y505—差分挡电磁阀；
Y506—范围挡电磁阀；Y507—变速器制动电磁阀

解放卡车 AMT 系统电路如图 5-11 所示，TCU 端子分布见图 5-12，TCU 端子定义如表 5-2 所示。

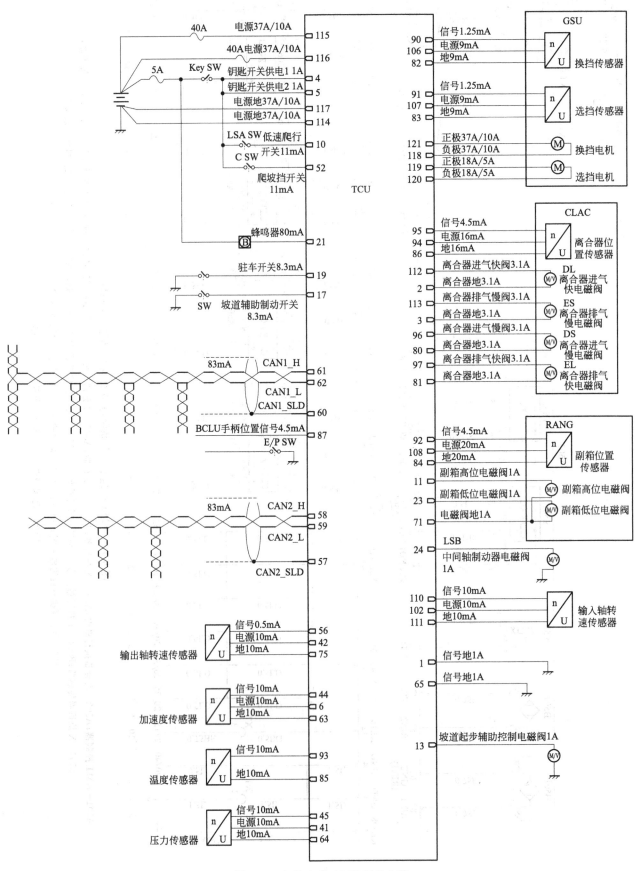

图 5-11　解放卡车 AMT 系统电路

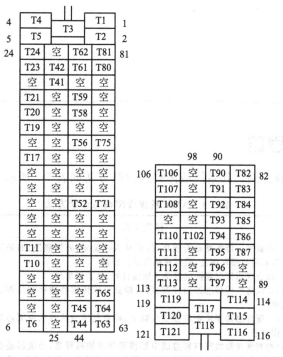

图 5-12 TCU 端子分布

表 5-2 TCU 端子定义

1	信号地	59	诊断 CAN 低	94	离合器传感器（电源）
2	离合地	60	动力 CAN 屏蔽	95	离合器传感器（信号）
3	离合地	61	动力 CAN 高	96	离合慢进气阀
4	钥匙门供电	62	动力 CAN 低	97	离合快排气阀
5	钥匙门供电	63	坡度传感器（地）	102	输入轴转速传感器（电源）
6	坡度传感器 电源	64	压力传感器（地）	106	换挡传感器（电源）
10	L 开关	65	信号地	107	选挡传感器（电源）
11	副箱高位电磁阀	71	副箱电磁阀地	108	副箱传感器（电源）
13	坡辅电磁阀	75	输出轴转速（地）	110	输入轴转速传感器（信号）
17	坡辅开关	80	离合地	111	输入轴转速传感器（地）
19	P 开关	81	离合地	112	离合快进气阀
21	蜂鸣器	82	换挡传感器（地）	113	离合慢排气阀
23	副箱低位电磁阀	83	选挡传感器（地）	114	电源地
24	中间轴制动器电磁阀	84	副箱传感器（地）	115	电源 40A 保险
41	压力传感器（电源）	85	温度传感器（地）	116	电源 40A 保险
42	输出轴转速（电源）	86	离合传感器（地）	117	电源地
44	坡度传感器（信号）	87	BCLU 手柄位置信号	118	换挡电机（负极）
45	压力传感器（信号）	90	换挡传感器（信号）	119	选挡电机（正极）
52	C 开关	91	选挡传感器（信号）	120	选挡电机（负极）
56	输出轴转速（信号）	92	副箱传感器（信号）	121	换挡电机（正极）
58	诊断 CAN 高	93	温度传感器（信号）		

5.2
系统故障诊断

5.2.1 故障诊断思路

以解放 12 挡 AMT 变速器为例，其系统故障码与诊断方法如表 5-3 所示。

表 5-3 AMT 系统故障码与诊断方法

故障码	故障说明	排查方法	应急处理
P1B01	气压传感器信号低	(1)检查气压传感器是否损坏，外观是否有磕碰、破损痕迹；如果传感器外观有明显损坏痕迹，建议更换气压传感器 (2)检查气压传感器插接器是否插接良好、是否有松动 (3)建议将气压传感器插接器拔掉，检查气压传感器插针脚是否有腐蚀现象 (4)气压传感器直接安装在储气筒上，检查气压传感器线束周边是否有破损痕迹 (5)检查变速箱线束与底盘线束插接器是否插接可靠，插接器是否有浸水现象，如果发现插接器具有进水现象，建议慢慢松开插接器，检查插针是否有被水腐蚀现象 (6)检查变速箱控制器 TCU 端插接器是否插接可靠，是否存在插接不良、线路接触不良的情况 (7)气压传感器内部断路，建议更换新的气压传感器后再次进行故障诊断	(1)气压传感器故障，不影响 AMT 系统功能 (2)气压传感器故障时，仪表提示气压传感器故障，并蜂鸣器报警 (3)尽快进行气压传感器问题排查，以免影响车辆使用
P1B02	气压传感器信号高		
P1B03	气压传感器不可信		
P0807	离合器传感器信号低	(1)检查离合器执行器外观是否完好，是否存在明显的磕碰痕迹 (2)检查离合器执行器线束插接器是否可靠，线束是否破损、是否漏水、是否存在腐蚀现象 (3)检查离合器传感器线束是否存在短路或断路现象 (4)检查变速箱控制器 TCU 端插接器是否插接可靠，是否存在插接不良、线路接触不良的情况 (5)检查离合器传感器状态，更换新的离合器传感器后再次进行故障诊断	(1)离合器传感器故障后，AMT 功能受限，请立即进行传感器故障排查 (2)通过手持诊断的跛行回家功能，尝试使用固定挡位行车
P0808	离合器传感器信号高		
P0809	离合器传感器不可信		
P0A41	选挡传感器信号低	(1)检查选挡传感器是否损坏，外观是否有磕碰、破损痕迹，如果传感器外观有明显损坏痕迹，建议更换选挡传感器 (2)检查变速器执行器上的选换挡传感器插接器是否插接良好、是否有松动 (3)检查选挡传感器线束是否有破损痕迹 (4)检查变速箱线束与整车线束插接器是否插接可靠，在插接器处是否有浸水现象，如果发现插接器出现浸水现象，建议慢慢松开插接器，检查插针是否有被水腐蚀现象 (5)检查变速箱控制器 TCU 端插接器是否插接可靠，是否存在插接不良、线路接触不良的情况 (6)选挡传感器内部断路，建议更换新的选挡传感器后再次进行故障诊断	(1)建议首先检查传感器本体是否有问题，再次检查选换挡执行器插接器插接是否可靠 (2)通过手持诊断的跛行回家功能，尝试使用故障挡位行车，尽快维修
P0A42	选挡传感器信号高		
P0A43	选挡传感器不可信		
P0A47	换挡传感器信号低	(1)目测检查换挡传感器是否损坏，外观是否有磕碰、破损痕迹，如传感器外观有明显损坏痕迹，建议更换换挡传感器 (2)检查变速器执行器上的选换挡传感器插接器是否插接良好、是否有松动 (3)检查换挡传感器线束是否有破损痕迹 (4)检查变速箱线束与整车线束插接器是否插接可靠，插接器是否有浸水现象，如发现插接器出现浸水现象，建议慢慢松开插接器，检查插针是否有被水腐蚀现象 (5)检查变速箱控制器 TCU 端插接器是否插接可靠，是否存在插接不良、线路接触不良的情况 (6)换挡传感器内部断路，建议更换新的选挡传感器后再次进行故障诊断	(1)建议首先检查传感器本体是否有问题，再次检查选换挡执行器插接器插接是否可靠 (2)通过手持诊断的跛行回家功能，尝试使用故障挡位行车，尽快维修
P0A48	换挡传感器信号高		
P0A49	换挡传感器不可信		

故障码	故障说明	排查方法	应急处理
P0707	副箱传感器信号低	(1)目测检查副箱传感器是否损坏,外观是否有磕碰、破损痕迹,如传感器外观有明显损坏痕迹,建议更换副箱传感器 (2)检查变速器副箱上的副箱传感器插接器是否插接良好、是否有松动 (3)检查副箱传感器线束是否有破损痕迹 (4)检查变速箱控制器TCU端插接器是否插接可靠,是否存在插接不良、线路接触不良的情况 (5)副箱传感器内部断路,建议更换新的副箱传感器后再次进行故障诊断	(1)副箱位置传感器故障,不影响AMT变速器功能 (2)仪表显示副箱传感器故障,并蜂鸣器报警 (3)变速器高低挡切换时间略长,进行传感器故障排查
P0708	副箱传感器信号高		
P0709	副箱传感器不可信		
P0712	油温传感器信号低	(1)检查油温传感器是否损坏,外观是否有磕碰、破损痕迹,如过传感器外观有明显损坏痕迹,建议更换换挡传感器 (2)检查变速器油温传感器插接器是否插接良好、是否有松动 (3)检查油温传感器线束是否有破损痕迹 (4)检查变速箱控制器TCU端插接器是否插接可靠,是否存在插接不良、线路接触不良的情况 (5)油温传感器内部断路,建议更换新的油温传感器后再次进行故障诊断	(1)油温传感器故障,不影响AMT变速器功能 (2)仪表显示变速器油温传感器故障,并蜂鸣器报警 (3)油温传感器故障后,AMT换挡品质下降,换挡噪声增大,尽快维修
P0713	油温传感器信号高		
P0714	油温传感器不可信		
P0716	输入轴传感器信号高	(1)检查输入轴传感器插接器是否插接可靠,拔下输入轴转速传感器接插器,查看端子是否有腐蚀、变形;然后重新插接,或者多次重新插拔,观察故障现象是否消失 (2)如果输入轴插接器没有插紧,重新插紧后,再次上电,启动发动机测试 (3)检查输入轴传感器周围线束,是否存在破损痕迹,确认输入轴传感器电气连接是否可靠 (4)更换新的输入轴转速传感器后,再次进行故障诊断测试	(1)输入轴传感器故障时,AMT可以继续换挡,换挡品质下降,换挡冲击明显 (2)在车辆ABS功能可靠的前提下,可以将变速箱输出轴转速传感器与输入轴转速传感器互换,保障车辆行驶 (3)进行输入轴转速传感器故障排查
P0718	输入轴传感器不可信		
P0715	输入轴信号匹配异常		
P0721	输出轴传感器信号高	(1)检查输出轴传感器插接器是否插接可靠,拔下输出轴转速传感器接插器,查看端子是否有腐蚀、变形;然后重新插接,或者多次重新插拔,观察故障现象是否消失 (2)检查输出轴传感器周围线束,是否存在破损痕迹,确认输出轴传感器电气连接是否可靠 (3)更换新的输出轴传感器后,再次进行故障诊断测试	(1)仪表提示车速传感器故障,并伴随蜂鸣器警报声 (2)在车辆ABS功能可靠的前提下,AMT变速器换挡功能正常;如果车辆ABS系统故障,并且输出轴转速传感器故障,AMT系统性能下降,甚至出现换挡失败现象 (3)进行输出轴转速传感器故障排查
P0723	输出轴传感器不可信		
P0720	输出轴信号匹配异常		
P0A4D	坡度传感器信号低	(1)坡度传感器位于换挡手柄外侧边缘处,检查坡度传感器插接器是否插接良好、是否有松动 (2)检查坡度传感器是否存在磕碰、挤压等损坏痕迹,如果坡度传感器外观有明显损坏痕迹,建议更换坡度传感器 (3)检查坡度传感器线束是否有破损痕迹、坡度信号传输不可靠 (4)坡度传感器问题,更换新的坡度传感器后,再次进行故障检测 (5)检查车辆左车身线束、底盘线束是否存在断路现象 (6)检查变速线束与整车线束插接器是否插接可靠,插接器是否有浸水现象,如发现插接器出现浸水现象,建议慢慢松开插接器,检查插针是否有被水腐蚀现象 (7)检查变速箱控制器TCU端插接器是否插接可靠,是否存在插接不良、线路接触不良的情况	(1)仪表提示坡道传感器故障,请检查线束 (2)坡度传感器故障,不影响AMT换挡功能,但在自动模式换挡下挡位选择可能不合理,建议出现坡度传感器故障后,使用手动模式驾驶 (3)进行坡度传感器故障维修
P0A4E	坡度传感器信号高		
P0A4F	坡度传感器不可信		

故障码	故障说明	排查方法	应急处理
P1B20	离合器快进气阀对电短路或开路	(1)首先检查离合器执行器的线束插接器是否已经插接良好 (2)检查离合器电磁阀插接器防水是否完好,如果存在浸水可能,建议检查离合器电磁阀块插针是否有被腐蚀现象 (3)检查离合器执行器总成电磁阀块是否因受外力作用损坏,如果电磁阀块外观损坏,建议更换总成阀块 (4)检查离合器执行器电磁阀块连接线束是否受损,信号传输是否可靠 (5)检查离合器电磁阀使用寿命是否超过最大使用次数 (6)检查变速箱控制器TCU端插接器是否插接可靠,是否存在插接不良、线路接触不良的情况 (7)离合器电磁阀块出现断路,更换新的离合器电磁阀块后,再次进行故障诊断	(1)仪表提示离合器电磁阀故障 (2)在离合器快进气阀和离合器慢进气阀同时故障时,车辆无法行驶 (3)在离合器快进气阀或慢进气阀故障时,车辆可以继续行驶,换挡时间变长,尽快进行故障排查
P1B21	离合器快进气阀对地短路		
P1B23	离合器快进气阀状态异常		
P1B24	离合器慢进气阀对电短路或开路		
P1B25	离合器慢进气阀对地短路		
P1B27	离合器慢进气阀状态异常		
P1B28	离合器快排气阀对电短路或开路		(1)仪表提示离合器电磁阀故障 (2)在离合器快排气阀和离合器慢排气阀同时故障时,车辆无法行驶 (3)在离合器快排气阀或慢排气阀故障时,车辆可以继续行驶,换挡时间变长,尽快进行故障排查
P1B29	离合器快排气阀对地短路		
P1B2B	离合器快排气阀状态异常		
P1B2C	离合器慢排气阀对电短路或开路		
P1B2D	离合器慢排气阀对地短路		
P1B2F	离合器慢排气阀状态异常		
P1B32	选挡电机线束短接	(1)检查变速箱选挡控制电机表面温度是否过高,建议使用测温枪检测,防止因电机表面温度过高导致灼伤 (2)检查变速器执行器上的电机线束插接器是否插接良好,线束是否存在短路或断路现象 (3)检查变速器选挡执行器电机插接器线束与变速箱控制器TCU之间线束是否存在短路或断路现象 (4)检查变速箱控制器TCU端插接器是否插接可靠,是否存在插接不良、线路接触不良的情况 (5)检查电机使用频次,是否超过电机使用寿命上限值,如果超过上限值,建议更换新的电机	(1)仪表提示选挡电机故障 (2)选挡电机故障时,AMT换挡功能失效,必须立即进行维修
P1B33	选挡电机无动作		
P1B34	选挡电机温度过高		
P1B35	选挡电机电压过低		
P1B38	换挡电机线束短接		(1)仪表提示选挡电机故障 (2)选挡电机故障时,AMT换挡功能失效,必须立即进行维修
P1B39	换挡电机无动作		
P1B3A	换挡电机温度过高		
P1B3B	换挡电机电压过低		

故障码	故障说明	排查方法	应急处理
P1B3C	副箱高位阀对电短路或开路	(1)检查副箱阀块插接器插接是否良好,是否存在插接松动、接触不良现象 (2)检查副箱阀块插接器周围电气连接,副箱阀块线束是否有破损痕迹 (3)检查变速箱副箱阀块是否存在外力磕碰,导致副箱阀块本地受损 (4)检查变速箱控制器TCU端插接器是否插接可靠,是否存在插接不良、线路接触不良的情况 (5)检查变速箱副箱阀块电磁阀使用次数,超过最大使用次数,建议更换新的电磁阀 (6)副箱电磁阀内部损坏,尝试更换新的副箱阀块后再次进行故障诊断 (7)更换新的变速箱控制器TCU	(1)仪表提示副箱电磁阀故障,建议首先检查副箱电磁阀插接器,反复插拔后再次进行尝试 (2)副箱高挡阀块故障,AMT无法高挡行车,只能在7挡以下行车,建议使用手动模式驾驶,尽快进行维修
P1B3D	副箱高位阀对地短路		
P1B40	副箱低位阀对电短路或开路		(1)仪表提示副箱电磁阀故障,建议首先检查副箱电磁阀插接器,反复插拔后再次进行尝试 (2)副箱低挡阀块故障,车辆无法起步,在车辆气压充足的情况下,将高挡电磁阀线束端子与低挡电磁阀线束端子互换,强制将副箱换回低挡。车辆起步后请使用手动模式驾驶,尽快进行故障排查
P1B41	副箱低位阀对地短路		
P1B44	制动器阀对电短路或开路	(1)检查制动器阀安装是否正确,制动器电磁阀是否完好 (2)检查制动器电磁阀插接器是否存在短路或断路现象,检查插接器内部插针 (3)检查制动器电磁阀线束与变速箱控制器之间线束电气连接,是否存在短路或断路 (4)检查制动器阀线束,查看电磁阀工作次数是否超过设计最大限值 (5)检查变速箱控制器TCU端插接器是否插接可靠,是否存在插接不良、线路接触不良的情况 (6)更换新的制动器电磁阀块,再次进行故障诊断 (7)更换新的变速箱控制单元单元TCU,再次进行故障诊断	(1)仪表提示制动器电磁阀故障,该电磁阀故障时,不影响AMT换挡功能,但AMT换挡品质下降,换挡噪声变大,特别是在车辆挂起步挡位时,时间较长,震动较大 (2)在制动器电磁阀故障时,建议驾驶员不要反复进行挂起步挡,保持手柄在D位置行车,尽快进行制动器电磁阀故障排查
P1B45	制动器阀对地短路		
P1B4B	坡道辅助制动阀对电短路或开路	(1)检查当前车辆配置是否为匹配坡道辅助功能,如果车辆未匹配坡道辅助功能,请检查变速器控制TCU数据功能配置项 (2)在车辆匹配坡道辅助功能后,请检查坡度辅助制动阀是否已经正确安装 (3)检查坡道辅助制动阀电气连接,电磁阀线束插接是否正确、线束是否破损 (4)使用万用表测量坡道辅助制动阀与变速器控制器TCU插接器之间的电气连接 (5)检查变速箱线束与整车线束插接器是否插接可靠,插接器是否有浸水现象,如发现插接器处出现浸水现象,建议慢慢松开插接器,检查插针是否有被水腐蚀现象 (6)检查变速箱控制器TCU端插接器是否插接可靠,是否存在插接不良、线路接触不良的情况	(1)仪表提示坡道辅助电磁阀故障,该电磁阀故障时,坡道辅助起步功能失效,建议在坡道起步时,驾驶员可通过脚刹和手刹进行车辆起步 (2)尽快进行坡道辅助制动阀故障排查
P1B4C	坡道辅助制动阀对地短路		
P0820	手柄位置信号故障	(1)检查手柄插接器是否插接正确,线路连接是否正常 (2)检查车辆左车身线束手柄信号CAN网络以及手柄备用信号电气连接,是否存在手柄通信断路现象 (3)启动发动机,观察仪表是否正确显示发动机当前转速,如果仪表无发动机转速显示,表明整车CAN网络通信异常;如果仪表上发动机转速显示正常,请进行换挡测试,观察AMT是否响应换挡,如果AMT能够响应换挡,但手动干预模式M+或M-无效,请检查手柄CAN网络信号;如果AMT不能够响应手动干预M+或M-换挡,请检查手柄备用信号电气连接 (4)检查底盘线束插接器与变速箱插接器电气连接,检查端子是否有浸水现象,如发现插接器出现浸水现象,建议慢慢松开插接器,检查插针是否有被水腐蚀现象 (5)检查变速箱控制器TCU端插接器是否插接可靠,是否存在插接不良、线路接触不良的情况	(1)AMT换挡手柄具有备用信号,其中一个信号出现问题后,AMT系统会自动使用备用信号 (2)在检测到手柄信号及手柄相关故障后,进行故障排查,防止出现手柄故障导致车辆停驶
P1B90	手柄CAN信号故障		
P1B91	手柄备用信号无信号		
P1B92	手柄信号匹配异常		

故障码	故障说明	排查方法	应急处理
P0882	蓄电池电压过低	(1)检查车辆蓄电池电压,电压过低需要进行充电;电压过高,检查蓄电池型号以及连接顺序,防止因蓄电池电压过高导致电气零部件损坏	(1)使用其他备用蓄电池代替
P0883	蓄电池电压过高	(2)在未启动发动机时,用万用表测量整车蓄电池电压,检查电压是否在合理范围内	(2)借助其他车辆蓄电池进行强制启动
P0884	蓄电池电压不稳定	(3)在启动发动机瞬间,观察整车电压是否波动较明显,可通过观察仪表,间接观察电压变化,或使用示波器测试蓄电池电压变化 (4)结合蓄电池使用寿命,必要时需要更换新的蓄电池	
U0100	TCU与EMS通信丢失	(1)检查发动机控制器EMS是否已经上电,可通过启动发动机,检测发动机是否可以正常启动。如果发动机可以正常启动并稳定怠速,表明发动机控制器已经正常工作;如果发动机不能启动,请检查发动机控制器EMS供电及钥匙门信号连接 (2)检查仪表是否能够显示变速箱挡位信息,如果仪表能够显示变速箱挡位信息,请检查发动机控制器与整车网络连接 (3)检查整车网络,启动发动机,观察仪表是否有发动机转速显示。如果仪表显示发动机转速,且仪表不能显示挡位信息,请排查变速箱控制器TCU与整车网络连接处,建议先排查变速箱线束与整车线束CAN总线连接;如果仪表不能正确显示发动机转速,能显示挡位信息,请检查整车网络CAN总线连接	(1)在发动机能够启动情况下,AMT换挡功能受限,换挡冲击明显,换挡噪声大 (2)在车辆出现总线相关故障时,建议立即进行故障排查
U0121	TCU与ABS通信丢失	(1)检查ABS控制器保险、供电是否正常 (2)检查ABS与TCU之间CAN总线连接,同时检测是否有其他网络相关故障产生,结合其他网络相关故障,进行总线网络故障点排查	(1)ABS故障,不影响AMT换挡功能 (2)尽快进行ABS相关故障排查
U0291	TCU与手柄通信丢失	(1)检查手柄插接器插接是否可靠,并观察仪表是否能够正确显示挡位信息;如果仪表挡位信息显示正确,请检查手柄与整车CAN网络连接;如果仪表不能显示挡位信息,请检查TCU与整车网络连接 (2)在仪表能够显示挡位信息时,请检查手柄线束、左车身线束CAN网络连接 (3)在仪表不能显示挡位信息时,请检查TCU插接器插接是否可靠,检查变速箱线束与底盘线束连接处插接是否可靠	(1)手柄信号故障时,AMT系统使用备用手柄信号,但手动干预模式M+/M-功能失效 (2)尽快进行手柄故障排查
U0155	挡TCU与仪表通信丢失	(1)检查仪表是否正常上电,仪表上其他信息是否已经正确显示 (2)车辆静止情况下,换车辆起步挡位,检查车辆AMT系统是否进行真实挂挡动作,如果进行挂挡,表明AMT系统正常,请排查仪表显示。如果AMT无换挡动作,请排查车辆CAN网络连接	(1)仪表故障时,不影响AMT系统功能,但驾驶员无法感觉现在实际挡位 (2)尽快进行仪表故障排查
U0002	TCU与所有ECU通信丢失	(1)检查变速箱线束与车辆底盘线束插接器插接是否可靠 (2)检查TCU插接器插接是否可靠 (3)检查TCU总线网络与整车总线网络连接是否正确,检查CAN总线CAN高与CAN低连接顺序是否正确	(1)TCU与所有控制器通信丢失,AMT换挡品质下降,车辆平顺性下降,换挡噪声较大 (2)建议选择手动模式驾驶,选择固定到位行驶,尽快进行故障排查
U0001	通信CAN总线关闭	(1)检查TCU控制器CAN总线网络是否存在短路现象,包括CAN总线与电源短路、CAN总线与地短路、CAN总线CAN高与CAN低之间短路 (2)检查变速箱线束与底盘线束插接器,检查插接器是否存在总线短路或断路情况 (3)检测车辆电控系统,是否存在其他控制器总线关闭故障,结合其他故障码,进行整车网络故障排查	(1)在AMT能换挡情况下,出现CAN总线关闭故障时,AMT换挡功能受限,建议使用手动模式驾驶 (2)尽快进行故障排查
U140A	发动机EEC1报文超时	整车网络传输不稳,TCU接收发动机控制器报文超时。如果该故障偶发,可不予处理;如果该故障频繁,检查排查整车CAN总线网络,是否因为总线网络错误数据帧过多,导致EEC1报文传输超时	该故障不影响AMT系统功能
U140B	发动机EEC2报文超时	整车网络传输不稳,TCU接收发动机控制器报文超时。如果该故障偶发,可不予处理;如果该故障频繁,检查排查整车CAN总线网络,是否因为总线网络错误数据帧过多,导致EEC2报文传输超时	该故障不影响AMT系统功能
U140C	发动机EEC3报文超时	整车网络传输不稳,TCU接收发动机控制器报文超时。如果该故障偶发,可不予处理;如果该故障频繁,检查排查整车CAN总线网络,是否因为总线网络错误数据帧过多,导致EEC3报文传输超时	该故障不影响AMT系统功能

故障码	故障说明	排查方法	应急处理
U140D	发动机 CCVS 报文超时	整车网络传输不稳,TCU 接收发动机控制器报文超时。如果该故障偶发,可不予处理;如果该故障频繁,检查排查整车 CAN 总线网络,是否因为总线网络错误数据帧过多,导致 CCVS 报文传输超时	该故障不影响 AMT 系统功能
U140E	发动机 EC 报文超时	整车网络传输不稳,TCU 接收发动机控制器报文超时。如果该故障偶发,可不予处理;如果该故障频繁,检查排查整车 CAN 总线网络,是否因为总线网络错误数据帧过多,导致 EC 报文传输超时	该故障不影响 AMT 系统功能
U140F	发动机 ERC 报文超时	整车网络传输不稳,TCU 接收发动机控制器报文超时。如果该故障偶发,可不予处理;如果该故障频繁,检查排查整车 CAN 总线网络,是否因为总线网络错误数据帧过多,导致 ERC 报文传输超时	(1)该故障影响 AMT 对发动机排气制动工况的识别 (2)如果该故障发生,在山区使用发动机制动时,建议使用手动模式驾驶
U141A	ABS 控制器 EBC2 报文超时	(1)整车网络传输不稳,TCU 接收 ABS 控制器报文超时。如果该故障偶发,可不予处理;如果该故障频繁,检查排查整车 CAN 总线网络,是否因为总线网络错误数据帧过多,导致 EBC2 报文传输超时 (2)排查车辆是否有 ABS 其他相关故障产生,结合其他故障进行故障排查	(1)该故障影响 AMT 对车辆转弯工况的识别 (2)如果该故障发生,建议在车辆转弯工况时,建议使用手动模式驾驶
P1BA0	离合器物理点学习失败	(1)检查离合器执行器安装是否正确,分离拨叉、导线轴承、卡簧安装是否正确 (2)在进行离合器自学习时,是否能够听见离合器分离、结合的声音(车辆静止、周围环境安静的情况下) (3)在进行离合器自学习时,在车辆底部观察离合器是否有分离或接合动作,如果没有分离或接合动作,请检查离合器及离合器执行器安装是否正确 (4)检查离合器位置传感器线束插接是否正确,检查系统当前是否存在离合器传感器相关故障 (5)检查系统压力,可以通过动态数据流读取当前系统压力,若压力过低,则无法分离离合器 (6)控制器在自学习时,自动检查离合器分离行程,在分离行程过小或过大等情况下,都会导致自学习失败 (7)因零部件安装错误,零部件加工、装配等错误,电气问题等都会导致离合器分离行程不够。在进行故障排查时,建议通过观察、听、看等综合判定,判断离合器学习时是否动作,检查离合器安装顺序、检查离合器执行器安装是否正确进行故障排查 (8)在必要时,需要对离合器片、压盘、离合器执行器重新进行安装,请按操作说明书顺序正确装配,防止因装配问题导致离合器学习不能通过	(1)离合器自学习故障,不影响 AMT 换挡功能,但对车辆起步速度和换挡时间具有一定影响 (2)进行离合器系统排查
P1BA1	离合器物理点学习无动作		
P1BA2	离合器物理点学习行程过小		
P1BA3	离合器物理点学习行程过大	(1)检查离合器执行器安装是否正确,分离拨叉、导线轴承、卡簧安装是否正确 (2)在进行离合器自学习时,是否能够听见离合器分离、结合的声音(车辆静止、周围环境安静的情况下) (3)在进行离合器自学习时,在车辆底部观察离合器是否有分离或接合动作,如果没有分离或接合动作,请检查离合器及离合器执行器安装是否正确 (4)检查离合器位置传感器线束插接是否正确,检查系统当前是否存在离合器传感器相关故障 (5)检查系统压力,可以通过动态数据流读取当前系统压力,若压力过低,则无法分离离合器 (6)控制器在自学习时,自动检查离合器分离行程,在分离行程过小或过大等情况下,都会导致自学习失败 (7)离合器片磨损程度影响离合器分离行程,根据车辆运行里程和使用工况,对离合器片磨损情况进行客观评估 (8)因零部件安装错误,零部件加工、装配等错误,电气问题等都会导致离合器分离行程不够。在进行故障排查时,建议通过观察、听、看等综合判定,判断离合器学习时是否动作,检查离合器安装顺序及离合器执行器安装是否正确,进行故障排查 (9)在必要时,需要对离合器片、压盘、离合器执行器重新进行安装,请按操作说明书顺序正确装配,防止因装配问题导致离合器学习不能通过	

故障码	故障说明	排查方法	应急处理
P1BA4	离合器安装位置低于最小限值	（1）检查离合器执行器安装是否正确，分离拨叉、导线轴承、卡簧安装是否正确 （2）在进行离合器自学习时，是否能够听见离合器分离、结合的声音（车辆静止、周围环境安静的情况下） （3）在进行离合器自学习时，在车辆底部观察离合器是否有分离或接合动作，如果没有分离或接合动作，请检查离合器及离合器执行器安装是否正确 （4）检查离合器位置传感器线束插接是否正确，检查系统当前是否存在离合器传感器相关故障 （5）检查系统压力，可以通过动态数据流读取当前系统压力，若压力过低，则无法分离离合器 （6）离合器安装初始位置存在较大偏差，控制器 TCU 判定离合器结合位置过低，可调整离合器的安装位置或更换零部件 （7）控制器在自学习时，自动检查离合器分离行程，在分离行程过小或过大等情况下，都会导致自学习失败 （8）因零部件安装错误，零部件加工、装配等错误，电气问题等都会导致离合器分离行程不够。在进行故障排查时，建议通过观察、听、看等综合判定，判断离合器学习时是否动作，检查离合器安装顺序及离合器执行器安装是否正确，进行故障排查 （9）在必要时，需要对离合器片、压盘、离合器执行器重新进行安装，请按操作说明书顺序正确装配，防止因装配问题导致离合器学习不能通过	（1）离合器自学习故障，不影响 AMT 换挡功能，但对车辆起步速度和换挡时间具有一定影响 （2）进行离合器系统排查
P1BA5	离合器安装位置高于最大限值	（1）检查离合器执行器安装是否正确，分离拨叉、导线轴承、卡簧安装是否正确 （2）在进行离合器自学习时，是否能够听见离合器分离、结合的声音（车辆静止、周围环境安静的情况下） （3）在进行离合器自学习时，在车辆底部观察离合器是否有分离或接合动作，如果没有分离或接合动作，请检查离合器及离合器执行器安装是否正确 （4）检查离合器位置传感器线束插接是否正确，检查系统当前是否存在离合器传感器相关故障 （5）检查系统压力，可以通过动态数据流读取当前系统压力，若压力过低，则无法分离离合器 （6）离合器安装初始位置存在较大偏差，建议调整离合器间隙或更换零部件 （7）控制器在自学习时，自动检查离合器分离行程，在分离行程过小或过大等情况下，都会导致自学习失败 （8）因零部件安装错误，零部件加工、装配等错误，电气问题等都会导致离合器分离行程不够。在进行故障排查时，建议通过观察、听、看等综合判定，判断离合器学习时是否动作，检查离合器安装顺序及离合器执行器安装是否正确，进行故障排查 （9）在必要时，需要对离合器片、压盘、离合器执行器重新进行安装，请按操作说明书顺序正确装配，防止因装配问题导致离合器学习不能通过	
P1BA6	离合器物理点学习不可信	参见 P1BA0 故障码说明	
P1BA7	离合器摩擦点学习失败	（1）检查离合器执行器安装是否正确，分离拨叉、导线轴承、卡簧安装是否正确 （2）在进行离合器自学习时，是否能够听见离合器分离、结合的声音（车辆静止、周围环境安静的情况下） （3）在进行离合器自学习时，在车辆底部观察离合器是否有分离或接合动作，如果没有分离或接合动作，请检查离合器及离合器执行器安装是否正确 （4）检查离合器位置传感器线束插接是否正确，检查系统当前是否存在离合器传感器相关故障 （5）检查 AMT 系统当前是否存在发动机转速或输入轴转速传感器故障，在传感器故障时，离合器摩擦点学习过程无法进行 （6）检查系统压力，可以通过动态数据流读取当前系统压力，若压力过低，则无法分离离合器 （7）检查离合器气路，离合器执行器气管插接是否正确，气管是否存在弯曲不畅现象 （8）在离合器中夹杂异物，导致离合器完全分离后，变速箱输入轴速度无法降速至设定转速以下，需要拆装离合器进行排查	（1）离合器自学习失败，不影响 AMT 换挡功能，但对车辆起步速度和换挡时间具有一定影响 （2）进行离合器系统排查
P1BA8	离合器摩擦点学习无动作		

故障码	故障说明	排查方法	应急处理
P1BA9	离合器摩擦点学习动作延迟	(1)检查离合器执行器安装是否正确,分离拨叉、导线轴承、卡簧安装是否正确 (2)在进行离合器自学习时,是否能够听见离合器分离、结合的声音(车辆静止、周围环境安静的情况下) (3)在进行离合器自学习时,在车辆底部观察离合器是否有分离或接合动作,如果没有分离或接合动作,请检查离合器及离合器执行器安装是否正确 (4)检查离合器位置传感器线束插接是否正确,检查系统当前是否存在离合器传感器相关故障	
P1BAA	离合器摩擦点学习动作过慢	(5)检查系统压力,可以通过动态数据流读取当前系统压力,若压力过低,则离合器分离过慢,导致学习过程超时 (6)排查离合器进气压力大小,如果进气压力过低,可能会导致离合器分离迟缓 (7)检查离合器气路,离合器执行器气管插接是否正确,气管是否存在弯曲不畅现象 (8)排查离合器执行器排气孔,因异物导致离合器排气不畅,离合器结合过慢	(1)离合器自学习失败,不影响AMT换挡功能,但对车辆起步速度和换挡时间具有一定影响 (2)进行离合器系统排查
P1BAB	离合器摩擦点学习不可信	(1)检查离合器执行器安装是否正确,分离拨叉、导线轴承、卡簧安装是否正确 (2)在进行离合器自学习时,是否能够听见离合器分离、结合的声音(车辆静止、周围环境安静的情况下) (3)在进行离合器自学习时,在车辆底部观察离合器是否有分离或接合动作,如果没有分离或接合动作,请检查离合器及离合器执行器安装是否正确 (4)检查离合器位置传感器线束插接是否正确,检查系统当前是否存在离合器传感器相关故障 (5)检查AMT系统当前是否存在发动机转速或输入轴转速传感器故障,在传感器故障时,离合器摩擦点学习过程无法进行	
P1BAC	变速箱空挡点学习失败	(1)建议多次尝试进行变速箱自学习,如果三次以上变速箱自学习仍旧不能通过,建议将车辆向前方或向后方移动一定距离,再次进行变速箱自学习 (2)多次进行变速箱自学习仍旧失败,建议对变速器进行系统排查 (3)检查变速箱的选换挡执行器安装是否正确,检查线束插接是否正确,是否有选挡、换挡传感器相关故障 (4)检查系统气压是否充足,离合器是否可以进行分离接合动作(变速箱自学习需分离离合器,控制器TCU自动完成)	
P1BAD	变速箱空挡点选挡行程过小	(5)拆卸选换挡执行器,检查拨头、导块是否严重磨损 (6)检查车辆行驶里程,拆卸选换挡执行器后,对选换挡执行器的选挡电机、换挡电机进行低电压测试,直接在5V直流电压下,观察拨头是否移动,测试选换挡执行器自身阻力大小 (7)拆卸变速箱检查变速箱拨叉是否磨损,检查对应挡位齿轮磨损情况	
P1BAE	变速箱空挡点学习条件不满足	(1)检查车辆当前气压是否充足,气压不足可能会导致变速箱学习失败 (2)检查AMT系统当前是否存在选换挡传感器相关故障,是否存在选换挡执行电机相关故障 (3)在变速箱自学习过程中,请勿启动发动机,如果发动机启动,变速箱自学习自动退出,学习失败 (4)检查车辆是否静止,如果车辆输出轴具有一定转速,变速箱无法自学习	(1)变速箱自学习失败,不影响AMT系统换挡功能,车辆可继续行驶 (2)变速箱自学习失败故障诊断是一个综合诊断过程,建议进行系统分析后,综合考虑变速箱自学习学习相关因素,排除电气问题、机械装配问题后,结合车辆行驶里程,排查机械零部件问题,切勿盲目拆卸变速箱
P1BB1	变速箱空挡点不符合物理边界限值	(1)建议多次尝试进行变速箱自学习,如果三次以上变速箱自学习仍旧不能通过,建议将车辆向前方或向后方移动一定距离,再次进行变速箱自学习 (2)多次进行变速箱自学习仍旧失败,建议对变速器进行系统排查 (3)检查变速箱的选换挡执行器安装是否正确,检查线束插接是否正确,是否有选挡、换挡传感器相关故障 (4)检查系统气压是否充足,离合器是否可以进行分离接合动作(变速箱自学习需分离离合器,控制器TCU自动完成)	
P1BB2	传感器或执行器故障导致空挡学习失败	(5)拆卸选换挡执行器,检查拨头、导块是否严重磨损 (6)检查车辆行驶里程,拆卸选换挡执行器后,对选换挡执行器的选挡电机、换挡电机进行低电压测试,直接在5V直流电压下,观察拨头是否移动,测试选换挡执行器自身阻力大小 (7)拆卸变速箱检查变速箱拨叉是否磨损,检查对应挡位齿轮磨损情况	

故障码	故障说明	排查方法	应急处理
P1BB3	变速箱选挡点自学习失败	(1)建议多次尝试进行变速箱自学习,如果三次以上变速箱自学习仍旧不能通过,建议将车辆向前方或向后方移动一定距离,再次进行变速箱自学习 (2)多次进行变速箱自学习仍旧失败,建议对变速器进行系统排查 (3)检查变速箱的选换挡执行器安装是否正确,检查线束插接是否正确,是否有选挡、换挡传感器相关故障 (4)检查系统气压是否充足,离合器是否可以进行分离接合动作(变速箱自学习需分离离合器,控制器 TCU 自动完成) (5)拆卸选换挡执行器,检查拨头、导块是否严重磨损 (6)检查车辆行驶里程,拆卸选换挡执行器后,对选换挡执行器的选挡电机、换挡电机进行低电压测试,直接在 5V 直流电压下,观察拨头是否移动,测试选换挡执行器自身阻力大小 (7)拆卸变速箱检查变速箱拨叉是否磨损,检查对应挡位齿轮磨损情况	(1)变速箱自学习失败,不影响 AMT 系统换挡功能,车辆可继续行驶 (2)变速箱自学习失败故障诊断是一个综合诊断过程,建议进行系统分析后,综合考虑变速箱自学习学习相关因素,排除电气问题、机械装配问题后,结合车辆行驶里程,排查机械零部件问题,切勿盲目拆卸变速箱
P1BB4	变速箱选挡点不符合物理边界限值		
P1BB5	变速箱选挡点学习条件不满足	(1)检查车辆当前气压是否充足,气压不足可能会导致变速箱学习失败 (2)检查 AMT 系统当前是否存在选换挡传感器相关故障,是否存在选换挡执行电机相关故障 (3)在变速箱自学习过程中,请勿启动发动机,如果发动机启动,变速箱自学习自动退出,学习失败 (4)检查车辆是否静止,如果车辆输出轴具有一定转速,变速箱无法自学习	
P1BB7	传感器或执行器故障导致空挡学习失败	参见 P1BB3 故障码说明	
P1BF0	离合器分离过程失败	(1)检查系统当前气压大小,若气压过低,则离合器无法分离,建议启动发动机进行充气,AMT 系统最小气压限值为 0.55MPa (2)检查系统当前是否存在离合器传感器或离合器电磁阀相关故障 (3)使用手持诊断功能中的"离合器检测"功能,进行离合器分离、结合测试,并通过听、看,观察车辆离合器实际是否分离。确认离合器是否可以正常分离 (4)结合车辆行驶总里程和车辆实际使用工况,判定离合器磨损情况 (5)通过离合器壳体观察孔,观察离合器实际分离动作,观察离合器分离拨叉和离合器分离轴承动作,确保机械部分安装正确 (6)排查离合器执行器进气气路是否顺畅,气管是否存在弯折或漏气现象	(1)通过手持诊断的"离合器检测"检测系统当前离合器性能,从电路、气路到机械逐一排查 (2)如果离合器系统分离或结合,AMT 系统功能失效,必须立即维修
P1BF1	离合器分离过程无动作		
P1BF2	离合器分离过程动作延迟		
P1BF3	离合器分离过程动作过慢		
P1BF4	离合器分离过程动作不可信		
P1BF5	离合器分离过程跛行回家		
P1BF6	离合器保持分离失败		
P1BF7	离合器保持分离无动作		
P1BF8	离合器保持分离动作延迟	(1)该故障偶发,可不予处理 (2)该故障频繁,建议检查离合器系统	该故障不影响 AMT 系统换挡功能,车辆可继续行驶
P1BF9	离合器保持分离动作过慢		
P1BFA	离合器保持分离动作不可信		

故障码	故障说明	排查方法	应急处理
P1BFB	离合器结合过程失败		
P1BFC	离合器结合过程无动作		
P1BFD	离合器结合过程动作延迟		
P1BFE	离合器结合过程动作过慢		
P1BFF	离合器结合过程动作不可信		
P1C00	离合器结合过程跛行回家		
P1C01	离合器保持结合失败		
P1C02	离合器保持结合无动作		
P1C03	离合器保持结合动作延迟		
P1C04	离合器保持结合动作过慢	(1)该故障偶发,可不予处理 (2)该故障频繁,建议检查离合器系统	该故障不影响 AMT 系统换挡功能,车辆可继续行驶
P1C05	离合器保持结合动作不可信		
P1C06	离合器半结合过程失败		
P1C07	离合器半结合过程无动作		
P1C08	离合器半结合过程动作延迟		
P1C09	离合器半结合过程动作过慢		
P1C0A	离合器半结合过程动作不可信		
P1C0B	离合器半结合过程跛行回家		
P1C0C	离合器起步过程失败		
P1C12	离合器起步过程跛行回家		

故障码	故障说明	排查方法	应急处理
P1C20	选挡过程失败	(1)该故障偶发,可不予处理 (2)该故障频繁,建议进行变速箱自学习	该故障不影响 AMT 系统换挡功能,车辆可继续行驶
P1C21	选挡过程电机无动作	(1)该故障偶发,可不予处理 (2)该故障频繁,建议检查选挡电机	
P1C22	选挡过程动作延迟		
P1C23	选挡过程动作过慢		
P1C24	选挡过程结果不可信	(1)该故障偶发,可不予处理 (2)该故障频繁,建议进行变速箱自学习	
P1C25	选挡过程动作异常		
P1C26	换挡过程失败		
P1C27	换挡过程电机无动作	(1)该故障偶发,可不予处理 (2)该故障频繁,建议检查换挡电机	该故障不影响 AMT 系统换挡功能,车辆可继续行驶
P1C28	换挡过程动作延迟		
P1C29	换挡过程动作过慢		
P1C2A	换挡过程结果不可信		
P1C2B	摘空挡过程失败		
P1C2C	摘空挡过程电机无动作	(1)该故障偶发,可不予处理 (2)该故障频繁,建议进行变速箱自学习	该故障不影响 AMT 系统换挡功能,车辆可继续行驶
P1C2D	摘空挡过程延迟		
P1C2E	摘空挡过程过慢		
P1C2F	摘空挡过程不可信		
P1C30	摘空挡过程动作异常		
P1C31	副箱换挡过程失败		
P1C32	副箱换挡无动作	(1)该故障偶发,可不予处理 (2)该故障频繁,建议进行副箱自学习	该故障不影响 AMT 系统换挡功能,车辆可继续行驶
P1C33	副箱换挡过程延迟		
P1C34	副箱换挡过程过慢		

故障码	故障说明	排查方法	应急处理
P1C35	副箱换挡过程不可信		
P1C36	副箱换挡过程跛行回家		
P1C40	动态运行过程失败	(1)该故障偶发,可不予处理 (2)该故障频繁,需对 AMT 器系统进行检查	该故障不影响 AMT 系统换挡功能,建议系统重新上下电
P1C41	挂起步挡过程分离合器失败	(1)该故障偶发,可不予处理 (2)该故障频繁,检查离合器系统 (3)建议进行离合器自学习	该故障不影响 AMT 系统换挡功能,建议多次尝试,车辆可以继续行驶
P1C42	挂起步挡过程回空挡失败		
P1C43	挂起步挡过程选挡失败	(1)该故障偶发,可不予处理 (2)该故障频繁,建议进行变速箱自学习	该故障不影响 AMT 系统换挡功能,建议多次尝试,车辆可以继续行驶
P1C44	挂起步挡过程换挡失败		
P1C45	挂起步挡过程同步失败	(1)该故障偶发,可不予处理 (2)该故障频繁,建议进行变速箱自学习和离合器自学习,检查中间轴制动系统	该故障不影响 AMT 系统换挡功能,建议多次尝试,车辆可以继续行驶
P1C46	挂起步挡过程执行失败	(1)该故障偶发,可不予处理 (2)该故障频繁,建议进行变速箱自学习	该故障不影响 AMT 系统换挡功能,建议多次尝试,车辆可以继续行驶
P1C47	挂倒挡过程分离合器失败	(1)该故障偶发,可不予处理 (2)该故障频繁,检查离合器系统 (3)建议进行离合器自学习	该故障不影响 AMT 系统换挡功能,建议多次尝试,车辆可以继续行驶
P1C48	挂倒挡过程回空挡失败	(1)该故障偶发,可不予处理 (2)该故障频繁,建议进行变速箱自学习	该故障不影响 AMT 系统换挡功能,建议多次尝试,车辆可以继续行驶
P1C49	挂倒挡过程选挡失败		
P1C4A	挂倒挡过程挂副箱失败	(1)该故障偶发,可不予处理 (2)该故障频繁,建议进行副箱自学习	该故障不影响 AMT 系统换挡功能,建议多次尝试,车辆可以继续行驶
P1C4B	挂倒挡过程同步失败	(1)该故障偶发,可不予处理 (2)该故障频繁,建议进行变速箱自学习和离合器自学习,检查中间轴制动系统,其中包括中间轴制动器电磁阀响应特性和中间轴制动器片制动能力	该故障不影响 AMT 系统换挡功能,建议多次尝试,车辆可以继续行驶
P1C4C	挂倒挡过程执行失败	(1)该故障偶发,可不予处理 (2)该故障频繁,建议进行变速箱自学习 (3)检查当前 AMT 系统是否存在中间轴转速传感器或车速传感器故障,如果存在转速传感器故障,请先对转速传感器故障进行排查	该故障不影响 AMT 系统换挡功能,建议多次尝试,车辆可以继续行驶
P1C4D	动态升挡过程失败	(1)该故障偶发,可不予处理 (2)该故障频繁,建议进行变速箱自学习 (3)检查当前 AMT 系统是否存在中间轴转速传感器或车速传感器故障,如果存在转速传感器故障,请先对转速传感器故障进行排查 (4)检查中间轴制动器系统,包括中间轴制动器电磁阀块、制动器气路以及制动器片等	该故障不影响 AMT 系统换挡功能,车辆可以继续行驶
P1C4F	动态降挡过程失败	(1)该故障偶发,可不予处理 (2)该故障频繁,建议进行离合器自学习,并进行离合器系统性能检查 (3)检查当前 AMT 系统是否存在中间轴转速传感器或车速传感器故障,如果存在转速传感器故障,请先对转速传感器故障进行排查	该故障不影响 AMT 系统换挡功能,车辆可以继续行驶

故障码	故障说明	排查方法	应急处理
P1C51	静态换挡过程分离离合器失败	(1)该故障偶发,可不予处理 (2)该故障频繁,检查离合器系统 (3)建议进行离合器自学习	该故障不影响 AMT 系统换挡功能,建议多次尝试,车辆可以继续行驶
P1C52	静态挂挡过程回空挡失败	(1)该故障偶发,可不予处理 (2)该故障频繁,建议进行变速箱自学习	该故障不影响 AMT 系统换挡功能,建议多次尝试,车辆可以继续行驶
P1C53	静态挂挡过程选挡失败		
P1C54	静态挂挡过程挂副箱失败	(1)该故障偶发,可不予处理 (2)该故障频繁,建议进行副箱自学习	该故障不影响 AMT 系统换挡功能,建议多次尝试,车辆可以继续行驶
P1C55	静态挂挡过程进挡失败	(1)该故障偶发,可不予处理 (2)该故障频繁,建议进行变速箱自学习	该故障不影响 AMT 系统换挡功能,建议多次尝试,车辆可以继续行驶
P1C56	静态挂挡结合离合器失败	(1)该故障偶发,可不予处理 (2)该故障频繁,建议进行离合器自学习	该故障不影响 AMT 系统换挡功能,建议多次尝试,车辆可以继续行驶
P1C57	禁止启动过程失败	(1)该故障偶发,可不予处理 (2)该故障频繁,建议对 AMT 系统进行系统故障排查	该故障不影响 AMT 系统换挡功能,建议多次尝试,车辆可以继续行驶
P1C61	系统上电自检失败	(1)该故障偶发,可不予处理 (2)该故障频繁,建议进行离合器自学习和变速箱自学习	该故障不影响 AMT 系统换挡功能,建议多次尝试,车辆可以继续行驶
P1C63	系统下电自检失败		
P1B4B	坡道辅助制动阀对电短路或开路	(1)检查坡道辅助制动阀插接器是否插接可靠 (2)检查坡道辅助制动阀插接器与底盘线束插接器电气连接是否正常 (3)检查变速箱线束和底盘线束插接是否可靠 (4)更换新的坡道辅助制动阀,再次进行故障诊断	该故障不影响 AMT 系统换挡功能,但坡道辅助功能失效,在坡路起步时,建议通过脚刹并配合手刹,进行车辆坡路起步,防止车辆后溜
P1B4C	坡道辅助制动阀对地短路		

5.2.2 系统自学习与软件编程

(1)解放 J6 AMT 变速器离合器自学习方法 确认是否有以下描述情况:车辆上坡起步时间长(8s 及以上),甚至出现后溜,此时仪表提示"输入轴传感器故障";行车过程中,仪表不提示此故障。

离合器自学习方法如下。

① 停车状态下,钥匙门上电,启动发动机,此时如果气压不足,需要充气到仪表没有"换挡系统气压不足"提示为止。

② 待气压充好后,在停车、空挡、手刹有效、不踩油门和刹车的状态下,按下换挡手柄旁的"C"模式开关不放,保持 8s,仪表提示"离合分合点正在学习"后松开即可。

③ 待仪表提示"离合分合点学习成功""离合摩擦点学习成功"后,关闭钥匙门到"OFF"挡,维持5s,即完成驾驶员手动触发离合器自学习过程。

④ 如果提示"离合分合点学习失败"或"离合摩擦点学习失败",钥匙门重新上电,重新学习。

(2)豪沃 ATM 控制单元软件版本说明 在刷新变速器电脑程序时,必须选择对应的版本,可参见表 5-4。

表 5-4 变速器 TCU 软件版本

软件名称	软件说明
重汽 AMT_V20_42_99P	MC11 发动机匹配 HW21716XA(C)
重汽 AMT_V91_42_98P	中国台湾 MC07,MC11/10 挡;12 挡;16 挡 with reverse gears in Range High disabled
重汽 AMT_V10_42_98P	MC13/12AX,16AX
重汽 AMT_V00_42_98P	MC07,MC11/10 挡;12 挡;16 挡
NMAMT_CN_WSP104244P_EEP_1 142_1	支持 MC13 发动机、液力缓速器
NMAMT_CN_WSP004244P_EEP_1 142_1	支持 MC11 发动机、液力缓速器
42 版_12 挡 AX DDOD_匹配 MC13_发动	42 版_12 挡 AX DDOD_匹配 MC13_发动机应用于 C7T7 的已经释放的车型应用
42 版_10 挡 DDOD,12 挡 spd DDOD_16	42 版_10 挡 DDOD,12 挡 DDOD,16 挡 DDOD 匹配重汽 D10;D12;MC07;MC11 发动机应用于 A7/C5/T5/C7/T7 已经释放的车型
重汽 AMT_41 版	41 版卡车 AMT 软件-中国台湾版(4114P)
重汽 AMT_41 版	升级
重汽 AMT_41 版程序	优化升级
重汽 AMT_40 版程序	需要与博世 EDC-10 版本软件配合升级
重汽 AMT_39 版软件	重汽 AMT 39 版软件
重汽 AMT_36 版软件	刷 37 版以上先刷该版本